Maya Shepherd

50 Tage – Der Sommer meines Lebens

50 Tage – Der Sommer meines Lebens

Der Sommer 1965 ist der letzte vor Jades 18. Geburtstag. Die Beatles regieren die Charts, Blue Jeans erobern den Modehimmel und Jade erwischt ihren Freund dabei, wie er ihre beste Freundin Katie küsst. Ihre Welt zerspringt in tausend Teile und der Sommer scheint ins Wasser zu fallen.

Jades Eltern haben überhaupt kein Verständnis für den Liebeskummer ihrer Tochter und bestehen darauf, dass sie trotz allem gemeinsam mit Katie in das bereits gebuchte Feriencamp fährt.

Doch Jade schmiedet eigene Pläne. Sie lässt sich auf einen abenteuerlichen Roadtrip ein, um vor ihren Problemen davonzulaufen. Nicht ahnend, dass die große Liebe bereits an der nächsten Kreuzung auf sie wartet.

Ein Sommer voller Träume, Hoffnungen und Herzklopfen entlang der Route 66 beginnt, bis sich ihr das Schicksal mit aller Macht in den Weg stellt ...

Die Autorin

Maya Shepherd wurde 1988 in Stuttgart geboren. Zusammen mit Mann, Tochter und Hund lebt sie mittlerweile im Rheinland und träumt von einem eigenen Schreibzimmer mit Wänden voller Bücher.

Seit 2014 lebt sie ihren ganz persönlichen Traum und widmet sich hauptberuflich dem Erfinden von fremden Welten und Charakteren.

Im August 2015 gewann Maya Shepherd mit ihrem Roman ›Märchenhaft erwählt‹ den Lovely Selfie Award 2015 von Blogg dein Buch.

Weitere Informationen über die Autorin

www.mayashepherd.de

1. Auflage, Juni 2017
© Sternensand Verlag GmbH, Zürich 2017
Umschlaggestaltung: Bianca Holzmann | cover-up-books.de
Lektorat / Korrektorat: Martina König | Sternensand Verlag GmbH
Illustrationen: Mirjam H. Hüberli
Satz: Sternensand Verlag GmbH
Druck und Bindung: Smilkov Print Ltd.

Alle Rechte, einschließlich dem des vollständigen oder auszugsweisen Nachdrucks in jeglicher Form, sind vorbehalten.
Dies ist eine fiktive Geschichte. Ähnlichkeiten mit lebenden oder verstorbenen Personen sind rein zufällig und nicht beabsichtigt.

ISBN-13: 978-3-906829-43-2
ISBN-10: 33-906829-43-2

Für die Liebe meines Lebens,
Robert

*Du bist für mich das größte Geschenk.
Möge auf jedes Tief ein Hoch folgen,
das Licht die Schatten vertreiben und
unsere Liebe bis in die Ewigkeit reichen.*

Prolog

Der Sommer meines Lebens

Der rote Sand der Straße wirbelt um mich herum, kitzelt in meiner Nase und legt sich auf meine Haut, während ich mit dem schwarzen Mustang Cabrio der Sonne entgegenjage. Eine Staubwolke bleibt hinter uns zurück und ich trete das Gaspedal noch einmal fester durch. Der Zeiger des Tachometers schwankt bereits vor Belastung, aber ich will die Geschwindigkeit des Wagens noch ein letztes Mal spüren.

Würden wir an einer Polizeistreife vorbeikommen, hätte sie keine Chance, uns einzuholen. Vermutlich würde ich die Sirenen durch das laute Rauschen des Windes nicht einmal hören. Das ist unsere letzte gemeinsame Reise und ich bin es dem Wagen schuldig, sie zu einem würdigen Abschluss zu bringen. Ich bin es Jason schuldig.

Wenn ich mir vorstelle, dass er mich in diesem Moment sehen könnte, legt sich ein zufriedenes Lächeln auf meine Lippen und mein Herz schlägt so heftig gegen meine Brust, dass ich beinahe glaube, er würde direkt neben mir sitzen. Er würde die Arme in die Luft reißen und aus vollem Hals losgrölen.

Ich kenne niemanden, der das Leben mehr genossen hat als er. Hier auf der Route 66 ist die Erinnerung an ihn und den Sommer meines Lebens stärker denn je.

Wenn ich an unser erstes Zusammentreffen denke, kommt es mir vor, als wäre es erst gestern gewesen. Ich kann ihn genau vor mir sehen, mit seinen azurblauen Augen, bei denen ich jedes Mal das Gefühl hatte, in ihnen zu ertrinken. Seinen schönen Lippen, die auf mich nur noch anziehender wirkten, wenn er sie zu einem spöttischen Grinsen verzog. In meiner Nase liegt der Geruch seiner abgewetzten Lederjacke.

Seine Abwesenheit schmerzt immer noch sehr, aber ich habe den weiten Weg nicht auf mich genommen, um zu trauern, sondern um ihm seine letzte Ehre zu erweisen.

Auf der Rückbank liegt einsam die schlichte Urne mit seiner Asche. Ich werde sie über dem Grand Canyon verstreuen und dabei zusehen, wie der Wind sie in alle Himmelsrichtungen davonträgt. Jason hätte es so gewollt.

Er hat genau 50 Tage gebraucht, um mein Leben für immer zu verändern. Und ich bereue nicht eine Sekunde davon. Alles begann im Sommer 1965 …

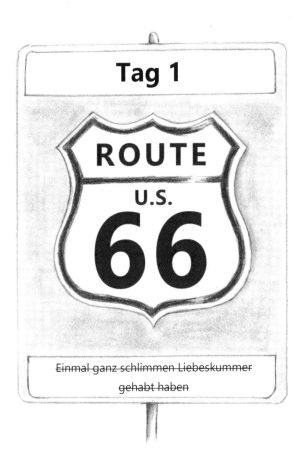

Tag 1

ROUTE U.S. 66

~~Einmal ganz schlimmen Liebeskummer gehabt haben~~

Die Straße zog an mir vorbei, während alles vor meinen Augen zu einem bunten Farbstrudel verschwamm. Tränen verschleierten meinen Blick, doch ich gab mir keine Mühe, sie zu verstecken.

Ich spürte Moms Blick in den Rückspiegel auf mir und wusste, dass ihr schlechtes Gewissen bereits an ihr nagte. Das geschah ihr ganz recht! Dad hingegen versuchte, gute Stimmung zu verbreiten, indem er munter bei *Chapel Of Love* von den Dixie Cups mitsummte.

»Du hast dich bereits das ganze Jahr auf das Sommercamp gefreut, jetzt lass es dir nicht von einem kleinen Streit vermiesen«, sagte er in dem Versuch, mich aufzuheitern, doch damit erzielte er genau das Gegenteil.

Empört schnappte ich nach Luft. »Kleiner Streit?!«, wiederholte ich wütend. »Würdest du es auch als kleinen Streit bezeichnen, wenn du Mom mit deinem besten Freund erwischt hättest?«

Dad schüttelte amüsiert den Kopf. »Das kann man doch gar nicht miteinander vergleichen. Deine Mutter und ich sind seit über zwanzig Jahren verheiratet. Du bist noch jung und wirst dich noch öfter verlieben, als du es an einer Hand abzählen kannst.«

Verletzt und wütend drückte ich meinen Rucksack auf meinem Schoß gegen meine Brust. Konnte oder wollte er mich nicht verstehen?

Ich hatte meine Eltern angefleht, das Sommercamp ausfallen lassen zu dürfen, aber sie hatten sich nicht erweichen lassen. Es war nicht einmal wegen des Geldes, das sie dann umsonst bezahlt hätten, sondern sie waren tatsächlich der Überzeugung, dass man mit ein paar Tagen am Meer den Streit zwischen Katie und mir schlichten könnte und alles wieder wäre wie zuvor. Aber allein die Vorstellung, sechs lange Wochen in Katies Nähe verbringen zu müssen, bereitete mir Magenkrämpfe und Übelkeit.

Noch vor wenigen Tagen wäre ich für meine beste Freundin durchs Feuer gegangen, aber das war gewesen, bevor ich sie auf dem Sommerfest der Schule mit meinem Freund Scott erwischt hatte. Eng umschlungen hatten sie hinter der Turnhalle gestanden und sich gegenseitig die Zunge in den Mund gesteckt. Im ersten Moment hatte ich geglaubt, ich befände mich in einem

Albtraum, und gehofft, dass ich jeden Moment aufwachen würde. Niemals wäre ich auf die Idee gekommen, dass Katie mir so etwas antun könnte.

Wir kannten uns seit der Vorschule und hatten jedes Geheimnis miteinander geteilt. Sie hatte mich sogar noch vor Scott gewarnt. Er sei ein Schwerenöter und könne mir nicht treu sein, hatte sie behauptet. Ich war so verliebt in ihn gewesen, dass mir all die Gerüchte und ihre Warnungen egal gewesen waren. Bei mir würde es anders sein, hatte ich geglaubt. Wie dumm und naiv ich doch gewesen war!

Sie hatten mich nicht einmal bemerkt. Erst als ich aufgebracht zu schreien begonnen hatte, waren sie erschrocken auseinander gesprungen. Während Scott nur entschuldigend mit den Schultern gezuckt und seinen Dackelblick aufgesetzt hatte, war Katie mir entgegengerannt. Wir hatten beide zeitgleich zu weinen begonnen. Sie hatte versucht, sich mir zu erklären, aber ich hatte genug gesehen. Als sie mich am Arm festhalten wollte, hatte ich ihr mit der flachen Hand so fest ins Gesicht geschlagen, dass ich den Knall noch immer in meinen Ohren hören konnte. Ich würde ihren geschockten Blick niemals vergessen. Ungefähr so musste ich ausgesehen haben, als ich sie entdeckt hatte: völlig fassungslos.

Seitdem hatte ich keinen von beiden mehr wiedergesehen. Katie hatte ein paar Mal bei uns zu Hause angerufen, aber ich hatte jedes Mal aufgelegt, nachdem meine Mom mich ans Telefon gerufen hatte. Es war mir völlig egal gewesen, wer dran war, ich wollte mit niemandem sprechen.

Unser Wagen bog auf den großen Parkplatz vor der Schule und ich ließ mich tiefer in die Rückbank sinken. Der große Reisebus war nicht zu übersehen, genauso wenig wie die aufgeregten Menschen, die um ihn herumstanden. Lauter Eltern, die ihre Kinder für das Sommercamp ablieferten.

Katie und ich waren beide siebzehn und es würde unser letztes Jahr im Camp sein. Wir hatten bereits seit dem Winter Pläne geschmiedet und hatten diesen Sommer zu dem besten unseres Lebens machen wollen. Gemeinsam hatten wir eine Liste erstellt, mit hundert Punkten, die wir vor unserem achtzehnten Geburtstag getan oder erlebt haben wollten:

1. Eine Party veranstalten
2. Ohne Eltern in den Urlaub fahren
3. Mit einem Ferienjob selbst Geld verdienen
4. Ein schickes Kleid im Schrank hängen haben
5. Sehnsüchtig beim Auserwählten anrufen und auflegen, wenn er rangeht
...

Katie hatte neben mir gestanden, als ich zum ersten Mal bei Scott angerufen hatte. Sie war genauso nervös gewesen wie ich und hatte laut mit mir gekichert, als er rangegangen war und ich den Hörer erschrocken zurück auf die Gabel geknallt hatte. Wie hatte sie mich nur so verraten können?

Neunundfünfzig Punkte fehlten noch auf meiner Liste, die ich nun wohl nicht mehr vor meinem Achtzehnten erleben würde. Ohne Katie schien die Liste keinen Sinn mehr zu ergeben.

Dad öffnete die Autotür. Ich warf ihm einen flehenden Blick zu. Es war noch nicht zu spät. Wir könnten immer noch wieder in den Wagen steigen und umkehren. Doch er seufzte nur und schüttelte den Kopf. »Soll ich dich wirklich vor allen aus dem Wagen zerren?«, drohte er mir.

Ich stieß ein Knurren aus und stieg mit hängenden Schultern aus dem Auto. Hastig schob ich mir meine Sonnenbrille auf die Nase und schwang den Rucksack auf meinen Rücken.

Obwohl ich mein Bestes tat, um sie zu ignorieren, erkannte ich Katie mit ihren leuchtend blonden Haaren schon aus der Ferne. Sie stand neben ihrer ebenso blonden Mutter und sah in meine Richtung. Ich hasste sie mehr denn je für ihre perfekte Figur. Kein Wunder, dass Scott sie mir vorgezogen hatte.

Im Gegensatz zu Katie schmückten meine Hüften kleine Speckröllchen und auch der eine oder andere Pickel zierte wöchentlich mein Kinn. Mein Haar wuchs in einem langweiligen Braunton und konnte sich nicht entscheiden, ob es wellig oder glatt sein wollte. An manchen Tagen stand mir die eine Hälfte vom Kopf ab, als hätte ich in eine Steckdose gefasst, während die andere Seite schlapp wie Spaghetti herunterhing. Es als widerspenstig zu bezeichnen, traf es wohl am ehesten.

Früher war ich stolz gewesen, mit jemand so Hübschem wie Katie befreundet zu sein. Jetzt verfluchte ich sie dafür. Ich hatte es satt, in ihrem Schatten zu stehen. Neben ihr beachtete mich ohnehin niemand. Alle kannten mich nur als ihr Anhängsel. Katie und ihre Freundin, von der niemand auch nur den Namen wusste. Wir waren immer ein Zweiergespann gewesen – wir gegen den Rest der Welt. Aber damit war nun ein für alle Mal Schluss.

Während meine Eltern Mrs. Fields, Katies Mutter, freundlich zuwinkten, drängte ich mich an ihnen und all den anderen Wartenden vorbei und stieg als Erste in den Bus. Ich setzte mich in eine der hinteren Reihen und zog das Buch *Der Zauberer von Oz* von Lyman Frank Baum aus meiner Tasche. Ich versuchte, mich auf den Text zu konzentrieren, aber verstand kein Wort von dem, was ich las.

Plötzlich klopfte jemand gegen die Fensterscheibe und ich zuckte erschrocken zusammen. Dad bedeutete mir, dass ich aus dem Bus steigen sollte, um mich von ihm und Mom zu verabschieden, doch ich schüttelte nur den Kopf und hob mein Buch erneut vor mein Gesicht. Ich konnte seinen enttäuschten Blick förmlich auf mir spüren, während die anderen Schüler nach und nach in den Bus stiegen. Weder er noch Mom hatten das Recht, beleidigt zu sein. Sie zwangen mich gegen meinen Willen, ins Sommercamp zu fahren, dann brauchten sie sich auch nicht zu wundern, wenn ich nicht bereit war, mich von ihnen zu verabschieden.

Je mehr Menschen sich in den Bus drängten, umso lauter wurde es. Als Katie einstieg, bemerkte ich, wie sie nach mir Ausschau hielt, und tat so, als wäre ich völlig in mein Buch vertieft. Ich wartete darauf, dass sie die Dreistigkeit besitzen würde, sich neben mich zu setzen, doch sie nahm weiter vorn neben einem schwarzhaarigen Mädchen aus unserer Parallelklasse Platz. Im Gegensatz zu mir fiel es ihr nicht schwer, neue Freundschaften zu schließen.

Kurz bevor sich der Bus in Bewegung setzte, ließ sich neben mir ein Junge nieder. Er kaute so laut Kaugummi, dass ich bereits nach fünf Minuten wusste, dass mich das Geräusch wahnsinnig machen würde, wenn ich es während der ganzen Fahrt ertragen müsste.

Der Bus rollte vom Parkplatz und in meinem Hals machte sich ein dicker Kloß breit. Es gab kein Zurück mehr. Das würde der schlimmste Sommer meines Lebens werden und ich wusste nicht wie ich diesen überstehen sollte.

Wir ließen Chicago hinter uns und fuhren auf den Highway. Obwohl wir erst seit wenigen Minuten unterwegs waren, verspürte ich ein Gefühl von Platzangst, das mir völlig neu war. Das Lachen und die aufgeregte Stimmung der anderen engten mich ein. Ihre Stimmen erschienen mir zu laut und zu fröhlich, ihre Bewegungen zu hektisch.

Ich versuchte, mich auf mein Buch zu konzentrieren, doch es war fast unmöglich. Am liebsten hätte ich mir beide Hände auf die Ohren gepresst und laut zu schreien begonnen. Immer wieder wanderte mein Blick zu Katies Sitzreihe, als würden meine Augen magnetisch von ihr angezogen werden. Die meiste Zeit schaute sie aus dem Fenster, doch einmal sah ich sie mit dem Mädchen neben sich über irgendetwas kichern. Dieser Anblick versetzte mir einen Stich ins Herz.

Sie konnte lachen, während mir nur zum Heulen zumute war. Fehlte ich ihr denn gar nicht? Ihr sollte es schlecht gehen, immerhin hatte SIE den unverzeihlichen Fehler gemacht, meinen Freund zu küssen. Am Ende würde es aber so aussehen, dass ich den ganzen Sommer beleidigt schmollte und mich allein in eine Ecke verzog, während sie sich prächtig amüsierte – ohne mich.

Ich biss mir auf die Unterlippe und ließ mich noch tiefer in meinen Sitz sinken. Warum war ich nicht mutiger?

Nach drei Stunden Fahrt legte der Bus den ersten Stopp ein und fuhr auf einen kleinen Rastplatz. Wir würden insgesamt zehn Stunden zum Camp unterwegs sein und sieben endlos lange, zehrende Stunden lagen noch vor mir. Ich hatte keine Ahnung, wie ich das aushalten sollte. Bereits jetzt dröhnte mir der Kopf, als hätte ich direkt neben einer Lautsprecherbox gesessen.

Die anderen stürmten aus dem Bus, als gäbe es draußen etwas umsonst. Ich wäre am liebsten sitzen geblieben, doch die Betreuer scheuchten mich mit den Worten *Schnapp etwas frische Luft und vertritt dir die Beine* ins Freie.

Ich trat aus dem Schatten des Busses und hielt eine Hand über meine Augen, um sie vor der Sonne zu schützen. Die Hitze brachte den Asphalt zum Flimmern. Weit und breit war keine Stadt in Sicht, nur ausgetrocknete Felder und verdorrte Sträucher. Es war mit Abstand der heißeste Sommer seit Jahren.

Ich schob mir meine Sonnenbrille auf die Nase und fasste in meine Hosentasche, um nach meinem Portemonnaie zu greifen. Vielleicht würde mein Kleingeld noch für eine kühle Limo reichen. Den Hundertdollarschein, den meine Eltern mir mitgegeben hatten, wollte ich noch nicht anbrechen.

Plötzlich räusperte sich jemand neben mir. Ich erstarrte in meiner Bewegung und holte tief Luft, bevor ich mich mit herausforderndem Gesichtsausdruck zu Katie umdrehte. »Ist irgendetwas?«, blaffte ich sie an.

Sie hatte ihr blondes Haar zu einem Pferdeschwanz hochgebunden und blinzelte gegen die Sonne an. »Hast du Veronicas Rock gesehen? Sie erinnert mich darin irgendwie an ein Kaubonbon«, scherzte sie mit verlegenem Grinsen. Ich kniff meine Augen zusammen und fragte sie stumm: *Ist das dein Ernst?*

Wir sahen uns einen Moment an, bevor mir einfiel, dass sie meine Augen durch die Sonnenbrille nicht erkennen konnte. Aber dachte sie wirklich, es wäre so einfach? Erst spannte sie mir den Freund aus, dann machte sie einen dummen Scherz und alles war wieder wie zuvor? Das konnte sie nicht ernst meinen.

»Kannst du eigentlich auch noch etwas anderes, als über unsere Mitschüler zu lästern?«, entgegnete ich kühl.

Noch vor wenigen Tagen hätte ich ihr sofort begeistert zugestimmt und wir hätten uns kringelig darüber gelacht. Mir war Veronicas Rock auch nicht entgangen. Er war rosa und weit ausgestellt, sodass man sie darin kaum übersehen konnte. Ich hatte jedoch nicht darüber lachen können, da ich zu sehr mit mir und meinem Schmerz beschäftigt war.

Katie ließ traurig die Schultern hängen und seufzte. »Jade, ich wollte einfach nur irgendetwas sagen, um mit dir ein Gespräch beginnen zu können«, gestand sie mir nun betrübt.

»Wie wäre es mit einer Entschuldigung?«, fauchte ich sie wütend an.

»Würde das denn wirklich etwas ändern? Ich weiß, dass ich dich sehr verletzt habe und es nichts gibt, was ich tun oder sagen könnte, um es wiedergutzumachen. Aber ich hoffe trotzdem, dass du mir irgendwann verzeihen kannst.«

Ihr Bedauern erfüllte mich mit Genugtuung. Es war schlimm genug, dass sie beinahe eine ganze Woche gebraucht hatte, um sich überhaupt zu entschuldigen. Trotzdem war ich nicht bereit, zu vergeben. Noch nicht. Sie hatte mein Vertrauen von Grund auf zerstört.

»Seid ihr jetzt zusammen?«, fragte ich sie herausfordernd. Ihre Antwort würde nichts ändern, aber ich wollte, nein, ich musste es dennoch wissen.

»Du weißt doch, dass Scott den Sommer über mit seiner Band unterwegs ist«, antwortete Katie.

»Und danach?«

»Mal sehen.« Sie zuckte unsicher mit den Schultern.

Vor der Sache mit Katie war meine größte Angst gewesen, dass Scott sich auf seiner Tour in eine andere verlieben könnte. Zumindest darüber brauchte ich mir nun keine Sorgen mehr zu machen. Unsere Beziehung hatte ja nicht einmal bis zu den Ferien gehalten.

»Mach dir keine zu großen Hoffnungen«, sagte ich mit der Absicht, sie zu verletzen. »Du hast selbst gesagt, dass er nicht treu sein kann«, erinnerte ich sie.

Scott war bereits zwanzig Jahre alt und als selbsternannter Musiker lernte er regelmäßig neue Mädchen kennen. Allein in Joliet kannten wir mindestens zehn, die schon einmal etwas mit ihm gehabt hatten. Aus irgendeinem Grund hatte ich angenommen, dass es bei mir anders sein würde. Es lag nicht daran, dass er mir jedes Mal ins Ohr geflüstert hatte, dass ich etwas ganz Besonderes sei, bevor wir uns geküsst hatten, und auch nicht daran, dass er behauptet hatte, seinen neusten Song nur für mich geschrieben zu haben, sondern ich hatte es einfach so sehr glauben wollen. Ich wollte etwas Besonderes sein und ich wollte die Eine sein, die ihn für immer veränderte.

Ich konnte sehen, wie meine Worte sie verletzten und sie versuchte, es sich nicht anmerken zu lassen, indem sie die Schultern straffte und mir in die Augen sah. »Du bist mir wichtiger als Scott.«

Ich schüttelte herablassend den Kopf und murmelte »Das habe ich gemerkt«, als ich an ihr vorbeiging.

Sie lief mir nach. »Du bist mir wichtiger als jeder andere. Wir sind beste Freundinnen.«

Wütend fuhr ich zu ihr herum und brüllte: »Warum hast du es dann kaputt gemacht? Konntest du nicht ertragen, dass mich einmal im Leben jemand dir vorzieht?« Tränen quollen aus meinen Augen und kullerten unter der Sonnenbrille hervor über meine Wangen.

Katie hob beschwichtigend ihre Arme. »Wenn ich könnte, würde ich es ungeschehen machen.«

»Kannst du aber nicht«, presste ich zwischen meinen Zähnen hervor und ließ sie damit stehen.

Ich ärgerte mich nicht nur über sie, sondern vor allem über mich selbst, weil ich sie meine Tränen hatte sehen lassen.

Eilig stieß ich die Tür zu dem kleinen Laden der Tankstelle auf. Eine Glocke vermeldete klingelnd mein Eintreten, doch niemand schien Notiz von mir zu nehmen, was ich in diesem Moment auch sehr bevorzugte. Rund fünfzehn andere Jugendliche drängten sich laut schnatternd um die Regale. Ich war froh über die Sonnenbrille, die meine Augen verbarg, trotzdem senkte ich den Kopf und schlich an den anderen vorbei bis zu der Kühltruhe mit den Limodosen. Zwei andere Mädchen standen daneben. Ihre Blicke waren zu den Zapfsäulen gerichtet.

»Er hat so etwas Verwegenes, Rebellisches«, flüsterte eine der beiden.

»Wie Johnny Cash«, stimmte ihr die andere kichernd zu.

Neugierig hob ich den Kopf und folgte ihren Blicken zu einem schwarzen Mustang Cabrio. Die Motorhaube war geöffnet und ein junger Mann beugte sich in den Motorraum, um scheinbar etwas zu überprüfen oder zu reparieren.

»Er könnte Jeanswerbung machen«, lachte eines der Mädchen neben mir und beide musterten ungeniert den, zugegeben, knackigen Hintern des Mannes.

Als er wieder aus dem Motorraum auftauchte und in unsere Richtung sah, drehten beide sich sofort kichernd und mit geröteten Wangen weg. Sein Blick schien sich in meine Augen zu bohren. Er hatte eine Glatze, was ihn irgendwie gefährlich erscheinen ließ, doch sein Gesicht wirkte freundlich, obwohl er sich große Mühe gab, mich wütend anzufunkeln. Er war jünger, als ich gedacht hätte, vielleicht nur ein paar Jahre älter als ich.

Erst als er die Motorhaube laut zuknallte und in Richtung des Ladens kam, senkte ich verlegen den Blick und tat so, als sei die Auswahl der Getränkedosen äußerst interessant. Ich spürte, wie er an mir vorbeitrat und sich in die Schlange vor der Kasse einreihte. Wahllos schloss ich meine Finger um eine der Dosen und stellte mich hinter ihm an. Er trug eine Lederjacke, aus deren Tasche ein weißes Tuch mit Flecken von schwarzem Maschinenöl hing.

Als er dran war, fragte der Tankwart: »Alles okay mit dem Wagen?«

»Es ist der Keilriemen, hast du einen da?«, antwortete der Fremde. Seine Stimme hatte einen toughen und selbstbewussten Klang, so als ob er sich von niemandem etwas gefallen lassen würde.

»Muss ich erst nachsehen. Warte, bis die Schulklasse weg ist, dann kümmere ich mich darum«, sagte der Mann hinter der Kasse freundlich. Er trug eine grüne Latzhose und hatte einen dichten, dunklen Bart. Auf seinen nackten Unterarmen waren Tattoos zu erkennen.

Der junge Mann reagierte genervt. »Ich brauche keine Hilfe, sondern nur einen Keilriemen. Einbauen kann ich ihn schon selbst. Also, hast du einen da oder nicht?«

Der Tankwart musterte ihn misstrauisch. Schließlich antwortete er: »Entweder wartest du, bis ich Zeit habe, im Lager nachzusehen, oder du bastelst dir deinen Keilriemen selbst. Ich kann den Laden nicht allein lassen, solange es so voll ist.«

Wütend trat der Fremde beiseite und knurrte etwas, das ich nicht verstand. Seine Hände waren zu Fäusten geballt. Ich stellte meine Dose auf den Tresen und legte dem Mann das Kleingeld in die geöffnete Handfläche.

Plötzlich meldete sich der fremde Mann erneut zu Wort. »Verkaufst du mir eine Packung Zigaretten? Irgendwie muss ich mir ja die Zeit vertreiben.«

Der Tankwart schüttelte amüsiert den Kopf und griff hinter sich nach den Zigaretten. »Hast du es eilig oder was?«

Ich trat mit meiner Limo zurück und ging an dem jungen Mann vorbei, als ich ihn antworten hörte: »Ich will über die Route 66.«

Wann immer ich irgendwo jemanden von der Route 66 sprechen hörte, dachte ich automatisch an ein Gefühl der Freiheit und Unabhängigkeit, Abenteuer und prasselnde Lagerfeuer in lauen Sommernächten.

»Geh aber zum Rauchen ein Stück beiseite«, bat der Verkäufer, als er dem Mann die Zigaretten überreichte. Dieser nickte und drängte sich an mir vorbei aus dem Laden. Ich sah ihm neugierig nach. Was war in seinem Leben nur passiert, dass er sich dazu entschlossen hatte, allein die Route 66 entlangzufahren? War das eine Art Selbstfindungstrip? Hatte ihn seine Freundin vielleicht verlassen?

Er schlenderte an seinem Wagen vorbei und zog eine Zigarette aus der Packung. Sobald er an der Straße stand, zündete er sich diese an. Unruhig tippte er mit seinem rechten Fuß auf und ab, während er einen tiefen Zug nahm. Die Tankstelle lag in seinem Rücken, sodass er nicht sehen konnte, wie ich mich dem Auto näherte. Im Fußraum vor dem Beifahrersitz lagen leere Coladosen und die Papierverpackung eines Schnellrestaurants. Zigarettenstummel füllten den Aschenbecher. Auf dem Rücksitz befanden sich achtlos hingeworfen ein Schlafsack sowie ein großer Rucksack.

Als ich mich erneut zur Tankstelle umdrehte, bemerkte ich, dass die anderen Jugendlichen bereits alle zum Bus zurückgekehrt waren. Der Tankwart schloss gerade die Tür ab und hing ein Geschlossen-Schild ins Fenster, bevor er im hinteren Teil des Ladens verschwand.

Mein Herz begann heftig zu klopfen, als ich mir vorstellte, wie ich auf den Rücksitz kletterte und mich unter dem Schlafsack versteckte. Niemand würde mich bemerken und ich könnte, sobald der Fremde das nächste Mal hielt, unbemerkt aussteigen. Per Anhalter würde ich durch das ganze Land reisen – ein Roadtrip. Mehr Abenteuer ging kaum!

Eigentlich war ich ein Mädchen, das Spontaneität absolut verabscheute. Ich mochte es, wenn alles gut durchdacht und organisiert war, aber viel gebracht hatte es mir bisher trotzdem nicht. Mir blieb die Wahl zwischen einem Sommer in einem Camp mit anderen Jugendlichen und Katie, die ich am liebsten nie wiedersehen würde, und einer Reise, deren Verlauf und Ausgang völlig ungewiss war. Mir könnte das Geld ausgehen, ich könnte mitten in der Nacht allein in der endlosen Weite der Prärie stehen oder ich könnte an die falschen Leute geraten. Aber das alles verdrängte ich, als ich meinen Rucksack in den Wagen legte und hinterher kletterte, mich flach auf die Rückbank kauerte und den Schlafsack über mich warf.

Ich konnte selbst kaum glauben, was ich tat. Es war verrückt! Absolut wahnsinnig! Mein Kopf schrie *Steig aus!*, aber ich blieb mit wild klopfendem Herzen, wo ich war. Abenteuer erlebte man nicht, indem man alles plante. Nur wer bereit war, ein Risiko einzugehen, konnte auch etwas gewinnen.

Ich hörte gedämpft durch den dicken Stoff des Schlafsacks, wie sich Schritte dem Wagen näherten und die Motorhaube geöffnet wurde.

»Bist du dir sicher, dass du keine Hilfe brauchst?«, fragte der Tankwart mit seiner netten Stimme.

Die Antwort des jungen Mannes war nicht zu hören, doch kurze Zeit später wurde die Haube bereits wieder geschlossen und eine Autotür geöffnet. Ich hielt den Atem an, obwohl ich wusste, dass er mich nicht sehen konnte. Scheinbar endlose Sekunden vergingen, bis der Motor gestartet wurde und sich der Wagen endlich in Bewegung setzte. Mein Herz rutschte mir in die Hose. Das war meine letzte Chance, auszusteigen und zurück zum Bus zu laufen. Vielleicht war mein Fehlen noch nicht einmal bemerkt worden. Es würde einige Zeit dauern, bis alle eingestiegen waren, und vielleicht vergaßen die Betreuer sogar, durchzuzählen.

Aber ich biss die Zähne aufeinander und drückte mich tiefer in das weiche Lederpolster. Ich wollte einer dieser mutigen Menschen aus den Filmen sein, die ihr Leben selbst in die Hand nahmen und es nicht andere für sich regeln ließen.

Etwa die erste Stunde konnte ich vor Aufregung kaum still liegen, mein Herz raste und meine Hände schwitzten. Ich versuchte abzuschätzen, wie viel Zeit bereits vergangen war, verbot mir aber, auf die Uhr zu blicken. Dafür hätte ich mich bewegen müssen und mich dabei sicher durch das Rascheln des Schlafsacks zu erkennen gegeben. Vermutlich hätte der Mann es jedoch nicht einmal gehört, denn er hatte das Radio voll aufgedreht. The Animals dröhnten aus den Lautsprechern. Also versuchte ich, ruhig zu bleiben, und während ich mich langsam entspannte, schloss ich die Augen und dämmerte ein.

Als ich das nächste Mal aufwachte, waren wir immer noch unterwegs. Mein Hals fühlte sich trocken an und ich hätte gern einen Schluck aus meiner Wasserflasche, die in meinem Rucksack steckte, genommen. Zudem schmerzte langsam mein Nacken von der unbequemen Haltung auf der Rückbank. Mir kam es vor, als würde mir langsam die Luft unter dem Schlafsack ausgehen. Irgendwann mussten wir doch noch einmal anhalten, der Typ würde doch auch mal pinkeln müssen.

Meine Nase begann zu jucken. Das tat sie immer dann, wenn es am unpassendsten war, zum Beispiel wenn ich meine Nägel frisch lackiert hatte oder meine Hände tief in einem Kuchenteig steckten. So auch jetzt. Vorsichtig zog ich meine Hand höher und hielt jedes Mal inne, als der Schlafsack raschelte, und sei es noch so leise. Erneut breitete sich Nervosität in mir aus. Gerade als meine Hand fast in Reichweite meiner Nase war, spürte ich, wie sich ein Niesen anbahnte. Ich biss mir auf die Lippen und kniff die Augen zusammen, doch ich war machtlos. *Hatschi!*

Ich glaubte, mein Herz noch nie zuvor so schnell schlagen gespürt zu haben, und hielt die Luft an. Zuerst passierte gar nichts, doch dann hielt der Wagen so abrupt, dass ich von der Rückbank flog und gegen die Vordersitze knallte. Ein erschrockenes Keuchen verließ meine Kehle und bereits im nächsten Augenblick wurde der Schlafsack von meinem Körper gerissen. Der junge Mann starrte mich mit vor Entsetzen geweiteten Augen an. Erst ungläubig, als sei ich ein Geist, doch dann verfinsterte sich sein Blick und er stieß ein wütendes »Nein!« aus.

Er drehte sich zurück zur Straße und hämmerte auf sein Lenkrad ein. »Nein. Nein! Nein!!!«, brüllte er, bevor er ruckartig die Tür aufstieß und den Vordersitz nach vorn schlug.

»Steig aus! Sofort!«, wies er mich grob an.

Ich presste meinen Rucksack vor meine Brust und schüttelte ängstlich den Kopf. »Lass mich doch …«, setzte ich an, doch er hob die Hand und zeigte mir deutlich, dass ihn meine Erklärungen nicht interessierten, nicht im Geringsten.

»Steig aus! Jetzt!«, brüllte er erneut, wobei sein gesamter Körper vor Wut nur so bebte.

Zögerlich setzte ich einen Fuß aus dem Wagen auf den sandigen Boden und folgte seiner Anweisung. Sobald ich samt meinem Rucksack außerhalb des Wagens stand, sprang der Mann wieder in sein Auto und schlug die Fahrertür mit lautem Knall zu. Panik ergriff mich. Er konnte mich doch nicht einfach hier im Nirgendwo zurücklassen.

Eilig stellte ich mich neben ihn. »Bitte nimm mich nur bis zur nächsten Raststätte mit«, flehte ich ihn verzweifelt an, doch er schien taub für meine Worte, beachtete mich nicht mit einem Blick und startete den Motor.

Das Auto machte einen Satz und sauste davon. Der Sand wirbelte auf und brachte mich zum Husten. Alles, was ich von dem Mustang zu sehen bekam, war seine Staubwolke, als er die Straße hinunterbretterte. Der Mann gab Gas, als habe er Angst, dass ich ihn sonst einholen könnte. Ich sah ihm fassungslos nach. Erst als er am Horizont verschwunden war, wagte ich, mich umzusehen.

Nichts.

Ich stand auf einer Straße, in der es weit und breit nichts außer rotem Sand gab. Ein Kloß bildete sich in meinem Hals und Tränen kullerten ungehindert über meine Wangen. Am liebsten hätte ich mich auf den Boden gesetzt und laut zu schluchzen begonnen wie ein kleines Kind.

Was hatte ich mir nur dabei gedacht? Selbst wenn die Betreuer mein Fehlen bereits bemerkt hatten, würde es ewig dauern, bis sie mich finden würden. Niemand wusste, was passiert war. Vielleicht dachten sie, ich wäre entführt worden. Das würde zumindest die Suche der Polizei beschleunigen, trotzdem würden sie nicht wissen, in welcher Richtung sie zu suchen beginnen sollten.

Ich konnte nur darauf hoffen, dass bald ein Wagen vorbeikommen würde, der mich bis zur nächsten Tankstelle mitnahm, damit ich meine Eltern von dort aus anrufen konnte. Wie demütigend! Ich hatte ein Abenteuer erleben wollen und stattdessen hatte ich nur bewiesen, dass ich allein zu nichts zu gebrauchen war. Ich würde den ganzen Sommer über Hausarrest bekommen und vermutlich nie wieder allein das Haus verlassen dürfen. Ade, Freiheit!

Ich begann, die Straße in die Richtung entlangzulaufen, in die der Mustang davongerast war. Die Sonne stand bereits nicht mehr so hoch am Himmel und hüllte die Ebene in ein goldenes Licht. Mit der Hand tastete ich auf meinen Kopf, um mir die Sonnenbrille auf die Nase zu schieben, doch sie war nicht mehr da. Ich musste sie im Auto verloren haben.

Traurig presste ich meine Lippen aufeinander. Diese Brille war perfekt gewesen. Sie hatte ein weißes Gestell und Gläser, die so tiefschwarz waren, dass man meine Augen dadurch nicht erkennen konnte. Katie und ich hatten sie im letzten Sommer gekauft. Sie hatte ein ähnliches Modell, nur war ihr Gestell rot. An meiner Pinnwand zu Hause hing über dem Schreibtisch immer noch ein Foto von uns mit den beiden Brillen und Lutschern im Mund.

Zum ersten Mal erlaubte ich mir, einzugestehen, dass ich Katie und unsere Freundschaft wirklich vermisste. Wenn sie mit mir hier wäre, würde ich mich stärker fühlen und hätte sicher nicht wie ein Angsthase zu weinen begonnen.

Bereits nach wenigen Metern hatten sich meine weißen Turnschuhe von dem Sand rot verfärbt, ohne dass ein Auto vorbeigekommen wäre. Was, wenn vor Sonnenuntergang keines mehr kam? Was, wenn ich die Nacht völlig allein auf der Straße verbringen müsste? Ich hatte nicht einmal eine Jacke dabei. Ich verbot mir, länger darüber nachzudenken, und lief mit gesenktem Kopf immer weiter.

Plötzlich hörte ich Motorengeräusche. Aufgeregt hob ich den Kopf und sah, wie sich eine Staubwolke in meine Richtung bewegte. Ich erstarrte und fragte mich, wie ich je daran hatte denken können, zu trampen. Bereits jetzt fürchtete ich mich vor dem Fremden, der sich mir näherte. Es war ein schwarzer Wagen und erst als er nur noch wenige Meter entfernt war, dachte ich daran, meine Hand mit erhobenem Daumen rauszustrecken.

Mir schlug das Herz vor Nervosität und Angst bis zum Hals. Das Auto wurde langsamer und ich erkannte, dass es ein schwarzes Mustang Cabrio war. Erleichterung durchflutete mich und ein Lächeln legte sich auf meine Lippen, welches ich mir jedoch eilig verkniff, als das Auto auf der anderen Straßenseite hielt. Ich überquerte den Asphalt, als wäre der Fahrer ein alter Bekannter von mir und ich hätte nur auf ihn gewartet.

»Danke, dass du zurückgekommen bist«, sagte ich schüchtern zu dem jungen Mann, der mich musterte, als habe er jemanden so Eigenartiges wie mich noch nie zuvor gesehen.

»Was sollte das?«, fragte er mich harsch, ohne aus seinem Wagen zu steigen oder mir anzubieten, mich neben ihn zu setzen.

Unschlüssig stand ich neben der Fahrertür und sah auf meine Füße. Was sollte ich sagen? *Ich wollte ein Abenteuer erleben*, hörte sich selbst für mich nun kindisch und dumm an. Also zuckte ich nur mit den Schultern.

»Wo willst du hin?«, fragte er weiter, dieses Mal weniger wütend, mehr neugierig.

»Nur zum nächsten Rastplatz«, antwortete ich und wagte es, ihm wieder ins Gesicht zu blicken. Seine Augen waren von einem strahlenden Azurblau.

»Und dann?«, wollte er verständnislos wissen.

»Ich weiß nicht, dann sehe ich weiter.«

Sein Blick verharrte unschlüssig auf meinem Gesicht, doch plötzlich schien er sich an mich zu erinnern und fragte: »Du gehörst zu der Reisegruppe von der Tankstelle, richtig?«

Ich nickte.

»Wie alt bist du?«

»Achtzehn«, behauptete ich. Wenn er hörte, dass ich noch minderjährig war, würde er mich nur direkt an der nächsten Polizeiwache abliefern.

Seine Stirn legte sich misstrauisch in Falten. »Zeig mir deinen Ausweis«, forderte er.

»Der ist im Bus.«

Erneut scannte er mein Gesicht, um zu überprüfen, ob er mir glauben konnte, bevor er kühl erwiderte: »Du bist nie im Leben achtzehn. Höchstens sechzehn!«

Empört schnappte ich nach Luft und verschränkte beleidigt die Arme vor der Brust. »Du siehst auch nicht aus wie einundzwanzig«, konterte ich schnippisch.

Zum ersten Mal erschien auf seinem Gesicht so etwas wie ein schiefes Grinsen und er stieß mir die Beifahrertür auf. »Wer hat gesagt, dass ich einundzwanzig bin?«

Erleichtert lief ich um das Auto und ließ mich in das weiche Leder des Sitzes sinken. »Bist du nicht?«, fragte ich überrascht.

»Nein, ich bin neunzehn. Aber daran, dass du mein Auto nicht gestohlen hast, sondern dich nur wie ein blinder Passagier reingeschmuggelt hast, merke ich, dass du nicht einmal siebzehn sein kannst.« Er startete den Motor und wendete den Wagen.

»Ich wollte nur keine Straftat begehen, das ist alles«, verteidigte ich mich und ärgerte mich gleichzeitig darüber, dass meine Eltern mich mit dem Führerschein aufs nächste Jahr vertröstet hatten. Er hatte recht, wenn ich fahren könnte, hätte ich vermutlich das Auto meiner Eltern geklaut und wäre erst gar nicht in diesen blöden Bus eingestiegen.

Was ich gesagt hatte, schien ihn zu belustigen, doch er fragte zu meiner Erleichterung nicht weiter nach.

Erst als es bereits dunkel wurde, erreichten wir die nächste Tankstelle. Doch in dem Ladenlokal brannte kein Licht. Der junge Mann, dessen Namen ich nach wie vor nicht wusste, stieg ungehalten aus und schaute durch die verstaubten Fensterscheiben in das Ladeninnere, während ich im Auto wartete. Schon von außen war zu erkennen, dass hier schon lange niemand mehr gewesen war und so bald auch niemand kommen würde. Die Regale im Laden waren alle leer. Ich wusste nicht, was der Mann sich erhoffte, zu entdecken. Vielleicht ein Telefon? Der Strom war sicher schon längst abgestellt.

Als er mit den Händen in den Hosentaschen zurückkam, lag ein vorwurfsvoller Ausdruck auf seinem Gesicht, so als ob es meine Schuld wäre, dass es die Tankstelle nicht mehr gab. Er setzte sich hinters Steuer, schlug geräuschvoll die Autotür zu, aber startete den Motor nicht.

So saßen wir stumm einige Minuten nebeneinander, bis ich die drückende Stille nicht länger aushielt und fragte: »Und jetzt?«

»Ich sollte dich einfach hier stehen lassen«, knurrte er schlecht gelaunt.

Eigentlich hätten mich seine Worte ängstigen sollen, doch er war schon einmal meinetwegen zurückgekommen und da war es noch hell gewesen. Er würde mich nun erst recht nicht in der Nacht an einer verlassenen Tankstelle zurücklassen.

»Was würdest du jetzt tun, wenn ich nicht dabei wäre?«, fragte ich ihn, ohne auf seinen Vorwurf einzugehen.

»Ich hätte bereits vor Stunden mein Zelt am Straßenrand aufgeschlagen«, sagte er und fügte dann missbilligend hinzu: »Jetzt sehe ich nicht mehr genug, um das Zelt aufzubauen.«

»Hast du keine Taschenlampe?«

»Doch, aber das Licht wird nicht reichen.«

Ich zog meine Augenbrauen hoch. »Hast du denn noch nie ein Zelt aufgebaut? So schwer ist das nicht«, zog ich ihn mit frechem Grinsen auf.

Er sah mich einen Augenblick lang unschlüssig an, bevor er den Motor startete und losfuhr. Nachdem wir einige Zeit gefahren waren, fuhr er rechts ran und bremste. Wortlos stieg er aus dem Mustang und öffnete die Kofferraumklappe.

Ich folgte ihm ungefragt. Im Kofferraum lagen ein neues Zelt, mehrere Getränkedosen und Flaschen sowie verschiedene Konserven.

Er griff nach einer Taschenlampe und drückte mir das Zelt in die Arme. »Jetzt zeig mal, ob du deiner großen Klappe auch Taten folgen lassen kannst.« Sein Tonfall war herausfordernd, aber dabei nicht unfreundlich.

Mit erhobenem Kopf stapfte ich ein Stück von der Straße weg, hinein in die Ebene. Er folgte mir mit der Taschenlampe. Das Zelt steckte noch in seiner Originalverpackung, die nicht einmal geöffnet worden war.

Während ich alle Teile auf dem sandigen Boden ausbreitete, fragte ich: »Seit wann bist du schon unterwegs?«

»Heute Morgen aufgebrochen«, murmelte er und leuchtete auf die Bauanleitung.

Als Kind war ich oft mit meinem Dad für ein paar Tage in die Berge zum Angeln gefahren. Wir hatten dann immer im Zelt geschlafen und als ich etwas älter war, hatte ich im Sommer oft mit Katie in dem kleinen Waldstück hinter dem Haus ihrer Eltern gecampt. Ich konnte also behaupten, dass ich eine gewisse Erfahrung im Aufbau von Zelten besaß. Es fiel mir nicht schwer, die einzelnen Teile zusammenzusetzen.

»Warum bist du allein unterwegs?«, wollte ich neugierig wissen.

Doch er antwortete mir mit einer Gegenfrage: »Was treibt einen dazu, sich bei einem Fremden im Auto zu verstecken?«

Ich wollte ihm weder von Katie noch von Scott erzählen, deshalb schwieg ich. Als das Zelt fertig aufgebaut war, stemmte ich meine Hände in die Hüften und betrachtete zufrieden mein Werk. Erwartungsvoll sah ich zu meinem Begleiter, doch er schenkte weder mir noch dem Zelt weitere Aufmerksamkeit. Stattdessen ging er zurück zum Wagen und holte den Schlafsack heraus.

Nachdem ich nun still dastand, breitete sich auf meinen Armen eine Gänsehaut aus. Es war kühl geworden und mein Magen knurrte. »Ich habe das Zelt aufgebaut, nun bist du mit dem Lagerfeuer dran«, setzte ich an, doch der Mann schüttelte nur amüsiert den Kopf.

»Wenn du ein Lagerfeuer mit Marshmallows haben willst, hättest du bei deiner Reisegruppe bleiben sollen.«

Ich verschränkte gekränkt meine Arme vor der Brust. »Wie willst du denn ohne Lagerfeuer die Konserven erwärmen?«

Er zog eine Tüte aus seiner Jacke und schmiss sie mir zu. Ich schaffte es gerade noch, sie aufzufangen. Trockenfleisch. Angewidert verzog ich das Gesicht.

»Wenn du dich damit nicht zufriedengibst, hast du auch keinen wirklichen Hunger«, erwiderte er schulterzuckend, riss sich selbst eine Tüte auf und stopfte sich eine Handvoll Fleischstreifen in den Mund, die er mit einem Schluck aus einer Bierdose runterspülte.

Mit spitzen Fingern zog ich selbst einen Streifen aus der Tüte und kaute darauf herum.

Er reichte mir das Bier, doch als ich danach greifen wollte, zog er es tadelnd zurück. »Kein Alkohol für Minderjährige.«

»Du bist selbst noch keine einundzwanzig«, erwiderte ich genervt und trank stattdessen den letzten Schluck aus meiner Wasserflasche.

»Mein Bier, meine Regeln«, entgegnete er mit schelmischem Grinsen und krabbelte ins Zelt.

Zögernd blieb ich davor stehen. Mir war mittlerweile nicht nur kühl, sondern richtig kalt, sodass ich zitterte. Ich hatte noch nie die Nacht allein mit einem Jungen verbracht. Scott hatte es zwar mehr als einmal darauf angelegt, aber ich war jedes Mal standhaft genug gewesen, um spätestens um zweiundzwanzig Uhr wieder zu Hause zu sein. Meine Eltern hatten sich nicht beklagen können. Ich hielt mich an jede ihrer Regeln, hatte gute Noten und tat alles, was sie von mir verlangten. Jedenfalls war das bisher so gewesen. Nun war ich abgehauen und stand mitten in der Prärie mit einem Fremden, der nicht nur rauchte, sondern auch noch Bier trank. Sie wären total entsetzt gewesen.

»Was ist los? Willst du die Nacht im Freien verbringen?«, rief er von innen und fügte dann frech hinzu: »Ich fasse dich schon nicht an!«, sodass ich mir blöd vorkam.

Natürlich würde er mich nicht anfassen. Ich war keine Schönheit, der die Jungs hinterherliefen. Für ihn war ich wahrscheinlich ohnehin nur ein lästiges Anhängsel und er freute sich bereits darauf, mich am nächsten Morgen wieder loszuwerden.

Ich tastete mich blind ins Zelt und legte mich mit so viel Abstand wie möglich zu ihm flach auf den Boden. Plötzlich raschelte es und im nächsten Moment spürte ich den seidigen Stoff des Schlafsacks über mir.

»Was ist mit dir?«, fragte ich ihn überrascht.

»Mir ist nicht kalt, aber wenn du die ganze Nacht mit den Zähnen klapperst, bekomme ich kein Auge zu«, behauptete er.

Ich hüllte mich dankbar in den Schlafsack und ein warmes Gefühl breitete sich in meinem Inneren aus. Meine Menschenkenntnis hatte mich nicht getäuscht. Der junge Mann war deutlich netter, als er aussah.

»Danke«, sagte ich und dachte daran, was Katie und alle anderen aus meiner Schule für Augen machen würden, wenn sie mich nun in diesem Zelt neben diesem verwegenen Typen liegen sehen könnten. Dagegen war Scott eine echte Nullnummer.

»Wie heißt du eigentlich?«, fragte er mich unerwartet.

»Jade, und du?«

»Jason.«

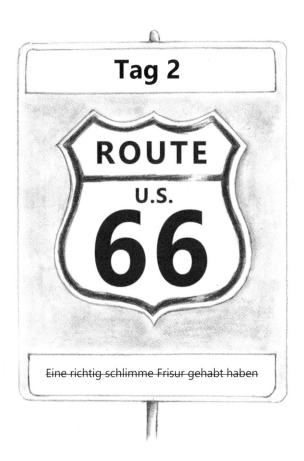

Tag 2

~~Eine richtig schlimme Frisur gehabt haben~~

Ich hatte in der Nacht kaum einschlafen können. Alles war so fremd gewesen: die Geräusche, der Boden und vor allem der Junge neben mir. Immer wieder hatte ich auf Jasons Atmung gelauscht, um auszumachen, ob er schon schlief. Ich hatte es nicht gewagt, ihn anzusprechen.
Irgendwann in den frühen Morgenstunden musste mich dann schließlich doch die Müdigkeit überkommen haben. Umso erschöpfter war ich, als Jason nun an meinem Fuß rüttelte. Er kniete außerhalb des Zeltes und die ersten zarten Sonnenstrahlen drängten sich ins Innere.

»Aufstehen!«, wies er mich an.

Es kam mir vor, als wäre ich gerade erst eingeschlafen. Meine Augenlider fühlten sich schwer und geschwollen an.

Ich krabbelte aus dem Zelt und streckte mich. Mir taten der Nacken und auch die Schultern weh. Meinen Rucksack als Kissen zu benutzen, war wohl nicht die beste Idee gewesen.

Jason war von Müdigkeit nichts anzusehen, dafür machte er mir umso deutlicher, dass er möglichst schnell losfahren wollte. Er rollte den Schlafsack ein und warf ihn in den Wagen, bevor er damit begann, das Zelt abzubauen. Ich war noch so verschlafen, dass ich ihm nur tatenlos zusah. Als er damit fertig war und den Kofferraum öffnete, räusperte ich mich. Er sah mich erwartungsvoll an.

»Darf ich eine Cola haben?«

Er verzog seinen Mund spöttisch. »Wofür? Dafür, dass du mir so fleißig dabei geholfen hast, das Zelt abzubauen?«

»Ich habe es gestern auch allein aufgebaut«, entgegnete ich beleidigt.

Er drückte mir eine Dose in die Hand. »Sieh es als Abschiedsgeschenk.«

Ich unterdrückte einen Kommentar und ließ mich in das weiche Polster des Beifahrersitzes sinken. Natürlich hatte Jason es eilig. Er wollte mich so schnell wie möglich loswerden.

Ich öffnete die Cola und nahm einen großen Schluck, während ich mit der anderen Hand versuchte, mir durchs Haar zu fahren, doch es war so verknotet, dass ich mit meinen Fingern hängen blieb. Vermutlich sah ich schrecklich aus.

Aber anstatt in den Beifahrerspiegel zu blicken, zog ich ein Haargummi aus dem Rucksack, band mir die widerspenstigen Haare aus dem Gesicht und schob mir die Sonnenbrille auf die Nase, die tatsächlich noch auf der Rückbank gelegen hatte. Es war zu spät, um vor Jason einen guten Eindruck machen zu wollen. Er hatte sich bereits seine Meinung über mich gebildet. Vermutlich hielt er mich für ein dummes, unreifes Mädchen ohne jegliche Lebenserfahrung. So weit hergeholt war der Gedanke nicht einmal. Mein Verhalten war leichtsinnig, aber wie sollte ich Lebenserfahrung sammeln, wenn ich nie etwas erlebte? Wenn ich nie mutig genug war, über meine persönlichen Grenzen zu gehen?

Wir sausten über die Straße und erreichten den nächsten Rastplatz schneller, als es mir lieb war. Dort gab es neben einer Tankstelle und einem kleinen Geschäft auch ein Lokal. Der Duft nach frisch aufgebrühtem Kaffee und warmen Waffeln lag in der Luft. Sobald ich die Autotür öffnete, meldete sich mein Magen knurrend zu Wort. Ich blickte zu Jason, der gerade den Tankdeckel öffnete. Wollte er sich nicht einmal von mir verabschieden? Mir viel Glück für meine weitere Reise wünschen? Oder mir wenigstens einen klugen Ratschlag mit auf den Weg geben? Unschlüssig stand ich neben dem Mustang.

»Danke, dass ich bei dir schlafen durfte, und danke für den Schlafsack«, eröffnete ich das Gespräch.

Er sah zu mir auf. Seine Augen strahlten in der Sonne und erinnerten mich an das Meer früh am Morgen, wenn noch keine Badegäste es aufgewühlt hatten: tiefblau und rein.

»Kein Problem.«

Ich hielt noch die Dose in der Hand. »Danke auch für die Cola.«

Nun musste er doch grinsen. »Vergiss nicht, dich auch noch für das Trockenfleisch zu bedanken.«

Ich streckte ihm die Zunge raus. Als er nichts mehr sagte, hob ich die Hand zum Abschied. »Ich gehe dann mal. Mach's gut!«

»Du auch«, sagte er ohne großes Bedauern.

Ein Teil von mir hatte gehofft, dass er mich fragen würde, ob ich mit ihm weiterfahren wollte.

Ich drängte meine Enttäuschung zurück und öffnete die Tür zu dem kleinen Laden. Eine kleine Glocke verriet mein Eintreten. Ich ging durch die wenigen Regale und kaufte mir eine Zahnbürste samt Zahnpasta. Danach suchte ich die Toilette auf und putzte mir die Zähne. Wie ich befürchtet hatte, standen mir meine Haare zu allen Seiten vom Kopf ab. Mit etwas Wasser versuchte ich sie zu bändigen und zurückzustreichen. Spätestens in einer Stunde würden sie wieder genauso aussehen wie jetzt, aber wenigstens konnte ich so das Lokal betreten, um mir dort zu überlegen, was ich als Nächstes tun sollte.

Obwohl es noch früh am Morgen war, herrschte bereits reger Betrieb. LKW-Fahrer hatten die Nacht auf dem Rastplatz verbracht und stärkten sich nun bei einem Frühstück. Genauso Paare und Familien mit ihren Kindern, die auf dem Weg in die Ferien waren. Ich sah mich nach einem freien Platz um, als ich plötzlich eine Bewegung wahrnahm. Jason saß rechts von mir allein an einem Tisch und winkte mir zu. Für einen Moment fragte ich mich, ob er wirklich mich meinte, aber widerstand dem Drang, mich umzusehen. Unsicher trat ich zu ihm.

»Du bist ja immer noch hier«, grinste er frech.

»Du doch auch!«, konterte ich.

Vor ihm stand eine dampfende Portion Rührei mit Bacon, die mir das Wasser im Mund zusammenlaufen ließ. Er folgte meinem hungrigen Blick und schob den Teller zu mir.

»Setz dich, ich lade dich ein.«

Das ließ ich mir nicht zweimal sagen, nahm ihm gegenüber Platz und begann gierig, das Essen in mich hineinzuschaufeln, während Jason eine zweite Portion bestellte. Als ich fertig war, spülte ich mit einem Kaffee nach und ließ mich vollgegessen auf meinem Stuhl zurücksinken. Jason musterte mich amüsiert.

»Man könnte meinen, du hättest seit Tagen nichts mehr zu essen bekommen«, zog er mich auf.

»So hat es sich auch angefühlt«, erwiderte ich ungerührt.

»Was hast du jetzt vor?«

Das Thema bereitete mir Unbehagen. Mein Plan war es gewesen, zu trampen, ganz egal wohin. Aber jetzt fürchtete ich mich davor, jemand Fremdes anzusprechen. Vor den LKW-Fahrern hatte ich Angst und zwischen zwei schreienden Kindern wollte ich auch nicht sitzen. Am liebsten wäre ich weiter bei Jason geblieben. Er konnte zwar ziemlich gemein sein, aber zumindest war ich mir sicher, dass er mir nichts tat.

Ich blickte ihn hoffnungsvoll an und setzte mein Lächeln auf, mit dem ich jeden Monat versuchte, meinem Dad etwas mehr Taschengeld abzuschwatzen. »Vielleicht könntest du mich noch ein Stück mitnehmen?«

Er grinste, als habe er diese Bitte bereits erwartet, aber schüttelte dennoch den Kopf.

»Ich verspreche, dass ich dir keinen Ärger mache. Du wirst kaum merken, dass ich da bin«, versicherte ich ihm.

»Das bezweifle ich«, erwiderte er. »Und selbst wenn, ich will keinen Ärger mit der Polizei, die sicher schon nach dir sucht. Am besten rufst du deine Eltern an und sagst ihnen, wo sie dich finden können.«

Das kam für mich auf keinen Fall infrage! Zwar hatte ich die ersten Tränen bereits vergossen, war der Verzweiflung nahe gewesen und hatte mir gewünscht, wieder in den Reisebus eingestiegen zu sein, aber ich wollte noch nicht aufgeben.

Wenn Jason mich weiter mitnahm, konnte ich vielleicht das Abenteuer erleben, von dem ich geträumt hatte. Allein neben ihm durch die Prärie zu fahren, war besser, als sechs Wochen in einem Camp zu sitzen. Das tat ich regelmäßig, seitdem ich zehn war.

Ich wusste, dass ich bei ihm nicht weiterkommen würde, wenn ich weiterhin behauptete, dass ich bereits achtzehn sei, deshalb versuchte ich es nun stattdessen mit der Wahrheit.

»Okay, ich gebe es zu, ich bin erst siebzehn. Aber wenn die Polizei uns finden sollte, werde ich dich raushalten. Du kannst ihnen sagen, dass du nicht wusstest, dass ich minderjährig bin.«

Er hob belustigt seine linke Augenbraue. »Und wer soll mir das glauben?«

Ich ignorierte seine Stichelei. »Bitte!«, bat ich ihn eindringlich.

Er zögerte und machte mir damit Hoffnung, schließlich nickte er. »Du hast Glück, dass ich gut darin bin, mich vor der Polizei zu verstecken.«

Es war mir egal, was er damit meinte, zu groß war meine Freude darüber, dass ich weiter bei ihm bleiben durfte. Doch er bremste meine Euphorie, indem er warnend seinen Zeigefinger hob. »Aber nur unter einer Bedingung!«

Ich nickte eilig, ohne zu wissen, was er von mir verlangte.

»Du rufst deine Eltern an und sagst ihnen, dass es dir gut geht und sie sich keine Sorgen machen müssen.«

Entrüstet stieß ich mich vom Tisch ab, sodass die Tassen wackelten. »Auf keinen Fall!«

»Dann nehme ich dich nicht mit!«, erwiderte er entschieden und begann sein Geld abzuzählen, um unser Frühstück zu bezahlen.

Unsicher sah ich mich in dem Lokal um, ob ich nicht doch jemand anderen fand, der mich mitnehmen könnte, doch ich wusste bereits, dass ich niemand Besseren als Jason finden würde.

Als er vom Tisch aufstand, seufzte ich resigniert. »Okay, ich rufe sie an.«

Er hatte bereits damit gerechnet, grinste mich triumphierend an und deutete auf ein Münztelefon in einer Ecke des Diners. »Brauchst du Kleingeld?«

Ich schüttelte den Kopf und ging mit zögernden Schritten in Richtung des Telefons. Glücklicherweise saß in diesem Bereich kein anderer Gast. Ich nahm den Hörer ab und lauschte für einige Sekunden dem Tuten, bevor ich den Mindestbetrag einwarf. Es sollte kein langes Gespräch werden. Ich wollte sie nur beruhigen, damit sie sich keine zu großen Sorgen machten und vielleicht der Polizei Entwarnung gaben. Meine Finger zitterten, als ich die Nummer wählte. Bereits nach dem zweiten Klingeln wurde das Gespräch angenommen.

»Monroe?«, sagte meine Mom atemlos und mit unsicherer Stimme.

»Hallo, Mom, ich bin's. Ich ...«, setzte ich an, doch sie fiel mir sofort ins Wort.

»Jade, wo bist du?«, rief sie unruhig.

»Mir geht es gut! Ihr braucht euch keine Sorgen zu machen. Ich ...«

»Wo bist du?«, wiederholte sie erneut völlig aufgelöst. Ich konnte hören, dass sie weinte, und bekam sogleich ein schlechtes Gewissen, weil ich der Grund für ihre Tränen war.

»Ich wollte nicht ins Sommercamp«, erwiderte ich trotzig, als wäre das die Erklärung dafür, dass ich abgehauen war. Meine Eltern hatten keine Rücksicht auf mein Flehen und Betteln genommen und mich gegen meinen Willen zum Bus gefahren. Es war ihnen egal gewesen, was ich gewollt hatte, und sie hatten einfach über meinen Kopf hinweg entschieden, was ihrer Meinung nach das Beste für mich sei.

»Ich weiß, es tut mir leid. Sag mir, wo du bist, und wir kommen dich abholen«, flehte meine Mom verzweifelt. Das Telefon gab ein Piepsen von sich, um mir anzukündigen, dass ich Geld nachwerfen musste, wenn die Verbindung nicht getrennt werden sollte.

»Ich komme bald zurück!«, erwiderte ich eilig, bevor ich den Hörer auf seine Halterung knallte.

Mein Herz klopfte aufgeregt und ich hatte einen Kloß im Hals. Wenn ich an meine besorgten Eltern dachte, kam ich mir sehr egoistisch und kindisch vor. Aber es ging gar nicht darum, dass ich sie bestrafen wollte, sondern es ging um mich. Ich wollte einmal aus dem mir Bekannten ausbrechen und etwas erleben. Einmal über mich selbst hinauswachsen. Es war nicht einmal vierundzwanzig Stunden her, dass ich meine Eltern gesehen hatte. Zu Hause hatte ich nur daran denken können, wie sehr Katie und Scott mich verletzt hatten.

Mein Schmerz schien übermächtig, aber seitdem ich mit Jason unterwegs war, hatte ich kaum an einen der beiden gedacht. Es hatte genug andere Dinge gegeben, um die ich mir hatte Sorgen machen können.

Ich atmete tief durch, bevor ich mich umdrehte und zurück zu Jason ging, der an unserem Tisch auf mich wartete. Er musterte mein Gesicht, doch ich erwiderte seinen Blick nicht. »Können wir los?«

»Bist du sicher?«, wollte er ungewohnt einfühlsam wissen.

»Ja«, erwiderte ich ungeduldig und ging einfach an ihm vorbei.

Als wir wieder auf der Straße waren und ich mich etwas beruhigt hatte, fragte ich mich erneut, was Jason wohl dazu gebracht hatte, allein die Route 66 entlangfahren zu wollen. Mein Dad hatte auch schon oft davon gesprochen. Das war wohl so ein Männerding, aber dafür erschien mir Jason noch etwas zu jung. Er hatte doch sein ganzes Leben noch vor sich, warum hatte er sich also entschlossen, ausgerechnet jetzt diese Tour machen zu wollen?

Auf seinem Gesicht lag ein entspannter Ausdruck und er tippte mit seinen Fingern im Takt der Musik auf das Lenkrad.

»Wissen deine Eltern, dass du der Route 66 folgst?«, fragte ich neugierig und seine Finger erstarrten, während sich seine Kiefermuskeln anspannten.

»Ja«, sagte er, aber ich spürte intuitiv, dass er log.

»Machen sie sich denn keine Sorgen um dich?«, hakte ich weiter nach und zeigte ihm damit deutlich, dass er mir nichts vormachen konnte.

Er versuchte nicht einmal, es abzustreiten. »Das bezweifle ich. Für meinen Vater existiere ich nicht und meine Mutter hat genug mit meinen beiden kleinen Schwestern zu tun. Die ist froh, wenn sie ein Kind weniger hat, um das sie sich kümmern muss.«

Irgendwie hatte ich bereits geahnt, dass Jason nicht aus so einem behüteten Zuhause kam wie ich. Es war seine ganze Ausstrahlung, sein Auftreten. Man musste ihn nur ansehen und wusste sofort, dass er in seinem jungen Alter schon mehr mitgemacht hatte als manch einer in seinem ganzen Leben. Er strahlte ein Selbstbewusstsein aus, welches nur entstehen konnte, wenn jemand schon früh hatte lernen müssen, sich durchzuschlagen. Ich hätte gern mehr über ihn erfahren, aber ich wagte es nicht, weiterzufragen.

Es war ein heißer Tag in Illinois. Die Sonne brannte auf unsere Köpfe und während sich Jason eine blaue Kappe aufgesetzt hatte, schützten mich lediglich meine Haare, die vom Fahrtwind völlig zerzaust waren. Zur Mittagszeit nahm Jason unerwartet die Ausfahrt zu einem Ort namens Lexington.

»Warum fahren wir von der Straße ab?«, fragte ich überrascht. Er hatte es bisher immer so eilig gehabt, als würde er ein Wettrennen fahren.

»Wir müssen ein paar Sachen besorgen«, entgegnete er ohne weitere Erklärungen und fügte dann hinzu: »Außerdem habe ich Hunger, du etwa nicht?«

Mein Magen brummte zustimmend. Das Frühstück war zwar erst ein paar Stunden her, aber unsere schweigsame Fahrt wurde auf die Dauer so langweilig, dass ich kaum an etwas anderes als Essen denken konnte.

»Etwas«, murmelte ich.

Die Straße führte uns ein Stück durch die Ebene, bis mehrere Häuser in Sicht kamen und wir das Ortsschild von Lexington passierten. Es schien mir eine kleine Stadt zu sein, in der jeder jeden kannte und Fremde skeptisch beäugt wurden, dabei waren Touristen sicher keine Seltenheit, so nah, wie sie an der Route 66 lag.

Kleine Geschäfte reihten sich aneinander: ein Friseur, ein Laden für Angelausrüstung, ein Spielzeuggeschäft, eine Buchhandlung, ein Florist, ein Diner und schließlich auch ein Supermarkt. Jason parkte vor dem Laden und wir stiegen aus.

Die blonde Kassiererin nickte uns interessiert zu, als wir eintraten. Jason ging zielstrebig durch die Regale, als ob er genau wüsste, wo er fündig werden würde.

»Was brauchst du?«, traute ich mich nun, ihn neugierig zu fragen.

»Nicht ich brauche etwas, sondern du«, erwiderte er und griff nach einer Tube Sonnencreme und drückte sie mir in die Hand.

Verunsichert fuhr ich mir mit den Fingern über meine Stirn – sie glühte. Wahrscheinlich war mein ganzes Gesicht bereits feuerrot.

Wir gingen weiter zu den Bürsten. Meine Haare sahen wohl so schlimm aus, dass selbst einem Jungen nicht entging, dass ich dringend etwas brauchte, um sie durchzukämmen. Verlegen nahm ich die Bürste an mich und legte eine Packung Haargummis dazu. Je nachdem, wie lange wir unterwegs sein würden, war es nicht verkehrt, welche zur Reserve zu haben. Mit einem würde ich nämlich nicht sonderlich lange auskommen.

Kurz vor der Kasse befand sich ein Ständer mit Käppis. »Was ist deine Lieblingsfarbe?«, fragte er, doch noch ehe ich überhaupt antworten konnte, sagte er grinsend: »Lass mich raten. Rosa?«

Er nahm eine rosa Kindermütze von dem Ständer, auf der Cinderella von Disney abgebildet war, und hielt sie mir prüfend über den Kopf.

Verärgert zog ich meine Augenbrauen zusammen. »Ich bin siebzehn und nicht sieben!«

Am blödesten daran war jedoch, dass er mit seiner Vermutung auch noch richtiggelegen hatte. Die Wände meines Zimmers waren wirklich rosa gestrichen, der Überwurf meines Bettes war rosa und jedes zweite Oberteil in meinem Kleiderschrank war ebenfalls rosa. Obwohl ich gerade ein weißes T-Shirt trug, schien Jason mir meine Vorliebe dennoch an der Nasenspitze abgelesen zu haben.

»Ich finde, sie steht dir außerordentlich gut«, zog er mich weiter auf und legte das Käppi zu der Sonnencreme, der Haarbürste, den Haargummis und ein paar Getränkeflaschen vor die junge Kassiererin, die mich mit einem frechen Grinsen bedachte.

Nicht nur, dass Jason sich über mich lustig machte, jetzt grinste diese blöde Kuh auch noch so dämlich über seine Witze.

Sie tippte die Artikel mit ihren feuerroten Fingernägeln in die Kasse ein und sagte dann kaugummikauend: »Das macht dann 19,59.«

Jason wollte bereits für mich zahlen, doch ich schüttelte stur den Kopf. »Ich zahle selbst!«

Er nickte und zog das Käppi von der Theke. »Aber die schenke ich dir.«

»Dann sind es noch 14,89«, kommentierte das Mädchen hinter der Kasse höhnisch.

Ich drückte ihr fünfzehn Dollar in die Hand. »Stimmt so«, fauchte ich und griff nach der Plastiktüte, in die sie alles gepackt hatte, um so schnell wie möglich den Laden verlassen zu können. Wenn ich keinen Sonnenbrand gehabt hätte, wäre mein Gesicht spätestens jetzt vor Scham rot angelaufen.

Doch Jason schien es nicht eilig zu haben. Er lehnte an dem Tresen, als würde er sich auf ein längeres Gespräch einstellen.

»Deine kleine Schwester?«, fragte die Blondine, wofür ich sie am liebsten geohrfeigt hätte.

»So etwas in der Art.« Auf seinen Lippen lag ein verführerisches Lächeln.

»Seid ihr auf der Durchfahrt?«

»Für eine Nacht könnten wir schon bleiben«, zwinkerte er ihr zu. Erst hatte er es so eilig gehabt und jetzt flirtete er schamlos mit der Kassiererin.

Wütend stemmte ich meine Hände in die Hüften und rief ungeduldig: »Jason, kommst du?«

Er sah nicht einmal zu mir, als er sagte: »Geh schon mal ins Diner und bestell dir etwas, ich komme gleich nach.«

Ich stieß ein leises Schnauben aus und marschierte aus dem Laden. Die Tüte mit den gekauften Sachen warf ich in den Mustang, bevor ich mich beleidigt in das Diner setzte. Ich hatte angenommen, dass Jason kein Interesse an einem Flirt hätte. Seitdem wir unterwegs waren, hatte er mich nicht ein Mal angesehen, wie er nun diese Blondine ansah, so voller Verlangen. Für mich hatte er stets nur blöde Sprüche übrig. Was hatten die Männer nur alle mit blonden Frauen? Erst Scott und jetzt auch noch Jason.

Eine rundliche Frau mit grauen Locken kam an meinen Tisch. »Was kann ich für dich tun, Schätzchen?«

»Eine Cola und ein Käsesandwich, bitte«, bestellte ich.

Die Frau nickte und musterte dann besorgt mein Gesicht. »Die Sonne ist heute stark. Du solltest dich lieber eincremen.«

Ich unterdrückte einen wütenden Aufschrei und nickte nur. »Danke, das hatte ich gerade vor.«

Sie lächelte beruhigt und ging in Richtung Küche davon.

Ich öffnete die Tube mit der Sonnencreme und schmierte mir ungeachtet der anderen Gäste die weiße Creme großzügig auf Stirn, Wange und Nase. Wahrscheinlich glänzte ich nun wie eine Speckschwarte, aber das war mir in diesem Moment egal.

Unruhig trommelte ich auf die Tischplatte. Wie lange wollte Jason mich noch warten lassen? Ich hatte keine Uhr dabei, aber es kam mir vor, als seien bereits zehn Minuten vergangen.

Mein Essen und meine Cola kamen und ich biss gierig in das Sandwich. Gerade als ich mir den letzten Bissen in den Mund schob, betrat Jason mit zufriedenem Grinsen den Laden.

Er ließ sich mir gegenüber nieder und deutete auf meine Stirn. »Ist das Mayo?«

Ich fuhr mir mit der Hand über die Stirn und knurrte: »Sonnencreme.«

Meine Wut schien ihn nur noch mehr zu belustigen, denn er stützte entspannt seinen Kopf in die Hände und erwiderte: »Du darfst dich übrigens bei mir bedanken. Ich habe uns für heute Nacht eine kostenlose Unterkunft beschafft.«

»Etwa bei dieser Blondine?«

Er nickte.

»Ich verzichte!«

»Dann wirst du wohl im Wagen schlafen müssen«, entgegnete er unbeeindruckt und bestellte sich etwas zu essen.

Ich begann mich zu fragen, ob es wirklich eine gute Idee gewesen war, mich ihm anzuschließen. Er offenbarte mir gerade Seiten an sich, die ich unausstehlich fand. Was für ein Blödmann!

»Warum stehen eigentlich alle Männer auf Frauen, die viel in der Bluse haben, aber dafür absolut nichts im Kopf?«, fauchte ich.

»Sprichst du da etwa aus Erfahrung?«

Katie sah nicht nur gut aus, sie war auch noch nicht dumm, sonst wäre sie nicht jahrelang meine beste Freundin gewesen. Aber die Betonung lag auf *gewesen*. Doch das würde ich Jason garantiert nicht auf die Nase binden. Wahrscheinlich würde er mich nur auslachen und ich würde es nicht ertragen, wenn er sich über meinen Liebeskummer lustig machte.

Ich drückte meine Lippen fest aufeinander und leerte den Inhalt meines Rucksacks auf dem Tisch aus, anstatt ihm zu antworten. Vielleicht hatte ich ja doch irgendetwas Nützliches dabei. Neben meinem Portemonnaie und dem *Zauberer von Oz*-Buch fielen ein Lippenpflegestift, diverse Visitenkarten, ein Kugelschreiber, Taschentücher und ein kleines Notizbuch auf den Tisch. Ehe ich es mich versehen konnte, hielt Jason neugierig das Notizbuch in seinen Händen. In Windeseile beugte ich mich über den Tisch, um ihm dieses wieder zu entreißen, doch er hob die Hände hoch über seinen Kopf, sodass ich nicht mehr drankam.

»Gib das zurück!«, forderte ich panisch.

»Warum? Ist das dein Tagebuch?«, scherzte er und zog das Buch immer wieder aus meiner Reichweichte, kurz bevor ich es erreichte.

»Ich schreibe kein Tagebuch«, verteidigte ich mich.

Dennoch enthielt das kleine Buch etwas, was ich mit niemandem teilen wollte.

Jason klappte es auf und las laut vor, was auf der ersten Seite geschrieben stand: »100 Dinge, die ich getan haben will, bevor ich achtzehn werde.«

In dem Moment hechtete ich um den Tisch herum und riss ihm das Buch aus den Händen – zu spät. Ich stopfte es zusammen mit allen anderen Dingen in meinen Rucksack.

Doch Jason lachte mich nicht aus, wie ich es erwartet hatte, stattdessen wurde er sehr ernst. »Wann wirst du achtzehn?«

»Im September«, fauchte ich wütend, ohne ihn anzusehen.

»Was steht auf dieser Liste?«

»Geht dich gar nichts an!«

Er griff über den Tisch, doch als seine Hand meine Haut berührte, entzog ich mich ihm und funkelte ihn hasserfüllt an. Doch der versöhnliche Ausdruck in seinen Augen ließ mich doch innehalten.

»Hey, es tut mir leid«, entschuldigte er sich bei mir.

»Schon gut«, murmelte ich und verschränkte eingeschnappt die Arme vor der Brust.

»Zeigst du mir die Liste?«

»Warum? Damit du mich wieder auslachen kannst?«

»Nein«, stöhnte er. »Es interessiert mich wirklich.«

Misstrauisch sah ich ihn an. Meinte er es ernst?

Zögerlich reichte ich ihm das Buch mit dem rosa Einband.

Er bedachte mich mit einem aufrichtigen Blick, bevor er es aufschlug und begann, sich die verschiedenen Punkte durchzulesen. Einige waren bereits abgehakt, andere eingekreist, weil sie mir besonders wichtig waren.

Als er fertig war, hob er den Kopf und sagte enttäuscht: »Kein Sex?«

Ein Grollen verließ meine Kehle und ich wollte ihm das Buch bereits wieder entreißen, doch er hob beschwichtigend die Hände. »Schon gut, war nicht so gemeint. Ist das dein Plan für den Sommer?«

»Das war mein Plan für den Sommer«, erwiderte ich widerwillig.

»Warum war?«

»Ich wollte das alles mit meiner besten Freundin erledigen. Aber das war, bevor sie mir meinen Freund ausgespannt hat«, sagte ich, ehe ich mich bremsen konnte.

Die Worte verließen meinen Mund, als hätten sie nur darauf gewartet, herauszubrechen. Katies Verrat lastete so schwer auf mir, dass ich mich ständig darüber hätte aufregen können, obwohl ich es am liebsten so schnell wie möglich vergessen hätte.

»Blöde Kuh!«, sagte Jason, ohne zu zögern, was mich wiederum zum Lachen brachte.

»Eine ganz blöde«, stimmte ich ihm zu und war erleichtert darüber, dass er sich zumindest einmal nicht über mich lustig machte.

»Aber ich finde, du solltest dir von ihr nicht deinen Sommer vermiesen lassen«, meinte er überraschend einfühlsam. »Warum setzt du die Liste nicht einfach trotzdem in die Tat um?«

»Allein?«

Er deutete empört auf sich. »Bin ich etwa niemand?«

»Du würdest mir helfen?«, fragte ich ungläubig.

»Wenn ich dich ohnehin an der Backe habe, kann ich auch dafür sorgen, dass du währenddessen etwas erlebst«, grinste er frech.

Ich lächelte ihn an. Obwohl er mir erlaubt hatte, weiter bei ihm mitzufahren, hätte ich nicht mit so viel Hilfsbereitschaft und Verständnis von seiner Seite gerechnet.

»Einen Punkt hast du heute auch bereits erfüllt«, redete er weiter.

»Welchen?«, wollte ich irritiert wissen.

»Nummer 64«, sagte er und ich hätte an seinem unverschämten Grinsen bereits erkennen müssen, dass es nichts Gutes sein konnte.

Trotzdem schlug ich neugierig mein Notizbuch auf und las: »Eine richtig schlimme Frisur gehabt haben?«

Empört blickte ich ihn an, doch als er zu lachen begann, konnte ich nicht anders, als mit einzustimmen. Er hatte ja recht. Meine Haare sahen wirklich zum Fürchten aus.

Wir hatten uns gerade erst wieder vertragen und umso mehr ärgerte es mich, dass Jason dennoch darauf bestand, dass wir die Nacht bei dieser Kassiererin verbrachten. Er hatte das Verdeck des Mustangs hochgeklappt und wir warteten im Wageninneren vor dem kleinen Geschäft, bis die Blondine ihren Dienst beenden und die Ladentür verschließen würde. Ich war bereits wie ein kleines Kind auf die Rückbank verfrachtet worden, damit Jasons Eroberung auf dem Beifahrerplatz sitzen konnte.

»Verrätst du mir wenigstens, was du an der findest?«, maulte ich genervt.

»Ist das denn nicht offensichtlich?«, grinste er frech und ahmte mit den Händen große Brüste nach.

Ich rollte mit den Augen und ließ mich zurück ins Polster sinken. Es war mir klar, dass ich ihm seine Entscheidung nicht mehr ausreden konnte, dazu war es schon zu spät.

»Sie hat übrigens auch einen Namen«, erwiderte Jason, der den Laden kaum noch aus den Augen ließ.

»Ach ja? Welchen denn? Barbie?«, fragte ich höhnisch.

Er begann zu lachen, was mich nur gering besänftigte. »Tracy.«

»Auch nicht viel besser.«

In diesem Moment trat sie aus dem Geschäft und winkte Jason zu, bevor sie die Tür verschloss. Danach rannte sie zum Mustang, ließ sich neben Jason nieder und hauchte ihm einen Kuss auf die Wange, als sei ich gar nicht da. Für den Bruchteil einer Sekunde drehte sie sich zu mir mit den Worten »Na, Kleine?« um.

Ich hätte ihr am liebsten direkt einen Tritt in den Hintern verpasst und sie aus dem Auto befördert. Aber Jason startete den Motor und ließ sich von Barbie alias Tracy zu ihrer Wohnung lotsen.

Ihr Zuhause war nicht weit weg und so stiegen wir zehn Minuten später vor einem mehrstöckigen grauen Gebäude wieder aus. Fahrräder lehnten an der Hauswand und Mülltüten sammelten sich im Vorgarten, weil in der dafür vorgesehenen Tonne kein Platz mehr war. Im Hausflur roch es penetrant nach fettiger Hühnersuppe und aus einer Wohnung im ersten Stock dröhnte so laut Musik, dass der ganze Hausflur damit beschallt wurde. Tracy wohnte im vierten Stock, direkt unterm Dach. Als sie die Tür aufstieß, schlug mir eine Wolke aus kaltem Rauch entgegen und ich rümpfte angewidert die Nase.

Doch Tracy schien der Gestank nur daran zu erinnern, dass es mal wieder Zeit für eine neue Kippe war. Ganz gentlemanlike zog Jason ein Feuerzeug aus seiner Lederjacke und hielt ihr die Flamme entgegen. Während sie sich die Zigarette anzündete, sah sie ihm tief in die Augen. Danach hielt sie ihm die geöffnete Schachtel hin. »Auch eine?«

Das ließ sich Jason nicht zweimal sagen und zog direkt zwei heraus. Eine zündete er sich an und die andere steckte er sich hinters Ohr.

Tracys Wohnung bestand aus einem kleinen Wohnzimmer, in dem sich außer einem Fernseher, einer abgewetzten Couch und einem Tisch, der mit einem überquellenden Aschenbecher, leeren Flaschen, Dosen und Fast-Food-Kartons beladen war, nicht viel befand. Das Schlafzimmer war noch winziger und bestand lediglich aus einem Bett und einem Kleiderschrank, wobei der Schrank so groß war, dass er beinahe die Hälfte des Raums einnahm. Es gab noch ein Badezimmer und eine schmale Küchenzeile.

Tracys erster Gang führte zum Kühlschrank, aus dem sie zwei Bierflaschen herausholte. Erst als sie mir gegenüberstand, schien sie sich meiner Anwesenheit wieder bewusst zu werden.

»Du darfst noch kein Bier trinken, oder?«, fragte sie mich dämlich und ich verkniff mir, sie darauf hinzuweisen, dass Jason mit seinen neunzehn Jahren genauso wenig Bier trinken durfte. Vermutlich schätzte sie ihn, genau wie ich, älter ein.

»Kein Problem, ich habe etwas zu trinken dabei«, sagte ich und zog eine Wasserflasche aus meinem Rucksack.

Sie zuckte mit den Schultern und ließ sich neben Jason auf dem Sofa nieder. Dabei rutschte sie so dicht an ihn, dass ich mich fragte, warum sie sich nicht direkt auf seinen Schoß gesetzt hatte. Ich ließ mich auf seiner anderen Seite nieder, aber im Gegensatz zu Tracy rückte ich so weit wie möglich weg von ihm, was angesichts der Größe der Couch leider nicht sehr weit war.

Tracy schaltete den Fernseher ein und ein Horrorfilm plärrte uns lautstark entgegen. Bereits jetzt brannte der Zigarettenrauch schier unerträglich in meinen Augen und meinem Hals. Ich hustete, aber keiner der beiden störte sich daran.

Jason klatschte Tracy mit der flachen Hand auf den Oberschenkel. »Hast du etwas zu essen für uns?«

»Chips?«, fragte sie und als er nickte, ging sie zurück in die Küche.

Ich bezweifelte, dass sie überhaupt etwas anderes dahatte.

Als sie das Zimmer verlassen hatte, sah Jason mich plötzlich mitleidig an. Ich hatte bisher das Gefühl gehabt, dass ihm egal war, wie es mir ging. Doch er schien zu spüren, wie unwohl ich mich hier fühlte.

»Es ist nur für eine Nacht«, versprach er leise.

Einen Augenblick später kehrte Tracy mit einer Schüssel Chips zurück, die sie in die Mitte des Tischs stellte, wobei einige der alten Kartons zu Boden fielen.

Jason und ich griffen zu, während Tracy weiter an ihrem Bier nippte. Sie wandte sich erneut Jason zu und ließ ihre langen Fingernägel über seinen Hals und seine nackten Oberarme kreisen, während seine rechte Hand auf ihrem Oberschenkel ruhte. Zeuge dieser Intimität zu werden, war mir so unangenehm, dass ich den Blick abwandte und stur auf das Fernsehbild starrte. Der Horrorfilm war schlecht – zu unlogisch, zu vorhersehbar und die Schreie der Opfer taten einfach nur in den Ohren weh.

Nachdem sich die leeren Bierflaschen zu den Füßen der beiden sammelten, zauberte Jason aus seiner Jacke, die er achtlos zu Boden geworfen hatte, eine Flasche Whiskey hervor. Tracy applaudierte ihm begeistert.

Jason reichte ihr die Flasche. »Ladies first.«

Sie schraubte den Verschluss ab und nahm einen großen Schluck.

»Ich mag trinkfeste Frauen«, raunte Jason ihr ins Ohr und sie begann zu kichern.

Das war mir eindeutig zu viel und ich sprang von der Couch auf, als hätte mich etwas in den Hintern gestochen. »Darf ich die Dusche benutzen?«

»Klar, Handtücher liegen im Bad«, antwortete Tracy und schien erleichtert zu sein, dass sie mich somit endlich loswurde, dabei schien sie sich bisher auch nicht sonderlich an meiner Anwesenheit gestört zu haben. Es kam mir nicht vor, als hätten sie oder Jason auch nur im Geringsten auf mich Rücksicht genommen.

Ich trat mit meinem Rucksack ins Bad und schloss hastig die Tür hinter mir. Ich ließ mich gegen das zerschrammte Holz sinken, schloss die Augen und atmete tief durch, bevor ich wagte, mich zum ersten Mal seit dem Morgen im Spiegel anzusehen. Wie ich bereits befürchtet hatte, war mein Gesicht vom Sonnenbrand krebsrot und meine Haare standen zu allen Seiten von meinem Kopf ab. Ich sah furchterregend aus. Kein Wunder, dass Jason nicht auf die Idee kam, mit mir zu flirten. Nicht, dass ich es gewollt hätte. Aber würde ich nur etwas besser aussehen, wäre ich vielleicht gar nicht in diese Situation geraten, in der ich mich nun befand.

Vielleicht hätte Scott dann nicht mit Katie rumgeknutscht, und selbst wenn, vielleicht würde dann zumindest Jason mehr daran liegen, mich kennenzulernen, anstatt mit dieser blöden Barbie rumzumachen.

Ich seufzte und zog das Haargummi aus meinen Haaren, die sofort ungezähmt über meine Schultern fielen. Meine Haare reichten mir bis zu den Ellbogen. Seitdem ich denken konnte, ließ ich sie wachsen, aber sie waren weder so seidig noch so glatt wie die von Katie. Wann immer ich sie offen trug, verknoteten sie im Nacken, sodass ich sie abends nur mit Tränen in den Augen und lautem Schimpfen gebürstet bekam. Deshalb trug ich sie meist in einem Pferdeschwanz, Dutt oder geflochtenen Zopf.

Ich wandte den Blick vom Spiegel ab und schlüpfte aus meinen Klamotten. Neben dem Waschbecken befand sich ein kleiner Schrank, in dem sich Handtücher stapelten, wovon ich mir eines herauszog und auf einen Haken neben der Dusche hängte. Ich stieg in die Kabine und stellte das Wasser an. Es war kalt und brauchte eine gefühlte Ewigkeit, bis es warm wurde, aber als ich mich schließlich unter den warmen Wasserstrahl stellte, schienen meine Sorgen zumindest für diesen kurzen Moment mit dem Schweiß und Dreck der letzten beiden Tage im Abfluss zu verschwinden.

Ein wohliger Seufzer drang mir über die Lippen und ich ließ das Wasser mit geschlossenen Augen auf meinen Kopf prasseln. Hier war weder der Fernseher noch Tracys dämliches Gekicher zu hören.

Auf dem Boden der Dusche standen verschiedene Flaschen Shampoo, Spülung, Haarkuren und Lotionen.

Ich griff nach der am teuersten aussehenden Shampooflasche und bediente mich großzügig aus dieser. Obwohl ich müde war, hatte ich es nicht eilig, zurück ins Wohnzimmer zu kommen, und benutzte deshalb auch noch eine Haarkur, was ich sonst nur äußerst selten tat. Doch heute ließ ich sie extra lange einwirken, bevor ich sie abspülte und aus der Dusche stieg. Ich wickelte mich in das Handtuch ein und bürstete meine Haare, die sich dank der Kur nun relativ leicht durchkämmen ließen.

Danach öffnete ich eine Tür des Badezimmerschrankes und blickte auf eine reiche Sammlung verschiedener Kosmetikprodukte. Nagellackfläschchen reihten sich neben Cremetiegel und

Parfumflakons. Neugierig zog ich ein paar der Behälter heraus und als ich eine Creme mit Aloe Vera entdeckte, schmierte ich sie auf mein gerötetes Gesicht.

Ich stieg wieder in meine schmutzige Kleidung, die ich zwar gern gewechselt oder wenigstens gewaschen hätte, dafür aber keine Wechselklamotten in meinem Rucksack hatte. Meine Hand lag bereits auf der Türklinke, als ich innehielt und mich noch einmal zu dem Schrank umsah. Kurz entschlossen öffnete ich die Tür erneut und griff nach einem Parfum von Chanel, bevor ich lächelnd den gesamten Inhalt im Abfluss runterspülte.

Mit zufriedenem Gesicht trat ich zurück ins Wohnzimmer, doch Jason und Tracy waren verschwunden, während der Fernseher noch lief. Mein Blick schnellte zu der geschlossenen Schlafzimmertür und wie zur Bestätigung war von dort nun Tracys Gelächter zu hören. Auch das noch!

Mein Gefühl des Triumphs über das vernichtete Parfum war mit einem Mal verflogen und ich ließ mich niedergeschlagen aufs Sofa sinken. Obwohl der Fernseher bereits laut eingestellt war, stellte ich ihn noch lauter, um kein einziges Geräusch der beiden hören zu müssen. Vielleicht hoffte ich auch insgeheim, sie damit zu stören, aber die Tür blieb weiterhin geschlossen.

Ich legte mich flach auf das Sofa und versuchte die Gefühle, die in mir hochkamen, einzuordnen. Tiefe Traurigkeit erfasste mich. Nicht nur wegen Jason, vielmehr dachte ich an meine Eltern, die sicher krank vor Angst um mich waren. Mom hatte sich am Telefon so verzweifelt angehört und in diesem Moment sehnte ich mich nach ihrer tröstenden Umarmung.

Wie hatte es mir je toll erscheinen können, mit einem Wildfremden auf Reisen zu gehen? Aufregend war es, ohne Frage. Aber ich konnte es nicht genießen.

Mir dröhnte der Kopf von dem penetranten Zigarettengestank und dem viel zu lauten Fernsehgerät. Mein Hals schnürte sich vor Schuldgefühlen und Enttäuschung zu. Ich entdeckte ein Telefon an der Wand zur Küche und für einen Augenblick war der Drang, meine Eltern anzurufen und sie zu bitten, mich abzuholen, überwältigend. Aber es war mitten in der Nacht und ich wollte sie nicht aus dem Schlaf reißen, in den sie vor lauter Sorgen wahrscheinlich nur schwer gefunden hatten.

Ein paar Tränen rollten über meine Wangen, bevor ich dem Fernseher den Rücken zuwandte und die Augen schloss.

Tag 3

~~In einem Maisfeld Verstecken spielen~~

Plötzlich legte sich eine Hand auf meinen Arm und ich fuhr erschrocken aus dem Schlaf. Es war dunkel und ich wusste im ersten Moment nicht, wo ich war. Neben mir kniete Jason und die Erinnerung kam wie ein Faustschlag zurück. Sofort verfinsterte sich meine Miene und ich sah ihn wütend an. Erst hatte er dafür gesorgt, dass ich ewig nicht einschlafen konnte, und jetzt weckte er mich auch noch. Der Fernseher war ausgeschaltet worden und es war komplett still in der Wohnung.

»Komm«, flüsterte Jason und erst jetzt fiel mir auf, dass er seine Lederjacke trug.

»Warum?«, wollte ich irritiert wissen.

Jason legte alarmiert den Zeigefinger an die Lippen und machte »Psssst«.

Verwirrt setzte ich mich auf, zog mir meine Turnschuhe an, nahm meinen Rucksack an mich und folgte ihm. Ganz sanft zog er die Wohnungstür hinter sich zu und ging leise, aber sehr schnell die Treppenstufen hinunter, bis wir vor dem Haus standen. Erst als er den Mustang aufschloss, bemerkte ich die große Sporttasche in seinen Händen, die er nun auf den Rücksitz warf. Er setzte sich hinters Steuer und forderte mich mit einer Handbewegung auf, endlich einzusteigen, als er meinen verwirrten und ratlosen Blick bemerkte.

Gespannt ließ ich mich in das kalte Lederpolster des Beifahrersitzes sinken, als Jason bereits losfuhr. War das seine Art, sich aus der Affäre zu ziehen? Einfach wortlos am nächsten Morgen verschwinden?

»Was ist in der Tasche?«, wollte ich neugierig wissen.

»Schau rein«, forderte er mich schmunzelnd auf.

Erst zögerte ich, doch dann griff ich nach der Tasche und zog sie zu mir. Ich öffnete den Reißverschluss und zum Vorschein kamen lauter Frauenklamotten, die Tracy gehören mussten.

»Du klaust Tracy ihre Anziehsachen?«, stellte ich verständnislos fest, es hörte sich jedoch mehr wie eine Frage an. »Was willst du damit?«

»Ich glaube, mir passen ihre Sachen nicht, aber dir definitiv.«

Ich schnappte nach Luft und protestierte: »Das ziehe ich nicht an!«

Sein Lächeln verschwand und er zuckte mit den Schultern. »Dann nicht. Wenn du genug Geld hast, dir neue Sachen zu kaufen, bitte sehr! Aber spätestens in einer Woche wirst du so entsetzlich stinken, dass ich mich weigern werde, dich länger mitzunehmen.«

Beleidigt verschränkte ich die Arme vor der Brust und presste die Lippen aufeinander. Ich fühlte mich selbst schon unwohl, nachdem ich nun den dritten Tag dieselbe Kleidung samt Unterwäsche tragen musste, aber deshalb stank ich noch lange nicht. Ich hatte erst am Vorabend geduscht! Andererseits hatte er recht – ich hatte kein Geld, um mir neue Anziehsachen zu kaufen.

Zögerlich begann ich, mir die Kleidung in der Tasche genauer anzusehen. Es waren hauptsächlich T-Shirts, Shorts, eine Jeans, etwas Unterwäsche und eine hellblaue Jeansjacke.

Obwohl es mir etwas peinlich war, da ich mich nicht einmal eine Minute zuvor noch darüber beschwert hatte, zog ich nun die Jacke aus der Tasche, denn es war noch dunkel und dementsprechend kühl, und schlüpfte hinein – sie passte wirklich perfekt.

Jason beobachtete mich aus dem Augenwinkel und grinste nun triumphierend. »Habe ich die Prinzessin etwa überzeugt?«, zog er mich auf.

Ich hob versöhnlich die Hände. »Schon gut, du hattest recht«, gab ich zu und fügte dann etwas leiser »Danke!« hinzu. »Wird Tracy nicht wütend sein, wenn sie bemerkt, dass du dich an ihrem Kleiderschrank bedient hast?«

»Ich hab mich nicht nur an ihrem Kleiderschrank bedient«, erwiderte er ungerührt, griff in seine Jackentasche und legte mir mehrere Geldscheine in den Schoß.

Erschrocken riss ich die Augen auf und zählte die Scheine grob durch. »Jason, das sind bestimmt zweihundert Dollar!«, rief ich vorwurfsvoll aus.

»Wenn sie nicht so betrunken gewesen wäre, hätte ich sie auch nicht beklauen können. Außerdem hätte sie das Geld nicht in ihrer Schmuckschatulle aufbewahren sollen.«

Ich sah ihn an und wusste, dass ich schrecklich finden sollte, wie leichtfertig er Tracy bestohlen hatte. Vermutlich hatte sie lange für das Geld arbeiten müssen, aber anstatt Wut empfand ich nur Genugtuung. Tracy war eine blöde Kuh und sie hatte es nicht anders verdient!

Als ich nichts sagte, drehte sich Jason zu mir um.

»Es wird ihr eine Lehre sein, wildfremde Männer mit in ihre Wohnung zu nehmen«, sagte ich schließlich mit frechem Grinsen.

Jason lachte erleichtert auf.

Nach dem furchtbaren Abend schien nun wieder alles in Ordnung zwischen uns zu sein, doch eine Frage ließ mich nicht los. »Darf ich dich etwas fragen?«

Er hob amüsiert die rechte Augenbraue. »Wenn ich Nein sage, wirst du dann nicht fragen?«

Ich rollte mit den Augen. »Hast du mit ihr geschlafen?«

»Nein«, sagte er und warf mir einen ernsten Blick zu, der mich erkennen ließ, dass er mir die Wahrheit sagte. Ein Lächeln stahl sich auf meine Lippen. Jason sah wieder auf die Straße, aber lächelte dabei ebenfalls. »Sei niemals neidisch auf Mädchen wie Tracy. Ein Typ, der nicht erkennt, dass du etwas Besseres bist, ist ein wirklicher Vollidiot und hat dich gar nicht verdient.«

Wir verbrachten den Rest des Tages auf der Straße. Die Umgebung veränderte sich etwas. Während zuvor rund um uns nur eine trostlose Ebene gewesen war, fuhren wir nun durch üppiges Grün und endlose Farmländer. Sanft wogten die riesigen Maisfelder in der leichten Brise des Nachmittags. Die alte Landstraße verlief parallel zur Eisenbahnlinie. Ich gab es irgendwann auf, die Züge zu zählen, die an uns vorbeijagten. Hölzerne Masten der Telefonleitungen ragten in den Himmel empor und alle paar Meilen befand sich ein Getreidesilo, von dem das Getreide direkt in die Eisenbahnwaggons gefüllt wurde. Der Anblick hatte etwas Heimisches, sodass es mir leichtfiel, zu entspannen.

Dieses Mal hielt Jason am frühen Abend neben der Straße direkt an einem Maisfeld. Es würde noch mehrere Stunden hell sein, sodass wir genug Zeit hatten, um das Zelt aufzubauen. Als er aus dem Wagen stieg, streckte er sich ausgiebig und ich konnte seine Knochen knacken hören. Er trug eine tief sitzende Jeans und ein weißes Achselshirt, das seine muskulösen Arme betonte. Seine Lederjacke lag neben der gestohlenen Sporttasche auf dem Rücksitz.

Am Morgen hatte ich mich in einer Toilette auf einer Tankstelle umgezogen. Überraschenderweise passten mir Tracys Anziehsachen besser, als ich es erwartet hätte. Es war angenehm gewesen, aus meiner verschwitzten Jeans steigen zu können. Ich hatte mich für beige Shorts und ein rotes T-Shirt entschieden. Auf meinem Kopf saß die rosafarbene Cinderella-Mütze. Sie war mir nach wie vor peinlich, aber wenigstens hatte sie meine Haut vor einem weiteren Sonnenbrand bewahrt.

Jason drehte sich zu mir um und musterte zum ersten Mal an diesem Tag meine nackten Beine, was meine Wangen augenblicklich zum Glühen brachte. Aber anstatt mir ein Kompliment zu machen, riet er mir: »Du solltest dir lieber eine lange Hose anziehen.«

»Warum?«, fragte ich leicht gereizt und trat von einem Bein aufs andere.

»Die Maispflanzen können recht scharfe Blätter haben.«

Ich sah zu dem riesigen Maisfeld. »Willst du da etwa reingehen?«

Meine Frage entlockte ihm ein Schmunzeln. »Steht auf deiner Liste nicht etwas von Verstecken spielen im Maisfeld?«

Es war gut möglich, dass dort so etwas stand. Ich hatte die Liste vor Monaten gemeinsam mit Katie erstellt, sodass sie sowohl meine Ideen als auch ihre enthielt.

»Dieser Punkt ist nicht so wichtig«, erwiderte ich schnell. In Wahrheit fürchtete ich mich davor, durch den Mais zu rennen. Jason würde sicher seine Freude daran haben, sich zwischen dem hohen Mais zu verstecken und mich zu Tode zu erschrecken.

Er zog belustigt seine rechte Augenbraue hoch. »Nichts da! Ich habe dir versprochen, dass ich dir helfe, die Liste abzuarbeiten. Jetzt gibt es kein Zurück mehr. Also zieh dich um, Prinzessin.«

Das war das dritte Mal an diesem Tag, dass er mich *Prinzessin* nannte. Bei ihm hörte es sich jedoch mehr wie ein Schimpfwort als wie ein niedlicher Kosename an.

»Hör auf, mich so zu nennen«, fauchte ich, als ich aus der Tasche meine alte Jeans hervorzog.

»Erst wenn du aufhörst, dich wie eine zu benehmen«, grinste er frech.

Ich hielt die Jeans in meiner Hand und gab ihm mit einem genervten Blick zu verstehen, dass er sich umdrehen sollte, damit ich mich umziehen konnte.

Er warf lachend die Hände in die Luft, drehte sich aber um. »Ich sag doch, du bist eine Prinzessin.«

»Was hat das denn damit zu tun?«, beschwerte ich mich wütend. »Nur weil ich mich nicht vor dir ausziehen werde, bin ich doch noch lange keine Prinzessin!«

»Du stellst dich an! Du bist doch nicht nackt unter den Shorts, oder?«

Im ersten Moment wollte ich es sofort verneinen, doch dann hielt ich inne und sagte grinsend: »Das wüsstest du jetzt wohl gern.«

Er drehte sich zu mir um, während ich meinen Hosenknopf schloss. »Nie im Leben!«

Natürlich hatte er recht, aber es ärgerte mich, dass er sich so sicher war. Wir kannten uns kaum und trotzdem glaubte er, bereits alles über mich zu wissen.

»Tracy hätte sicher kein Problem damit gehabt. Wärst du jetzt lieber mit ihr hier?«

»Hör auf, zu diskutieren, und komm lieber mit mir ins Feld«, sagte er ungerührt und schloss das Verdeck des Mustangs. Unschlüssig trat ich zwischen die hohen Maispflanzen. Mir kam plötzlich ein Bericht aus der Zeitung in Erinnerung, in dem ich gelesen hatte, dass Kaninchen und andere Tiere häufig bei der Maisernte zwischen die Maschinen gerieten, weil sie von den Bauern nicht gesehen wurden.

»Jason, was ist, wenn der Bauer kommt?«, fragte ich ängstlich, doch ich erhielt keine Antwort. Ich drehte mich um, da ich ihn hinter mir erwartete, doch er war nicht da. Eilig trat ich wieder aus dem Feld, aber der Mustang stand verlassen da. »Jason!«, rief ich laut.

»Such mich!«, kam es als Antwort aus dem Feld.

Genervt rollte ich mit den Augen. Wer von uns beiden war jetzt der Ältere? Nachdem er mich bereits als Prinzessin abgestempelt hatte, wollte ich nicht auch noch zur Spielverderberin werden und so lief ich zurück in das Feld. Die Pflanzen raschelten im Wind, sodass ich kaum etwas anderes hören konnte.

»Jason?«

»Polo«, kam es aus einiger Entfernung zurück und ein Grinsen breitete sich auf meinem Gesicht aus. Das war eine Neuinterpretation des Spiels.

Ich ging in die Richtung, aus der seine Stimme gekommen war. »Marco?«

»Polo!« Er schien nun weiter weg als zuvor, sodass ich meine Schritte beschleunigte.

Die Blätter der Maispflanzen kratzten über meine nackten Arme und ich war froh, dass Jason darauf bestanden hatte, dass ich eine lange Hose anzog. »Marco?«

»Polo!« Nun war er deutlich näher und ich begann zu rennen.

Bereits jetzt hatte ich völlig die Orientierung verloren und wusste nicht mehr, wo der Ausgang war, aber darüber sorgte ich mich nicht. Es würde noch lange genug hell sein und erst einmal musste ich Jason finden. Ich konnte eine Niederlage keinesfalls auf mir sitzen lassen!

»Marco?«

»Polo.« Seine Stimme war direkt hinter mir, so nah, dass ich seinen Atem in meinem Nacken spürte.

Erschrocken fuhr ich herum, doch da rannte er bereits grinsend weiter. Ich lief ihm nach, aber hatte ihn schon bald wieder verloren.

»Marco?« Ich lauschte in das Rauschen des Feldes hinein, doch als nach einigen Sekunden keine Antwort kam, rief ich erneut. »Marco?«

Mit leisen Schritten begann die Angst, sich in mein Inneres vorzutasten. Was, wenn ihm etwas passiert war? Vielleicht war er gestolpert und hatte sich verletzt. Oder, noch schlimmer, er war in eine Falle getreten, die der Bauer für Tiere aufgestellt hatte.

»Marco?«, schrie ich erneut. Meine Panik war bereits deutlich herauszuhören.

»Polo!«, kam es plötzlich genauso laut zurück und Jason riss mich wie ein Raubtier seine Beute zu Boden, wobei ich erschrocken aufkreischte.

Wir landeten zwischen den Maispflanzen auf dem weichen Boden. Ich verpasste ihm wütend einen Fauststoß gegen den Arm. Doch er lachte nur.

»Hast du dich etwa erschreckt?«

Blöde Frage! Er hatte meine Furcht nicht nur gehört, sondern musste sie auch an meinem Gesicht abgelesen haben. »Nein«, behauptete ich dennoch.

»Hast du dir Sorgen um mich gemacht?« Er hatte sich auf seinen Ellbogen gestützt und musterte neugierig mein Gesicht.

»Warum sollte ich?«, entgegnete ich kühl.

Er zog seine Autoschlüssel aus der Hosentasche und ließ sie vor meiner Nase herumbaumeln. »Deshalb! Ohne mich kommst du hier nicht mehr weg.«

»Ich könnte trampen!«

»Das würdest du dich nicht trauen, Prinzessin.« Er ließ sich ins Gras zurücksinken.

Seitdem ich ihm gesagt hatte, dass ich nicht wollte, dass er mich so nannte, schien er das Wort nur noch öfter zu verwenden. Ich verbiss mir einen Kommentar und legte mich neben ihn ins Feld.

Eine Zeit lang waren wir beide still und sahen nur in den blauen Abendhimmel, über den langsam die Wolken zogen. Obwohl ich kaum etwas über Jason wusste, schien er mir in diesem Augenblick so vertraut, so nah. Das Schweigen fühlte sich mit ihm nicht peinlich oder unangenehm an, sondern entspannend, sogar beruhigend. So hatte ich mich bisher immer nur mit Katie gefühlt. Wir hatten uns wortlos verstanden, konnten am Blick der anderen ihre Gedanken erraten und lachten zeitgleich los, wenn wir etwas Lustiges sahen. Ich hatte immer geglaubt, dass unsere Freundschaft etwas ganz Besonderes sei und sich nie etwas oder jemand zwischen uns stellen könnte.

»Da ist ein Müllwagen«, sagte Jason plötzlich.

Überrascht sah ich zu ihm. Sein Blick war weiter dem Himmel entgegengerichtet.

Stirnrunzelnd sah ich ebenfalls wieder zu den Wolken empor. »Ein Müllwagen?«, fragte ich skeptisch.

»Ja, oder ein Feuerwehrauto.« Er war völlig ernst, während er es sagte.

»Da ist doch gar nichts Eckiges«, widersprach ich ihm und war mir nicht sicher, ob er mich nur wieder aufzog.

»Was siehst du denn?«

»Wolken«, entgegnete ich trocken. Als Kind hatte ich auch Bilder im Himmel zu sehen geglaubt, doch ich empfand mich mittlerweile als zu alt für solche albernen Kindereien.

»Ist das alles?«

Ich stieß ein genervtes Seufzen aus. Bevor ich nicht mitspielte, würde er ohnehin nicht aufgeben. »Okay, ich sehe große Wolken.«

»Komm schon, was ist denn falsch mit deiner Fantasie?«, sagte er und ich konnte sein Grinsen förmlich hören.

»Ich sehe auch noch Blätter und Vögel.«

»Natur eben«, seufzte er zufrieden und ich wurde mir seiner Arme bewusst, die so dicht an meinen lagen, dass unsere Haut sich berührte. Mein Herz begann ganz unkontrolliert zu klopfen und ich drehte mein Gesicht zu ihm, doch er hatte die Augen geschlossen. Nur ein Lächeln umspielte seine vollen Lippen.

Tag 4

Eine fremde Kultur kennenlernen

Die Öffnung des Zeltes wurde mit einem Ruck aufgerissen und ich blickte direkt in die bedrohliche Spitze einer Heugabel. Ein Schrei verließ meine Kehle, während sich meine Finger in den Schlafsack krallten.

Jason hob beschwichtigend die Hände. »Hey, wir wollen keinen Ärger!«

Der Mann hinter der Heugabel musterte uns misstrauisch. Er hatte einen rötlichen Vollbart und auf seinem Kopf saß ein schwarzer Filzhut. Hinter ihm waren noch andere Männer zu erkennen, ohne dass ich hätte sagen können, wie viele es waren.

»Ihr schlaft in unserem Maisfeld!«, entgegnete der Mann anklagend.

»Es tut uns leid, wenn wir Sie dadurch verärgert haben. Wir packen jetzt einfach unsere Sachen und sind schneller weg, als Sie schauen können«, schlug Jason ihm in freundschaftlichem Ton vor.

Einen Moment lang fixierten die Augen des Mannes noch unsere Gesichter, bevor er die Heugabel sinken ließ und zur Seite trat, damit wir aus dem Zelt krabbeln konnten. Die Öffnung fiel zu und ich blickte panisch zu Jason. Auch wenn er sich vor dem Mann cool gegeben hatte, konnte ich sehen, dass er genauso beunruhigt war wie ich.

Er drückte meine Hand und raunte mir zu: »Bleib ruhig«.

Ich hatte ohnehin nichts anderes vor und so stieg ich nach ihm aus dem Zelt. Vor uns standen ein Dutzend Männer mit Sicheln, die bedrohlich in der Morgensonne glänzten. Alle hatten dichte, lange Bärte und schwarze Hüte auf dem Kopf. Ihre Kleidung war ungewöhnlich schlicht: einfache Webstoffe, keine Jeans. Im Hintergrund war auch ein Pferdepflug zu erkennen.

Jason schien ihr Anblick jedoch zu beruhigen, denn er atmete erleichtert auf. »Sie sind Amish, oder?«, fragte er die Gruppe lachend.

Wie konnte er sich darüber nur so freuen? Ich wusste nicht viel über die Amish. Für mich waren sie eine Sekte wie jede andere, von der man sich besser fernhielt.

Die Männer nickten und der Rotbärtige reichte Jason versöhnlich die Hand. »Ich bin Franz und wie heißt ihr?«

Jason erwiderte die Geste. »Jason«, er deutete auf mich, »und das ist Jade.«

»Jason und Jade«, grinste der Mann. »Das passt ja.«

Jason legte mir seinen Arm um die Schultern, um die Vermutung des Mannes, dass wir ein junges Paar seien, noch zu verstärken. »Wir machen eine kleine Rundreise mit dem Zelt, um unser Land besser kennenzulernen«, erzählte er munter.

Der Mann hob die Augenbrauen. »Die meisten Kinder in eurem Alter zieht es doch in ferne Städte und Länder.«

»Warum in die Ferne schweifen, wenn das Gute liegt so nah?«, zitierte Jason Goethe, was den Männern sichtlich zu gefallen schien.

Ein zweiter löste sich aus der Gruppe und stellte sich neben Franz. »Ihr habt bestimmt Hunger, oder? Kommt doch mit in unser Dorf und frühstückt mit uns.«

»Wir haben nicht viel, aber wir teilen gern«, fügte Franz herzlich hinzu.

Ich verkrampfte innerlich. *Bitte nicht!*

Doch Jason nahm ihr Angebot mit einem strahlenden Lächeln an. »Es wäre uns eine große Ehre«, hörte ich ihn sagen und starrte ihn fassungslos an.

Die Amish kehrten uns den Rücken zu, um ihre Sicheln auf dem Pferdepflug zu verstauen, worauf ich Jason in die Seite boxte.

»Spinnst du?«, zischte ich wütend.

Er hob lachend die Hände. »Was ist dein Problem? Ich habe uns ein kostenloses Frühstück organisiert.«

»Das sind Amish!«, fauchte ich, als würde das nun wirklich alles erklären.

Jason sah mich herausfordernd an. »Du weißt schon, dass die Amish strikte Gewaltverweigerer sind, oder? Wovor hast du also Angst?«

»Was ist, wenn sie uns nicht mehr gehen lassen? Ich habe gehört, wer einmal zu ihnen kommt, darf nicht mehr gehen. Mädchen werden zwangsverheiratet und dienen nur noch als Geburtsmaschinen.«

Jason sah mich erst ungläubig an, doch dann begann er aus vollem Hals zu lachen, sodass sich auch die Männer wieder zu uns umdrehten. Es machte mich nur noch wütender, dass er mich nun auch noch auslachte. Meine Wangen begannen vor Scham rot zu glühen.

Er klopfte mir auf die Schulter. »Prinzessin, es wird Zeit, dass du die Welt endlich mit eigenen Augen siehst.«

Ohne auf mich Rücksicht zu nehmen, folgte er nun den Amish, die sich auf den Weg zu ihrem Dorf machten. Mir blieb nichts anderes übrig, als ihnen zu folgen.

Ihre Siedlung war größer, als ich es erwartet hatte. Ein Holzhaus reihte sich an das andere. Aber es waren keine kleinen Hütten, sondern schöne zweigeschossige Gebäude, deren Fassaden in einem strahlenden Weiß gestrichen waren. Kutschen fuhren über die Straßen und Hühner gackerten in den Gärten. In der Luft lag der Geruch von frisch gebackenem Brot und aus den Schornsteinen stiegen dicke Rauchwolken. Ein Brunnen befand sich in der Dorfmitte, an dem einige Frauen in einfarbiger Kleidung und weißen Hauben auf den Köpfen in einer Reihe warteten. Kinder rannten uns neugierig entgegen und beäugten uns skeptisch. Zwei Mädchen lachten hinter vorgehaltenen Händen beim Anblick meiner Jeans. Ich fühlte mich wie dreihundert Jahre in der Zeit zurückversetzt.

Franz führte uns zu einem besonders schönen und großen Haus. Auf der Veranda kehrte eine Frau, deren Gesicht sich aufhellte, als sie ihren Mann kommen sah. Sie trat uns fröhlich entgegen.

»Das ist meine Frau Rosa«, stellte Franz sie vor und die Frau reichte uns herzlich die Hand. Ihre Freundlichkeit nahm mir etwas meine Angst vor all den fremden Leuten. »Das sind Jason und Jade. Sie verbringen ihren Sommer damit, unser Land besser kennenzulernen«, erzählte Franz seiner Frau begeistert.

»Oh, wie schön«, rief Rosa aus. »Ich erinnere mich noch gut an meine Rumspringa. Es war ein großes Abenteuer.«

Irritiert sah ich sie an, worauf beide Eheleute zu lachen begannen. Sie führten uns in ihr Haus, welches sich von innen nicht sonderlich von anderen Häusern, die ich kannte, unterschied. Nur wenn man darauf achtete, stellte man fest, dass es weder ein Telefon noch sonst irgendein elektrisches Gerät gab. Im Speisezimmer und in der Küche war eine ganze Horde an Kindern versammelt, die Rosa uns nun alle nacheinander vorstellte. Ich konnte mir ihre Namen nicht alle merken, aber es waren acht Stück. Das jüngste war gerade mal acht Monate alt und das älteste siebzehn Jahre. Sie benahmen sich allesamt höflich und sehr zuvorkommend.

Wir setzten uns mit ihnen an einen großen Tisch, der bereits mit allerlei Köstlichkeiten gedeckt worden war: Pfannkuchen, Rührei, Bacon, Käse, selbst gemachte Marmelade und noch warmes frisch gebackenes Brot. Es war geradezu ein Festmahl. Doch anstatt sich auf das Essen zu stürzen, falteten die Amish erst ihre Hände und begannen leise, jeder für sich, zu beten. Ich senkte ebenfalls meinen Kopf und dachte an Zuhause. Wir gehörten keiner Religion an, sondern mein Vater pflegte den Glauben, dass man mit genug Willensstärke und Ehrgeiz alles im Leben erreichen konnte.

Franz hob den Kopf als Erster und reichte seine Hände seiner Frau, die links von ihm saß, und Jason zu seiner Rechten. Zögerlich ergriff Jason seine Hand und reichte mir seine, während ich meine Hand in die des kleinen Mädchens neben mir legte, sodass wir schließlich alle miteinander verbunden waren.

»Herr, wir danken dir für diese Speisen und wünschen uns einen guten Appetit«, sagte Franz feierlich und wir ließen einander wieder los.

Es war ein komisches Ritual, das mich zum Schmunzeln brachte. Gleichzeitig schien es ein Startschuss zum Essen zu sein, denn die Kinder begannen nun aufgeregt durcheinanderzureden und ihre kleinen Hände schienen überall wie Ameisen über den Tisch zu krabbeln.

Rosa reichte mir den Teller mit den Pfannkuchen, die ich mit einem Klecks Erdbeermarmelade verzierte. Zu trinken gab es warmen Tee.

»Geht ihr beiden denn noch zur Schule?«, wandte sich Franz interessiert an uns.

»Nicht mehr«, sagte Jason, ohne weiter darauf einzugehen, was er denn stattdessen machte. Ich nahm mir vor, ihn bei Gelegenheit danach zu fragen.

»Nächstes Jahr ist mein Seniorjahr«, erwiderte ich. Es war das erste Mal, dass ich etwas in Gegenwart der Amish sagte.

»Dann musst du etwa in Michaels Alter sein«, sagte Franz und deutete auf seinen ältesten Sohn, der neben Rosa saß. »Er hat auch sein letztes Jahr in der Dorfschule.« Mit einem Schmunzeln fügte er hinzu: »Er kann die Rumspringa kaum erwarten.«

Auf Michaels Mundwinkeln erschien ein verhaltenes Grinsen.

»Was ist das?«, wollte ich wissen.

»Bei der Rumspringa dürfen sich jugendliche Amish bis zu zwei Jahre lang austesten, um ihre Grenzen kennenzulernen. In dieser Zeit ist ihnen alles erlaubt.«

Jason grinste. »Alkohol?«

»Nicht nur das. Auch Autofahren und moderne Technologie. Sie können durchs Land reisen und alles ausprobieren, was immer sie möchten.«

Jason sah frech in Richtung von Michael. »Sex?«

Franz rollte genervt mit den Augen. »Auch das, aber darüber sollte jeder erst einmal gut nachdenken. Es gibt schließlich keine zweite Chance für sein erstes Mal und deshalb kann ich nur raten, sich gut zu überlegen, mit wem man dieses besondere Erlebnis teilen möchte.« Er lächelte seine Frau liebevoll an, die leise zu kichern begann.

Die Liebe, die sie nach all den Jahren und den vielen Kindern immer noch füreinander empfanden, war spürbar und berührte mich sehr. Die Gerüchte von Zwangsheiraten schienen mir nun absolut absurd. Trotzdem war ich noch nicht bereit, in den Amish das friedfertige Volk zu sehen, das sie zu sein vorgaben.

»Und nach den zwei Jahren?«, fragte ich neugierig. Ich stellte es mir grausam vor, erst die Welt zu Füßen gelegt zu bekommen und danach in diese Einöde zurückkehren zu müssen.

»Danach muss sich jeder entscheiden. Entweder für oder gegen die Einordnung in die religiöse und soziale Gemeinschaft der Amish«, sagte Franz.

Ich hatte nicht gewusst, dass sie eine Wahl hatten.

»Entscheiden sich viele gegen die Amish?«, wollte ich weiter wissen und war selbst überrascht davon, wie leicht es mir fiel, mich mit dieser mir völlig fremden Familie zu unterhalten. Ich hatte so viele Vorurteile gehabt und je mehr ich über sie erfuhr, umso mehr gerieten sie ins Wanken.

»Das passiert eher selten«, erwiderte Franz stolz. »Es ist für alle zwar aufregend, die Welt der anderen Gesellschaft kennenzulernen, und viele schlagen dabei über die Stränge, aber letztendlich lernen sie dabei auch die Vorteile unserer Gemeinschaft zu schätzen. Nur ein Mensch, der sich freiwillig für unser Leben entscheidet, weiß dieses auch zu schätzen.« Er warf mir einen amüsierten Blick zu. »Wir halten niemanden gefangen, der nicht hier sein will.«

Beschämt sah ich auf meinen leeren Teller. Franz hatte wohl doch mehr von meinem Gespräch mit Jason mitbekommen, als ich beabsichtigt hatte.

Am Abend waren wir noch immer Gast bei den Amish. Wir saßen gemeinsam vor dem Haus von Franz und seiner Familie, während auf dem Dorfplatz ein großer Grill angeheizt wurde.

»Schön hier, oder?«, fragte Jason, doch in seiner Stimme lag eine Herausforderung, als warte er nur darauf, dass ich ihm widersprach. Den Gefallen würde ich ihm allerdings nicht tun.

»Es ist sehr gemütlich«, stimmte ich zu, während ich innerlich grinste.

»Wie wäre es, wenn wir eine Weile bei ihnen bleiben?«

»Was heißt eine Weile?«

»Ein paar Tage, vielleicht eine Woche?«

Ich sah ihn zögernd an. Meine Vorstellung von Abenteuern hatte nicht so ausgesehen, dass ich mich bei den Amish verkroch, andererseits war es wirklich schön hier und ich fühlte mich sicher. Warum also nicht?

»Na gut«, erwiderte ich schulterzuckend und hielt schnuppernd meine Nase dem Wind entgegen. Das erste Fleisch und einige Maiskolben wurden auf den Grill geschmissen und verbreiteten einen köstlichen Geruch.

»Was, keine lange Diskussion?«, wunderte sich Jason beinahe enttäuscht.

»Warum sollte ich diskutieren? Mir gefällt es hier.«

»Sonst diskutierst du doch auch über alles!«

»Sonst?«, fragte ich mit erhobenen Augenbrauen. »Wir kennen uns erst seit vier Tagen! Tu nicht so, als wüsstest du bereits alles von mir.«

Jason selbst war mir jeden Tag ein neues Rätsel. Immer wenn ich glaubte, ihn zu durchschauen, bewies er mir das Gegenteil. Allein sein Verhalten gegenüber den Amish war das komplette Kontrastprogramm zu seinem Benehmen bei Tracy. Dort hatte er einen auf Draufgänger gemacht und nun war er die Höflichkeit in Person.

Er war einen Moment still, als müsse er über meine Worte nachdenken, doch als ich bereits nicht mehr damit rechnete, dass er noch etwas dazu sagen würde, meinte er: »Manchmal kommt es mir schon sehr viel länger vor.«

Tag 5

~~Ein Baumhaus bauen~~

Jason und ich hatten die Nacht getrennt voneinander verbracht. Während er im Zelt auf der Wiese hinter dem Haus geschlafen hatte, hatte Rosa mir die Couch der Familie angeboten. Sie fand, es schickte sich nicht für eine unverheiratete Frau, sich das Bett mit einem Mann zu teilen. Um sie nicht zu beleidigen, hatte ich das Angebot dankend angenommen.

Die Sonne sandte ihre ersten Strahlen gerade erst über die Welt, als bereits wieder Leben in das Haus kam. Bei den Amish gab es wohl keine Langschläfer. Rosa kam im Morgenrock in die

Küche und begann den Ofen anzuheizen, um das Frühstück vorbereiten zu können. Danach sah sie nach mir.

»Guten Morgen, Jade«, flötete sie gut gelaunt und trug eine Waschschüssel ins Zimmer. »Wasch dir das Gesicht, putz dir die Zähne und kämm dir die Haare, bevor die anderen runterkommen«, wies sie mich an.

Ihre Stimme war freundlich, aber ich wusste, dass sie keine Widerrede von meiner Seite aus dulden würde. Also befolgte ich ihre Aufforderung eilig.

Gerade rechtzeitig war ich fertig, als die ersten Kinder kichernd das Wohnzimmer stürmten. Sie wirkten heute besonders aufgedreht und kaum zu bändigen.

Beim Frühstück, an dem auch Jason teilnahm, erfuhr ich den Grund dafür.

»Wir bauen heute ein Baumhaus!«, verkündete Franz.

Die Kinder jubelten. »Ein richtig großes, sogar mit einer Teestube!«, rief eines der Mädchen.

»Und einer Strickleiter!«

»Mit einem Aussichtsturm!«

»Eine Schaukel!«

Die Forderungen der Kinder wurden immer wilder, aber Franz schienen ihre Wünsche keine Mühe zu bereiten, er freute sich über jeden Vorschlag. Wenn er es tatsächlich schaffte, all dies umzusetzen, würde es ein großartiges Baumhaus werden, besser als jedes, das ich je gesehen hatte.

Ich selbst hatte auch immer von einem eigenen Baumhaus geträumt, aber da wir keinen Baum im Garten hatten, war es immer bei einem Traum geblieben. Lediglich ein winziges Haus aus Plastik war in meiner Kindheit mein Rückzugsort gewesen. Darin war es jedoch so eng und stickig gewesen, dass man es im Sommer kaum ausgehalten hatte.

»Jason, du siehst kräftig aus. Hast du Lust, uns zu helfen?«, fragte Franz freundlich.

»Es wäre mir eine Ehre«, antwortete Jason mit stolzem Lächeln. »Hört sich an, als könnte ich noch viel von euch lernen.«

Die Aussicht, den Tag allein mit den Frauen zu verbringen, gefiel mir nicht, deshalb sagte ich: »Ich helfe auch gern mit!«

Plötzlich wurde es still am Tisch und vor allem die Kinder starrten mich ungläubig an.

»Aber du bist doch ein Mädchen!«, sagte eine der Töchter beinahe vorwurfsvoll zu mir. »Das ist Männerarbeit!«

Zögerlich sah ich zu Rosa, doch als diese mir Mut machend zulächelte, sagte ich: »Es gibt keine Arbeit, die eine Frau nicht tun kann. Woher willst du wissen, dass du nicht genauso gut Baumhäuser bauen kannst wie ein Mann, wenn du es nicht wenigstens einmal versucht hast?«

Die Mädchen bekamen große Augen. »Vater, dürfen wir auch helfen?«

Franz lachte einladend. »Versucht es, aber ich will später keine Beschwerden hören! Wer sich entschließt, mitzuhelfen, muss durchhalten, bis das Haus steht!«

Als wir den Frühstückstisch verließen, um uns an die Arbeit zu machen, versetzte Jason mir einen sanften Stoß mit dem Ellbogen. »Ich wusste gar nicht, dass ich es mit einer Feministin zu tun habe«, neckte er mich grinsend.

»Das hat nichts mit Feminismus zu tun, sondern mit gesundem Menschenverstand«, erwiderte ich, konnte mir jedoch ein Grinsen ebenfalls nicht verkneifen. Es hatte sich aus seinem Mund fast wie ein Lob angehört.

Mittags war ich mir nicht mehr sicher, ob mir ein Tag mit Backen, Sticken und Putzen nicht doch besser gefallen hätte. Mein

Rücken schmerzte von dem vielen Holz, das ich geschleppt hatte. Meine Hände waren schmutzig, rau und ich hatte das Gefühl, in jedem Finger einen Splitter stecken zu haben. Dazu schien mein Körper in Schweiß nur so zu schwimmen.

Schnaufend wischte ich mir mit dem Handrücken über die feuchte Stirn, während ich zu dem Baumhaus aufsah, das langsam Gestalt annahm. Der Boden stand bereits und es war schon jetzt gigantisch.

Jason half tatkräftig mit und reichte Franz und Michael, die auf dem Baum herumkletterten, die Holzstücke an. Er hatte sein Oberteil ausgezogen, sodass sein Oberkörper in der Sonne vor Schweiß glänzte, was seine angedeuteten Bauch- und Armmuskeln betonte.

Ich konnte mich nicht erinnern, je einem besser aussehenden Jungen begegnet zu sein. Wäre Katie bei mir, würde sie vorschlagen, dass wir es uns lieber in der Wiese bequem machen sollten, um den Anblick zu genießen. Sie hätte sich nicht davor gescheut, Jason zu sagen, wie heiß sie ihn fand.

Aber ich hatte das Gefühl, dass er auf Komplimente von mir nicht sonderlich viel Wert legte. Er war schon überheblich genug, auch ohne dass ich meine Bewunderung für ihn zum Ausdruck brachte.

Dabei war es nicht einmal nur sein gutes Aussehen, sondern auch sein liebevoller Umgang mit anderen Menschen. Er war offen, ging unvoreingenommen auf jeden zu und verstand sich einzubringen.

Bereits jetzt machte er den Eindruck eines langjährigen Freundes der Familie. Die Jungen und Mädchen sahen gleichermaßen zu ihm auf. Er brachte sie zum Lachen, ermutigte sie und half ihnen mit einem neckischen Zwinkern. Ich erkannte ihn kaum wieder.

Wenn ich mich selbst gedanklich so schwärmen hörte, beschlich mich das Gefühl, dass ich vielleicht längst mehr für ihn empfand, als gut für mich war. Aber wie könnte man sich nicht Hals über Kopf in Jason verlieben?

»Hey, Prinzessin«, brüllte er plötzlich. »Gibst du schon auf? Das ging aber schnell.«

Danke, dass du mich daran erinnerst, wie uncharmant du sein kannst!

Ich verdrehte genervt die Augen und hob das Holzstück vor meinen Füßen wieder auf, um es zu ihm zu tragen. Es war schwer und ich schwitzte bei jedem Schritt. Meine Finger brannten unter dem Gewicht.

Mit hochrotem Kopf warf ich es Jason vor die Füße.

Er musterte mich amüsiert. »Ich hätte gedacht, du wärst ein bisschen stärker«, zog er mich auf. »Seid ihr Feministinnen nicht normalerweise ziemlich muskulös und superstark?«

Ich war definitiv nicht in ihn verliebt!

»Jason, wenn du keine Ahnung von Feminismus hast, dann solltest du das Wort auch nicht verwenden. Und nur weil du grinst, während du so etwas sagst, ist es noch lange nicht lustig«, entgegnete ich betont gleichgültig.

Ich hatte mir im Souvenirladen eine Postkarte gekauft, die ich am Abend beschrieb.

Sie zeigte das Dorfzentrum und eine Familie in traditioneller Kleidung der Amish. In den letzten fünf Tagen hatte ich bereits so viel erlebt, dass ich es kaum in Worte fassen konnte.

Liebe Mom und lieber Dad,

ich schreibe euch, damit ihr wisst, dass es mir gut geht. Es tut mir leid, dass ich euch so viele Sorgen bereite, aber es gibt da noch ein paar Punkte auf meiner Liste, die ich erledigen möchte, bevor ich achtzehn werde. Für euch mag sich das lächerlich anhören, weil mein Leben erst beginnt, aber ich muss wissen, wer ich bin, bevor ich erwachsen werden kann. Stellt euch vor, ich habe heute ein Baumhaus mit den Amish gebaut!

Zu Beginn meiner Reise habe ich jemanden kennengelernt. Sein Name ist Jason. Glaubt jetzt nicht, meine Reise sei die Dummheit eines frisch verliebten Teenagers, denn so ist es nicht. Jason passt auf mich auf! Die meiste Zeit ärgere ich mich allerdings über ihn, weil er ein Angeber ist und sich gern über mich lustig macht. Aber eigentlich habe ich ihn sehr gern! Als Freund! Er lässt mich meine Probleme der letzten Wochen vergessen und tut mir einfach gut. Ich wünsche mir, dass ihr ihn eines Tages kennenlernen könnt.

Ich schreibe euch bald wieder!
Eure Jade

Erst als ich mit dem Schreiben fertig war, bemerkte ich Jason, der mit verschränkten Armen an einen Baum gelehnt dastand und mich lächelnd beobachtete. Nun kam er auf mich zu und ließ sich neben mir im Gras nieder.

»Ich hätte mir denken können, dass Mädchen wie du Tagebuch schreiben«, neckte er mich.

»Ich schreibe kein Tagebuch!«, widersprach ich ihm und ließ dabei unerwähnt, dass ich das zu Hause tatsächlich tat. Meine Finger kribbelten allein bei dem Gedanken, all die Erlebnisse der Reise in das Buch zu kritzeln. Vielleicht würde ein ganzer Roman daraus werden. »Das ist eine Postkarte für meine Eltern«, gestand ich ihm stattdessen.

Erst sah er mich überrascht an, doch dann nickte er lächelnd. »Das ist eine gute Idee. Es wird sie freuen, zu hören, dass es dir gut geht.« Er stupste mich herausfordernd an. »Hast du etwa auch über mich geschrieben?«

»Natürlich! Von dir handelt die ganze Karte«, erwiderte ich ironisch. »Ich habe ihnen geschrieben, dass ich meinen Traummann getroffen habe und wir auf dem Weg nach Las Vegas sind, um schnellstmöglich heiraten zu können.«

Er begann zu lachen. Jedes Mal, wenn er das tat, hüpfte etwas in meinem Bauch freudig auf und ab. Selbst wenn er über mich lachte.

»Es ist irgendwie komisch, das jemanden zu fragen, der von zu Hause abgehauen ist, aber du magst deine Eltern, oder?«

Ich sah schuldbewusst weg. »Meine Eltern sind toll. Sie unterstützen mich, wo immer es nur geht.«

»Worin unterstützen sie dich denn?«

Überrascht sah ich ihn an. »In allem! Dad hat mir ein Praktikum im Krankenhaus auf der chirurgischen Abteilung besorgt. Das macht sich gut für meine Bewerbung am College.«

Nun war es Jason, der mich überrascht ansah. »Du willst Chirurgin werden?«

»Warum überrascht dich das? Chirurgen schenken vielen Menschen durch eine Operation mehr Lebensqualität. Ich fände es toll, etwas zu machen, womit ich anderen helfen kann.«

»Lass mich raten, dein Dad ist ebenfalls Arzt?«

Ich errötete. »Na und? Er ist ein toller Arzt und ein großes Vorbild für mich.«

»Dagegen sage ich auch gar nichts, aber ich kann mir dich einfach nicht als Ärztin vorstellen.«

Beleidigt rückte ich von ihm weg. »Warum denn nicht?«

»Nichts gegen Ärzte, aber ich habe dich einfach mehr in einer kreativeren Umgebung gesehen. Ich glaube, Krankenhauskittel stehen dir einfach nicht.«

»Du kennst mich doch gar nicht!«, fauchte ich. Was erlaubte er sich eigentlich? Schon wieder glaubte er, nach fünf Tagen bereits alles über mich zu wissen.

Besänftigend legte er mir seine Hand auf den Arm. »Jade, ich wollte dich nicht beleidigen. Bitte sei mir nicht böse. Vielleicht hast du recht und ich täusche mich einfach in dir.«

Seine plötzliche Berührung und der flehende Ausdruck in seinen Augen ließen mich innehalten. »Was machst du denn eigentlich beruflich? Studierst du?«

Ein freudloses Lächeln zog über sein Gesicht. »Ich habe damit angefangen.«

»Du hast abgebrochen?« Ich versuchte, meine Stimme nicht verurteilend klingen zu lassen.

»Nach dem ersten Semester«, bestätigte er.

»Was hast du studiert?«

»Elektrotechnik.«

Wenn ich nicht völlig falschlag, waren Elektrotechniker unter anderem für die Entwicklung von Autos verantwortlich. Das würde erklären, warum er in der Tankstelle darauf bestanden hatte, seinen Mustang selbst zu reparieren. Er wusste, wovon er sprach.

»Warum hast du das Studium abgebrochen?«

»Es hätte mir zu lange gedauert. Ich möchte nicht jeden Tag in einem College verbringen, wenn ich zur selben Zeit die Welt entdecken könnte.«

»Aber du hast doch noch dein ganzes Leben, um die Welt zu entdecken«, sagte ich verständnislos.

»Manchmal kommt der Tod schneller, als man es wahrhaben will«, sagte er leise.

War das der Grund für seine überstürzte Reise? War jemand gestorben, der ihm am Herzen lag? Vielleicht seine Freundin? Ich wagte nicht, ihn danach zu fragen, da ich annahm, dass er es mir von selbst erzählen würde, wenn er darüber reden wollte.

»Ich lebe jeden Tag, als wäre es mein letzter«, fügte er schließlich hinzu und lächelte mich dabei eindringlich an.

Mir wurde warm von seinem Blick und ich strich mir verlegen das Haar zurück. »Dann würdest du freiwillig deinen letzten Tag mit mir verbringen?«

Sein Lächeln wurde zu einem schelmischen Grinsen. »Na klar, so kann ich wenigstens sicher sein, dass ich etwas zu lachen haben werde, Prinzessin.«

Tag 6

Eine fremde Stadt allein erkunden

Nach dem Frühstück saßen Jason und ich auf einem Grashügel, von dem aus man die Siedlung der Amish überblicken konnte. Es wirkte alles so friedlich, ganz anders, als ich es erwartet hätte. Leistungsdruck und Konkurrenzgehabe schien es hier überhaupt nicht zu geben. Jeder kümmerte sich um die Gemeinschaft und seine Familie, so gut er nur konnte. Schwächere wurden unterstützt, ohne dass die Starken dabei auf sie herabblickten.

»Und?«, fragte Jason und ich hörte das Grinsen in seiner Stimme.

»Sie sind wirklich ganz anders, als ich es erwartet hatte«, gestand ich.

»Das liegt daran, dass du oberflächlich bist, Prinzessin«, stichelte er, schubste mich dabei aber freundschaftlich mit der Schulter an. Er meinte es nicht böse, trotzdem reagierte ich verletzt.

»Ich bin nicht oberflächlich«, widersprach ich.

»Bist du nicht? Und warum hast du dann die Amish verurteilt, ohne sie wirklich zu kennen?«

»Ich bin einfach vorsichtig«, rechtfertigte ich mich. »Warst du vorher schon einmal in einer Amish-Siedlung?«

»Nein.«

Ich drehte mein Gesicht zu ihm, weil ich ihm nicht glaubte. »Woher wusstest du dann, dass sie friedlich sind und die ganzen Gerüchte nicht stimmen?«

»Ich wusste es nicht.« Er zuckte mit den Schultern. »Vorsicht ist gut und sicher, aber sie hemmt einen. Wenn alle Menschen immer nur vorsichtig gewesen wären, würden wir immer noch glauben, dass die Erde eine Scheibe ist, an dessen Rand man hinabstürzen kann.«

»Du hältst mich für einen absoluten Feigling, oder?«, fragte ich ihn herausfordernd. »Aber wenn ich so feige wäre, dann säße ich nun nicht neben dir. Ich bin zu einem Wildfremden ins Auto gestiegen. Ist dir das nicht mutig genug?«

Er schüttelte den Kopf. »Das war nicht mutig, sondern einfach nur dumm und naiv! Außerdem bist du nicht zu mir ins Auto gestiegen, weil du mutig sein wolltest, sondern weil du vor deinen Problemen davongelaufen bist. Es ging dir nie um ein Abenteuer, sondern nur darum, deine Eltern zu bestrafen, weil sie es gewagt haben, ihre kleine verwöhnte Prinzessin in ein

Sommercamp mit der bösen Freundin zu schicken, die ihr das Spielzeug geklaut hat.«

Mit jedem Wort weiteten sich meine Augen mehr. Warum war er plötzlich so zu mir? Im einen Moment war noch alles gut gewesen und nun beleidigte er mich völlig grundlos. Scott war kein Spielzeug für mich gewesen. Er war meine erste große Liebe.

Jasons Behauptungen machten mich sprachlos. Ich schüttelte den Kopf und kämpfte mit den Tränen. Ohne ein Wort zu sagen, stand ich auf und lief den Berg hinab, in Richtung der Siedlung.

»Es tut mir leid«, hörte ich ihn rufen, aber das nahm ich ihm nicht ab. Er hatte mir nach sechs Tagen endlich ins Gesicht gesagt, was er wirklich über mich dachte. Ich hielt es nicht eine Sekunde länger in seiner Gegenwart aus.

Ich ließ mir von Rosa den Weg zur nächsten Straße beschreiben, bevor ich mich von ihr und den Kindern verabschiedete. Franz war bereits wieder mit den anderen Männern auf dem Feld zur Ernte.

Nur mit meinem Rucksack bepackt, ging ich auf den verschiedenen Wald- und Feldwegen, bis ich nach etwa einer Stunde eine Straße erreichte.

Mir stand der Schweiß bereits auf der Stirn und meine lange Jeanshose klebte unangenehm an meinen Beinen. Aber die Shorts von Tracy lag noch auf der Rückbank des Mustangs und ich war nicht gewillt, noch einmal mit Jason zu reden. Ich hatte mir nicht überlegt, was ich nun tun wollte. Mein Plan bestand darin, einen vertrauenserweckenden Autofahrer anzuhalten und mich von ihm zur nächsten größeren Stadt mitnehmen zu lassen. Wenn ich nicht völlig die Orientierung verloren hatte, müsste das St. Louis sein. Aber es fuhren nur wenige Autos auf der Straße, die sich mitten durch einen Wald schlängelte. Wenigstens war es dort etwas kühler als mitten in der Sonne.

Ich hatte noch nie zuvor getrampt, auch wenn Katie mich immer dazu hatte überreden wollen. Es gab zu viele Geschichten über Mädchen, die zu den Falschen ins Auto gestiegen waren und danach nie wiedergesehen wurden. Doch nun blieb mir wohl nichts anderes mehr übrig. Außerdem wollte ich nicht die feige und oberflächliche Person sein, die Jason in mir sah. So streckte ich jedes Mal, wenn sich ein Auto näherte, mutig meinen erhobenen Daumen raus, doch bisher hatte nicht ein einziges angehalten. Ich hatte es mir definitiv sehr viel leichter vorgestellt.

Nachdem sich der Wald gelichtet hatte, hörte ich, wie sich mir erneut ein Auto von hinten näherte. Es war nun das elfte in etwa einer Stunde. Ich hielt erneut meine Hand raus, ohne mich umzusehen. Meine Hoffnungen, eine Mitfahrgelegenheit zu finden, waren bereits gewaltig geschrumpft. Doch das Auto schien langsamer zu werden. Überrascht sah ich mich um und zog meinen Arm sofort zurück, als ich den Wagen erkannte: ein schwarzer Mustang. Das Verdeck war geöffnet und hinter dem Steuer saß Jason, der mich versöhnlich anlächelte. Wütend drehte ich ihm erneut den Rücken zu. Er fuhr auf einer Höhe mit mir und ließ den Wagen langsam neben mir herrollen.

»Hey, Prinzessin, es tut mir wirklich leid«, rief er gegen das Geräusch des Motors an und beugte sich in meine Richtung.

Obwohl er behauptete, dass es ihm leidtue, benutzte er immer noch diesen schrecklichen Kosenamen, der in seinen Augen für ein verwöhntes und oberflächliches Mädchen stand. Dachte er, ich wäre so verzweifelt, dass ich trotzdem dankbar in sein Auto springen würde? Da konnte er lange warten.

Mit erhobenem Kopf lief ich weiter, ohne ihn zu beachten.

»Jade«, seufzte er. »Hast du nicht etwas vergessen?«

Als ich nicht antwortete, hob er die Sporttasche mit den Anziehsachen von Tracy hoch.

»Dein Diebesgut kannst du gern behalten«, fauchte ich verärgert, was mir ein Grinsen von ihm einbrachte.

Er deutete mit dem Kopf auf mein rotes T-Shirt, das ebenfalls Tracy gehört hatte. »Und was ist damit?«

Wütend funkelte ich ihn an, zog mir in einer schnellen Bewegung das Oberteil vom Kopf und schleuderte es ihm ins Gesicht, sodass ich nur noch im BH vor ihm stand. Ich war so verletzt und voller Zorn, dass es mir egal war.

Er pfiff belustigt durch die Zähne. »So findest du garantiert eine Mitfahrgelegenheit«, zog er mich auf. »Komm schon, steig wieder ein!«

»Nein.«

»Du benimmst dich wirklich bockiger als jeder Esel.«

»Schön, dann bin ich eben ein oberflächlicher, verwöhnter und feiger Esel«, keifte ich ihn an und verschränkte schützend die Arme vor der Brust.

Ein Auto fuhr an uns vorbei, dessen Fahrer laut hupte, als er mich nur im BH an der Straße stehen sah. Wunderbar, jetzt belästigte Jason mich nicht nur, sondern vermasselte mir auch noch meine Chance, jemanden zu finden, der mich mitnahm.

»Ich habe das nicht so gemeint. Um ehrlich zu sein, hatte ich Kopfschmerzen und deshalb schlechte Laune, aber ich hätte sie nicht an dir auslassen dürfen«, versuchte er mich zu überzeugen. Als ich darauf auch nicht reagierte, fuhr er vor mich und stellte den Wagen so hin, dass er mir den Weg versperrte. Ich wollte daran vorbeigehen, aber Jason sprang aus dem Mustang und baute sich vor mir auf. Er hielt mich an beiden Armen fest. »Jade, es tut mir wirklich leid.«

Seine plötzliche Nähe brachte mich dazu, den Kopf zu heben und ihm in die Augen zu blicken. Reue spiegelte sich in ihnen. Ein Teil von mir hätte zu gern nachgegeben, aber mein Stolz verbot es mir. Wenn ich nun aufgab, würde er sich doch nur in seiner Ansicht über mich bestätigt fühlen.

Ich löste mich aus seinem Griff.

»Ich akzeptiere deine Entschuldigung, aber ich werde trotzdem nicht wieder bei dir einsteigen«, sagte ich entschieden.

»Aber wo willst du denn allein hin?«, fragte er enttäuscht.

»San Francisco«, murmelte ich. Ich hatte die Stadt schon immer mal besuchen wollen, die für mich für absolute Unabhängigkeit und pure Freiheit stand, aber den Entschluss, dorthin zu reisen, hatte ich erst in diesem Augenblick gefasst.

»Das ist ganz schön weit, weißt du das?«

Ich warf ihm einen genervten Blick zu. Natürlich wusste ich, dass es weit war. »Hältst du mich auch noch für dumm?«

Er hob beschwichtigend die Hände. »Nein, ich wollte nur sichergehen, dass du dir dessen bewusst bist. Die Route 66 führt in dieselbe Richtung. Lass uns doch wieder zusammen reisen.«

»Ich will dir kein Klotz am Bein sein!«

»Bist du nicht«, versicherte er mir eindringlich. »Ohne dich wird es sicher total langweilig.«

»Warum? Weil du dann niemanden mehr hast, über den du dich lustig machen kannst?« Ich drängte mich an ihm vorbei, um weiterzugehen.

Spätestens wenn ich die nächste Stadt erreichte, würde ich mich in Grund und Boden schämen, nur im BH herumzulaufen. Ich brauchte so schnell wie möglich etwas zum Anziehen.

Er hielt mich erneut am Arm fest. »Jade, ich wollte dich nicht verletzen«, entschuldigte er sich erneut und klang dabei so verzweifelt, dass es mir einen Stich ins Herz versetzte.

Ich hatte nicht gemerkt, dass sich uns ein Auto genähert hatte, doch dieses hielt nun neben uns an. Es war ein blauer Van. Auf der Rückbank entdeckte ich einen Kindersitz.

Der Fahrer, ein Mann in mittlerem Alter, beugte sich zur Beifahrerseite und rief bei heruntergelassener Scheibe: »Ist alles okay?« Er sah mich besorgt an.

Wenn ich wirklich ohne Jason weiterwollte, war das meine Chance. Ich entzog Jason meinen Arm und sah bittend zu dem Mann. »Können Sie mich vielleicht ein Stück mitnehmen?«

»Wohin möchtest du denn?«

»St. Louis, aber Sie können mich auch auf dem Weg rauslassen, wenn Sie nicht so weit fahren.«

Er winkte ab. »Du hast Glück, ich hole meine Kinder aus St. Louis von ihren Großeltern ab. Steig ruhig ein.«

Die Erwähnung seiner Kinder nahm mir jegliches Misstrauen. Ein Vater würde dem Kind anderer Eltern nichts antun, dessen war ich mir absolut sicher.

Jason sah misstrauisch zwischen mir und dem Mann hin und her. Er zog mich ein letztes Mal an sich. »Bitte mach das nicht!«, flehte er. An dem entschlossenen Blick in meinen Augen erkannte er, dass er verloren hatte. Er griff in den Mustang und drückte mir das rote T-Shirt an die Brust. Ich zog es über und widersprach ihm auch nicht, als er mir die Sporttasche gab und mir das rosafarbene Disney-Käppi auf den Kopf setzte. »Pass auf dich auf!«, bat er mich geknickt.

»Du auch«, erwiderte ich und stieg zu dem Mann ins Auto. Er fuhr los und ich sah Jason durch den Beifahrerspiegel, wie er unschlüssig auf der Straße neben seinem Wagen stand und uns hinterherschaute.

Machte ich einen Fehler?

Als er außer Sichtweite war, räusperte sich der Mann.

»Dein Freund?«

»Nein«, antwortete ich und blickte zu ihm. Er hatte braunes Haar, das von grauen Strähnen durchzogen war, und erinnerte mich damit schmerzlich an meinen eigenen Vater.

»Wohnst du in St. Louis?«

»Ja«, log ich ihn an. Wenn ich ihm erzählte, dass ich mit meinen siebzehn Jahren plante, allein nach San Francisco zu trampen, würde er als verantwortungsbewusster Vater die Polizei verständigen.

»Wenn du möchtest, können wir an der nächsten Tankstelle anhalten und du kannst deine Eltern anrufen, damit sie dich abholen.«

»Nein, das ist nicht nötig. Aber trotzdem vielen Dank!«

Er sah mich ernst an. »Ein junges Mädchen sollte eigentlich nicht bei Fremden mitfahren. Wenn ich wüsste, dass meine Tochter so etwas macht, wäre ich krank vor Sorge.«

Ich winkte lächelnd ab. »Dann habe ich wohl Glück gehabt, dass ich an Sie geraten bin.«

Er erwiderte mein Lächeln. »Mach so etwas nicht noch einmal«, riet er mir. »Halt dich in Zukunft am besten von solchen unzuverlässigen Typen fern.«

Er kannte Jason nicht und trotzdem glaubte er, bereits alles über ihn zu wissen. Das war die Oberflächlichkeit, von der Jason gesprochen hatte. Wenn ich in mich hineinhörte, musste ich zugeben, dass ich ihn selbst völlig falsch eingeschätzt hatte. Mit dem schwarzen Mustang Cabrio, der Glatze und der Lederjacke hatte er auf mich wie ein Aufreißer gewirkt, aber das war er bei Weitem nicht. Abgesehen von den Sticheleien und den Vorwürfen hatte er mich immer gut, geradezu fürsorglich behandelt. Er hatte dafür gesorgt, dass es mir an nichts fehlte. Ein bisschen vermisste ich ihn bereits und es tat mir weh, wie dieser fremde Mann über ihn sprach. Jason hatte mich verletzt, aber er war kein schlechter Kerl.

Bereits nach kurzer Zeit ragte am Horizont das Gateway Arch in den Himmel empor, das symbolische Tor zum Westen. Wir passierten die Grenze zwischen Illinois und Missouri, die durch Straßenschilder mit den Staatswappen gekennzeichnet war. Es fühlte sich wie das erste Ziel einer langen Reise an. Ich konnte kaum fassen, wie viel ich bereits in diesen sechs Tagen erlebt hatte – scheinbar mehr als in meinem ganzen bisherigen Leben. Welche Abenteuer mochten noch auf mich warten? Hoffnungsvoll ließ ich mich in den Sitz sinken und sah dabei zu, wie die Wälder von kleinen Städten abgelöst wurden, bis wir schließlich die Ortseinfahrt von St. Louis passierten.

»Ab hier musst du mir den Weg navigieren«, forderte der Mann mich lächelnd auf. Irritiert sah ich ihn an. »Na, zu deinem Zuhause«, erwiderte er.

»Oh«, stieß ich aus. Ich hatte völlig vergessen, dass ich ihm gegenüber behauptet hatte, dass ich aus St. Louis käme. »Ähm, das ist wirklich nicht nötig. Lassen Sie mich einfach an der nächsten Bushaltestelle raus.«

Er sah mich misstrauisch an. »Ich kann dich gern nach Hause fahren. Auf die paar Minuten kommt es nun wirklich nicht mehr an.«

»Ich möchte nicht, dass meine Eltern sich Sorgen machen, wenn sie sehen, wie ich von einem fremden Mann nach Hause gefahren werde«, behauptete ich. »Es war mir wirklich eine

Lehre und ich werde so etwas sicher nie wieder machen«, fügte ich hinzu und versuchte dabei einsichtig zu klingen.

Doch der Mann runzelte besorgt die Stirn. »Mir wäre aber wohler, wenn ich wüsste, dass du sicher nach Hause gekommen bist.«

Ich stieß ein unsicheres Lachen aus. »Sie waren wirklich sehr nett zu mir, aber ich würde jetzt gern aussteigen. Können Sie bitte rechts ranfahren?« Meine Stimme zitterte verräterisch.

Er warf mir einen skeptischen Blick zu und verschloss im nächsten Moment die Türen. »Was soll das?«, rief ich ängstlich und rüttelte unsinnigerweise an dem Türöffner.

»Nimm es mir nicht übel, aber ich fahre dich jetzt zur nächsten Polizeistation«, sagte er entschieden. »Deine Eltern werden mir sehr dankbar sein.«

Panisch schüttelte ich den Kopf. »Schon gut, Sie können mich nach Hause fahren. Bitte keine Polizei!« Ich würde ihn einfach zu irgendeinem Gebäude lotsen und so tun, als würde ich dort wohnen. Doch darauf ließ er sich nicht mehr ein.

Bedauernd sah er mich an. »Ich meine es wirklich nur gut mit dir. Wenn du älter bist, wirst du das verstehen.«

Mein Herz begann zu rasen und Schweiß brach auf meiner Stirn aus. Wenn ich erst einmal einen Fuß in die Polizeistation gesetzt hätte, würde ich nicht mehr entkommen. Sie würden mich so lange festhalten, bis meine Eltern einträfen, um mich abzuholen. Mein Sommer wäre damit gelaufen. Kein Abenteuer. Keine Unabhängigkeit. Kein San Francisco.

Ich könnte versuchen, mich von ihm loszureißen und davonzurennen, aber ich würde sicher nicht weit kommen. Alle Polizisten würden nach mir suchen, noch ehe ich die Stadt wieder verlassen hätte.

Meine Gedanken rasten, als wir an einer roten Ampel hielten und ich das erlösende Klicken der Türschlösser hörte. Sie hatten sich automatisch geöffnet, als wir anhielten. Ohne weiter zu überlegen, riss ich die Tür auf und rannte samt meinem Rucksack und der Reisetasche los. Ich hörte den Mann mir etwas nachrufen und Autos hupen, aber ich hielt nicht an. Mit klopfendem Herzen und auf den Asphalt donnernden Schritten bahnte ich mir einen Weg durch die Fußgänger. Sie sahen mich skeptisch an, aber niemand hielt mich auf.

Erst als ich völlig außer Puste war, stützte ich mich gegen einen Laternenpfahl und rang keuchend nach Atem, während mein Seitenstechen mich schier umbrachte. Mir kam es vor, als wäre mein ganzer Körper völlig nass geschwitzt.

Ich wischte mir mit dem Handrücken über die Stirn und sah mich um. Der Mann war nach meiner Flucht sicher trotzdem zur Polizei gefahren, um ihnen von mir zu erzählen. Wenn sie seine Beschreibung mit der Vermisstenmeldung meiner Eltern verglichen, würden sie schnell wissen, dass es sich um ein und dieselbe Person handelte. Ich musste so schnell wie möglich aus der Stadt raus. Das ging am leichtesten mit dem Zug.

Kurz entschlossen betrat ich einen kleinen Kiosk und kaufte mir eine Wasserflasche und ein belegtes Brötchen. Als ich bezahlte, fragte ich nach dem schnellsten Weg zum Bahnhof. Zu meinem Glück war er nicht weit entfernt und leicht zu finden. Es war mir völlig egal, wohin der Zug fuhr, Hauptsache raus aus der Stadt.

Zuerst wollte ich mir ein Ticket kaufen, doch dann überlegte ich es mir anders, weil sich der Verkäufer sonst vielleicht an mich erinnern würde, wenn die Polizei auf die Idee käme, am Bahnhof nach mir zu suchen.

Der nächste Zug würde in zehn Minuten in Richtung Kansas City abfahren. Ich ging über den Bahnsteig und stieg am Ende des Zuges ein, dabei versuchte ich, mich so unauffällig wie möglich zu verhalten. Der Schaffner stand an der geöffneten Tür der Lok. Es würde eine Weile dauern, bis er zu mir durchgekommen wäre. Vielleicht konnte ich mich an ihm vorbeischmuggeln, sodass er annehmen würde, dass er mich bereits kontrolliert hatte.

Als ich mich auf das grüne Polster einer Sitzbank fallen ließ, wagte ich wieder durchzuatmen und versuchte mich langsam wieder zu beruhigen. Bei dem ersten Bissen in mein Brötchen stellte ich fest, wie hungrig ich durch die Flucht geworden war.

Es war bereits später Nachmittag. Wenn ich Kansas erreichte, musste ich mir erst einmal überlegen, wo ich heute die Nacht verbringen sollte. In meinem Portemonnaie waren noch rund siebzig Dollar. Das würde für ein Hotel reichen, aber ich hatte noch einen weiten Weg vor mir, sodass ich jeden Cent brauchen würde. Vielleicht könnte ich in einem Restaurant als Spülkraft aushelfen, um mir etwas dazuzuverdienen.

Als sich der Zug in Bewegung setzte, entspannte ich mich etwas. Selbst wenn die Polizei die Suche nach mir aufgenommen hatte, würden sie meine Spur nun verlieren. Der Bahnhof von St. Louis war groß und sie konnten unmöglich in alle Richtungen ermitteln.

Bereits nach wenigen Minuten wurden die Häuser rund um die Eisenbahnstrecke weniger und Wälder säumten die Schienen. Durch die Bäume blitzte immer wieder der Missouri auf. Am Horizont ragten die Ozark Mountains auf. Der Anblick war beruhigend und die Aufregung der letzten Tage brach wie ein plötzliches Sommergewitter über mich herein. Meine Augen fielen von allein zu und ich nickte mit weit von mir gestreckten Füßen ein.

»Miss?«

Ich wurde unsanft an der Schulter gerüttelt.

»Miss, die Fahrkarte bitte!«

Eiskalt schlug mir die Erinnerung entgegen. Ich war in einen Zug gestiegen und hatte kein Ticket, damit die Polizei nicht weiter meine Spur verfolgen konnte. Eigentlich hatte ich mich auf der Toilette verstecken wollen, aber stattdessen war ich eingeschlafen. Panisch schlug mir mein Herz gegen die Rippen, als ich die Augen öffnete und in das Gesicht eines älteren Mannes blickte, der auf seinem Kopf eine Mütze trug, wie sie typisch für Fahrkartenkontrolleure war. Er wirkte nicht unfreundlich, aber doch ungeduldig.

»Miss, ich muss nur Ihre Fahrkarte einmal sehen, dann können Sie direkt weiterschlafen. Wohin soll die Reise denn gehen?«

»Kansas City«, murmelte ich mit belegter Stimme und strich mir verlegen das Haar aus dem Gesicht. Ich drückte meinen Rucksack etwas fester an mich und warf möglichst unauffällig einen Blick aus dem Fenster. Es war bereits dunkel, aber ich konnte auch so erkennen, dass wir uns praktisch im Nirgendwo befanden, denn es waren keine Lichter einer Stadt zu erkennen.

»Das ist die Endstation, dann müssen Sie keine Angst haben, Ihre Haltestelle zu verschlafen«, schmunzelte der Schaffner.

»Wie weit ist es noch?«

»Etwa eine Stunde. Könnte ich jetzt bitte die Fahrkarte sehen?«

»Kommt zuvor keine Haltestelle mehr?«

»Doch, in fünf Minuten erreichen wir Joplin. Das ist die letzte vor Kansas.«

Das war meine Chance! Ich setzte den Rucksack auf meinen Rücken und zog die Sporttasche unter dem Sitz hervor. Langsam öffnete ich sie und tat so, als würde ich nach der Fahrkarte suchen. Stattdessen ertasteten meine Hände mehrere knisternde Geldscheine. Das mussten die zweihundert Dollar sein, die Jason von Tracy gestohlen hatte. Ich hatte völlig vergessen, dass sie sich in der Tasche befanden. Für einen Moment überlegte ich, damit die Fahrkarte nachträglich zu bezahlen, aber ich konnte das Geld gut gebrauchen.

Als der Zug in eine Kurve bog und der Schaffner sich mit der Hand am Vordersitz festhielt, reagierte ich blitzschnell. Ich verpasste ihm mit der Sporttasche einen heftigen Stoß, sodass er rückwärts stolperte, und rannte samt meinem Gepäck an ihm vorbei in Richtung der vorderen Zugabteile. Ich sah mich nicht um, sondern lief einfach immer weiter.

Zum Glück waren nicht viele Fahrgäste da, sodass ich schnell vorankam. Einmal hörte ich den Kontrolleur hinter mir etwas schreien, das sich wie *Haltet sie!* anhörte, aber niemand unternahm etwas. Alle drehten sich nur nach der Geräuschquelle um.

Schließlich waren durch die Fenster die ersten Lichter der Stadt zu erkennen und der Zug verlangsamte sein Tempo. Ich hatte fast den Anfang des Zuges erreicht und positionierte mich direkt vor der Tür, um, sobald wir hielten, die Tür aufzureißen und fliehen zu können.

Durch die Glasscheibe, die die Abteile voneinander trennte, sah ich den Schaffner immer näher kommen. Es lag nur noch ein Waggon zwischen uns und der Zug rollte immer noch.

Als der Schaffner mich sah, hob er schimpfend die Hand und beschleunigte seine Schritte. Ich rüttelte panisch an der Tür, doch sie würde sich erst öffnen lassen, wenn der Zug zum Stehen kam. Wir fuhren bereits in den Bahnhof ein.

Als der Zug endlich hielt, stieß der Schaffner die letzte Tür, die uns voneinander trennte, auf, während ich die Griffe runterdrückte und mir die kühle Nachtluft entgegenschlug. Er versuchte noch, mich festzuhalten, als ich aus dem Zug sprang. Seine Hand streifte meinen Kopf und ich spürte, wie ich das Cinderella-Käppi verlor. Ohne darauf zu achten, rannte ich los. Der Kontrolleur schrie und brüllte, aber kam nicht hinterher. Ich lief durch den Bahnhof, ohne zu wissen, wohin ich sollte.

Erst als ich ihn ein paar Straßen hinter mir zurückgelassen hatte, wagte ich stehen zu bleiben und durchzuatmen. Der Schweiß lief mir den Rücken runter und mein rotes Shirt klebte an meiner Haut. Erleichterung und Stolz durchfluteten mich, als ich erkannte, dass mir zum zweiten Mal an diesem Tag die Flucht gelungen war. Dabei war ich nicht einmal eine gute Läuferin. Adrenalin floss wie ein reißender Strom durch meinen Körper und ich hatte das Gefühl, alles schaffen zu können.

Ich straffte meine Schultern und sah mich um. In dieser Straße gab es nur wenige Geschäfte. Es waren mehr Bürogebäude, die nun schon geschlossen hatten. Achtsam schlenderte ich den Weg zurück, den ich zuvor in Panik gerannt war. Vom Bahnhof aus führte eine Straße in den Stadtkern. Bereits aus einiger Entfernung entdeckte ich die Leuchtreklame für ein Hotel. Mir taten die Füße weh und so zögerte ich nicht lange und steuerte auf das mehrstöckige Gebäude zu.

Als ich direkt davorstand, bemerkte ich, dass es nicht das einzige in dieser Straße war. Nur ein paar Häuser weiter erkannte ich an einem Gebäude die Aufschrift *HOTE*. Das L fehlte und es waren auch keine leuchtenden Buchstaben, sondern einfache Holzlettern, die bereits ihre besten Jahre hinter sich hatten. Es wirkte nicht einmal annähernd so einladend wie das große, hell erleuchtete Gebäude vor mir.

Aber ich musste auch bedenken, dass ich verloren hätte, sobald man mich nach meinem Ausweis fragen würde. Wenn ich keinen vorlegen könnte, würde sich so ein großes Hotel womöglich verpflichtet fühlen, die Polizei zu verständigen.

Also entschloss ich mich für die weniger komfortable Unterkunft und ging weiter die Straße hinunter. Durch ein Fenster konnte ich sehen, dass im Inneren eine kleine Lampe brannte. Ich stieß die Tür auf und stolperte über eine Stufe in den schmalen Eingangsbereich, der von einem Tresen dominiert wurde.

Ein junger Mann mit Dreitagebart blickte auf und funkelte mich genervt an, als ob ich ihn gerade bei irgendetwas gestört hätte. Die Geräusche eines Fernsehers, in dem scheinbar ein Footballspiel übertragen wurde, klangen an mein Ohr und ich entdeckte vor dem jungen Mann einen kleinen Bildschirm.

»Kann ich dir helfen?«, fragte er, sah dabei jedoch wieder auf den Fernseher anstatt in mein Gesicht. Er wirkte so abgelenkt, dass er vielleicht nicht einmal bemerken würde, dass ich noch nicht volljährig war.

»Ich brauche ein Zimmer.«

»Fünfzig Dollar die Nacht.«

»Das nehme ich«, sagte ich und griff in die Sporttasche, um genug Scheine hervorzuholen. Als ich wieder aufsah, erschrak ich, als der Portier auf dem Tresen lehnte und mich beobachtete. Er musste die vielen Scheine in meiner Tasche gesehen haben und schien nun zu überlegen, was er davon halten sollte.

Ich streckte ihm die fünfzig Dollar entgegen.

»Hast du einen Ausweis dabei?«

Meine Handflächen wurden feucht. »Der ist ganz unten in meiner Tasche, damit ich ihn nicht verliere«, versuchte ich mich herauszureden. »Muss das sein?«

Sein Blick glitt misstrauisch von meinem Gesicht zu den Scheinen in meiner Hand. Plötzlich erklang lautes Geschrei aus dem Fernsehgerät und sofort wandte er seine ganze Aufmerksamkeit wieder auf den Bildschirm. Wortlos streckte er seine Hand aus und nahm die Scheine von mir entgegen. Völlig von dem Footballspiel gebannt, schob er mir über das alte Holz des Tresens einen Schlüssel mit der Nummer Fünf zu.

»Erster Stock«, murmelte er.

»Danke«, erwiderte ich, nahm den Schlüssel und stieg die Treppenstufen in das nächste Stockwerk hoch, bevor er es sich noch einmal anders überlegen würde.

Das Licht flackerte und der Teppichboden war an einigen Stellen ausgefranst. Eilig schloss ich die Tür auf, an der die Nummer Fünf golden prangte. Ich knipste das Licht an und blickte in ein kleines Zimmer mit einem großen Bett, einem kleinen Schreibtisch und einer Tür, die wohl zum Badezimmer führte. Ich ließ meine Tasche und den Rucksack direkt vor der Tür fallen und schmiss mich auf das quietschende Bett. Zufrieden streckte ich mich aus und schloss die Augen. Endlich wieder ein richtiges Bett, ganz für mich allein!

Für einen Moment war es das tollste Zimmer und das beste Bett der Welt. Ich hätte einfach, so wie ich war, liegen bleiben und mich vom Schlaf übermannen lassen sollen, doch stattdessen öffnete ich nach einigen Minuten wieder die Augen und stemmte mich hoch. Nun bemerkte ich auch das leise Surren, das von der Glühlampe ausgelöst wurde. Ich stellte die Reisetasche auf das Bett und griff nach neuer Unterwäsche, bevor ich in das kleine Badezimmer ging, das mich an Tracys Bad erinnerte, nur dass die vielen Kosmetikprodukte darin fehlten. Aber immerhin waren in der Dusche zwei Spender angebracht: einer für

Shampoo und einer für gewöhnliche Seife. Handtücher lagen auf der Toilette parat.

Bevor ich unter die Dusche ging, versicherte ich mich jedoch noch einmal, dass ich die Tür abgeschlossen hatte und die Fenster auch wirklich geschlossen waren. Man konnte nie wissen!

Als das Wasser warm auf meinen Kopf prasselte, empfand ich trotzdem nicht die gleiche Erholung, wie ich sie bei Tracy zu Hause empfunden hatte. Dort hatte ich gewusst, dass Jason nur ein Zimmer weiter war und mir nichts passieren konnte. Aber in diesem Hotel war ich komplett auch mich allein gestellt.

Vielleicht erinnerte sich der Portier wieder an mich, wenn das Spiel vorbei war, und würde dann doch noch die Polizei verständigen. Oder er beschloss, dass er für sein Stillschweigen eine Bezahlung verdient hatte. Gewiss hatte er einen zweiten Schlüssel für das Zimmer. Mit einem Schlag fühlte ich mich gar nicht mehr stark und mutig, sondern einsam und ängstlich.

Ich beeilte mich unter der Dusche. Als ich das Wasser abstellte, lauschte ich mehrere Sekunden in die Stille, aber es war nur das Summen der Glühlampe zu hören. Schnell wickelte ich mich in ein Handtuch ein und stieß vorsichtig die Tür zum Zimmer auf.

Das Bett lag verlassen da und Fenster und Tür waren immer noch verschlossen. Ich versuchte mich zu entspannen, indem ich tief durchatmete, mich anzog und meine Haare bürstete. Danach schaltete ich das Licht aus und legte mich unter die kalte Bettdecke in dem kleinen, dunklen Zimmer.

Das Summen war glücklicherweise weg. In den Nächten im Zelt war es nie komplett still gewesen. Der Wind hatte an den Zeltwänden gezerrt oder das Gras rund um uns herum zum Flüstern gebracht. In dem Maisfeld war es besonders laut gewesen. Nachts war ein Tier am Zelt vorbeigeschlichen.

Trotzdem hatte ich es eher aufregend anstatt Furcht einflößend empfunden. In diesem fremden Hotelzimmer ängstigte mich das Fehlen jeglicher Geräusche.

Ich ertappte mich dabei, wie ich in die Stille und darauf lauschte, ob ich Schritte im Flur hörte. Mit einem Mal bedauerte ich, dass ich das rosafarbene Käppi hatte zurücklassen müssen. Es war ein Geschenk von Jason gewesen und ich hätte es mir nach dem Sommer als Erinnerung an die ersten paar Tage meines Abenteuers in mein Zimmer hängen können.

Ob er in diesem Moment auch an mich dachte? War er froh, dass er das Zelt nun für sich allein hatte? In der letzten Nacht hatte er sich beschwert, dass ich ihm zu viel Platz wegnehmen würde. Trotzdem hatte er mir in beiden Nächten seinen Schlafsack überlassen. Ich hatte nicht einmal darum bitten müssen. Vielleicht roch er nun nach mir und sorgte dafür, dass Jason mich wenigstens ein bisschen vermisste.

Obwohl ich ihn nicht einmal eine Woche kannte, wusste ich mit Gewissheit, dass ich mich selbst in zwanzig oder auch vierzig Jahren noch an ihn erinnern würde. Vielleicht würde sein Gesicht mit der Zeit immer mehr verblassen, aber ich würde ihn niemals komplett vergessen können.

Tag 7

Einmal etwas allein unternehmen
und sich gut dabei fühlen

Es war noch früh am Morgen, als ich die knarrenden alten Treppenstufen zum Eingangsbereich des Hotels hinabstieg. Die Nacht steckte mir noch in den Knochen und ich hatte das Gefühl, kaum geschlafen zu haben. Plötzlich hörte ich leises Stimmengewirr und ging etwas langsamer. Ich konnte nicht verstehen, was sie sagten, und schielte um die Ecke, die mich vor dem Eingang verbarg. Erschrocken zog ich die Luft ein und wich zurück. Zwei Polizisten standen vor dem Tresen und sprachen mit dem Nachtportier. Es war zwar ein anderer als am Vorabend, aber es würde gewiss nicht lange dauern, bis er sie zu Zimmer Nummer fünf schickte, um dort nach mir zu suchen. Vorausgesetzt, sie waren überhaupt meinetwegen hier.

Leise stieg ich die Treppen wieder in den ersten Stock hoch. Am Ende des Flurs leuchtete ein großes Notausgang-Schild vor einer geschlossenen Glastür. Ohne zu überlegen, lief ich darauf zu. Die Tür führte zu einer Feuerwehrleiter. Ich warf den Zimmerschlüssel auf den Boden und stieg die wacklige Leiter samt meinem Gepäck hinunter. Danach ging ich in die entgegensetzte Richtung des Hoteleingangs, um nicht Gefahr zu laufen, von den Polizisten gesehen zu werden.

Was sollte ich jetzt nur tun? Am einfachsten wäre es gewesen, weiter mit dem Zug zu fahren, aber der Kontrolleur hatte den Vorfall sicher gemeldet und die Polizei würde die Züge deshalb nach mir absuchen. Das Risiko, dort von ihnen erwischt zu werden, war viel zu groß. Dasselbe galt für die Fernbusse.

Mir blieb also nur eine Option übrig: trampen. Und dabei musste ich gut aufpassen, bei wem ich einstieg. Familienväter oder Mütter kamen nicht infrage, da sie mich ohne Umschweife bei der nächsten Polizeistation abliefern würden, wenn sie auch nur den geringsten Zweifel an meiner Geschichte hegten.

Ich sah mich nach Verkehrsschildern um, die zum Highway oder der nächsten Fernstraße führten, und folgte ihnen. Es war wichtig, dass ich aus der Stadt, die langsam zum Leben erwachte, rauskam. Die Geschäfte öffneten und in der Luft lag der Geruch von frischen Backwaren und aromatischem Kaffee.

An einem kleinen Kiosk konnte ich nicht länger widerstehen und kaufte mir zwei glasierte Donuts mit Kakao. Sie waren noch warm, als ich sie restlos verputzte. Erst nachdem ich etwa eine Stunde gelaufen war, erreichte ich eine Tankstelle, die direkt an eine Highway-Ausfahrt grenzte. Sie war nicht sonderlich groß, sodass ich kaum Auswahl für meine Mitfahrgelegenheit hatte. Drei Autos standen an den Zapfsäulen und vor der Waschanlage parkte ein LKW.

Ich linste in die Wagen. In einem davon befanden sich auf der Rückbank drei Kindersitze, sodass für mich ohnehin kein Platz mehr gewesen wäre. Das zweite Auto war ein großer Audi, in dem eine Frau im Kostüm saß, während ein Angestellter der Tankstelle für sie tankte. Vielleicht hatte ich Glück und sie fuhr in meine Richtung.

Als der Angestellte im Laden verschwand, um ihr Wechselgeld zu holen, nahm ich all meinen Mut zusammen und klopfte gegen die Fensterscheibe. Sie sah irritiert zu mir auf, machte aber keine Anstalten, die Tür zu öffnen oder das Fenster runterzukurbeln. Sie ignorierte mich schlichtweg.

Ich klopfte erneut. Dieses Mal funkelte sie mich wütend an, aber ließ das Fenster einen Spaltbreit runter. »Was willst du von mir?«, fauchte sie.

»Entschuldigen Sie bitte die Störung, aber in welche Richtung fahren Sie?«

»Wer will das wissen?«

Ihre forsche Art schüchterte mich ein. »Ich suche eine Mitfahrgelegenheit ...«

Sie unterbrach mich. »Da bist du bei mir falsch, Mädchen. Such dir einen Job, anstatt ordentliche Leute anzuschnorren.«

Der Angestellte kam mit ihrem Wechselgeld zurück. Er schien den letzten Teil unserer Unterhaltung mitbekommen zu haben, denn er sah besorgt zwischen ihr und mir hin und her. »Gibt es hier ein Problem?«

Eilig schüttelte ich den Kopf und suchte das Weite. Der dritte Wagen war mittlerweile verschwunden, dafür entdeckte ich den LKW-Fahrer, der vor seinem Truck stand und mich belustigt musterte. Er hatte seine besten Jahre bereits hinter sich. Auf seinem Kopf wuchsen kaum noch Haare. Die wenigen, die er noch hatte, trug er streng zurückgekämmt. Sein breiter Körper samt Bierbauch steckte in einer fleckigen grünen Latzhose, über der er ein rot-weiß kariertes Hemd trug. Er hatte die Arme vor der Brust verschränkt und zwinkerte mir amüsiert zu.

Das war genau der Typ Mann, vor dem meine Eltern mich immer gewarnt hatten. Bei jemandem wie ihm konnte ich unmöglich einsteigen.

Ich sah weg und betrat den Laden, um mir etwas zu trinken zu kaufen. Als ich ihn wieder verließ, stand der LKW-Fahrer direkt vor dem Ausgang. Er schien auf mich gewartet zu haben.

»Na Kleine, suchst du eine Mitfahrgelegenheit?«

»Nein danke«, erwiderte ich automatisch.

Er hob beschwichtigend die Arme. »Ich kann schon verstehen, dass du bei jemandem wie mir nicht mitfahren willst. Aber ich kann dir versichern, dass du es schwer haben wirst, bei jemand anderem als bei einem Trucker Unterschlupf zu finden. Wir sind lange Strecken allein unterwegs, deshalb freuen wir uns immer über etwas Unterhaltung und Gesellschaft.«

Ich musterte misstrauisch sein Gesicht. Er trug einen ungepflegten Dreitagebart. An seinen Händen war kein Ehering.

»Du kannst es nicht wissen, aber ich gehöre zu den Guten, deshalb wäre es mir lieber, du würdest bei mir einsteigen als ein paar Stunden später bei dem Falschen«, fuhr er fort.

Dachte er, das würde mich überzeugen? Wer wurde von sich selbst schon behaupten, dass er einer der Schlechten war?

Er streckte mir seine breite Hand entgegen. »Ich bin George.«

Ich zögerte einen Moment, bevor ich seine Hand ergriff. »Jade.«

»Schöner Name«, grinste er, dabei bildeten sich zahllose Fältchen um seine braunen Augen.

»Wohin fahren Sie denn?«

»Das Sie lässt du bitte direkt sein, sonst fühle ich mich scheintot. Ich fahre in die Spielerstadt.« Als ich ihn nur fragend ansah, rief er lachend aus: »Las Vegas, Baby!«

Das war genau meine Richtung, wenn ich nach San Francisco wollte. Er bemerkte mein Zögern und schlug vor: »Ich werde jetzt zu meiner Carmen gehen und dort genau fünf Minuten warten, so lange hast du Zeit, dir zu überlegen, ob du mit uns mitfahren möchtest.«

»Carmen?«

Er deutete auf den LKW. »Sie ist die Beste von allen!« Damit entlockte er mir ein Schmunzeln. Ich hätte erwartet, dass man einem so gewaltigen Truck einen männlichen Namen wie Rambo geben würde, stattdessen nannte George ihn Carmen, wie eine echte Lady.

Er wandte mir den Rücken zu, stieg in seinen Truck, drehte das Radio auf und wartete, während ich unschlüssig vor dem Tankstellenhäuschen stand. Nachdem ich nun ein paar Worte mit George gewechselt hatte, wirkte er nicht mehr so angsteinflößend wie auf den ersten Blick. Er schien ein lustiger Zeitgenosse zu sein.

Ich blickte durch die Scheibe des Ladens und meine Augen begegneten denen des Angestellten, der mich skeptisch musterte. Scheinbar erregte ich bereits Aufmerksamkeit. Wenn die Polizei hier nach mir fragen würde, würde man sich sicher an mich erinnern. Besser, ich machte mich schnell davon.

In Windeseile lief ich zu dem LKW, riss die große Tür auf und kletterte ungelenk in das Wageninnere. George grinste mich zufrieden an und drehte das Radio etwas leiser, während er den Motor startete. »Carmen und ich heißen dich herzlich willkommen an Bord!«

Er steuerte den Truck vom Gelände der Tankstelle und ich fragte mich, ob ich gerade einen großen Fehler begangen hatte.

»Kommst du aus Joplin?«, fragte George interessiert.

»Nein, aus Joliet«, antwortete ich wahrheitsgemäß.

»Da bist du ja schon eine ganze Weile unterwegs. Wie bist du denn hierhergekommen?«

»Ich war mit einem Freund unterwegs, aber unsere Wege haben sich getrennt.«

»Das kenne ich nur zu gut. Freundschaften kommen und gehen, so ist das Leben leider«, sagte George betrübt. »Als Trucker hat man es ohnehin nicht leicht. Während andere am Wochenende ein Bierchen zischen, bin ich mit Carmen allein unterwegs.«

»Wie lange sind Sie ... bist du denn schon Trucker?«

Er lachte und sah mich abschätzig an. »Vermutlich länger, als du überhaupt auf der Welt bist. Wie alt bist du, Jade?«

»Achtzehn.«

Er musterte mich weiter. »Du lügst mich doch nicht an, oder? Ich will keinen Ärger wegen dir bekommen.«

»Ich bin wirklich achtzehn«, versicherte ich ihm. »Allerdings erst seit zwei Wochen«, fügte ich hinzu, als er mich weiter misstrauisch musterte.

Er machte eine wegwerfende Handbewegung. »Achtzehn ist achtzehn.«

Ich sah aus dem Fenster zu den anderen Autos, die alle etwa nur halb so hoch waren wie Carmen und sich an uns vorbeischlängelten. George folgte meinem Blick. »Bist du schon einmal in einem Truck mitgefahren?«

»Bisher noch nicht.«

»Ich erinnere mich noch gut an meine erste Fahrt. Da war ich gerade einmal zwölf und als ich von oben herab zu den vielen kleinen Autos blickte, fühlte ich mich zum ersten Mal in meinem Leben erhaben – wie der König der Welt. Seitdem stand für mich fest, dass ich eines Tages Trucker werden wollte.« Er lächelte bei der Erinnerung daran.

Ich sah erneut zu den vielen kleinen Wagen unter uns und musste ihm zustimmen. Es war wirklich ein tolles Gefühl. In einem Schulbus saß man zwar ungefähr genauso hoch, aber mit vielen anderen zusammen, sodass es einem als nichts Besonderes mehr vorkam. Aber in dem Führerhäuschen des Trucks hatte man freien Blick auf die Straße und war für sich allein. Man fühlte sich den anderen überlegen, fühlte sich freier und stärker.

Er zeigte auf eine Schlaufe, die zwischen unseren beiden Sitzen baumelte. »Willst du mal hupen?«

»Darf ich das denn einfach so?«

»Na klar, warum nicht? Das ist die Sprache der Trucker.«

»Aber was, wenn die Autofahrer sich erschrecken?«

»Werden sie schon nicht«, lachte George unbekümmert. Ich merkte ihm an, dass er auf die Hupe genauso stolz war wie auf seinen Truck, und tat ihm den Gefallen. Beherzt zog ich an der Schlaufe, worauf ein lautes Hupen erklang, das mich mehr an ein Dampfschiff oder eine Eisenbahn erinnerte als an ein Auto. Es war ohrenbetäubend laut, trotzdem begannen wir beide zu lachen. »Tolles Gefühl, oder?«

Ich nickte und kam langsam immer mehr zur Ruhe. George schien echt okay zu sein. Vielleicht waren meine Sorgen völlig unbegründet gewesen, genauso wie meine Vorurteile den Amish gegenüber. Nicht alle Menschen waren schlecht und irgendwelche Gerüchte dienten oft nur dazu, uns Angst zu machen.

Der Highway war hier nur zweispurig und führte durch eine saftige, grüne Mittelgebirgslandschaft entlang der Ausläufer des Ozarks. Alle paar Meilen überquerten wir einen kleinen Fluss. In rhythmischem Auf und Ab ging es über die Hügelrücken und durch die Täler. Angler und Wanderer waren am Straßenrand zu entdecken.

Wir passierten die Staatsgrenze von Missouri nach Kansas, als George erneut das Gespräch begann. »Woran denkst du als Erstes, wenn du Kansas hörst?«

»*Der Zauberer von Oz*«, kam meine Antwort prompt.

Er begann zu lachen. »Die kleine Dorothy!«

»Woran denkst du denn als Erstes?«

»Roxanne«, grinste er vielsagend.

»Wer ist das?«

»Meine große Liebe aus Baxter Springs.«

Wir fuhren genau in diesem Moment an der Abfahrt nach Baxter Springs vorbei. »Warum besuchst du sie nicht?«

»Keine Zeit.« Er zuckte mit den Schultern. »Roxy ist nächsten Monat wieder dran. Jetzt freue ich mich erst einmal auf Chantal.«

»Wer ist denn Chantal?«, wollte ich sowohl irritiert als auch neugierig wissen.

»Meine große Liebe aus Nevada.«

Ich war erst sprachlos und empört, aber begann dann zu lachen. »Wissen Roxanne und Chantal voneinander?«

»Ich hoffe mal nicht!«, grinste er. »Sonst würde ich bei meinem nächsten Besuch wohl eine Bratpfanne über den Schädel gezogen bekommen, anstatt mit Bacon und Bratkartoffeln begrüßt zu werden.«

»Hast du noch mehr große Lieben?«

»Mein Herz ist in fünfzig gleich große Stücke geteilt. Für jeden Staat eines.«

Das war unglaublich.

»Du hast fünfzig Frauen?« George entpuppte sich als echter Schuft, doch komischerweise ängstigte er mich dadurch nicht, sondern ich fühlte mich sogar etwas sicherer. »Vertauschst du da nicht manchmal die Namen?«

Er sah mich empört an. »Ich liebe jede Einzelne, als wäre sie meine Einzige. Wenn ich bei Chantal bin, gehöre ich ihr mit Leib und Seele. Bin ich bei Roxanne, denke ich nicht an Miss Nevada.«

»Hast du auch Kinder?«

»Nein, das könnte ich mir nicht leisten«, lachte er. »Außerdem wäre ich ein schrecklicher Vater. Ein Vater sollte seine Kinder aufwachsen sehen und nicht die meiste Zeit seines Lebens auf der Straße verbringen müssen.«

Eine gewisse Vernunft schien er wohl doch zu haben. Ich wollte ihn gerade nach seinem größten Abenteuer fragen, als der LKW plötzlich ein lautes Rattern von sich gab.

Georges Augen weiteten sich alarmiert und er lenkte den Truck vorsichtig auf den Seitenstreifen. »Ruhig, meine Große«, murmelte er beruhigend und strich über das Lenkrad, als wäre Carmen wirklich ein lebendiges Wesen.

»Was ist los?«, wollte ich beunruhigt wissen.

»Das weiß ich noch nicht.«

Das Rattern wurde immer lauter, während wir langsam weiterrollten. Glücklicherweise war es nicht weit bis zum nächsten Rasthof. George parkte Carmen auf einem Parkplatz, der für LKWs vorgesehen war.

»Ich muss einen Arzt für Carmen suchen. Du kannst solange hier warten und ihr Händchen halten«, grinste er mich an und stieg aus. Ich sah ihm nach, wie er über den Parkplatz lief und im Rasthof verschwand. Scheinbar hatte ich wirklich Glück mit ihm gehabt. Er war einer der Guten, dessen war ich mir nun sicher.

Gelangweilt suchte ich in meinem Rucksack nach dem *Zauberer von Oz* und begann zu lesen. Wäre ich mit ins Sommercamp gefahren, hätte ich das Buch nun sicher schon längst ausgelesen, doch so war mir bisher nicht einmal auch nur in den Sinn gekommen, zu lesen.

Nach einiger Zeit kam George zurück. Er machte keinen glücklichen Eindruck, als er in den Truck stieg. Unter seinem Arm trug er eine Zeitung.

»Hast du keinen Arzt gefunden?«

»Doch, aber der kommt erst morgen früh«, erwiderte er ausweichend.

»Das macht mir nichts. Ich habe es nicht eilig«, sagte ich leichthin.

Er hielt mir die Zeitung auffordernd entgegen. Ich nahm sie und fragte: »Was ist damit?«

»Schlag Seite drei auf.« Seine gute Stimmung schien verflogen. Ich hatte es auf die Verzögerung und seine Sorge um Carmen geschoben, doch nun dämmerte mir ein ganz anderer Verdacht. Mit zittrigen Fingern faltete ich die Zeitung auseinander und blätterte auf Seite drei. Ich lachte mir selbst von einem großen Foto entgegen. Es war letztes Jahr vom Schulfotografen aufgenommen worden. Ich hatte das Bild damals schon gehasst, nun hasste ich es nur noch mehr.

»Du hast mich angelogen«, sagte George vorwurfsvoll.

»Es tut mir leid, aber wenn ich dir die Wahrheit gesagt hätte, hättest du mich doch niemals mitgenommen«, versuchte ich mich zu rechtfertigen.

George schien ehrlich enttäuscht von mir zu sein. »Zu Recht! Hast du eine Ahnung, was mit mir passiert, wenn man ein gesuchtes minderjähriges Mädchen bei mir im Truck findet? Ich bin meinen Job los!«

»Es tut mir wirklich leid, aber ich habe aufgepasst. Wenn die Polizei vorbeigekommen wäre, hätte ich mich versteckt.«

Er lachte freudlos. »Hast du noch nie etwas von verdeckten Ermittlern gehört?«

Es lief mir kalt den Rücken runter. Daran hatte ich gar nicht gedacht. »Bitte verrate mich nicht«, bettelte ich dennoch.

Mitleidig sah er mir in die Augen. »Mädchen, ich kann verstehen, dass du es zu Hause nicht mehr ausgehalten hast. Es gibt nichts Schlimmeres als einen prügelnden Vater, aber ich kann dir wirklich nicht helfen.«

Im ersten Moment wollte ich ihm widersprechen, doch stattdessen presste ich meine Lippen fest aufeinander. George schien zu glauben, dass ich weggelaufen war, weil meine Eltern mich schlecht behandelten. Dabei war es ganz anders! Ich hätte sie verteidigen sollen, denn nicht sie hatten sich schlecht benommen, sondern ich. Meine Eltern waren liebevoll und stets bemüht, es mir recht zu machen, und ich versetzte sie zum Dank dafür in Angst und Schrecken. Wer wusste schon, wie viele Leute nun auch wie George dachten? Das hatten sie nicht verdient!

»Hör zu, Jade, ich verrate dich nicht. Aber du kannst nicht länger bei mir bleiben. Es gibt hier ein Motel. Dort habe ich ein Zimmer für heute Nacht gemietet.« Er drückte mir einen Schlüssel in die Hand. »Da kannst du erst mal bleiben. Aber ab morgen musst du allein zurechtkommen.«

»Danke«, murmelte ich schuldbewusst. Ich hatte George belogen und in Gefahr gebracht. Trotzdem bezahlte er mir auch noch ein Hotelzimmer. Er war wirklich einer der Guten, wenn nicht sogar der netteste Truckfahrer ganz Amerikas.

Er streckte mir zum Abschied seine Hand entgegen. »Pass auf dich auf!«

»Mach ich«, versprach ich, als ich geknickt aus dem Truck stieg. »Gute Besserung für Carmen!«

»Hey, weißt du was?«, rief er mir plötzlich aufmunternd zu.

Fragend sah ich zu ihm zurück.

»Hast du schon einmal von Bonnie und Clyde gehört?«

Ich nickte und dachte dabei schmerzlich an Jason. Warum hatte ich ihn nur verlassen? Rückblickend erschien mir unser Streit völlig bedeutungslos. Er hatte schlechte Laune gehabt und sie an mir ausgelassen. Ganz nach seiner Erwartung hatte ich beleidigt reagiert und mich geweigert, seine Entschuldigung anzunehmen. Er hatte recht, wenn er in mir nur eine verwöhnte Göre sah, die nichts von der Welt wusste. Mit ihm war alles so viel leichter gewesen.

»Weißt du, was Clyde Barrow mal gesagt hat?«

Zur Antwort schüttelte ich betrübt den Kopf.

»Ich mache einfach so lange weiter, bis sie mich kriegen.«

Das Motel war genau so, wie ich mir ein Motel immer vorgestellt hatte. Es lag direkt am Highway, sodass permanent die Geräusche von vorbeizischenden Autos zu hören waren. Es gab einen ersten und einen zweiten Stock. Eine Tür reihte sich an die andere, jeweils mit einem Fenster dazwischen.

Als ich die Zimmertür aufschloss, empfing mich ein nur schwer zu definierender Geruch, eine Mischung aus kaltem Rauch, Schweiß, abgestandener Luft und scharfem Reinigungsmittel. Trotzdem war ich erleichtert, als die Tür hinter mir zufiel. Hier bestand keine Gefahr, dass mich noch jemand aus der Zeitung erkannte.

Ein ganzer Nachmittag lag noch vor mir und mein Magen knurrte schon jetzt entsetzlich. Da ich mich nicht traute, in dem Diner neben der Tankstelle etwas zu essen, plünderte ich den Süßigkeitenautomaten, der neben dem Empfangshäuschen stand, so lange, bis ich kein Kleingeld mehr hatte. Mit Schokoriegeln, Chips und einer Coladose ließ ich mich auf dem Bett nieder.

Als ich aufgegessen hatte, war mir schlecht und ich rollte mich zur Seite. Mein Blick fiel auf das Telefon. Bisher hatte ich jeglichen Gedanken daran, wie es nun weitergehen sollte, verdrängt. Es hatte mich geschockt, mein eigenes Bild in der Zeitung zu sehen, und ich fühlte mich nicht länger wie eine Ausreißerin, sondern vielmehr wie eine Verbrecherin.

Wie konnte ich meinen Eltern das nur antun? Würde ich sie jetzt anrufen und ihnen sagen, wo sie mich abholen konnten, bekäme ich sicher nicht einmal Ärger, weil sie einfach nur froh wären, mich gesund wiederzuhaben. Sie waren gute Eltern und wollten immer nur das Beste für mich. Das Blöde daran war nur, dass ich selbst nicht wusste, was das war. Wenn ich allerdings an Joliet dachte, kamen direkt die Erinnerungen an Katie und Scott in mir hoch. Beide wären den ganzen Sommer weg und trotzdem würde mich zu Hause alles an sie erinnern.

In den letzten Tagen hatte ich kaum noch an sie gedacht. Aber der Schmerz in meinem Inneren verriet mir, dass ich noch lange nicht bereit war, zurückzukehren und dort weiterzumachen, wo ich aufgehört hatte. Erst wenn ich wusste, wer ich war und was ich wollte, bestand vielleicht die Chance, dass ich Katie wieder in die Augen blicken konnte, ohne ihr jedes Haar einzeln ausreißen zu wollen. Sorry, Mom und Dad!

Tag 8

Ein Risiko eingehen

Als ich das Motel am frühen Morgen wieder verließ, war der gesamte Rasthof in Nebel gehüllt. Mein Atem bildete kleine Wölkchen und ich schlang die Jeansjacke etwas enger um mich. Zu gern wäre ich zurück ins Bett gekrochen und hätte mich unter der Decke zusammengerollt, aber meine Angst, dass eine Putzfrau oder womöglich der Inhaber mich dort fand, war zu groß. Bereits in der Nacht hatte ich vor lauter Panik kaum schlafen können.

Meine Augen brannten und fühlten sich geschwollen an. Obwohl ich am Vorabend noch geduscht hatte, fühlte ich mich verschwitzt und dreckig. Vielleicht lag es an der Jeans, die ich seit meiner Abreise in Joliet nicht hatte waschen können. Neben meinen Schuhen war es das einzige Kleidungsstück an meinem Körper, das wirklich mir gehörte. Der Rest war von Tracy gestohlen.

Jason hatte sich um mich gekümmert und dafür gesorgt, dass wir immer einen Schlafplatz und genug zu essen hatten. Seine Sticheleien erschienen mir zurückblickend harmlos im Vergleich zu der Sicherheit, die er mir geboten hatte. Ich hatte mich ihm gegenüber wirklich kindisch und zickig benommen. Kein Wunder, dass er mich Prinzessin genannt hatte. Meine Einsicht kam nur leider zu spät.

Auf dem Parkplatz des Rasthofs standen nur vereinzelt Autos und wenige LKWs, deren Fahrer hier vermutlich ebenfalls die Nacht verbracht hatten. Wenn ich Glück hatte, würde ich jemand Nettes wie George finden, der mich ein Stück der Strecke mitnehmen konnte.

Ich stieß die Tür zur Raststätte auf, die mein Eintreten mit einem Glöckchen willkommen hieß. Unauffällig ließ ich meinen Blick über die wenigen anwesenden Gäste gleiten. In der hintersten Ecke saß eine Familie: Mutter, Vater und zwei blonde Jungen, die aufgeregt auf ihre Eltern einredeten. Vermutlich befanden sie sich auf der Fahrt in den Urlaub und selbst der Besuch einer Raststätte wurde für die Kinder schon zu einem großen Ereignis.

Ich erinnerte mich noch gut an meinen ersten Urlaub. Es war ein Camping-Ausflug übers Wochenende an den nördlichsten Teil des Lake Michigan gewesen. Die Fahrt hatte nur etwas mehr als eine Stunde gedauert, aber mir war sie endlos vorgekommen, so nervös war ich gewesen. Es musste anstrengend für meine Eltern gewesen sein, mir meine vielen, sich permanent wiederholenden Fragen zu beantworten.

Neben der Familie im hinteren Teil saßen zwei Männer in dem Lokal: einer am Tresen, der munter mit der Kellnerin plauderte, und der andere hinter einer Zeitung versteckt an einem Tisch. Beide waren nicht unbedingt geeignet, um sie um eine Mitfahrmöglichkeit zu bitten. Ich wollte weder das Gespräch unterbrechen noch den anderen bei seiner Morgenlektüre stören.

Aber wenn ich länger im Eingang stehen blieb, würde man erst recht auf mich aufmerksam werden. Ich straffte meine Schultern und lief zielgerichtet durch das Lokal. Als ich bei dem lesenden Mann ankam, hielt ich für einen Moment inne. Als ich nicht weiterging, sah er zu mir auf, genau wie ich es geplant hatte. Er war etwa im Alter meiner Eltern, glatt rasiert und hatte seine wenigen Haare streng zurückgekämmt.

»Ist etwas?«, blaffte er mich unfreundlich an.

»Mein Vater liest auch jeden Morgen die Zeitung«, sagte ich und versuchte, mich nicht von ihm verunsichern zu lassen.

»Schön für ihn«, gab der Mann zurück und wandte sich wieder seiner Zeitung zu, ohne mich weiter zu beachten.

Geknickt ließ ich mich ein paar Tische weiter nieder. Der würde mich sicherlich nicht mitnehmen! Abgesehen davon, dass ich mich nun viel zu sehr vor ihm fürchtete, um überhaupt in seinen LKW zu steigen.

Die Kellnerin trat zu mir an den Tisch. Es war eine ältere Frau, die ihr graues Haar in üppigen Locken trug. Ihre Lippen waren in einem grellen Pink geschminkt, genau wie ihre Augenlider.

»Guten Morgen, Schätzchen, bist du ganz allein hier?«

»Ich bin letzten Monat achtzehn geworden«, rechtfertigte ich mich und stellte, kaum dass ich es ausgesprochen hatte, fest, dass ich mich damit erst recht verdächtig machte. »Ich fahre meinen Dad in San Francisco besuchen.«

Sie musterte mich misstrauisch, bevor sie fragte: »Was darf es für dich denn sein?«

»Ich nehme ein Käsesandwich und einen Orangensaft, bitte.«

Sie lächelte mich freundlich an. »Gute Manieren trifft man hier selten«, murmelte sie, als sie zur Küche lief, um meine Bestellung weiterzugeben.

Als ich den Blick von ihr abwandte, bemerkte ich, dass sich der Mann, der sich zuvor mit der Kellnerin unterhalten hatte, nun interessiert in meine Richtung gedreht hatte. Er war jünger, als ich es erwartet hätte. Vielleicht Mitte dreißig, mit vollem dunklem Haar und einem Dreitagebart. Er grinste mich an und deutete auf den freien Stuhl mir gegenüber.

Als ich schüchtern nickte, nahm er seine Kaffeetasse und kam zu mir herüber.

»Na, auch Frühaufsteher?«, fragte er.

»Nicht unbedingt, aber ich habe noch eine weite Strecke vor mir«, entgegnete ich leise.

»San Francisco, wenn ich richtig gehört habe.«

»Richtig!«, bestätigte ich ihm, während ich mich fragte, was er von mir wollte. Einfach nur ein nettes Gespräch führen?

»Sind deine Eltern geschieden?«

Ich nickte, auch wenn ich augenblicklich ein schlechtes Gewissen hatte, genau wie bei George, der geglaubt hatte, dass meine Eltern mich misshandeln würden.

»Meine Mom ist gestorben, als ich zwölf war«, erzählte er unvermittelt. Überrascht sah ich ihn an. Warum erzählte er mir das? Er kannte mich doch gar nicht!

»Das tut mir leid.«

»Mein Dad war ein Säufer. Ein echtes Arschloch!«, stieß er wütend aus. Ich war froh, dass in diesem Augenblick die Kellnerin mit meinem Sandwich und dem Saft zurückkam und mich vor einer Antwort bewahrte.

Sie hob überrascht die Augenbrauen, als sie den Mann bei mir am Tisch sitzen sah, aber grinste mich dann an. »Glaub Mitch kein Wort! Er denkt sich immer ein Märchen nach dem anderen aus.«

Sie zwinkerte mir verschwörerisch zu, klopfte Mitch auf die Schulter und ging zurück hinter den Tresen.

»Jetzt weißt du meinen Namen. Verrätst du mir auch deinen?«, fragte er schelmisch. Seine Wut war komplett verschwunden.

»Ja…Jasmin«, log ich. Es war für ihn und mich besser, wenn er nicht meinen richtigen Namen kannte.

»Schöner Name«, sagte er höflich. »Passt zu dir.«

Ich errötete, obwohl mir eigentlich egal war, was er von mir dachte. »Danke!«

»Hast du ein Auto, Jasmin?«

Die Fenster der Raststätte gingen auf den Parkplatz hinaus, wo in diesem Moment zwischen den LKWs nur noch zwei Autos standen. Eines gehörte eindeutig der Familie und das andere vermutlich der Kellnerin.

»Nein«, gab ich zu. »Ich trampe.«

Er sah mich anerkennend an. »Mutiges Mädchen! In deinem Alter war ich genauso. Nichts und niemand konnte mich mehr aufhalten. Ich wollte die ganze Welt sehen.«

»Ich möchte eigentlich nur meinen Dad besuchen«, entgegnete ich ausweichend.

»In San Francisco, richtig?«, wiederholte er.

»Ja.«

»Weißt du was? Ich fahre nach San Francisco.«

Überrascht sah ich ihn an, ohne etwas zu sagen.

»Sollte das nicht der Moment sein, in dem du mich anbettelst, dass ich dich mitnehme?«, grinste er herausfordernd.

Um ehrlich zu sein, kam er mir komisch vor. Nicht gefährlich, aber trotzdem seltsam. Ich dachte mit Unbehagen an seinen kleinen Ausbruch, als er über seinen Vater gesprochen hatte. In dem Moment hatte ich mich wirklich unwohl in seiner Gegenwart gefühlt. Andererseits hatte ich keine große Auswahl. Ich könnte höchstens warten und mich damit in den Augen der Kellnerin nur noch verdächtiger machen.

»Könnten Sie mich vielleicht mitnehmen?«, fragte ich also mit einem zaghaften Lächeln.

Er lehnte sich auf seinem Stuhl zurück und sah mich streng an. »Aber nur unter einer Bedingung!«

»Welche?«, wollte ich verunsichert wissen.

»Das Sie lässt du bleiben! Ich bin Mitch, fertig!« Er wirkte ehrlich verärgert, sodass ich mich fragte, ob ich mich richtig entschieden hatte.

»Einverstanden, Mitch«, erwiderte ich dennoch so freundlich wie möglich und drängte das schlechte Gefühl in meiner Magengegend zurück.

George hatte ich zu Anfang auch misstraut, genau wie den Amish. Beide hatten sich nicht nur als ungefährlich, sondern als geradezu herzliche Menschen herausgestellt. Jason hatte mit dem Vorwurf, dass ich oberflächlich sei, nicht ganz unrecht gehabt und das wollte ich ändern.

Wir fuhren seit mehreren Stunden durch eine weitgehend flache, nur von einigen Flusstälern durchschnitte Landschaft. Man hätte meinen können, dass wir uns im Kreis bewegten, so gleich erschien mir alles. Die wenigen kleinen Örtchen, an denen wir vorbeifuhren, wirkten beinahe verlassen und Lichtjahre von Metropolen wie Chicago oder St. Louis entfernt. Hunde und Katzen streunten ungestört über Wiesen und Felder. Uns begegneten lediglich ein paar Traktoren und Pick-ups sowie ein Tanklaster, der die tiefe Pampa mit Benzin versorgte – mehr nicht.

Die Landstraße durchschnitt Wälder und führte vorbei an kleinen Höfen, wo niemand je auf die Idee kommen würde, die Haustür abzuschließen. Die Landschaft war so einschläfernd, dass ich immer wieder einnickte, auch wenn ich krampfhaft versuchte, dagegen anzukämpfen.

Mitch summte zu der Musik im Radio mit. Er war gut gelaunt und sprach immer wieder mit mir. Es schien ihn nicht einmal zu stören, dass ich ihm kaum antwortete.

Wir waren den ganzen Tag auf der Straße unterwegs. Mitch hielt nur, wenn er auf Toilette musste, ansonsten fuhr er und aß beim Fahren. Scheinbar ernährte er sich hauptsächlich von Chips, Erdnüssen und Schokolade. Er hatte mir mehrfach etwas angeboten, doch nachdem ich gesehen hatte, wie er an den Straßenrand gepinkelt und danach wieder beherzt in die Chipstüte gegriffen hatte, lehnte ich dankend ab.

Am Abend knurrte mir nicht nur der Magen, sondern mir tat scheinbar jeder Muskel meines Körpers weh. Als ich mich streckte, knackte es unangenehm in meinem Nacken.

Mitch musterte mich von der Seite. Die Dämmerung setzte bereits ein, aber er schien noch nicht an eine Pause zu denken.

»Fährst du die Nacht durch?«, erkundigte ich mich ungeduldig.

»Wir machen gleich Rast«, versicherte er mir grinsend. »Aber eigentlich solltest du ausgeruht sein, immerhin hast du den ganzen Tag geschlafen.«

»Ich habe letzte Nacht kaum geschlafen. Tut mir leid!«

»Ich dachte, wenn ich dich mitnehme, habe ich wenigstens etwas Unterhaltung und dann bist du nur am Pennen«, beschwerte er sich.

Ich wusste nicht, was ich sagen sollte, und fühlte mich unbehaglich in seiner Nähe. »Morgen mache ich es besser«, versprach ich ihm deshalb versöhnlich.

Er sah mich herausfordernd an. »Verschiebe nicht auf morgen, was du heute kannst besorgen.« Der Ausdruck in seinen Augen gefiel mir ganz und gar nicht.

»Was meinst du damit?«

»Nachdem ich dich den ganzen Tag durch die Gegend kutschiert habe, verdiene ich eine kleine Belohnung, findest du nicht?«

Mir wurde eiskalt und ich verkrampfte auf dem Sitz. Genau davor hatte ich mich gefürchtet und hatte deshalb zu Beginn nicht bei einem LKW-Fahrer einsteigen wollen.

»Wovon sprichst du?« Meine Stimme war ein ängstliches Piepsen.

In dem Moment bog er auf einen unbeleuchteten Parkplatz ab. »Eine Massage habe ich mir mindestens verdient!«

Ich sah panisch aus dem Fenster. Bald würde es so dunkel sein, dass ich gar nichts mehr würde erkennen können. Zudem hatte ich bereits den Tag über bemerkt, dass wir uns in der kompletten Einöde befanden. Das nächste Haus war Meilen entfernt.

»Na gut«, antwortete ich in meiner Verzweiflung und hoffte, dass er es dabei belassen würde.

Er musterte mich kritisch. »Jetzt schau doch nicht so entsetzt! Ich habe keine Haare auf dem Rücken.«

»Ich kann nicht gut massieren«, versuchte ich mich herauszureden.

»Das liegt bestimmt daran, dass du noch nicht viel Erfahrung mit Männern gesammelt hast, oder?«, grinste er lüstern.

Meine Wangen brannten, während meine Hände vor Angst eiskalt waren. Wie konnte ich ihm nur entkommen?

Er schaltete den Motor aus und stieß seine Tür auf. »Ich gehe nur kurz pinkeln, danach machen wir es uns gemütlich!«, zwinkerte er mir zu und schlug die Tür hinter sich zu.

Ich sah ihm dabei zu, wie er in den Wald ging. Als er sich die Hose öffnete, schob ich so leise wie möglich die Beifahrertür auf und kletterte mit meinem Rucksack und der Reisetasche aus dem LKW. Ich hatte keine Ahnung, wo ich hinsollte, und steuerte deshalb die Straße an. Vielleicht hatte ich Glück und es kam ein anderes Fahrzeug vorbei.

In dem Moment drehte sich Mitch um und als er sah, wie ich versuchte davonzulaufen, rief er wütend: »Hey, wohin willst du?«

Das war der Moment, in dem ich zu rennen begann. Ich sah über meine Schulter und stellte zu meinem Entsetzen fest, dass Mitch mir folgte. Meine Befürchtung war also berechtigt gewesen. Panisch rannte ich weiter, immer der Straße nach.

Als ich mich das nächste Mal umsah, war Mitch verschwunden. Dafür leuchteten in einiger Entfernung hinter mir die Scheinwerfer eines LKWs auf. War das Mitch oder jemand anderes? Unschlüssig verlangsamte ich mein Tempo und starrte wie ein Reh, unfähig, mich zu rühren, in das näher kommende Licht. Als ich erkannte, dass es tatsächlich der LKW von Mitch war, trat dieser bereits auf die Bremse und sprang aus der Fahrerkabine.

Es war eine dumme Idee gewesen, der Straße folgen zu wollen, und ich stürzte keuchend in das Unterholz des Waldes. Mitchs Schritte waren direkt hinter mir. Er stürzte sich auf mich. Ich versuchte zu schreien, aber es drang nur ein ersticktes Gurgeln durch die Hand, die er mir auf den Mund gepresst hatte. Seine Turnschuhe kratzten über die trockenen Blätter unter unseren Füßen, seine Muskeln spannten sich an und er zog mich an sich. Sein heißer Atem war direkt an meinem Ohr. All mein Blut sackte in meine Beine, während das Entsetzen in mir aufstieg.

Plötzlich war in der Ferne ein Schrei zu hören. Schwer zu sagen, ob er von einem Tier oder Mensch stammte. Mitch war davon kurz abgelenkt und drehte sich in die Richtung, aus der der Schrei gekommen war. Dabei lockerte sich sein Griff so weit, dass ich ihm in die Hand beißen konnte. Ich schmeckte seinen salzigen Schweiß, als ich meine Zähne in seine Haut grub.

»Schlampe!«, kreischte Mitch. Er riss seine Hand weg und versuchte, das Gleichgewicht nicht zu verlieren.

Ich zögerte nicht länger und rannte los, Adrenalin pumpte durch meine Adern. Kies und Erde knirschten unter meinen Schuhen. Mein Haar war völlig zerzaust. Ein Zweig kratzte über meine Wange, so dünn wie Draht und genauso scharf. Ich spürte Feuchtigkeit auf meiner Haut. Schwer zu sagen, ob es Tränen oder Blut war.

Kalte Luft schlug gegen meinen Körper und ich rannte um mein Leben. Mitchs Schritte waren hinter mir und mir war klar, dass er aufholte. Ich schlug mich verzweifelt durch die dornigen Bäume und das Unterholz. Die Dunkelheit war mein einziger Schutz. Hinter mir hörte ich ein Krachen, als Mitch mit einem Baum oder Felsen kollidierte. Ich hörte ihn fluchen. Mich verfluchen.

An dem nächsten Felsbrocken bog ich scharf nach rechts ab. Ich rannte mit brennenden Lungen weiter. Tränen liefen mir über die Wangen, während mein Herz vor Angst raste.

Ich wich einem dicken Ast aus, der in den Pfad ragte, und rutschte die steile Böschung hinunter. Mit der Ferse versuchte ich, mir im weichen Erdreich Halt zu verschaffen, während ich den Abhang weiter hinunterschlitterte.

Meine aufgeschürften Hände suchten nach Halt und landeten auf einer knorrigen Wurzel. Ich zog mich an ihr auf die Beine und rannte in Richtung eines erleuchteten Parkplatzes, der mir in diesem Augenblick wie eine Fata Morgana in der Wüste erschien. Als meine Füße den festgefahrenen Kies berührten, versagten meine Beine beinahe vor Erleichterung. Ich hatte es fast geschafft.

Das Licht der Laternen war für mich wie eine rettende Insel im weiten Ozean. Ich taumelte über den Parkplatz und sah mich immer wieder nach meinem Verfolger um, doch er war verschwunden.

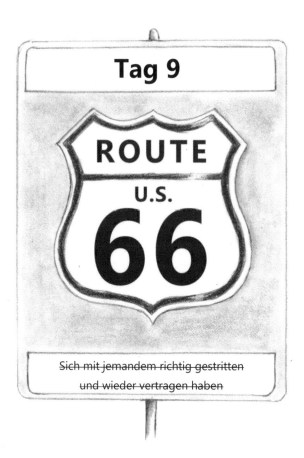

Tag 9

~~Sich mit jemandem richtig gestritten und wieder vertragen haben~~

Zu dem Parkplatz gehörte auch eine Tankstelle samt Diner. Es war mittlerweile Nacht und dunkel, sodass die Leuchtschrift des Diners mir bereits von Weitem einladend entgegenleuchtete.

Aber bevor ich mich wieder unter andere Menschen wagen konnte, musste ich das Zittern meiner Beine und Hände unter Kontrolle bekommen. Selbst meine Zähne schlugen vor Panik aufeinander, während mir Tränen über die Wangen liefen. Ich strich mir meine Haare aus dem Gesicht und zupfte kleine Äste und Blätter daraus.

Wenn mich so jemand sah, würde er annehmen, mir sei etwas Schreckliches passiert. Dabei war eigentlich nichts passiert und gleichzeitig viel zu viel, um es begreifen zu können. Es war knapp gewesen. Verdammt knapp! Zu knapp?

Langsam näherte ich mich dem hell erleuchteten Diner. Ängstlich sah ich mir die LKWs, die auf dem Parkplatz abgestellt waren, genau an. Aber der von Mitch war zum Glück nicht dabei.

Ich spürte, wie ein junges Paar, das an mir vorbeiging, mich bereits neugierig musterte, deshalb setzte ich meinen Weg eilig fort und betrat die Damentoilette, die sich rechts vom Eingang des Diners befand.

Eine unangenehme Geruchsmischung aus scharfem Reinigungsmittel und Urin schlug mir entgegen. Die Tür einer Kabine war aus den Angeln gerissen worden, sodass man sie nicht mehr benutzen konnte.

Die zweite Toilette war verstopft und übergelaufen. Die dritte erachtete ich aufgrund der geringen Auswahl als annehmbar. Wie in Trance zog ich meine Hose runter und pinkelte, ohne den Toilettendeckel zu berühren. So hatte es mir meine Mutter schon von klein auf beigebracht. Öffentliche Toiletten steckten voller Keime! Sie hatte mir auch immer wieder eingeschärft: *Iss nicht zu viel Fast Food! Stehle nicht! Fahre nicht mit Fremden mit!*

Die meisten Regeln hatte ich auf meiner Reise bereits gebrochen. Da machte es auch nichts mehr, wenn ich mich nicht an die Toilettenregel hielt. Ich ließ mich erschöpft auf den Klodeckel sinken und begann verzweifelt zu weinen. Vergrub mein Gesicht in meinen Händen und schluchzte, ohne mich dafür zu interessieren, dass es jemand hören könnte.

Ich hatte ein Abenteuer gewollt, aber doch nicht so! Ich kam mir verdammt dumm, egoistisch und kindisch vor. Diese Reise hatte mich nicht wachsen lassen, sondern mir nur bewiesen, dass ich vom Leben keine wirkliche Ahnung hatte und nicht in der Lage war, für mich selbst Verantwortung zu übernehmen.

Erst als ich das Gefühl hatte, keine Tränen mehr in mir zu haben, wischte ich mir mit Toilettenpapier die Augen trocken und schnäuzte meine Nase, bevor ich die Kabine verließ. Zwischendurch war mal eine Frau da gewesen, die an der Türklinke gerüttelt hatte, aber als sie mich hatte schluchzen hören, war sie einfach wieder verschwunden und auch nicht wiedergekommen.

Ich trat vor die Waschbecken und betrachtete mich im Spiegel, der von einem langen Riss durchzogen war. Während kaltes Wasser über meine Hände lief, starrte ich in meine verquollenen und roten Augen. Meine Reise war vorbei. Ich würde in das Diner gehen und meine Eltern anrufen, um sie zu bitten, mich abzuholen. Wie ein kleines Kind! Aber so fühlte ich mich gerade auch. Ich hatte ihnen und mir etwas beweisen wollen und stattdessen hatte ich ihnen nur bewiesen, wie unreif und unzuverlässig ich war. Dass sie immer recht hatten, mit allem.

Ich spritzte mir kühles Wasser ins Gesicht und zog die letzten Blätter aus meinen Haaren, bevor ich versuchte, sie in einem Zopf zu bändigen. Danach verließ ich mit hängenden Schultern, aber entschieden die Toilette.

Ein lauwarmer Sommerwind vermischt mit Benzingeruch schlug mir entgegen, als ich den kurzen Weg zum Diner zurückging. Mir fiel ein Auto auf dem Parkplatz auf, das zuvor noch nicht da gewesen war. Das Verdeck des schwarzen Mustang Cabrios war heruntergeklappt.

Ich blieb ungläubig stehen und sah zwischen dem Wagen und dem Lokal hin und her. Obwohl ich meine Entscheidung bereits getroffen hatte, übte das Auto eine Anziehungskraft auf mich aus, der ich nicht widerstehen konnte. Meine Füße bewegten sich automatisch in Richtung des Mustangs. Das weiche, aber abgesessene Leder der Polsterung kam mir vertraut vor. Auf der Rückbank entdeckte ich eine Lederjacke und eine Sonnenbrille, die keine Zweifel mehr am Besitzer ließen.

Aufgeregt sah ich mich um, ob ich Jason irgendwo stehen sah, doch er musste entweder in der Tankstelle oder im Diner verschwunden sein, aber früher oder später würde er wieder bei seinem Wagen auftauchen.

Ohne zu zögern, kletterte ich in das Wageninnere und ließ mich auf dem Beifahrersitz nieder. Ich war so erleichtert und glücklich, dass ich am liebsten wieder angefangen hätte zu weinen. Stattdessen inhalierte ich jedoch den vertrauten Geruch nach Leder, Tabak und einer Spur von Jasons Aftershave, das mit den Sitzen verschmolzen zu sein schien. Andächtig streichelte ich über das Armaturenbrett. Es fühlte sich an, als wäre ich bereits zu Hause.

Ich lehnte mich im Sitz zurück und schloss die Augen. Ein breites, zufriedenes Lächeln lag auf meinen Lippen, aber mir war völlig egal, wer es sah. Ich war in diesem Moment einfach nur glücklich!

Ein Räuspern ließ mich zusammenzucken. Im ersten Moment wusste ich nicht, wo ich mich befand, und schlug erschrocken die Augen auf. Jason lehnte mit verschränkten Armen an der Beifahrertür und sah schmunzelnd auf mich herab.

»Miss, ich glaube, Sie verwechseln mein Auto mit einer öffentlichen Parkbank.«

Die Ereignisse der letzten Stunden schlugen wie eine Welle über mir zusammen. Überwältigt von der Freude, Jason wiederzusehen, erhob ich mich aus dem Sitz und schlang ihm stürmisch die Arme um den Hals. Er lachte und drückte mich an sich. »Da freut sich aber jemand, mich wiederzusehen«, scherzte er.

»Jason, es tut mir so leid, was ich dir alles an den Kopf geworfen habe. Ich habe mich dumm, kindisch und zickig benommen!«

Er hielt mich an den Hüften und schob mich ein Stück von sich, um mein Gesicht zu mustern. Er sah die Kratzer, die die Äste der Bäume bei meiner Flucht hinterlassen hatten, und bemerkte meine verquollenen Augen. Behutsam strich er über mein Haar. »Ist alles okay mit dir?«

Seine Berührung jagte mir einen Schauer über den Rücken. Am liebsten hätte ich meinen Kopf schnurrend wie eine Katze in seine Handfläche gedrückt.

»Jetzt schon«, wich ich ihm lächelnd aus. Vielleicht würde ich ihm später davon erzählen, was geschehen war, aber im Moment wollte ich einfach nur neben ihm in seinem Mustang sitzen und der Morgensonne entgegenfahren.

»Sind wir wieder ein Team?«, fragte er grinsend, was mir verriet, dass er sich ebenfalls freute, mich wiederzusehen.

»Wenn du noch nicht die Nase voll von mir hast.«

»Du bist eine Nervensäge, aber ohne dich war es ziemlich langweilig«, gab er grinsend zu, als er sich auf den Fahrersitz sinken ließ und den Motor startete.

»Ich habe dich auch vermisst«, sagte ich versöhnlich.

»Aber das nächste Mal, wenn du wütend auf mich bist, haust du nicht gleich wieder ab, Prinzessin, ja?«

»Es wird kein nächstes Mal geben!«

Er lachte. »Ganz gewiss wird es das geben. Ich kann ein Arsch sein, vergiss das nicht! Versprich mir einfach, dass du dann nicht direkt wieder wütend abdampfst.«

Es schien ihm wirklich etwas an mir zu liegen. Der Gedanke hinterließ ein wohliges Kribbeln auf meiner Haut. »Versprochen!«

Noch am Vormittag erreichten wir die Staatsgrenze zu Kansas. Die hügelige Landschaft des Ozarks ging in eine beinahe tischebene Fläche über. Während in Missouri noch viele Wiesen und Felder gewesen waren, bot in Kansas' halb trockener Steppe kaum ein Baum Schutz vor der heißen Sonne. Die Landschaft war gezeichnet von Viehweiden, Weizen-, Mais- und Sojafeldern. Der Asphalt auf den Straßen war rissig und ganze Städte lagen verlassen da.

Obwohl ich meine Jeans gegen kurze Shorts getauscht hatte, schwitzte ich unerträglich. Meine Beine klebten unangenehm am Leder und gaben schmatzende Geräusche von sich, sobald ich mich auch nur ein bisschen bewegte. Wenn ich für eine kurze Rast aufstand, waren auf dem Sitz sogar Schweißflecken zu erkennen.

»Du verewigst dich in meinem Wagen, Prinzessin«, kommentierte Jason das Ganze belustigt.

Wenigstens machte er mir keine Vorwürfe, sondern fasste es spaßig auf. Ihm selbst standen auf der Stirn und dem beinahe kahlen Schädel die Schweißperlen. Aber im Gegensatz zu mir trug er immer noch die verwaschene Jeans. Auch wenn er mir immer wieder androhte, dass er gleich nackt weiterfahren würde.

Ich schüttelte nur lachend meinen Kopf, weil ich wusste, dass er es ohnehin nicht wagen würde. Die Behörden in Kansas waren nicht nur streng, was den Umgang mit Alkohol bei Minderjährigen anging, sondern auch mit jeglicher Form von Sexualität. Darwins Evolutionstheorie wurde in den meisten Gegenden des Staates als moderner Humbug abgetan. Sollte eine Polizeistreife Jason nackt in seinem Wagen vorfinden, würde er wegen Erregung öffentlichen Ärgernisses direkt in Haft wandern. So sehr ihn das Risiko auch zu reizen schien, so weit würde er nicht gehen. Aber um ehrlich zu sein, sorgte die Vorstellung, neben dem nackten Jason zu sitzen, eher dafür, dass mir noch viel heißer wurde. Ein Blick auf seine muskulösen Oberarme reichte schon völlig, um mir absolut den Kopf zu verdrehen.

Am Abend erreichten wir die Stadt Wichita, die größte Stadt Kansas'. Im Gegensatz zum umliegenden Land wirkte hier alles etwas grüner und weniger staubig und glühend. Der Arkansas River und der Little Arkansas River flossen hier zusammen, sodass ein Großteil der Stadt am Wasser gebaut war.

»Weißt du, wofür Wichita bekannt ist?«, fragte Jason, während er den Mustang durch den abendlichen Verkehr lenkte.

»Für ihre Indianer?«, fragte ich und war stolz, dass ich zumindest wusste, dass große Teile von Kansas früher den Cherokee-Indianern gehört hatten. Auch in Wichita gab es einige Souvenirläden, die an die Ureinwohner erinnerten.

Jason klopfte mir anerkennend auf die Schulter. »Das auch, aber es gibt noch etwas viel Wichtigeres!«

»Was könnte wichtiger sein als unsere Geschichte?«

»Na, unsere Gegenwart!«

Jetzt verstand ich gar nichts mehr. Jason sah mein verwirrtes Gesicht und begann lauthals zu lachen, wofür ich ihn am liebsten geboxt hätte.

»Isst du gern Pizza, Jade?«

»Ja?«

»Kennst du *Pizza Hut*?«

»Wer kennt den nicht?«

»In Wichita steht die erste Filiale«, zwinkerte er mir zu.

Allein bei dem Gedanken an den Käserand lief mir förmlich das Wasser im Mund zusammen und mein Magen begann laut zu knurren.

»Ich nehme an, das soll heißen, dass du mit meinem Vorschlag, Pizza essen zu gehen, einverstanden bist?«, grinste er belustigt.

Ich nickte mit großen Augen und breitem Grinsen.

Nachdem wir beide völlig durchgeschwitzt waren und vermutlich auch so stanken, entschlossen wir uns, die Pizza mitzunehmen und an einer ruhigen Stelle des Arkansas River zu essen anstatt in dem vollen Lokal. Wir saßen mit ausgestreckten Beinen auf der Motorhaube des Mustangs. Die Sonne sendete ihre goldenen Strahlen über die Stadt und spiegelte sich im Wasser sowie in den Fenstern der umliegenden Gebäude. Ein paar Möwen kreischten aufgeregt, als ich genießerisch den ersten Bissen von meiner Salamipizza nahm.

»Oh mein Gott, ist das gut«, stöhnte ich mit geschlossenen Augen. Dieser Moment war so perfekt, dass ich an die Schrecken der Nacht gar nicht mehr dachte.

Jason ließ meinen Lobgesang unkommentiert, was mir zeigte, dass ihm die Pizza ebenfalls schmeckte.

Als wir aufgegessen hatten, blieben wir vollgegessen auf dem Wagen sitzen und blickten auf den Fluss hinaus. Wir würden uns für die Nacht ein kleines Hotel suchen, da wir es nicht riskieren konnten, in der Stadt unser Zelt aufzuschlagen, indianischer Ursprung hin oder her. Zudem brauchten wir beide zu dringend eine Dusche, um noch einen weiteren Tag darauf verzichten zu können.

Jason musterte mich von der Seite, aber sein Blick war mir nicht länger unangenehm. Ich hatte mich an ihn gewöhnt und wusste, dass er die meisten seiner Sticheleien mehr liebevoll als ernst meinte. Die untergehende Sonne ließ seine Haut dunkler wirken und brachte seine Augen zum Strahlen.

»Jade, in diesem Licht«, begann er, »siehst du … Mein Gott. Ich muss mich zusammenreißen.«

Abrupt ließ er sich von der Motorhaube gleiten und ging um das Auto herum. Mit einer Hand fuhr er sich über den Kopf.

Ich hörte das Summen von Insekten, den entfernten Stadtverkehr und das Kreischen der Möwen. Jason kam nicht zurück zu mir und so ging ich zu ihm. Er hatte sich gegen den Kofferraum gelehnt und die Arme vor der Brust verschränkt.

»Tut mir leid«, sagte er, aber sah mich nicht einmal an, als ich mich neben ihn lehnte. »Das war unhöflich.«

Mir fielen darauf eine Menge möglicher Antworten ein, aber keine davon wollte meine Lippen verlassen. Etwas in meinem Inneren flatterte und raschelte bei jedem Atemzug wie ein kleiner Vogel, der gerade erst das Fliegen gelernt hatte.

Vorsichtig berührte ich seinen Nacken. Er stand vollkommen still. Seine Haut war immer noch heiß und ich spürte ganz leicht seinen Pulsschlag unter dem Daumen. Es war vollkommen anders als mit Scott. Ich musste nicht überlegen, was ich mit meinen Händen anfangen sollte. Sie wussten es von ganz allein.

Jason schloss die Augen und neigte den Kopf, nur ein kleines Stückchen, bis meine Hand flach an seinem Hals lag und meine gespreizten Finger von seinem Ohr bis zu seiner Schulter reichten.

Alles in mir schien unter Strom zu stehen.

Jason löste meine Hand sanft von seiner Haut und hielt sie fest, so wie bei einem Tanz. Er schmiegte seine Wange und seinen Mundwinkel an meine Fingerknöchel, bevor er meine Hand wieder losließ.

Meine Haut brannte dort, wo seine Lippen mich gestreift hatten. Das zappelnde Vögelchen in meinem Inneren erschauderte. Ich konnte mich weder rühren noch etwas sagen.

Jason blickte über den Fluss. »Ach Jade.«

»Ach Jade, was?«, hauchte ich.

»Als ich dir zum ersten Mal begegnet bin, hielt ich dich für ein kleines, dummes Mädchen.«

Tapfer erwiderte ich: »Danke für die Vergangenheitsform.«

»Ich wünschte, ich könnte dich küssen, Jade«, sagte er. »Denn dann würde ich es jetzt tun, nur ein einziges Mal. Mit all dem hier.« Er machte eine unbestimmte Geste in Richtung des Flusses und der im Sonnenlicht glitzernden Stadt. »Und dann würden wir nie wieder darüber reden.«

Er ließ mich allein vor dem Kofferraum zurück und stieg in den Wagen. Warum hatte er es nicht getan, wenn er es doch wollte? Warum hatte er mich nicht geküsst?

Am Abend schrieb ich meinen Eltern eine Postkarte, die die *Pizza Hut*-Filiale von Wichita zeigte.

Liebe Mom und lieber Dad,
ich habe heute Kansas erreicht. Es ist unglaublich, wie flach dieser Staat ist. Überall nur trockene Felder und Viehweiden. Es gibt viele verlassene Dörfer, in denen man sich fast wie in einem Endzeitroman vorkommt. Ich gegen den Rest der Welt.
Zu Abend habe ich die weltbeste Pizza meines Lebens gegessen – in der ersten Pizza Hut-Filiale. Ich werde noch Wochen von dieser Pizza schwärmen!
Ihr seht, mir geht es gut. Bitte macht euch keine zu großen Sorgen! Ich schreibe euch bald wieder.
In Liebe,
Jade

P.S.: Ich habe heute den ersten Beinahe-Kuss meines Lebens erhalten. Er war schöner, als jeder wirkliche Kuss es je sein könnte.

Tag 10

~~Eine Nacht unter freiem Himmel geschlafen haben~~

Wir waren früh am nächsten Morgen aufgebrochen. In Kansas hielt uns nicht viel und so wollten wir schnell weiterziehen. Bereits am Mittag erreichten wir Oklahoma. Auf den ersten Blick war in der Landschaft für mich kein Unterschied zu Kansas zu erkennen: endlose, tischebene und langweilige Flächen. Dazu eine Hitze, die selbst beim Fahrtwind kaum auszuhalten war.

Ich fächerte mir mit der Hand Luft zu, während Jason mir einen amüsierten Seitenblick zuwarf.

»Diese Wirkung habe ich auf die meisten Frauen«, scherzte er breit grinsend.

Ich verdrehte die Augen und streckte ihm die Zunge raus. »Warum wolltest du unbedingt nach Oklahoma? Außer ein paar Männern in peinlichen Cowboystiefeln habe ich hier bisher nichts Spannendes gesehen.«

»Warte es ab«, zwinkerte er mir verschwörerisch zu. »Nicht alles ist so, wie es auf den ersten Blick scheint.«

Was meinte er damit denn schon wieder? Ich machte mir nicht die Mühe, ihn weiter zu fragen, da er mir ohnehin nichts verraten würde. Es bereitete ihm viel zu große Freude, mich auf die Folter zu spannen.

Erst am späten Nachmittag verstand ich, was er gemeint hatte. Die flache Ebene, die hauptsächlich aus Farm- und Weideland bestanden hatte, wurde von Wäldern abgelöst. Am Horizont erhob sich sogar eine Art Gebirge. Ich kam mir dumm vor, weil ich keine Ahnung von meinem eigenen Land hatte.

»Das sind die Ouachita Mountains«, erklärte mir Jason stolz.

»Unglaublich!«, gab ich staunend mit Blick auf die Berge zu. »Ich wusste gar nicht, dass es so etwas in Oklahoma gibt.«

»Das wissen viele nicht. Aber tatsächlich zählt Oklahoma zu einem der landwirtschaftlich abwechslungsreichsten Staaten. Etwa ein Viertel der Fläche ist mit Wald bedeckt.«

Er erzählte mir davon nicht wie ein Besserwisser oder ein Professor, sondern voller Bewunderung und Anerkennung. In seinen Augen lag das gleiche Staunen wie in meinen eigenen.

»Warst du schon einmal hier?«

»Ja, es gibt hier einen Nationalpark mit heißen Quellen.«

»Und du hast schon in ihnen gebadet?«, fragte ich beinahe etwas neidisch.

»Man sagt ihnen eine Heilwirkung nach und sie werden für therapeutische Zwecke genutzt«, erwiderte Jason schulterzuckend, so als wäre es nichts Besonderes.

Wieder hatte ich das Gefühl, dass er mir etwas aus seinem Leben verheimlichte. »Hast du dich in einer Therapie befunden?«

Ohne Vorankündigung bog er plötzlich scharf nach rechts in einen Waldweg ein. Erschrocken stieß ich die Luft aus und befürchtete bereits, dass ich ihn mit meiner Frage verärgert hatte. Doch in seinen Augen lag ein herausforderndes Funkeln, als er abbremste und aus dem Auto stieg.

»Schluss mit der Fragerei!«, rief er mir grinsend zu und deutete auf einen schmalen Pfad, der sich zwischen den Bäumen den Berg hochschlängelte. »Wetten, du schaffst es nicht vor mir, die Aussichtsplattform zu erreichen?«

Eigentlich war mir nicht nach einem Wettrennen zumute. Meine Kleidung war völlig durchgeschwitzt, aber ich würde auch nicht vor ihm klein beigeben.

»Was, wenn ich gewinne?«

»Dann darfst du mich fragen, was du willst, und ich muss dir ehrlich antworten.« Er hob warnend den Finger. »Aber wenn ich gewinne, dann kaufst du dir morgen original Cowboystiefel und wirst sie, solange wir unterwegs sind, voller Stolz tragen.«

Protestierend stemmte ich mir die Hände in die Hüften. »Hast du eine Ahnung, wie teuer die sind?«

»Hast du etwa Angst, zu verlieren«, neckte er mich und lief los.

Kreischend rannte ich ihm nach. »Jason, das ist nicht fair! Du hast einen Vorsprung!«

Er bremste ab und wartete, bis ich mit ihm auf einer Höhe war. Dann tippte er mir neckisch mit der Spitze seines Zeigefingers auf die Nasenspitze. »Jade, man könnte meinen, du wolltest dich nur vor dem Wettrennen drücken.«

Ich versetzte ihm einen leichten Stoß vor die Brust, sodass er ein paar Schritte zurücktaumelte, bevor ich losrannte. Ich hörte ihn hinter mir lachen, als ich den Pfad emporsprintete.

Jason brauchte nur Sekunden, da rannte er bereits an mir vorbei und streckte mir dabei mit einem Blick über die Schulter auch noch die Zunge raus. »Ich warte dann oben auf dich!«

Wahrscheinlich würde ich gegen Jason zwar verlieren, aber ich wollte keine Spielverderberin sein, die nicht einmal versuchte, zu gewinnen.

Obwohl es im Wald deutlich kühler war als auf den staubigen Straßen, lief mir der Schweiß über die Stirn, den Nacken und am Rücken hinab. Mein Shirt klebte an meiner Haut, aber ich würde mich nicht so leicht geschlagen geben.

Die Steine rutschten unter meinen Füßen und Wurzeln wuchsen über den Boden, denen ich springend auswich. Trotz der Hitze fühlte ich mich seltsam leicht. Das schlechte Gewissen meinen Eltern gegenüber war in den Hintergrund gedrängt. Die grauenhaften Erlebnisse mit Mitch schienen weit in der Vergangenheit zu liegen. An Katie und Scott hatte ich heute nicht einmal gedacht. Der Streit mit Jason war längst vergessen.

Plötzlich kamen die Steine unter meinen Füßen ins Schlittern. Im Bruchteil einer Sekunde spürte ich, wie ich den Halt verlor, und stürzte. Ich fiel auf meine Hände und sowohl der Schock als auch ein scharfer Schmerz ließen mich aufschreien. Schwer schnaufend und zitternd setzte ich mich auf meinen Hintern und betrachtete meine aufgeschürften Handflächen. Doch noch schlimmer als das war mein rechter Fuß, denn als ich versuchte aufzustehen, tat es so entsetzlich weh, dass ich mich sofort wimmernd zurücksinken ließ.

Tränen traten mir in die Augen, als ich die Hände um mein Fußgelenk schloss und es vorsichtig abzutasten begann. Ich glaubte nicht, dass etwas gebrochen war, aber es tat zu sehr weh, um allein weitergehen zu können.

Verzweifelt blickte ich mich um. Ich befand mich mitten im Wald und hatte keine Ahnung, wie weit der Aussichtspunkt noch entfernt war. Jason würde dort auf mich warten und erst wenn ich nach einiger Zeit nicht auftauchte, würde er sich auf die Suche nach mir machen. Sicher hielt er mich nicht gerade für die Schnellste, sodass er vermutlich ziemlich lange warten würde, bis er auf die Idee käme, dass etwas nicht stimmen könnte.

So lange musste ich wohl hier auf ihn warten.

In dem Augenblick kam Jason fast mit vollem Tempo um die Biegung gerannt und riss mich aus meinen Gedanken. »Jade, alles in Ordnung?«

Verblüfft sah ich ihn an. »Ich weiß nicht so genau. Ich glaube, ich habe mir meinen dämlichen Fuß verstaucht.«

»Ich glaube, der Fuß ist es nicht, der dämlich ist«, grinste er frech, aber kniete sich vor mich, um sich den Schaden genauer anzusehen. Ein Schauer durchlief mich, als seine Finger meine Haut berührten.

»Wieso bist du zurückgekommen?«

Er hielt den Kopf gesenkt und sagte: »Ich habe auf dich gewartet.«

»Aber das ist ein Wettrennen. Der Sinn ist, als Erster das Ziel zu erreichen.«

Er holte tief Luft und hielt meinen Fuß weiter fest, so als bräuchte er ihn zur Stütze. »Ich warte doch immer auf dich.« Er sah mir nun direkt in die Augen.

Mit einer peinlich atemlosen Stimme, die sich so gar nicht nach meiner anhörte, fragte ich: »Weil ich so ungeschickt und langsam bin?«

Er lächelte. »Ja. Aber nicht so, wie du es glaubst.«

Mein Herz begann zu rasen. Er wartete also auf mich. Zumindest in diesem Augenblick. Wartete er darauf, dass ich irgendetwas sagte? Hatte er auch am Vorabend darauf gewartet, dass ich den ersten Schritt machte? Oder nicht? War das vielleicht nur einer seiner blöden Scherze? Und falls er es doch ernst meinte, würde er mich dann nach ein paar Tagen genauso abservieren wie Scott?

Jason überließ die Entscheidung mir. Ich konnte den Sprung wagen oder so tun, als meinte er einfach, dass ich langsam laufen würde. Ich wandte das Gesicht ab und rang mit meinen Emotionen.

Zu lange, denn Jason senkte den Kopf und löste seine Finger von meinem Knöchel. »Ich denke, du wirst es überleben.«

Mein Herz schlug so schnell, dass ich mein Überleben nicht unbedingt für garantiert hielt. Aber vermutlich meinte er meinen Fuß.

Das Schweigen war inzwischen drückend. Er blieb vor mir hocken und sah mich an. Er wartete schon wieder auf mich.

»Ähm.« Meine Stimme klang komisch. »Und wie kommen wir jetzt nach oben?«

Er lächelte gequält, stand auf und half mir auf die Beine. »Zu Fuß.«

Wir brauchten für dieselbe Strecke, die Jason allein in fünfzehn Minuten geschafft hätte, nun etwa fünfundvierzig Minuten. Als wir oben angekommen waren, setzte er mich auf eine der Wanderbänke. Die Aussicht war atemberaubend. Im Licht der untergehenden Sonne erstreckte sich unter uns ein Tal voller Wald. Selbst die heißen Quellen, von denen er gesprochen hatte, konnte ich von hier oben gut erkennen.

Er ließ mich zurück und lief noch einmal zum Auto. Zurück kam er mit unseren Schlafsäcken und einer Plastiktüte. Er half mir, das Bein hochzulegen, bevor er mit den geübten Händen eines Pfadfinders ein Lagerfeuer entzündete. Wir rösteten Marshmallows, bis die Sonne schließlich völlig verschwunden war und der Mond ihren Platz am Himmel eingenommen hatte. Irgendwann erwischte ich Jason dabei, wie er mich anstarrte, während das Feuer Schatten über sein Gesicht tanzen ließ.

Ich hob eine Hand an mein Haar. »Sehe ich so schlimm aus?«

Er lächelte. »Seit wann interessiert dich dein Äußeres?«

Ich zog beleidigt einen Schmollmund, während ich die Arme vor der Brust verschränkte.

»Das war nicht negativ gemeint.« Er wirkte verlegen. Sehr untypisch für Jason.

»Wie war es denn dann gemeint?« Ich legte den Kopf schief und war völlig fasziniert davon, dass sogar Jason verlegen werden konnte. Das war sonst immer mein Part gewesen.

»Du brauchst die ganze Schminke und das Drumherum nicht. Es ist egal, ob du ein grünes oder ein blaues T-Shirt trägst oder ob du genug Ausschnitt zeigst. Selbst wenn deine Haare zu allen Himmelsrichtungen von deinem Kopf abstehen, bist du immer noch schön. Weißt du, warum?«

Das war nicht die Reaktion, die ich erwartet hatte. Zum ersten Mal, seit ich Jason kannte, wirkte er verletzlich. Und ich war scheinbar der Mensch, der ihn verletzen konnte. Ich hing an seinen Lippen und wollte mehr hören, weshalb ich hastig den Kopf schüttelte.

Er sah mich mit eindringlicher Miene an, als hätte er sich jedes Wort mühsam abringen müssen. »Du bist natürlich und lässt dich nicht verbiegen. Alles, was du tust und sagst, kommt von

Herzen, selbst wenn es nicht immer richtig ist. Das macht dich aus.«

Für einen Moment waren wir beide still und sahen einander ungläubig in die Augen.

»Weißt du was?«, fragte ich und beugte mich näher zu ihm.

Sein Gesicht spannte sich an. »Was?«

»Dein Marshmallow brennt.«

Er blickte an das Ende des Stocks, wo sein Marshmallow eine lodernde Kugel aus schwarzer Klebmasse geworden war. Mit einem Lächeln hielt er sie sich vor den Mund und blies die Flammen aus. Mit einem Mal war sein typisches Grinsen wieder da. »So mag ich sie am liebsten.« Vorsichtig zog er die verkohlten Reste von der Spitze des Stocks.

»Das sieht einfach nur widerlich aus«, kommentierte ich die schwarze Kugel.

Wie zur Demonstration hob er den Brocken an den Mund und nahm einen kräftigen Bissen. Die Asche landete pudrig auf seinen Lippen und Wangen. Er schloss aber genießerisch die Augen. »Köstlich!«

Ich brach in lautes Gelächter aus. »Ich hoffe, es schmeckt dir.«

Das Feuer glimmte nur noch, die Sonne war längst untergegangen und Jason und ich saßen in einem Kreis aus Licht – über uns die Sterne. Nur er und ich.

Tag 11

~~Eine Erkenntnis über sich selbst erlangen~~

Die Ouachita Mountains waren am nächsten Vormittag nur noch eine hügelige Erhebung am Horizont beim Blick in den Rückspiegel des Mustangs. Wir waren zum Sonnenaufgang aufgebrochen. Der kleine Ausflug hatte uns von der Route 66 abgebracht, zu der wir nun zurückkehren wollten. Meinem Knöchel ging es schon deutlich besser. Die Ruhepause hatte scheinbar wahre Wunder bewirkt und ich konnte wieder allein laufen. Nur beim Auftreten tat es noch etwas weh.

Im Gegensatz zu den vergangenen Tagen war es heute weder warm noch sonnig. Eine dicke graue Wolkendecke hing über uns am Himmel. Jason hatte das Verdeck des Mustangs geschlossen, da mit einem Regenschauer zu rechnen war.

In heißen Staaten wie Oklahoma war Regen im Sommer zwar eher selten, aber wenn er dann doch kam, glich er für wenige Minuten einem Weltuntergangsszenario. Ein heftiger Wolkenbruch, nicht selten mit Hagelkörnern, und bereits eine Stunde später schien wieder die Sonne, das war ganz normal für diese Gegend.

Bevor es so weit war, wollten wir jedoch Tulsa erreicht haben. Die vielen Gebäude einer Großstadt würden uns Schutz bieten, auch wenn es Jason dabei vermutlich mehr um den Mustang ging. Er gab Gas, sodass der Motor protestierend aufheulte und ich mich ängstlich am Sitz festhielt.

»Muss das sein?«, fragte ich vorwurfsvoll. »Ich komme lieber in einen Regenschauer, als tot am Straßenrand zu liegen, weil du die Kontrolle über den Wagen verloren hast.«

Jason warf einen grimmigen Blick in den Himmel, der sich vor unseren Augen zu bewegen schien. »Wir hätten den Wetterbericht beachten sollen«, schimpfte er, was völliger Blödsinn war, denn in Oklahoma war das Wetter wie eine Naturgewalt. Man konnte es nicht für Tage vorhersagen, höchstens für ein paar Stunden. Jason wusste das. Er suchte nur eine Möglichkeit, seine Sorge um seinen Wagen in Ärger zu wandeln und diesen an mir auszulassen.

»Jason, bitte!«, bat ich verzweifelt. »Ich habe Angst!«

Er sah mich wütend an, doch als er merkte, dass ich es ernst meinte, wurden seine Gesichtszüge etwas weicher und er nahm den Fuß vom Gas. Er atmete hörbar aus und schüttelte den Kopf, als käme er erst jetzt zur Besinnung. »Es tut mir leid«, murmelte er.

Mein Herz klopfte wild und ich versuchte mich zu beruhigen, als wir ein Schild passierten. Nach Tulsa waren es noch einige Meilen, aber Muskogee war nicht mehr weit. Der Himmel wurde immer dunkler und so beschlossen wir, dort einen Zwischenhalt zu machen, bis der Regenschauer vorüber war.

Jason hielt sich nun an die Geschwindigkeitsvorgaben, auch wenn es ihm sichtlich schwerfiel, Ruhe zu bewahren. Als wir in die Stadt einfuhren, schienen die Straßen bereits verlassen. Alle hatten Schutz vor dem drohenden Gewitter gesucht. Wir fuhren in ein Parkhaus, da dort die Sicherheit für den Mustang größer war als auf der offenen Straße.

Eigentlich hatten wir dort ebenfalls den Regen abwarten wollen, doch kaum dass der Mustang stand, hörten wir laute Sirenen aufheulen. Deutlich lauter als von einer Feuerwehr. Eine musste sich direkt im Parkhaus befinden.

Entsetzt blickten wir einander an, ratlos, was das zu bedeuten hatte und was wir nun tun sollten.

Zwischen dem Sirenengeheule kam plötzlich eine Ansage: »Tornadowarnung! Bitte verlassen Sie das Parkhaus und begeben Sie sich in einen Schutzraum!«

Die Durchsage wurde unter Begleitung der Sirenen wiederholt. Wir stießen hektisch die Autotüren auf. Jason ergriff wie selbstverständlich meine Hand, erinnerte sich dann aber wieder an meinen verletzten Fuß. »Steig auf meinen Rücken!«, wies er mich an und ging leicht vor mir in die Hocke. Ich protestierte nicht lange und schlang meine Arme um seinen Hals. Er rannte mit mir aus dem Gebäude, auch wenn wir nicht wussten, wo wir hinsollten.

In der ganzen Stadt heulten die Sirenen in ohrenbetäubender Lautstärke, wodurch meine aufkommende Panik noch verstärkt wurde. Wir sahen uns verzweifelt auf den leeren Straßen um, schließlich trug Jason mich zu dem nächsten großen Hotel. Als wir ankamen, waren die Glastüren bereits verschlossen. Aufgebracht hämmerte er dagegen, so fest, dass ich fürchtete, er würde die Scheiben einschlagen.

Im Inneren war eine größere Gruppe Menschen zu erkennen, die nun alle erschrocken in unsere Richtung blickten.

»Lassen Sie uns rein!«, brüllte Jason, während er weiter gegen die Tür schlug. Ein Angestellter in Uniform hob beschwichtigend die Hände und lief zum Empfangstresen. Im nächsten Moment glitten die Türen auf, sodass wir endlich eintreten konnten.

»Da haben Sie ja noch einmal Glück gehabt«, sagte der Mann nicht unfreundlich, jedoch sehr hektisch und wandte sich an die anderen Menschen. »Bitte bewahren Sie Ruhe! Wir gehen jetzt gemeinsam in den Schutzraum!«

Er bahnte sich einen Weg an die Spitze der Gruppe und führte uns durch das Treppenhaus in das Untergeschoss des Hotels. Wir gingen durch einen langen Flur, bis er vor einer verschlossenen Tür stehen blieb und diese aufschloss. Von dort aus ging eine schmale Treppe steil nach unten. Als ich sie betrat, musste ich mich an den beiden Geländern festhalten, da sie unter dem Gewicht der vielen Menschen zu schwanken schien.

Unten angekommen, gab es eine weitere verschlossene Tür. Dahinter befand sich der Schutzraum. Er war relativ groß und mit Betten, Tischen und Sitzgelegenheiten ausgestattet. Es gab noch zwei weitere Räume. In einem war eine Toilette samt Waschbecken und in dem anderen befand sich eine Art Lager mit Konserven, Decken, Verbandsmaterial und Werkzeugen.

Der Hauptraum füllte sich ziemlich schnell. Das Hotelpersonal bestand aus etwa zehn Personen, dazu kamen zirka dreißig Gäste oder andere Schutzsuchende, wie Jason und ich es waren.

Da wir als zwei der Letzten den Raum betraten, waren alle Stühle, Sessel und Betten bereits belegt, sodass wir uns in einer Ecke auf den Boden setzten.

Die Tür wurde verschlossen und das aufgeregte Gemurmel verstummte augenblicklich. Wir lauschten angespannt, ob wir etwas von oben hören konnten. Wenn alle so still waren, dass sie selbst ihren Atem anhielten, konnte man ganz leise die Sirenen hören. Einige Menschen wirkten panisch und ängstlich, andere nahmen es lockerer. Die Okies waren in Tornado-Alarmen bestens erprobt.

Einer der Hotelangestellten hob beruhigend die Hände in die Höhe. »Machen Sie sich keine Sorgen! Hier kann Ihnen nichts passieren und in einer Stunde wird alles schon wieder vorbei sein. Oklahoma verzeichnet pro Jahr durchschnittlich vierundfünfzig Tornados. Die meisten davon sind halb so schlimm.«

Eine Frau vom Personal verteilte Getränke an die Anwesenden, vermutlich um unsere Nerven zu beruhigen. Ich nahm die Coladose dankend entgegen, doch anstatt sie zu öffnen, klammerte ich meine Finger darum und versuchte mich zu beruhigen. Ich hatte noch nie zuvor so viel Angst verspürt. Als Mitch mich angegriffen hatte, war ich zu sehr in Panik gewesen, um mich wirklich zu fürchten. Ich war um mein Leben gerannt, doch nun blieb mir nichts anderes übrig, als hier zu sitzen und abzuwarten.

Plötzlich legte sich Jasons Hand warm auf mein Knie. Er lächelte mich einfühlsam an. »Uns passiert nichts!«

Er nahm seine Hand nicht weg und ich ließ sie dort, wo sie war. Bei der Flucht aus dem Parkhaus hatte sich meine Hand in seiner so selbstverständlich angefühlt. Ich hätte gern meine Finger mit seinen verschränkt, aber traute mich nicht. Jason war nicht leicht zu durchschauen. Im einen Moment war er mir ganz nah und schien mich sogar küssen zu wollen und im nächsten zeigte er mir die kalte Schulter.

Er stieß mich leicht mit dem Ellbogen an. »Jetzt mach nicht so ein besorgtes Gesicht. Solange du bei mir bist, passe ich auf dich auf.«

Ich schenkte ihm ein schwaches Lächeln und ließ mich seufzend gegen die Wand in meinem Rücken sinken. »Ich hätte nie gedacht, dass ich mal in einen Tornado-Alarm geraten würde.«

»Warst nicht du diejenige, die ein Abenteuer erleben wollte?«, neckte er mich.

»Aber doch nicht so!«, widersprach ich und dachte an die Liste, die Katie und ich geschrieben hatten. Die meisten Punkte waren noch offen und würden es wohl auch bleiben. »Ich dachte eher an Dinge wie bei Nacht schwimmen zu gehen, ein Konzert besuchen, auf einem Tisch tanzen oder im Regen jemanden zu küssen.«

Schmunzelnd ließ sich Jason ebenfalls zurücksinken und zog dabei seine Hand von meinem Knie. Doch er war mir so nah, dass sich unsere Arme aneinanderschmiegten. »Ich will sehen, wie du auf einem Tisch tanzt!«

Ich errötete. In unserer Vorstellung waren Katie und ich auf einer großen Party gewesen, hatten ein paar Bier getrunken und dann lässig auf den Tischen getanzt, so wie es die Frauen in den Filmen immer taten. In der Realität würde ich bei dem Versuch, auf einen Tisch zu klettern, wahrscheinlich stürzen und sollte ich es nach oben schaffen, würde ich mich in Grund und Boden schämen und mich zur absoluten Lachnummer des ganzen Lokals machen. Manche Punkte auf der Liste sollten vielleicht besser unerledigt bleiben.

Ein kleines Kind weinte auf der gegenüberliegenden Seite des Raums. Die Eltern konnten es kaum beruhigen, doch als sich eine Frau zu ihnen beugte und mit dem Kind sprach, verstummte es. Sie trug die weiße Uniform einer Sanitäterin.

Ich deutete mit dem Kopf in ihre Richtung. »So sollte eine Ärztin sein.«

Jason folgte meinem Blick und erwiderte grinsend: »Mich dürfte sie auch gern mal verarzten. Sie ist scharf!«

Genervt stieß ich ihm meinen Ellbogen in die Seite und ignorierte den Stich der Eifersucht. Ich wusste, dass er mich nur ärgern wollte. »Eine Ärztin sollte selbst in gefährlichen Situationen Ruhe bewahren und sich um andere Menschen kümmern, selbst wenn es nur um ein weinendes Baby geht.«

Jason wandte den Blick von der Frau ab und sah mich neugierig an. »Was möchtest du mir damit sagen?«

»Ich hatte selbst viel zu große Angst, um mich für andere zu interessieren, mich gar um sie zu kümmern.«

»Du bist noch jung. Wenn du erst einmal etwas Berufserfahrung gesammelt hast, sieht das vielleicht schon ganz anders aus.«

Ich schüttelte den Kopf. »Machen wir uns nichts vor, ich werde nie eine beruhigende Wirkung auf andere Menschen haben, wenn ich selbst ein totales Nervenbündel bin.«

»Du meinst wohl eher Nervensäge!«, konterte er grinsend.

Ich ignorierte seinen Versuch, mich zu ärgern, und blickte ihn stattdessen nur ernst an. »Obwohl du mich kaum kennst, hattest du recht. Mein Platz ist nicht in der Medizin.« Freudlos begann ich zu lachen. »Ich kann ja nicht einmal fremdes Blut sehen, ohne dass mir schlecht wird.«

»Das ist schlecht«, stimmte er mir schmunzelnd zu.

»Ich glaube, es war das Einfachste, so zu tun, als wäre Ärztin mein Traumberuf, weil es das ist, was sich meine Eltern für mich wünschen und ich mir daher keine eigenen Gedanken zu machen brauchte. Tatsache ist nämlich, dass ich keine Ahnung habe, was ich überhaupt sein möchte.«

Sein Blick war eindringlich und schien sich tief in mein Herz zu bohren. »Du kannst sein, was immer du möchtest.«

Verlegen räusperte ich mich. »Es fällt mir leicht, meine Schwächen aufzuzählen, aber wenn es an meine Stärken geht, druckse ich nur herum.«

»Weißt du, was deine größte Schwäche ist?«

Ich schüttelte den Kopf.

Er lächelte und der kleine Vogel in meinem Inneren begann aufgeregt mit den Flügeln zu schlagen. »Du denkst zu schlecht von dir selbst. Ein bisschen Selbstkritik und Bescheidenheit mag ja nicht verkehrt sein, aber bei dir grenzt es schon fast an Selbsthass. Glaub ein wenig mehr an dich!«

»Dann sag du mir doch, was ich gut kann«, forderte ich ihn heraus und fürchtete mich gleichzeitig vor seiner Antwort.

Er zögerte und beugte sich dann noch näher zu mir. Unsere Gesichter waren nun so nah beieinander, dass es nur Zentimeter gebraucht hätte, um meine Lippen auf seine zu drücken. »Du bist mutig genug, bei einem Fremden ins Auto zu steigen.«

»Nanntest du das nicht einmal dumm und naiv?«

Er ignorierte meinen Einwand. »Deine Menschenkenntnis ist gut genug, um dir genau den Fremden auszusuchen, der eine Reisebegleitung dringend nötig hatte.«

Ich wusste nicht, worauf er anspielte, aber war zu gefesselt von seinen Worten, um nachzufragen.

»Die Menschen in deiner Nähe sind glücklich, weil du sie all ihre Sorgen vergessen lässt. Mit dir ist jeder Tag wie ein Kapitel in einem Buch, das noch lange nicht vorbei ist.«

»Was ist es für ein Buch? Eine Komödie?«, hauchte ich. Meine Stimme war nur ein Flüstern gegen seine Wange.

»Es ist die Geschichte des besten Sommers meines Lebens«, erwiderte er atemlos. Wir ertranken in den Augen des anderen und hatten die vielen Menschen um uns herum schon völlig vergessen. Es gab in diesem Moment nur ihn und mich.

Und den Hotelangestellten, der den Augenblick ruinierte, indem er laut in die Hände klatschte und verkündete, dass wir nun den Schutzraum wieder verlassen könnten. Hätte er nicht ein paar Sekunden damit warten können? Nur ein paar Sekunden und ich hätte den Kuss bekommen, nach dem ich mich so verzweifelt sehnte!

Außerhalb des Schutzraums war die Welt noch immer dieselbe. Ein paar Mülltonnen waren umhergewirbelt worden und hatten ihren Inhalt auf der Straße verteilt. Die Fensterscheibe eines Lokals war zu Bruch gegangen und die Alarmanlage eines Autos hallte über die Straße. Dem Mustang ging es gut und als wir aus der Tiefgarage fuhren, nahm bereits alles wieder seinen gewohnten Lauf. Nur in meinem Inneren war Öl ins Feuer gegossen worden und ich konnte Jason nicht ansehen, ohne dass mein Herzschlag sich fast überschlug.

Tag 12

~~Seine größte Angst überwunden haben~~

»Also ich finde, die Stiefel stehen dir hervorragend«, lobte Jason grinsend, während ich unter den wachsamen Augen des Verkäufers meine Beine, die in hellbraunen Cowboystiefeln steckten, im Spiegel begutachtete.

»Ein echter Hingucker«, stimmte der Okie Jason begeistert zu. Im Gegensatz zu Jason schien seine Begeisterung wenigstens ernst gemeint.

»Wenn ich schon wie ein Cowgirl rumlaufen soll, dann will ich aber auch den passenden Cowboy dazu!«, sagte ich entschieden und wandte mich an den Verkäufer. »Haben Sie für meinen Freund auch ein Paar Stiefel?«

Er schnalzte mit der Zunge. »Aber sicher!«

Jason sah mich strafend an, als der Mann in seinem Lager verschwand. »Das bereitet dir Freude, oder?«

»Nicht weniger als dir«, konterte ich zufrieden.

Fünfzehn Minuten später verließen wir das Geschäft im Partnerlook. Wir waren nun zwar so gut wie pleite, aber zumindest konnten wir uns vor Lachen kaum noch einkriegen. Die Absätze unserer Stiefel klapperten über den Asphalt, während wir zum Mustang schlenderten.

An einem Laternenmast war ein Plakat für einen Freizeitpark angebracht. »Mylady, darf ich Sie auf einen Ausflug einladen? Wenn ich mich nicht täusche, steht auf Ihrer Liste auch eine Fahrt mit einem Autoscooter.«

»Mein Herr, mir scheint, Ihr kennt meine Liste besser als ich«, scherzte ich. Es schien albern, dass ein siebzehnjähriges Mädchen noch nie mit einem Autoscooter gefahren war, aber tatsächlich fürchtete ich mich davor und bekam schweißnasse Hände, sobald ich ein solches Gerät nur von Weitem sah.

Jason hielt mir mit schelmischem Grinsen die Autotür auf und wir fuhren los.

Der Freizeitpark war bereits aus weiter Ferne zu erkennen, denn ein etwa fünfundzwanzig Meter langer grinsender blauer Wal befand sich direkt vor dem Eingang. In der Luft lag der süße Duft von Zuckerwatte und Popcorn, während typische Jahrmarktsmusik den gesamten Parkplatz beschallte und nur von dem Kreischen der Fahrgäste der Achterbahn unterbrochen wurde.

Mit unseren Stiefeln fielen wir deutlich weniger auf, als ich es erwartet hätte. Bisher hatte ich es immer nur für ein Gerücht gehalten, aber in Oklahoma trug tatsächlich jeder Zweite nicht nur Stiefel, sondern auch Karohemden, Jeans mit großen Gürtelschnallen und auf dem Kopf einen Cowboyhut. Ich kam aus dem Staunen nicht mehr raus.

Zielsicher schob Jason mich durch die Menge – vorbei an Imbissbuden, Karussellen, Schießständen und Luftballonverkäufern, geradewegs zum Autoscooter. Sofort bremste ich ab. »Das ist albern! Wir sind viel zu alt, um noch Autoscooter zu fahren!«

Er hob belustigt die Augenbrauen. »Seit wann ist man zu alt, um Spaß zu haben?«

»Lass uns lieber mit dem Riesenrad fahren«, schlug ich vor und deutete auf das große Rad hinter unseren Rücken.

»Später«, grinste Jason. »Jetzt fahren wir zuerst Autoscooter!« Er nahm meine Hand und wollte mich mit sich ziehen, doch ich sträubte mich und rührte mich nicht von der Stelle. Ungläubig drehte er sich zu mir um. »Hast du etwa Angst?«

Ich begann gespielt zu lachen. »Warum sollte ich Angst haben?«

Obwohl ich mir Mühe gab, genau diese zu überspielen, erkannte Jason, dass er ins Schwarze getroffen hatte. Er tippte mir mit ausgestrecktem Zeigefinger gegen die Brust. »Du hast Angst!«

Genervt rollte ich mit den Augen und schlug seine Hand weg. »Na und? Jeder hat vor irgendetwas Angst!«

»Aber warum Autoscooter?«

»Ich fürchte mich vor dem Zusammenstoß«, murmelte ich leise. Vermutlich war ich schon wieder knallrot im Gesicht. »Außerdem habe ich Angst, mir die Finger einzuklemmen.«

»Die Zusammenstöße sind das Beste!«, lachte Jason.

»Du bist auch ein Junge! Kein Wunder, dass dir das gefällt«, maulte ich beleidigt.

»Ein Mann, bitte sehr!«, korrigierte er mich mit geschwellter Brust. Nun musste ich doch wieder lachen.

Er sah zwischen mir und dem Autoscooter hin und her. Es schien ihm eine Idee gekommen zu sein.

»Warte hier!«, befahl er und lief auch schon in Richtung des Fahrgeschäfts davon.

Unsicher verschränkte ich die Arme vor der Brust und blickte ihm nach. Was hatte er vor?

Ich sah zu, wie er zur Kasse ging und auf den Mann dahinter aufgeregt und wild gestikulierend einredete. Sie diskutierten einige Zeit, doch schließlich hielt Jason ihm seine Hand entgegen, die der andere grinsend ergriff. Ein lautes Tuten kündigte das Ende der Runde auf dem Autoscooter an. Die Kinder verließen die kleinen Autos und die nächsten standen bereits in den Startlöchern.

»Bitte nicht einsteigen! Das ist eine Privatfahrt!«, sagte der Kassierer durch die Lautsprecher und zeitgleich winkte Jason mich mit breitem Grinsen zu sich.

War das sein Ernst? So sehr mich sein Engagement beeindruckte, umso peinlicher war es mir, dass ich nun meine erste Fahrt mit dem Autoscooter auch noch unter Beobachtung absolvieren sollte. Ich hätte am liebsten auf dem Absatz kehrtgemacht, um in die andere Richtung davonzulaufen, stattdessen zwang ich mich, zu Jason zu gehen.

Er war sichtlich stolz auf seine Idee und reichte mir seine Hand, um mich auf die erhöhte Fahrbahn zu ziehen. Die wartenden Kinder musterten uns ungeduldig.

»Such dir eins aus«, wies Jason mich an und deutete auf die vielen kleinen, ramponierten Autos auf der Fahrfläche.

Ich wählte das, welches mir am nächsten stand. Jason lief auf die gegenüberliegende Seite und ließ sich in ein blaues gleiten. Ein lautes Hupen kündigte den Start der Runde an. Wie auf Kommando gab Jason Gas und raste direkt auf mich zu.

Panisch begann ich zu kreischen und drückte ebenfalls das Gaspedal durch, um ihm auszuweichen.

»Feigling!«, rief Jason lachend, als er an mir vorbeizischte.

So große Angst ich auch hatte, konnte ich dabei nicht vergessen, mich über ihn zu ärgern. Er wusste, dass ich mich fürchtete, aber anstatt mich behutsam zu unterstützen, beleidigte er mich auch noch und führte mich vor allen vor.

»Kein Wunder, dass Frauen kein Auto fahren können, wenn sie selbst beim Autoscooter versagen«, krakelte er lauthals unter dem Gelächter der Zuschauer.

Er machte mich so unglaublich wütend! *Na warte!*

Ich drehte das Auto, gab Gas und steuerte auf Jason zu. Es gab einen ordentlichen Ruck, als ich mit voller Kraft gegen das Hinterteil seines Autos knallte, sodass ich leicht aus dem Sitz gehoben wurde.

Er drehte sich in gespielter Empörung zu mir herum. »Das gibt Rache!«, brüllte er ungehindert. Ihm war anzusehen wie viel Freude ihm die Fahrt bereitete. Dabei wurde er selbst wieder zum Kind.

Ich steuerte mein Auto von ihm weg und wich seinem Angriffsmanöver geschickt aus, sodass er an mir vorbeisauste. Triumphierend lachte ich und rief: »Wer ist nun der Versager?«

Wir jagten uns gegenseitig über die Fahrbahn, stießen immer wieder lachend aneinander oder umkreisten uns wie zwei hungrige Raubtiere. Ich vergaß dabei nicht nur die wartenden Kinder, sondern vor allem auch meine Angst. Die Zeit verging so schnell, dass mir die fünf Minuten wie gerade einmal ein paar Sekunden erschienen.

Als das Hupen erklang, sprang Jason aus seinem Auto und kam mir entgegengelaufen. Er zog mich schwungvoll aus dem Fahrgerät und ich schlang ihm lachend die Arme um den Hals.

»Hat es dir Spaß gemacht?«, fragte er, obwohl die Antwort in meinem Gesicht deutlich abzulesen war.

»Und wie!«, jubelte ich. »Das nächste Mal fahre ich den Mustang!«

»Vergiss es!«

Wie berauscht kletterten wir von dem Fahrgeschäft und schlenderten weiter über das große Freizeitparkgelände.

Wie für Oklahoma nicht anders zu erwarten, kamen wir bald an einem Rodeo vorbei. Jason wollte weitergehen, doch ich blieb stehen und sah ihn herausfordernd an. »Ich habe mir sagen lassen, dass ein Junge erst zum Mann wird, wenn er einen Bullen bezwungen hat.«

Nun waren es seine Augen, die mich zu fragen schienen: *Ist das wirklich dein Ernst?*

»Komm schon! Oder hast du etwa Angst?«, provozierte ich ihn nun genauso wie er zuvor mich.

Jason zuckte mit den Schultern, so als würde ihm der Bullenritt nicht die geringste Angst bereiten, und stellte sich in die Schlange der wartenden Jungen und Männer.

Als er an der Reihe war, kletterte er lässig auf den elektrischen Bullen und begann auch noch prahlend zu posieren. Still feuerte ich den Bullen an, es ihm so richtig zu zeigen!

Die ersten paar Sekunden des Ritts fielen Jason noch leicht, doch sobald es etwas schneller und ruckelnder wurde, war ihm an seinem angespannten Gesicht anzusehen, dass es ihm längst

Mühe bereitete, sich oben zu halten. Trotzdem schlug er sich nicht schlecht – deutlich länger als die meisten vor ihm.

Nach fünfundvierzig Sekunden war der Ritt so rasant, dass er auf dem Bullen ordentlich durchgerüttelt wurde. Er hing bereits schief im Sattel. Aber wenn er eine Minute überstand, würde er einen Cowboyhut geschenkt bekommen.

»Jason! Jason! Jason!«, begann ich ihn anzufeuern und aufgeregt in die Hände zu klatschen. Mir war egal, was die anderen Leute nun von mir dachten.

Nach einer Minute und fünf Sekunden wurde Jason schließlich aus dem Sattel geschleudert. Er bekam einen anerkennenden Applaus, während der Standinhaber ihm gratulierend einen Hut auf den Kopf drückte, als er ihm aus dem Ring half.

Ich fiel ihm wie selbstverständlich um den Hals und drückte ihm einen Kuss auf die Wange.

»Ich bin nicht nur ein Mann, ich bin ein Cowboy!«, schrie Jason lachend und wedelte den Hut über seinem Kopf. Danach setzte er ihn mir auf.

Wir gingen weiter und kauften uns Zuckerwatte. Es war ein herrlicher Tag. Doch plötzlich machte Jason einen besorgten Gesichtsausdruck. Ich folgte seinem Blick und sah, wie sich zwei Polizisten einen Weg durch die Menschenmassen bahnten. Sie waren nur noch wenige Meter entfernt und blickten bereits in unsere Richtung. Vermutlich waren sie nur auf einem Kontrollgang, trotzdem beschleunigte sich augenblicklich mein Herzschlag. Was, wenn sie mich erkannten?

Wenn wir nun vor ihnen wegliefen, würden wir uns erst recht auffällig benehmen. Jasons Hand legte sich in meinen Nacken und er zog mich an sich. Ehe ich es mich versah, drückte er seine Lippen auf meine. Es war, als würde ein Stromstoß durch meinen gesamten Körper jagen. Meine Füße schienen vom Boden abzuheben und mein Bauch fuhr Achterbahn. Seine Lippen waren weich und schmeckten nach Zuckerwatte.

Umso schmerzhafter war es, als er sich wieder von mir löste. Benommen sah ich zu ihm auf und bemerkte, wie er den Polizisten nachblickte, die an uns vorbeigegangen waren.

»Sie sind weg!«, teilte er mir mit. »Wir sollten lieber schnell verschwinden!«

Er lief los, während ich wie erstarrt dastand und ihn fassungslos anstarrte. Hatte er mich nur geküsst, damit die Polizei uns nicht bemerkte? Hatte es ihm denn gar nichts bedeutet?

Genervt drehte er sich zu mir um. »Komm endlich!«

Wir hatten einen wundervollen Tag zusammen verbracht, dessen Höhepunkt unser Kuss gewesen war, und nun hatte er sich wieder in das abweisende, gemeine Monster verwandelt. Ich folgte ihm und wünschte mir, dass er wenigstens meine Hand wieder in die seine nehmen würde. Doch er tat es nicht. Er sah mich nicht einmal richtig an. Nur ab und zu schaute er, ob ich noch hinter ihm war.

Als wir im Auto saßen, sagte er kein Wort.

»Das war knapp«, durchbrach ich die Stille und lächelte unsicher, um die Situation etwas aufzulockern.

»Zu knapp!«, knurrte Jason. »Ich habe keine Lust, dich jetzt jedes Mal küssen zu müssen, wenn wir der Polizei begegnen.«

Das tat weh! Ich versuchte mir nicht anmerken zu lassen, wie sehr mich seine Worte verletzten. »Niemand hat dich gezwungen!«

»Doch, du!«, stieß er wütend aus. »Kapierst du nicht, dass ich dran bin, wenn sie mich mit dir erwischen? Ich hätte dich am Straßenrand stehen lassen sollen, als ich dich auf der Rückbank erwischt habe.«

Ein dicker Kloß formte sich in meinem Hals und ich presste meine Lippen aufeinander, die unkontrolliert zu zittern begannen. »Sie werden uns nicht erwischen«, sagte ich schwach. Mir war zum Heulen zumute. Wie konnte so ein toller Tag nur so entsetzlich enden?

»Es ist nur eine Frage der Zeit! Wenn nicht die Polizei auf uns aufmerksam wird, dann erkennt dich jemand anderes. Wie konnte ich nur so dumm sein und mich auf diesen Schwachsinn einlassen?«

Seine anklagenden Worte bohrten sich wie Messer in mein Herz. Ich rang nach Atem, während die ersten Tränen über meine Wangen liefen. Ich wollte weg von ihm und seinen Vorwürfen, aber wusste nicht, wohin. Als ich ihn das letzte Mal verlassen hatte, war ich in einem wahr gewordenen Albtraum gelandet.

Als er meine Tränen bemerkte, weiteten sich seine Augen erschrocken, bevor er sich wieder von mir wegdrehte. Er sagte nichts und lieferte mich im Hotel ab, das er danach wortlos wieder verließ. Ich wusste nicht, ob er zurückkommen würde oder was er vorhatte. Aber es war mir für den Moment auch egal. Ich wollte allein sein, um ungestört weinen zu können.

Tag 13

~~Sich die Haare selbst geschnitten haben~~

Ich konnte mich nicht mehr daran erinnern, wann ich eingeschlafen war. Jason war nicht wiedergekommen und ich hatte geheult wie ein Schlosshund, aber nun lag er ruhig neben mir im Bett, als wäre nie etwas passiert.

Sein Gesicht war entspannt und seine Brust hob und senkte sich gleichmäßig. Während ich ihn beobachtete, fühlte sich die Haut um meine Augen geschwollen an. Durch die Vorhänge drangen die schwachen Strahlen der aufgehenden Sonne. Es musste noch sehr früh am Morgen sein.

Vorsichtig schlug ich die Bettdecke zurück und stieg aus dem Bett. Es war nicht die erste Nacht, in der Jason und ich uns ein Bett teilten, trotzdem hatte er nie versucht, sich mir zu nähern. Deshalb waren mir die Nächte im Zelt auch fast lieber, denn auf engem Raum konnte er nicht vor mir fliehen.

Ich schlüpfte in meine Jeans, die gestohlene Jacke von Tracy und setzte mir Jasons Baseballcap auf den Kopf. Dann verließ ich leise das Hotelzimmer.

Auf den Straßen war noch nicht viel los. Viele Geschäfte hatten noch geschlossen und nur wenige stellten ihre Werbereklamen auf den Bürgersteig. Nicht weit von unserem Hotel befand sich ein Kiosk.

Ich überquerte die Straße und nickte dem Mann hinter dem Tresen freundlich zu, jedoch wagte ich nicht, ihm dabei in die Augen zu blicken. Unsere übereilte Flucht aus dem Freizeitpark hatte mir gezeigt, dass wir vorsichtiger sein mussten. Ich verstand nach wie vor nicht, warum Jason so ausgerastet war, aber zumindest hatte er recht damit, dass jeder, der ein Foto von mir in der Zeitung sah, mich sofort erkennen würde. Deshalb hatte ich beschlossen, etwas an meinem Aussehen zu verändern.

Der Kiosk hatte nur eine kleine Abteilung mit Kosmetikartikeln, dazu gehörten auch vier verschiedene Haarfärbemittel: Haselnussbraun, Karminrot, Aubergine und Pechschwarz. Ich ergriff einen der Kartons und kaufte dazu noch eine Schere sowie eine Tafel Schokolade, die meine Stimmung heben sollte, falls ich nach dem Experiment noch schrecklicher aussehen sollte, als ich mich ohnehin schon fühlte. Der Mann hinter der Theke hob belustigt die Augenbrauen, als er die Produkte abkassierte.

»Viel vor?«, grinste er und ich spürte, wie meine Wangen sich rot färbten.

Nichtssagend zuckte ich mit den Schultern. »Ein bisschen Veränderung.«

»Steht dir bestimmt gut«, zwinkerte er mir Mut machend zu und reichte mir die Tüte mit meinen gekauften Waren.

Automatisch schenkte ich ihm ein erleichtertes Lächeln und verließ den Laden.

Als ich zurück ins Hotelzimmer kam, schlief Jason noch, sodass ich schnell ins Badezimmer huschte und die Tür hinter mir verschloss. Ich wollte ihm nicht erklären müssen, was ich vorhatte. Wenn er mich auslachen würde, könnte ich meinen Plan nicht mehr durchziehen. Wobei mir sein gehässiges Lachen immer noch lieber gewesen wäre als seine unvorhersehbaren Wutausbrüche.

Ich zog mich bis auf meine Unterwäsche aus, um meine Kleidung nicht mit der Haarfarbe zu versauen. Danach stellte ich mich vor den kleinen Spiegel und betrachtete mein Gesicht. Meine Haut hatte eine leichte Bräune bekommen und die roten Flecken des Sonnenbrandes waren verschwunden. Ich kämmte meine Haare und flocht sie zu einem Zopf. Zu Hause hätte ich ein Erinnerungsfoto mit unserer Polaroidkamera geschossen, doch hier griff ich zur Schere und atmete einmal tief durch. In diesem Moment vermisste ich Katie mehr denn je. Trotz allem, was gewesen war, hätte ich mich mit ihr an meiner Seite sicherer gefühlt.

Meine Hände waren feucht vor Aufregung, als ich die Schere ansetzte. Seitdem ich denken konnte, hatte ich meine Haare wachsen lassen. Ich hatte das Gefühl, mich hinter ihnen verstecken zu können, auch wenn ich sie die meiste Zeit nicht offen trug.

Der erste Schnitt fiel mir am schwersten, doch danach gab es kein Zurück mehr. Als ich meinen abgeschnittenen Zopf in den

Händen hielt, glitt ein ungläubiges Grinsen über mein Gesicht. Am liebsten hätte ich laut aufgelacht. Ganz anders als erwartet, war mir nicht zum Heulen zumute, sondern ich fühlte mich erleichtert und war stolz, weil ich allein etwas durchgezogen hatte.

Natürlich sah der Schnitt meiner übrigen Haare sehr fragwürdig aus, aber das würde ich versuchen anzupassen, wenn sie die neue Farbe hatten.

Behutsam legte ich meine abgeschnittenen Haare zu meiner Kleidung und studierte sorgfältig die Gebrauchsanweisung des Färbemittels. Als ich die Farbe anrührte, brannte der Geruch in meiner Nase und beim Auftragen auf meinen Kopf tränten sogar meine Augen. Aber ich zögerte nicht, sondern zog meinen Plan durch. Es fühlte sich gut an, in die Tat umzusetzen, was ich mir vorgenommen hatte.

Nachdem ich die Farbe komplett aufgetragen hatte, klopfte es plötzlich leise gegen die Badezimmertür. Erschrocken fuhr ich zusammen.

»Jade? Ist alles okay bei dir?«, hörte ich Jasons misstrauische Stimme.

»Ja, alles prima«, rief ich mit piepsiger Stimme.

»Was machst du denn da drin?«

»Ich lackiere mir die Nägel«, log ich.

»Beeil dich! Ich muss auf Toilette«, knurrte er, wobei ich zufrieden grinste. Da würde er sich wohl noch etwas gedulden müssen!

Ich ließ mich auf den Toilettendeckel sinken und öffnete genüsslich die Tafel Schokolade. Zur Belohnung brach ich mir einige Stücke ab und ließ sie auf meiner Zunge schmelzen, während ich die Einwirkzeit des Färbemittels absaß.

Nach dreißig Minuten schälte ich mich aus der Unterwäsche und stieg unter die Dusche.

Kaum dass das Wasser anging, klopfte Jason erneut gegen die Tür. Dieses Mal deutlich lauter. »Jade!«, brüllte er aufgebracht.

Ich tat so, als hörte ich ihn nicht, und begann unter dem Wasserstrahl zu singen.

»Jade! Ich muss pinkeln!«, schrie er gegen das Brausen des Wassers und meinen Gesang an, klopfte noch ein paar Mal wütend, gab dann aber auf.

Ich blieb länger als nötig unter dem warmen Wasserstrahl stehen. Zum einen, um Jason zu ärgern, zum anderen, weil ich mich nun doch vor dem Ergebnis meines Experiments fürchtete.

Als ich das Wasser abstellte, war aus dem Nebenzimmer nichts mehr zu hören. Vielleicht war Jason rausgegangen, um eine Toilette in einem Diner zu finden.

Der Blick in den Spiegel war ungewohnt. Es waren noch dasselbe runde Gesicht, dieselben braunen Augen, dieselbe Stupsnase und derselbe Mund, trotzdem wirkte ich durch die kürzeren Haare und die neue Haarfarbe völlig verändert. Ich griff nach dem Haartrockner und ließ mein Haar trocken pusten. Je länger mir die warme Luft um den Kopf wehte, umso intensiver schien die Farbe zu werden. Ich begann mich zu fragen, ob es wirklich eine gute Idee gewesen war, aber dafür war es nun definitiv zu spät.

Als die Haare trocken waren, nahm ich die Schere, um ihnen einen einigermaßen gleichmäßigen Schnitt zu verpassen. Haarsträhnen in der neuen Farbe rieselten zu Boden. Kurz entschlossen schnitt ich mir auch noch einen Pony. Ich hatte immer einen haben wollen, aber mich nie getraut.

Gerade als ich mit dem Ergebnis zufrieden war, hörte ich, wie die Zimmertür geöffnet wurde. Ich hielt angespannt die Luft an und lauschte. Es war einige Sekunden still, bevor es erneut gegen die Tür klopfte.

»Verdammt noch mal, Jade, was machst du da drin?«, fragte Jason, mehr besorgt als wütend.

»Nur noch fünf Minuten!«, versprach ich und schlüpfte in meine Kleidung.

»Du bist seit über einer Stunde im Badezimmer! Geht es dir nicht gut?«

»Ich bin gleich fertig!«

»Wenn es wegen gestern ist, dann tut es mir leid! Ich hätte dich nicht so anschreien dürfen, aber du brauchst wirklich keine Angst zu haben.«

Überrascht hielt ich inne und starrte zu der geschlossenen Tür, als könnte ich Jason durch sie sehen. Dachte er etwa, ich würde mich vor ihm verstecken?

»Ich bin wirklich gleich fertig«, versicherte ich ihm und trug eine schwache Schicht Make-up auf, tuschte mir die Wimpern und pinselte etwas Lipgloss auf meine Lippen.

Ich betrachtete mich im Spiegel, wobei mir das Herz heftig gegen die Brust schlug. Es sah doch ganz gut aus, oder? Oder? ODER?

Meine Finger zitterten leicht, als ich den Schlüssel im Schloss umdrehte. Nervös drückte ich die Klinke runter und öffnete die Tür einen schmalen Spalt. Gerade weit genug, um Jason direkt davor zu entdecken, der die Augen weit aufriss, als er mich und meine Veränderung sah. Erschrocken schlug ich die Tür sofort wieder zu. Ich hörte ihn leise lachen.

»Jade?«, fragte er verunsichert.

»Du darfst nicht lachen!«, befahl ich ihm.

»Ich weiß nicht, was du getan hast. Aber ich bin mir sicher, dass du nicht den ganzen Tag im Bad verbringen möchtest. Also mach jetzt bitte die Tür auf!«

»Nur wenn du versprichst, nicht zu lachen!«

»Ich habe dich doch noch gar nicht richtig gesehen. Jetzt komm endlich raus!«

Zögernd öffnete ich die Tür erneut, Stück für Stück, und ließ dabei sein Gesicht für keine Sekunde aus den Augen. Ich wartete nur förmlich darauf, dass er in lautes Gelächter ausbrach, doch stattdessen musterte er mich wortlos, ohne jegliche Regung, was mir fast noch unangenehmer war.

Er sah mich einfach nur an, als würde er versuchen, sich jedes Detail meines Gesichts einzuprägen. Verlegen strich ich mir über mein Haar, das nur noch bis zu meinem Nacken reichte.

»Findest du es doof?«

»Rot?«, fragte er stattdessen.

»Ich weiß, es ist eine Signalfarbe, aber niemand sucht nach einem Mädchen mit knallroten kurzen Haaren. Es heißt doch, man versteckt sich vor seinem Feind am besten direkt vor seinen Augen«, versuchte ich meine Entscheidung für das Karminrot zu erklären.

Vorsichtig streckte er die Hand aus und strich über meine Haarspitzen, die knapp unter meinem Kinn endeten. Dabei berührte sein Handrücken meine Haut und ließ mich erschaudern.

»Dreh dich mal«, forderte er mich auf. Zögerlich tat ich ihm den Gefallen und betrachtete ihn danach ängstlich. Ich wartete immer noch darauf, dass er mich auslachen würde.

»Willst du nicht irgendetwas sagen?«, fragte ich verunsichert.

»Du hast mir doch verboten, zu lachen.«

»So schlimm?«

Er grinste mich schelmisch an. »Ich würde gern lachen, aber nicht über dich, sondern mit dir. Ich werde etwas Zeit brauchen, um mich an die neue Jade zu gewöhnen, aber solange ihr Kern derselbe bleibt, würde ich sie mit jeder Haarfarbe lieben, selbst mit Neongrün.«

Lieben? Hatte er gerade auf seine verquere Art und Weise zugegeben, dass er mich liebte? »Also findest du es nicht doof?«

Er zog mich an sich und küsste mich auf den Kopf. »Gar nicht doof, sondern verdammt mutig.«

Ich konnte nicht anders, als breit zu lächeln, und sah zu ihm auf.

»Irgendwie sogar ziemlich sexy«, grinste er mich an, bevor er zurücktrat.

Ich hoffte, dass er durch das Make-up nicht sah, wie ich errötete. Das war das beste Kompliment, das er mir hätte machen können. Auch wenn ich versucht hatte, mir etwas anderes einzureden, so war es mir doch wichtig gewesen, was Jason zu meiner Veränderung sagen würde. Wenn er mich sexy fand, dann fühlte ich mich auch so.

Tag 14

~~Eine unpopuläre Meinung aussprechen und dazu stehen~~

Kaum dass die Sonne aufgegangen war, entschied Jason, dass er genug von der Stadt hatte und es außerdem Zeit sei, dass wir unsere Reisekasse etwas aufbesserten. Das gestohlene Geld von Tracy und unsere eigenen Ersparnisse waren beinahe aufgebraucht. Also stiegen wir in den Mustang, ließen die Straßen der Stadt hinter uns und fuhren geradewegs in die Staubschüssel. Ich wusste nicht, was sein Plan war, aber vertraute darauf, dass er einen hatte.

Als sich einige kleinere Gebäude auf der rechten Seite der Straße gegen den Horizont abhoben, drosselte er das Tempo etwas und schielte verstohlen zu der näher kommenden Farm. Ich reckte ebenfalls neugierig meinen Kopf. Es war ein neueres Gebäude, das in leuchtenden Farben erstrahlte. Alles sah sehr gepflegt und ordentlich aus. Doch Jason schüttelte nur den Kopf und fuhr weiter.

»Gehe ich richtig in der Annahme, dass wir uns nach Arbeit auf einer Farm umsehen?«, fragte ich.

»Ja, aber nicht da.«

»Warum nicht? Die sah doch toll aus!«

»Eben deshalb«, schmunzelte er.

»Das verstehe ich nicht.«

»Was sollten sie dort mit uns wollen?«

»Auf einer Farm gibt es immer etwas zu tun«, widersprach ich ihm.

»Wir wollen aber nicht *etwas* zu tun, sondern einen Farmer, der dem lieben Gott dafür dankt, dass er uns zu ihm geschickt hat. Wir brauchen einen, der wortwörtlich in der Scheiße ertrinkt und keine weiteren Fragen stellt.«

»Und wie soll uns so jemand bezahlen?«, wollte ich skeptisch wissen.

»Wir haben keine hohen Ansprüche, Prinzessin«, zwinkerte er mir frech zu.

Die nächste Farm erreichten wir erst etwa eine Stunde später. Während ich die verfallenen Gebäude skeptisch musterte, schien Jason bereits die Kasse klingeln zu hören. Ohne zu zögern, steuerte er den Wagen auf die Einfahrt zu. Von den einst weiß gestrichenen Gebäuden blätterte an allen Seiten die Farbe ab. Das Dach einer Scheune wies ein großes Loch auf und die Zäune waren teilweise so porös, dass es mich nicht gewundert hätte, wenn die Kühe frei über das Gelände gelaufen wären. Ein alter Hund hob träge den Kopf, als unser Wagen sich näherte, und kündigte unsere Ankunft bellend an. Ich versuchte, die Schauergeschichten von abgedrehten Einsiedlern aus meinem Kopf zu verdrängen, als wir aus dem Auto stiegen.

Obwohl wir bereits seit einigen Tagen in Oklahoma waren, hatte ich mich nach wie vor nicht an die Hitze gewöhnt und sehnte mich mehrmals täglich vergeblich nach einem Swimmingpool oder wenigstens einer kalten Dusche. Ich wischte mir den Schweiß von der Stirn und anschließend meine feuchten Hände an meiner Shorts ab, als ein Farmer, wie er im Buche steht, aus einer der Scheunen trat und mit wippendem Schritt in Cowboystiefeln auf uns zukam. Er trug eine ausgeblichene Jeans, ein weißes Unterhemd, das von Dreck und Schweißflecken verfärbt war, und auf dem Kopf einen Cowboyhut. Ich schätzte ihn auf knappe fünfzig.

Ungehobelt spuckte er auf den Boden, als er uns erreichte, und musterte uns mit der gleichen Skepsis wie ich ihn. »Was wollt ihr?«

»Wir brauchen Arbeit«, sagte Jason ohne großes Rumreden.

Der Blick des Mannes wurde etwas intensiver. Er ließ seine Augen erst über Jason gleiten und dann mit unverhohlenem Spott über mich. Abwehrend verschränkte ich die Arme vor der Brust.

»Ich habe immer Arbeit«, grunzte er. »Aber im Leben ist nichts umsonst.«

»Wir wären mit einem Dach über dem Kopf, Verpflegung und einem kleinen Taschengeld einverstanden«, versicherte ihm Jason zuvorkommend. Er deutete mit einem Kopfnicken auf mich. »Sie ist stärker, als sie aussieht.«

Ganz überzeugt wirkte der Farmer noch nicht. »Wie habt ihr euch überhaupt hierher verirrt? Arbeiten junge Leute nicht lieber in einem schicken Café oder in einem Plattenladen?«

»Sir, es sind Sommerferien«, kam ich Jason zuvor. »Wir verbringen unser ganzes Leben in der Stadt, da wollen wir in den Ferien etwas Abwechslung.«

Erst schaute er mich an, als wolle er auf mich losgehen, doch dann brach er in lautes Gelächter aus. »Abwechslung«, prustete er, als hätte ich den besten Witz seit Langem gemacht.

Aus den anderen Gebäuden traten nun auch noch zwei andere Männer neugierig heraus. Sie waren jünger, vielleicht die Söhne des Farmers.

Überraschenderweise streckte der Mann mir als Erstes seine raue und schmutzige Hand entgegen. »Abwechslung kannst du haben, Stadtmädchen. Ihr könnt in der Scheune schlafen, bei uns mitessen und ich zahle dir fünfundzwanzig Dollar und deinem Freund fünfzig Dollar pro Tag. Deal?«

Ich hob ungläubig die Augenbrauen. »Warum bekommt Jason doppelt so viel wie ich?«

Er schmunzelte. »Ich nehme an, er arbeitet einfach doppelt so viel wie du, Mädchen.«

Mir gefiel seine herablassende Art nicht, doch Jason schlug bereits ein, ehe ich hätte widersprechen können. »Deal!«

»Ich bin Bill«, stellte der Farmer sich vor und deutete auf die beiden jungen Männer, die näher gekommen waren. »Das sind meine Söhne Thomas und Paul.«

»Jason und Jade«, stellte Jason uns den Männern vor.

Wir schüttelten einander die Hände und ich versuchte, nicht darüber nachzudenken, was die Männer zuvor angefasst hatten.

Bill hielt meine Hand länger als nötig fest. »Sei nicht beleidigt, Mädchen. Wenn du mir das Gegenteil beweist und genauso schnell und hart arbeitest wie dein Freund, zahle ich dir auch gleich viel.«

»Und wenn ich doppelt so viel arbeite?«

Die Männer lachten erneut los.

Bill schüttelte amüsiert den Kopf. »Du gefällst mir, Kleine. Solltest du doppelt so viel arbeiten, zahle ich dir auch doppelt so viel.«

Er war sich sehr sicher, dass ich das ohnehin nicht schaffen würde, womit er sicher auch recht hatte. Trotzdem war mein Ehrgeiz geweckt. Es gab nichts, was mich mehr auf die Palme bringen konnte, als Männer, die in Frauen immer noch das schwächere Geschlecht sahen.

Tag 15

~~Einen schlimmen Muskelkater haben~~

Als ich am nächsten Morgen im piekenden Stroh erwachte, schien jede Faser meines Körpers vor Schmerz nur so zu schreien. Ich hatte mir am Vortag wirklich Mühe gegeben und tatkräftig mit angepackt. Wir hatten den ganzen Tag die Kuhställe ausgemistet. Irgendwann hatte ich den Gestank nicht einmal mehr wahrgenommen.

Trotzdem waren die Männer nicht müde geworden, sich über mich lustig zu machen. Denn egal wie sehr ich mich auch bemühte, konnte ich natürlich nicht mit ihnen mithalten.

Am Ende des Tages hatte ich Blasen an meinen Händen gehabt, die Bill mir verbunden hatte, damit sie sich nicht entzündeten. Nach dem Essen war ich praktisch direkt eingeschlafen.

Wie sollte ich den heutigen Tag nur überstehen?

Das Stroh knisterte als Jason sich zu mir umdrehte.

»Startklar?«, grinste er.

Ich schüttelte den Kopf. Selbst das tat schon weh.

»Wolltest du es uns nicht allen beweisen?«

Egal wie sehr meine Muskeln auch schmerzten, meine Kraft reichte noch, um ihn gegen den Arm zu boxen. »Blödmann!«

»Du darfst dich nicht so leicht ärgern lassen. Und generell ist es besser, Leute vom Gegenteil zu überzeugen, ohne zuvor große Töne zu spucken. Große Klappe und nichts dahinter.«

»Damit kennst du dich wohl bestens aus, was?«, knurrte ich, auch wenn der Satz eigentlich nicht auf ihn zutraf. Jason spuckte nur große Töne, wenn er sich auch sicher war, sein Wort halten zu können.

Er erhob sich aus dem Stroh und hielt mir hilfsbereit seine Hand entgegen, um mir aufzuhelfen. Es war eine nette Geste, aber ich wollte vor ihm und den anderen nicht noch mehr Schwäche zeigen, biss also die Zähne zusammen und stemmte mich allein hoch, auch wenn mein Körper wie wild dagegen protestierte.

Gegen Mittag waren die Schmerzen so unerträglich, dass ich mich am liebsten auf den schmutzigen Stallboden geschmissen und wie ein kleines Kind geweint hätte. Der Schweiß rann mir über den Körper, meine Beine und Hände zitterten vor Anstrengung und ich bekam kaum Luft vor lauter Hitze. Schnaufend sah ich zu Jason, der genau wie die anderen Männer im Unterhemd das schmutzige Stroh mit einer Mistgabel in eine

Schubkarre häufte. Ich konnte sehen, wie sich die Muskeln in seinem Oberarm anspannten und wieder lockerten, sobald er die Gabel wieder senkte. Auf und ab. Dabei glänzte seine gebräunte Haut und kleine Schweißperlen rannen über sein Gesicht, liefen den Hals hinab und über seine Arme. Sie riefen den Drang in mir hervor, die Hand auszustrecken und sie wegzuwischen.

Ein Seufzen drang über meine Lippen, als Bill mich unsanft anrempelte. »Stadtmädchen, nicht gaffen, arbeiten! Halbe Arbeit, halbes Gehalt! Viertel Arbeit, viertel Gehalt! Klar?«

Ich warf ihm mit vor Scham und Anstrengung geröteten Wangen einen bösen Blick zu, bevor ich mich wieder schnaufend der Arbeit zuwandte. In dem Moment verfluchte ich meine Bewunderung für den Feminismus und hätte mich zu gern mit einem Posten hinter dem Herd oder in einer Waschküche abgegeben. Ich könnte die Männer mit kühlen Getränken versorgen und sie für ihre Stärke loben, stattdessen durfte ich mich nun selbst in dem stinkenden Stall abmühen. Feminismus fiel in der Theorie so viel leichter als in der Praxis!

Tag 16

~~Selbst Geld verdienen~~

Die Tage auf der Farm vergingen wie im Flug. Wenn ich morgens aufwachte, graute es mir vor dem Tag und ich hätte am liebsten alles hingeworfen und Jason angefleht, weiterzufahren. Doch am Ende eines jeden Tages, wenn ich völlig erledigt ins Stroh fiel, fragte ich mich Mal für Mal, wo die Zeit geblieben war. Es gab jede Menge Arbeit für uns, die leider mehr mit dem Dreck der Tiere als den Tieren selbst zu tun hatte. Die vielen Kühe sah ich meist nur aus der Ferne oder hörte sie, wenn sie nachts in ihren Ställen rumorten. An den Geruch aus

Stroh, Dreck und tierischen Ausdünstungen hatte ich mich mittlerweile gewöhnt und nahm ihn kaum noch wahr.

Frisch geduscht lag ich am Abend unseres dritten Tages neben Jason in der Scheune und blickte staunend durch eine Dachluke in den Sternenhimmel über uns. So weit von jeder Stadt entfernt, schienen die Sterne viel heller zu leuchten. Es gab keine Lichter von Gebäuden, die ihnen die Show stehlen konnten. Während ich in den Himmel blickte, dachte ich an meine Eltern. Sahen sie in diesem Moment vielleicht ebenfalls zu den Sternen und beteten, dass es mir gut ging?

Ich verdrängte den Gedanken an sie, als ich meinen Kopf zu Jason drehte. Seit wir auf der Farm waren, hatte er aufgehört, mich wegen jeder Kleinigkeit aufzuziehen. Er war nicht mehr ganz so kampflustig und seine Stimmung schwankte nicht länger. Die Landluft schien ihm gutzutun und die Abgeschiedenheit beruhigte ihn ebenfalls. Auch wenn er es nicht zugab, wusste ich, dass er in der Stadt immer Angst gehabt hatte, dass uns jemand erwischen würde.

»Jason?«, fragte ich, obwohl ich wusste, dass er noch nicht schlief. Ich konnte es an seiner Atmung hören.

»Ja?«

»Wann fahren wir eigentlich weiter?«

»Kannst du nicht mehr, Prinzessin?«, schmunzelte er und öffnete die Augen, um mich frech anzufunkeln.

»Pff«, machte ich lachend. »Ich könnte selbst eine Farm führen. Das Ausmisten des Stalls macht mir gar nichts!«

Er begann ebenfalls zu lachen, weil wir beide wussten, wie maßlos übertrieben meine Behauptung war.

»Am Anfang unserer Reise hattest du es so eilig, die Route 66 entlangzufahren, dass dir jede Pause zu lang erschien«, erklärte ich schließlich meine Frage.

Er dachte über meine Worte nach, bevor er sagte: »Manchmal ist der Weg das eigentliche Ziel.«

Ich verstand, was er meinte. Mein Ziel war San Francisco: die Stadt der Unabhängigkeit, Freiheit und des Abenteuers. Aber nicht San Francisco würde mich zu einem anderen Menschen machen, sondern der Weg dorthin. Es war, als müsste ich erst zu dem Mensch werden, der ich sein wollte, bevor ich mein Ziel erreichen konnte.

Was würde nach dem Sommer sein? Vermutlich würde ich für den Rest meines Lebens Hausarrest bekommen, aber was wäre mit Jason? Würden wir uns je wiedersehen oder würde er mich einfach hinter sich zurücklassen, so wie den Sommer?

»Jade?«

»Ja?«

»Danke, dass du einfach in mein Auto eingestiegen bist.«

Ich lächelte still in mich hinein und genoss das warme Gefühl, das sich in meinem ganzen Körper ausbreitete. Jasons Komplimente waren spärlich, aber vielleicht wusste ich sie deshalb auch umso mehr zu schätzen.

Tag 17

Aufhören, sich selbst immer noch superwichtig zu nehmen

Wir standen bereits im Stall, bereit, mit der Arbeit zu beginnen, als Bill plötzlich breitbeinig und pfeifend hereingeschlendert kam. In seinem Mundwinkel hielt er eine nicht angezündete Zigarette. Er hatte mir erklärt, dass er den Geschmack von Tabak mochte, aber nicht den Gestank des Rauchs. Es war eine ungewöhnliche Eigenart für einen Cowboy wie Bill, aber es machte ihn irgendwie auch sympathisch.

»Hey«, pfiff er laut durch den Stall. »Mein Haus braucht einen neuen Anstrich.«

Erleichtert ließ ich die Mistgabel sinken und ging auf Bill zu, der mir zuzwinkerte.

»Heute ist deine Chance, Stadtmädchen.«

Ich streckte ihm die Zunge heraus, anstatt darauf zu antworten. Streichen erschien leichter, als Stroh von der einen in die andere Ecke zu häufen, aber ich machte mir nichts vor – die Sonne von Oklahoma machte jede Arbeit zu einem wahren Kräftespiel.

Auf dem Dach des Wohnhauses befanden sich bereits Bills Söhne, die die vielen Löcher ausbessern sollten. Auf dem Boden vor der Veranda lagen verschiedene Pinsel und mehrere Eimer weißer Farbe standen bereit.

»Hoch mit dir«, forderte Bill mich auf und deutete auf die Leiter, die an der Hauswand lehnte.

Besonders stabil sah sie nicht aus, aber ich wollte kein Feigling sein, also kletterte ich samt Farbe und Pinsel die Leiter hoch. Meine Beine zitterten, genauso wie meine Arme, als ich den Pinsel in die Farbe tunkte und den ersten Strich setzte.

Bill und Jason sahen von unten zu mir herauf. Während Jason amüsiert grinste, schüttelte Bill tadelnd den Kopf. »Bei der Geschwindigkeit sind wir in einer Woche noch nicht fertig!«

»Wie wäre es, wenn ihr euch selbst an die Arbeit macht, anstatt mich zu beobachten?«, fauchte ich genervt.

»Wenigstens hat sie Biss!«, lachte Bill und verschwand auf der anderen Seite des Hauses. Jason machte sich ebenfalls an die Arbeit.

Da ich oben auf der Leiter strich und Jason darunter, tropfte die Farbe von meinem Pinsel immer wieder auf ihn hinab. Nach etwa einer Stunde war er voller weißer Farbsprenkel. Sie zogen sich über sein Gesicht wie Sommersprossen, bedeckten seinen kahl rasierten Kopf und punkteten seine nackten Arme.

Als ich von der Leiter stieg, rief ich in gespielter Bestürzung: »Oh Gott, Jason, geht es dir nicht gut?«

Erschrocken ließ er den Pinsel sinken und fuhr sich instinktiv an die Nase, als erwarte er, dort Blut vorzufinden. Er betrachtete seine Handfläche, die mehr weiß als rot war, und hob verwirrt den Kopf. Erst als er mein Grinsen bemerkte, verstand er, dass ich nur einen Spaß gemacht hatte. Er schüttelte genervt den Kopf, aber mir entging auch nicht sein erleichtertes Aufatmen. Warum hatte er geglaubt, Nasenbluten zu haben?

»Du siehst aus, als wärst du von einer außerirdischen Krankheit befallen«, lachte ich.

Er spritzte mit dem Pinsel Farbe in meine Richtung, der ich kreischend auswich. »Über Krankheiten scherzt man nicht!«

»Und warum lachst du dann?«

»Über dich kann man nur lachen!«, behauptete er und versuchte mich erneut mit der Farbe zu treffen.

»Du sahst wirklich schockiert aus«, lachte ich, obwohl mich wirklich interessiert hätte, was er geglaubt hatte, was passiert wäre.

»Wenn ich den Eimer Farbe über dir ausschütte, wirst du noch viel schockierter aussehen«, drohte Jason mir und rannte mir nach.

»Das wagst du nicht!«, rief ich, während ich mit erhobenen Händen rückwärts vor ihm zurückwich.

»Wollen wir wetten?«, grinste Jason und tat so, als würde er den Eimer in meine Richtung schütten wollen.

»Bill würde dich feuern!«

In dem Moment spürte ich einen Widerstand hinter mir, doch noch ehe ich mich umdrehen konnte, ergoss sich klebrige Farbe über mich. Fassungslos schnappte ich nach Luft und begann sofort zu prusten, als die Farbe in meinen Mund floss. Eine Mischung aus Kreischen, Heulen und Wutgeschrei verließ meine Kehle, in meinen Ohren das schallende Gelächter der Männer, allen voran das von Bill, der scheinbar direkt hinter mir stand und dem ich meinen neuen Anstrich wohl verdankte.

Verzweifelt versuchte ich die Farbe aus meinen Augen zu reiben, um etwas sehen zu können. Überraschend kam mir Jason zu Hilfe, der mir ein Tuch reichte.

»Du siehst aus wie ein Gespenst«, gluckste er, als ich die Augen wieder öffnete. Ohne zu zögern, schmiss ich mich ihm um den Hals und drückte mich fest an ihn. Er versuchte sich lachend aus meiner Umklammerung zu befreien, obwohl er wusste, dass es dafür längst zu spät war. An ihm klebte die Farbe bereits genauso sehr wie an mir.

»Jason, ich hab dich lieb«, säuselte ich, während ich mit meinem Körper immer mehr Farbe an ihm abschmierte.

Wir rangelten miteinander, sodass wir Bill und die anderen beiden gar nicht mehr beachteten. So sahen wir auch den Schwall Wasser nicht kommen, der sich vom Dach aus über uns ergoss. Ich kreischte, schrie und lachte gleichzeitig, aber fühlte mich lebendiger als je zuvor.

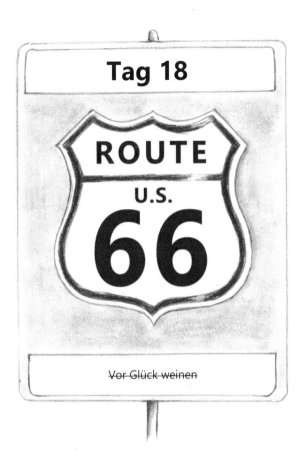

Vor Glück weinen

Unser nächster Tag begann bereits unerwartet früh, noch ehe die Sonne aufgegangen war. Aus dem Stall unter uns gab eine der Kühe klagevolle Geräusche von sich. Es schien, als würde sie um ihr Leben schreien. Erst versuchten wir es zu ignorieren, in der Hoffnung, dass sie sich wieder beruhigen würde, doch irgendwann konnten wir ihr Leid nicht länger ignorieren und kletterten im Dunkeln vom Dachboden. Während Jason zum Haus lief, um Bill und die anderen zu holen, betrat ich den Kuhstall, den ich sonst immer nur ohne Tiere gesehen hatte. Die Kühe erschienen mir allesamt unruhig und aufgeregt, als ich durch die Reihen ging. Kein Wunder bei den qualvollen Lauten, die eine von ihnen von sich gab. Hatte sich das Tier vielleicht verletzt?

Schnell hatte ich die betroffene Kuh gefunden und stellte mich vor sie an die geschlossene Tür ihres Stalls. Ich konnte äußerlich keine Wunde feststellen, aber sie hatte die Augen vor Panik weit aufgerissen, atmete schwer und stieß alle paar Minuten einen dieser schrecklichen Laute aus. Beruhigend hob ich meine Hand und legte sie ihr vorsichtig auf die Stirn, die sich ungewöhnlich warm anfühlte. Ich wusste jedoch nicht, ob das bei Tieren vielleicht normal war.

»Shhht«, machte ich mit sanfter Stimme und kraulte ihr über das Fell.

Für einen Moment glaubte ich, meine Berührung würde ihr tatsächlich helfen, doch im nächsten begann sie erneut zu wimmern, als habe sie entsetzliche Schmerzen. Ich fühlte mich hilflos und war umso erleichterter, als sich endlich die Schritte der Männer näherten – allen voran Bill.

Ohne zu zögern, stieß er die Stalltür auf und trat in das Innere zu der Kuh. Er tastete über ihren runden Bauch und begann zu lachen. »Da pfeift doch mein Schwein! Die alte Beth hat einen Braten in der Röhre«, stellte er völlig verblüfft fest.

»Und ich dachte, bei ihr würde das Futter einfach nur mehr ansetzen«, grölte Thomas, wobei er Paul belustigt anstieß.

»Es muss an dem Tag passiert sein, als uns der Jungbulle ausgebüxt ist.«

Während sich die drei Männer prächtig zu amüsieren schienen, sah ich besorgt zu Jason. Schön, dass der Grund für das Leid der Kuh geklärt war, aber was würde jetzt passieren? Brauchte sie keinen Tierarzt? Jason schien meine Fragen in meinen Augen zu lesen, zuckte jedoch nur ratlos mit den Schultern.

Er legte mir den Arm um die Taille und zog mich leicht an sich. Erst da bemerkte ich die Gänsehaut an meinen Armen.

Bill bemerkte unsere besorgten Blicke und nickte seinen Söhnen zu, die sofort zu wissen schienen, was er von ihnen wollte, und losliefen.

»Keine Sorge, das ist nicht das erste Kalb, das wir zur Welt bringen.«

»Schafft es die Kuh denn nicht allein?«

»Sicher täte sie das, aber dann würde sich das ganze Theater über Stunden ziehen und so ist es eine Sache von Minuten. Außerdem greife ich lieber vorsichtshalber ein, bevor es später zu Komplikationen kommt.«

Minuten später kamen Paul und Thomas mit einer Art Seil, einer Stange aus Metall, einem Medikamentenkoffer und übergroßen Handschuhen wieder. Bill streifte sich beherzt die Handschuhe über und steckte beinahe seinen gesamten Arm in die Kuh hinein.

Paul reichte ihm das Seil, das ebenfalls in der Kuh verschwand. Ihre Routine beruhigte mich, denn sie schienen tatsächlich zu wissen, was sie taten. Als Nächstes kam die Stange zum Einsatz, die Bill mit dem Seil verband. Seine Handschuhe waren bereits voller Blut, sodass ich kaum hinsehen konnte. Gleichzeitig wollte ich mir diese einmalige Gelegenheit nicht entgehen lassen. Für Bill und seine Söhne war die Geburt eines Kalbs nichts Besonderes mehr, aber für mich kam es einem Wunder gleich.

Beth stieß erneut einen Klagelaut aus, was vermutlich eine Wehe war.

»Jetzt!«, brüllte Bill.

In dem Moment begannen Paul und Thomas sowohl am Seil als auch der Stange zu ziehen, worauf die Kuh noch lauter schrie. Jason schloss seine Arme etwas fester um mich, während ich meine Finger vor Aufregung in seinem T-Shirt vergraben hatte.

Die Vorderbeine des Kalbs schauten bereits aus dem Muttertier hervor, als Bill seine Söhne wegscheuchte und noch einmal selbst mit der bloßen Hand zugriff und fest an dem Kalb zog. Mit einem Ruck folgten den Beinen der Kopf sowie der Rest des Körpers und vor Bills Füße fiel ein kleines Lebewesen, von Blut und Schleim völlig verschmiert. Es war noch nicht zu erkennen, ob es überhaupt am Leben war. Ich hatte nicht gemerkt, dass ich den Atem angehalten hatte, doch stieß diesen erleichtert aus, als das kleine Kalb einen kläglichen Laut von sich gab, der nur ganz entfernt an ein Muhen erinnerte.

Jason und ich begannen zeitgleich zu jubeln, als hätten die Chicago Bears soeben das Championship-Spiel gewonnen. Wir fielen uns wie selbstverständlich in die Arme, während sich Bill und seine Jungs etwas verhaltener gegenseitig auf die Schultern klopften. Beth begann ihr Junges sauber zu lecken, wobei sie einen sehr zufriedenen Eindruck machte.

Als Jason und ich uns voneinander lösten, sah er mich mit großen, ungläubigen Augen an. »Du weinst ja!« Es war zwar eine Feststellung, hörte sich aber mehr nach einer Frage an.

Überrascht wischte ich mir über die Augen, die tatsächlich feucht waren. Es war mir jedoch nicht peinlich. »Das ist das Unglaublichste, was ich jemals erlebt habe!«, rief ich voller Begeisterung aus.

Jason grinste breit, zog mich erneut an sich und küsste mich auf die Stirn. »Du bist unglaublich!«

Liebste Mom und liebster Dad,
ich war heute bei der Geburt eines Kälbchens dabei! Es war unglaublich! Das Leben ist ein großes Wunder und ich bin für jeden Tag dankbar, den ich auf dieser Reise erleben darf. Es tut mir leid, dass ich euch dafür in Angst und Schrecken versetzen muss. Aber vielleicht helfen euch meine Postkarten, um zu wissen, dass es mir gut geht und ich gerade den Sommer meines Lebens habe.
Ich schreibe euch bald wieder!

Von Herzen,
Jade

Tag 19

~~Eine Wette gewinnen~~

Am Morgen des sechsten Tages auf der Farm entschied Jason überraschend, dass wir nun genug Geld verdient hätten, um unsere Reise fortzusetzen. Ich hatte nichts dagegen einzuwenden, dennoch fragte ich mich, woher seine plötzliche Meinungsänderung kam. Vor ein paar Tagen schien er noch sehr zufrieden mit dem Landleben zu sein und nun konnte es ihm scheinbar nicht schnell genug gehen. Noch vor dem Frühstück teilte er Bill mit, dass wir am Ende des Tages die Farm verlassen würden.

Dieser runzelte überrumpelt die Stirn. »Warum so eilig?«

»Die Straße ruft mich und mein Mustang staubt bereits ein«, erwiderte Jason mit einem Lächeln, aber bestimmt, um deutlich zu machen, dass an seiner Entscheidung nicht mehr zu rütteln war.

»Wie schade«, sagte Thomas mit einem Blick auf mich. »Unser Stadtmädchen hat uns doch noch gar nicht gezeigt, dass es für zwei arbeiten kann.«

Paul und Bill schmunzelten, während ich beleidigt das Kinn reckte. Ich hatte mir Mühe gegeben, das bewiesen die Blasen an meinen Händen. Nie zuvor in meinem Leben hatte ich härter gearbeitet.

Bill klopfte mir versöhnlich auf die Schulter. »Ihr könnt unsere Farm nicht verlassen, ohne euch wenigstens einmal im Lassowerfen bewiesen zu haben. Okie-Gesetz!«

Wir aßen auf und gingen danach nicht wie üblich in den Stall, sondern hinaus auf die Weide. Ich ließ meinen Blick über die endlose Weite schweifen und empfand tatsächlich so etwas wie Wehmut. So hart die Arbeit auch gewesen war, hatte ich mich an diesem abgeschiedenen Ort irgendwie wohl und heimelig gefühlt.

Die Männer hatten sich beinahe täglich lustig über mich gemacht, aber nie auf gemeine Weise. Jason und ich waren zu einem Team geworden. Würde sich das ändern, wenn wir wieder allein wären? Wenn wir unsere Reise in eine Stadt fortsetzten, wäre die Polizei uns wieder näher, neue Frisur hin oder her.

»Du machst so ein trauriges Gesicht. Wärst du gern länger geblieben?«, fragte Jason.

»Auf keinen Fall!«, grinste ich und zeigte ihm zum Beweis meine Handflächen. Auf den Blasen bildete sich bereits Hornhaut. »Noch eine Woche und meine Hände sehen aus wie die eines Cowboys.«

Jason zeigte mir ebenfalls seine Handflächen. Sie wiesen mindestens genauso viele Blasen auf wie meine.

»Mädchen«, erwiderte ich frech.

In gespielter Empörung zog er die Luft ein. »Wollen wir doch mal sehen, wer hier das Mädchen ist. Hast du aus deiner großen Klappe gar nichts gelernt?«

Paul näherte sich mit einem Bullen, den er mit dem Lasso eingefangen hatte und nun zu uns ins Gatter führte.

Ich zuckte unbeeindruckt mit den Schultern. »In irgendetwas muss ich ja besser sein als du.«

Jason warf mir einen skeptischen Seitenblick zu. »Ich bin sicher, du bist in vielen Dingen besser als ich, aber Lassowerfen gehört vermutlich nicht dazu.«

»Woher willst du das wissen? Hast du schon einmal ein Lasso geworfen?«

»Nein, aber das liegt mir im Blut. Immerhin habe ich einen Rodeo-Ritt überstanden und bin somit ein waschechter Cowboy!« Er tippte sich gegen seinen gewonnenen Hut.

Ich konnte mir ein Lachen nicht verkneifen. Bill und seine Jungs hatten sich bereits vom ersten Tag an über Jasons Hut lustig gemacht. Sie nannten ihn Spielzeug, genauso wie unsere Stiefel.

»Jason, bevor du mir etwas über große Klappen erzählen kannst, solltest du vielleicht erst einmal deine eigene Zunge hüten.«

Bill schnalzte mit der Zunge. »Genug getratscht! Jetzt lernt ihr etwas.« Er stellte sich breitbeinig vor uns. In seinen Händen lag ein steifes Hanfseil. »Schaut zu und staunt!«

Mit einem Pfiff gab er Paul das Zeichen, den Bullen von seiner Leine zu lassen. Dieser bäumte sich erst einmal auf und drehte ein paar Runden im Gatter, wie um uns herauszufordern. Bill ließ ihn nicht aus den Augen und spielte mit dem Seil in seinen Händen, das er schließlich lässig über seinem Kopf kreisen ließ. Der Bulle schien ihn jedoch zu verspotten, indem er näher an ihn herangetrottet kam, nur um genau in dem Moment wieder abzuhauen, als Bill das Lasso auswarf und das Tier verfehlte.

Jason und ich begannen beide gleichzeitig zu lachen. »Wolltest du uns zeigen, wie es nicht geht?«

»Vorführeffekt«, knurrte Bill mit ehrgeiziger Miene. Er würde nicht zulassen, dass der Bulle ihn ein zweites Mal vorführte.

Dieser drehte seine Runden quer durchs Gatter, sodass der rote Sand unter seinen Hufen aufgewirbelt wurde und sich auf unsere Kleidung und Haut legte.

Bill ließ das Lasso erneut kreisen. Als er es auswarf, sah es erst so aus, als würde er den Bullen erneut verfehlen, da es zu tief geworfen war, um den Kopf des Tieres treffen zu können. Doch die Schlinge schlang sich um die Hinterläufe des Tieres, sodass dieses zu Boden gerissen wurde. Nun war es Bill, der lauthals lachte.

»Du bist als Nächstes dran«, rief er Thomas zu, während Paul den Bullen befreite und ihn zurück zur Weide trieb und das nächste Tier zu uns ins Gatter scheuchte.

Im Gegensatz zu seinem Vater gelang Thomas bereits der erste Wurf, was ihn sichtlich stolz machte. Geradezu beispielhaft legte sich die Schlinge um den Hals des Bullen.

»Pff, Glückstreffer«, machte Bill nur, aber grinste dabei stolz.

Nachdem auch Paul uns sein Können bewiesen hatte, waren Jason und ich an der Reihe. Doch allein das Lasso über unsere Köpfe kreisen zu lassen, war eine Herausforderung, geschweige denn, es zu werfen. Ich verfing mich nur selbst in dem Seil, was den Männern natürlich jede Menge Freude bereitete.

Die Sonne stand bereits an ihrem höchsten Punkt und knallte unnachgiebig auf unsere Köpfe. Weit und breit kein Schatten oder auch nur eine kühle Luftbrise.

Nachdem Bill, Thomas und Paul sich einige Zeit über uns lustig gemacht hatten, entschieden sie, dass es Zeit wäre, endlich den Stall auszumisten. Uns stellten sie dafür jedoch von der Arbeit frei, damit wir genug Zeit zum Üben hatten.

»Niemand verlässt meinen Hof, ohne wenigstens einmal etwas mit dem Lasso eingefangen zu haben«, sagte Bill mit einem Augenzwinkern.

Doch kaum dass die Männer außer Sichtweite waren, ließen Jason und ich erschöpft die Seile zu Boden gleiten und suchten Schutz auf der Veranda der Farm. Uns lief der Schweiß über die Stirn, den Nacken und den Rücken hinab. Ich fächerte mir schnaufend Luft zu.

»Bill ist ein Sklaventreiber«, meinte Jason, nachdem er sein Glas in einem Zug geleert hatte.

»Wir werden für immer auf dieser Farm festsitzen«, seufzte ich.

»So schnell aufzugeben, sieht dir gar nicht ähnlich.«

»Vielleicht werde ich in deiner Gegenwart langsam vom Optimisten zum Realisten.«

Es war nicht ernst gemeint gewesen, sondern nur blödes Gerede, aber Jason sah mich plötzlich sehr ernst und nachdenklich an. »Ist das wirklich so?«

»Was meinst du?«

»Ziehe ich dich runter?«

Ich verstand nicht, wie er auf diese Idee kam, aber konnte deutlich sehen, dass es kein Scherz war. »Nein, natürlich nicht!«, sagte ich schnell und schüttelte vehement den Kopf. »Ganz im Gegenteil! Ich habe mich noch nie stärker und besser gefühlt als zusammen mit dir.«

Kaum dass die Worte meinen Mund verlassen hatten, presste ich meine Lippen fest aufeinander und spürte, wie meine Wangen vor Scham brannten. War das zu viel gewesen? Der Satz war einfach so hervorgesprudelt, ohne dass ich weiter darüber nachgedacht hatte. Er entsprach der Wahrheit, aber war es klug gewesen, das Jason auch wissen zu lassen? Jemandem zu gestehen, wie viel er einem bedeutet, macht einen verletzbar.

Zögerlich sah ich zu Jason und wartete auf eine Reaktion von ihm. Vergeblich.

Einige Minuten später schleppten wir uns zurück zu dem Gatter und übten lustlos und schweigsam weiter.

Als die Sonne langsam zu sinken begann, stießen Bill und die anderen zu uns. Sie wirkten enttäuscht von unserer Leistung. »Wie wäre es mit einem Abschiedsbarbecue, bevor ihr uns zeigt, was ihr heute gelernt habt?«

Jason und ich ließen zeitgleich die Seile erleichtert zu Boden fallen. Unsere Mägen knurrten bereits, zudem war uns jede Ablenkung recht.

Während wir in der brütenden Sonne trainiert hatten, hatten Bill und seine Söhne den Grill eingeheizt, Fleisch, Maiskolben, Salat und Brot vorbereitet und selbst gemachte Limonade kalt gestellt. Auf der Rückseite des Wohnhauses setzten wir uns auf die Veranda, während das Fleisch auf dem Grill brutzelte und mir das Wasser im Mund zusammenlaufen ließ. Ich stillte meinen Hunger bereits mit Salat und Brot. Die Zitronenlimonade war bitter, aber erfrischend. Das Fleisch zerging förmlich auf der Zunge. Ich konnte mich nicht erinnern, je besser gegessen zu haben.

»Arbeiten tust du nicht für zwei, aber dafür essen«, zog Paul mich lachend auf. Vor ein paar Tagen wäre ich vielleicht noch rot angelaufen, aber nun lachte ich mit ihm. Es gab keinen Grund, sich zu schämen, weil es mir schmeckte.

Als im Grill die Kohle bereits verglühte, wir zufrieden unsere Beine von uns gestreckt und die Hände über unsere vollgegessenen Bäuche gelegt hatten, räusperte sich Bill. »Habt ihr nicht noch eine Aufgabe zu erledigen?«

Jason und ich hatten wohl beide gleichermaßen gehofft, dass er darüber hinwegsehen würde. »Hattet ihr heute nicht schon genug Spaß auf unsere Kosten?«, fragte Jason erschöpft, jedoch ohne dabei vorwurfsvoll oder beleidigt zu klingen.

Thomas zuckte unbeeindruckt mit den Schultern. »Okie-Gesetz!«

Seufzend schlug ich Jason aufs Bein und stemmte mich aus meinem Stuhl. »Komm, wir zeigen es ihnen!«

Gemeinsam gingen wir zurück zum Gatter. Die Dämmerung zog bereits herauf, sodass es nicht mehr ganz so heiß und stickig war. Der Bulle hob neugierig den Kopf, als wir näher traten. Jason und ich nahmen die Lassos wieder auf.

»Halt, halt!«, rief Bill. »Wisst ihr, was die Okies und die Texaner gemeinsam haben?«

»Kühe?«, grinste ich frech.

»Das auch, aber vor allem wetten wir beide sehr gern. Die Texaner offiziell, wir eher …« Er schien nach dem richtigen Wort zu suchen. »… unterm Tisch.«

Thomas und Paul rieben sich bereits die Hände. »Worum wetten wir?«

»Na, wer zuerst den Bullen fängt!«, entgegnete Jason.

»Einsatz?«

»Zehn Dollar«, schlug Paul vor.

»Zwanzig«, überbot ihn Thomas.

»Feiglinge!«, rügte Bill sie. »Unter fünfzig geht gar nichts!«

Ich sah skeptisch zu Jason. Wir hatten hart für unser Geld gearbeitet und ich hatte keine Lust, es bei einer dämlichen Wette zu verlieren. Doch er ignorierte mich absichtlich.

»Bin dabei!«, verkündete er und zog großspurig einen Fünfzigdollarschein aus seiner Tasche, den wir erst vor wenigen Minuten zusammen mit dem anderen Geld von Bill erhalten hatten.

Die Geldscheine kamen in Bills Hut, bis nur noch ich übrig war. Natürlich hatten sie allesamt auf Jason gesetzt, sodass ihr Gewinn eher gering ausfallen würde.

»Was ist los, Stadtmädchen? Traust du deinen eigenen Fähigkeiten so wenig, dass nicht einmal du selbst für dich einstehen möchtest?«

»Das hättest du wohl gern«, knurrte ich und warf meinen Einsatz in den Hut. »Wenn ich gewinne, bin ich reich.«

»Wenn«, grinste Bill siegessicher.

Wir nahmen unsere Position am Zaun des Gatters ein und ließen probehalber die Seile über unseren Köpfen kreisen, während der Bulle frech vor uns auf und ab lief.

»Traut euch«, rief Paul, der kaum erwarten konnte, dass es endlich losging. Ich wagte den ersten Wurf und scheiterte gnadenlos. Das Seil berührte das Tier nicht einmal. Aber auch Jason stellte sich nicht besser an.

Erfolglos warfen wir die Lassos. Irgendwann hörte ich auf, unsere Versuche zu zählen. Waren es zehn oder vielleicht schon fünfzehn? Womöglich würden wir die ganze Nacht hier stehen müssen oder zumindest so lange, bis Bill entschied, dass es zu dunkel sei.

Jason drehte sich frustriert zu Bill um. »Du siehst doch, dass es sinnlos ist. Wir streicheln lediglich das Selbstbewusstsein deines Bullen. Lass uns das Theater beenden, wir müssen uns noch ein Hotel suchen.«

»Ihr könntet morgen früh losfahren«, entgegnete Bill.

»Dann würdest du uns nur noch einen Tag länger dabehalten«, konterte Jason.

»Gesetz ist Gesetz!«

»Wir sind aber keine Okies!«

Während die beiden miteinander diskutierten, ließ ich das Seil erneut über meinen Kopf kreisen. Auch Thomas und Paul hatten schon die Lust verloren, mir zuzusehen. Die Diskussion war deutlich interessanter. Somit war ich unbeobachtet, selbst der Bulle schien mich nicht länger zu beachten. Vorsichtig trat ich einen Schritt weiter in das Gehege hinein. Dann noch einen. Und noch einen. Das Tier war nicht mehr weit entfernt. Es stand mit dem Rücken zu mir und wedelte gelangweilt mit seinem Schwanz. Das war meine Chance!

Ich warf das Seil aus und erschrak selbst wohl am meisten darüber, als die Schlinge sich um die Hörner des Bullen zuzog. Sein Kopf schnellte ungläubig in meine Richtung und er begann unwillig an dem Seil zu zerren.

»Bill!«, rief ich freudig. »Bill! Bill!« Ich traute mich jedoch nicht, den Bullen aus den Augen zu lassen.

»Das glaube ich jetzt nicht«, murmelte Thomas im Hintergrund und ich hörte, wie die Männer zu mir gerannt kamen.

Bill übernahm das Seil, damit mich der Bulle nicht umriss.

»Du hast die Wette gewonnen«, stammelte Paul fassungslos, bevor er mir grinsend auf die Schulter klopfte. »Respekt, Stadtmädchen!«

Thomas stieß ein anerkennendes Pfeifen aus. Ich wollte mich gerade nach Jason umdrehen, als ich einen plötzlichen Luftzug wahrnahm und sich im nächsten Moment ein Seil um meine Hüfte zusammenzog. Erschrocken ließ ich einen Schrei los und entdeckte Jason am anderen Ende des Lassos. Er hatte mich gefangen.

»Bill, zählt das auch nach Okie-Gesetz?«, fragte er schelmisch.

Dieser sah ungläubig zwischen uns hin und her, bevor er von einem heftigen Lachanfall erschüttert wurde. Thomas und Paul fielen mit ein, während Jason das Seil mit mir einzog. Ich wusste nicht, ob ich mich von ihm gedemütigt fühlen oder lachen sollte. Doch der warme Blick aus seinen blauen Augen vertrieb jede Wut aus mir in Sekundenschnelle. Seine Lippen waren zu einem spöttischen Schmunzeln verzogen, als er das Seil lockerte und über meinen Kopf zog.

»Du hast die Wette gewonnen.«

Das bedeutete, dass ich zweihundert Dollar gewonnen hatte, zusätzlich zu meinem Einsatz.

Mir dämmerte, dass vielleicht genau das Jasons Plan gewesen war, denn offenbar konnte er mit dem Lasso besser umgehen, als ich gedacht hatte. Wie hätte er mich sonst einfangen können?

Ich beugte mich zu ihm vor, sodass nur er mich hören konnte. »Hast du mich absichtlich gewinnen lassen?«

Er hob beschwichtigend die Hände. »Traust du das meinem Stolz zu?«

Jason gewann gern, aber er war auch gerissen genug, um mir den Vortritt zu lassen, selbst wenn das bedeutete, dass er sich deshalb zum Affen machen musste.

»Sag mir die Wahrheit!«, forderte ich aufgebracht.

Seine Augen weiteten sich warnend. Bill und die anderen sollten nichts von unserem Gespräch mitbekommen. »Warum ist es so wichtig für dich? Wir haben gewonnen und das ist alles, was zählt.«

»Nein, ist es nicht! Ich dachte, ich wäre ein Mal besser gewesen als du, und jetzt fühle ich mich wie ein Idiot!«

Seine linke Hand legte sich unerwartet um meine Hüfte und zog mich näher an ihn, während er mit der rechten Hand mein Kinn nach oben drückte, damit ich gezwungen war, ihm direkt in die Augen zu sehen, deren Anblick meine Beine weich werden ließ, jeden wohl gewählten Satz aus meinem Kopf vertrieb und meinen Herzschlag in die Höhe schnellen ließ.

»Ich wusste, dass du es schaffen würdest! Du hast den Bullen allein eingefangen. Das war dein Verdienst, nicht meiner! Ich glaube an dich und das solltest du auch tun.«

Wie schaffte er es nur immer wieder, dass ich ihn erst erwürgen und dann küssen wollte? Sein Gesicht war dem meinen so nah. Nur ein paar Zentimeter und ein Funke Mut. Aber zu spät!

Bill räusperte sich hinter uns, worauf Jason mich losließ, als hätte er sich an mir verbrannt.

»Ich sehe schon, ihr habt genug von den Nächten im Stroh«, grinste er belustigt und überreichte mir unseren Gewinn, bevor er mir anerkennend die Hand schüttelte. Sein Griff war fest, fast etwas schmerzhaft, aber es ehrte mich gleichzeitig. Hätte er weniger fest zugepackt, dann nur, weil er glaubte, dass ich einen richtigen Handschlag nicht ertrug. »Du bist ein tolles Mädchen! Bleib so, wie du bist, und wenn du noch mal einen Ferienjob suchst, darfst du gern wiederkommen.«

»Danke!«, erwiderte ich. »Meine Hände werden dafür sorgen, dass ich die Zeit hier niemals vergesse«, fügte ich grinsend hinzu.

»Stell dich nicht so an«, zog Thomas mich frech auf, der sich nun ebenfalls verabschiedete.

Paul schüttelte mir als Letzter die Hand und hielt sie länger fest als nötig. »Auch wenn du jetzt fährst, ein Teil von dir bleibt hier.« Fragend sah ich ihn an. »Dein Name«, grinste er, als würde das alles erklären. Doch ich verstand immer noch nicht.

Bill versetzte ihm einen spielerischen Schlag auf den Hinterkopf. »Mensch, Junge, drück dich deutlich aus! Was der Schwachkopf dir zu sagen versucht, ist, dass wir das Kälbchen Jade genannt haben. Ich fürchte, die Bullen müssen sich jetzt schon vor ihr in Acht nehmen.«

Tag 20

~~Beim Lieblingsfilm mitsprechen können~~

Nach langer Zeit hatten wir die Nacht wieder im Zelt verbracht. Ich hatte mich mittlerweile daran gewöhnt, grundsätzlich überall schlafen zu können, egal ob im Stroh, auf hartem Boden oder in einem quietschenden Hotelbett. Sobald ich irgendwo die Füße von mir streckte und Jason neben mir spürte, fielen mir die Augen wie von allein zu.

Der Verlauf des Tages erinnerte mich an unsere erste gemeinsame Zeit. Wir waren die meisten Stunden auf der Straße unterwegs, aßen in einem Diner am Straßenrand, hörten laut Musik und ließen den Fahrtwind um unsere Köpfe wirbeln. Doch während für mich die Fahrt ein einziges Abenteuer mit ungewissem Ausgang war, schien Jason plötzlich wieder ein Ziel fest vor Augen zu haben.

Am Abend erreichten wir Altus im Südwesten von Oklahoma. Von hier aus waren es nur noch wenige Meilen bis Texas. Doch Jason fuhr nicht etwa in die Stadt, um uns ein Hotel für die Nacht zu suchen, sondern steuerte den Mustang auf eine Nebenstraße, die aus dem belebten Teil von Altus führte.

»Was ist dein Plan?«, hakte ich neugierig nach. Nicht, dass ich ihm nicht vertraut hätte, aber er war so zielgerichtet, dass ich mir sicher war, dass er genau wusste, wohin wir fuhren.

Ein Schmunzeln zog sich über seine Lippen. »Es ist ein Punkt auf deiner Liste!«

Überrascht sah ich ihn an, doch als er keine Anstalten machte, sich weiter dazu zu äußern, zog ich das abgegriffene Notizbuch aus meinem Rucksack. Ich hatte sowohl das Buch als auch die Liste beinahe schon vergessen. Tatsächlich gab es einige Punkte, die ich schon durchstreichen konnte, ohne dass ich mir über deren Erfüllung bewusst gewesen wäre.

Aber etwas weniger als die Hälfte blieb immer noch übrig. Welchen davon plante Jason ausgerechnet heute zu erfüllen? Auf einem Tisch tanzen? Der Punkt hatte ihm von Anfang an scheinbar am besten gefallen, aber ich würde mich schlichtweg weigern. Barfuß durch Schnee laufen? Eher unwahrscheinlich in Oklahoma. Vor Publikum singen? Vergiss es, Jason!

Ich war ratlos, doch als ich das nächste Mal aufsah, erblickte ich das Ziel unseres Ausflugs. Wir fuhren auf einen großen Parkplatz mit einer gigantischen Kinoleinwand – ein Autokino. Fröhlich klatschte ich in meine Hände, bis mir einfiel, dass ein Besuch in einem Autokino gar kein Punkt auf meiner Liste war.

»Schauen wir uns einen Film an?«, fragte ich in freudiger Aufregung.

»Nicht irgendeinen«, grinste Jason. »Deinen Lieblingsfilm!«

»*Frühstück bei Tiffany*?« Woher kannte er meinen Lieblingsfilm? Na klar, aus meinem Notizbuch! Er stand direkt hinter dem Punkt: *Beim Lieblingsfilm mitsprechen können*. Trotzdem wunderte mich, dass er sich daran erinnerte. Soweit ich wusste, hatte er die Liste nur einmal gesehen.

»Ja, leider«, antwortete er spöttisch, während er den Motor abstellte, nachdem er das Auto in eine freie Parklücke manövriert hatte. Ein perfekter Platz mit bester Sicht auf die Leinwand!

»Es ist mehr ein Mädchenfilm«, gab ich zu und erschnupperte den köstlichen Geruch von frischem Popcorn.

»Darum geht es nicht«, widersprach Jason. »Es ist schade, dass du so eine Mitläuferin bist.«

Mit zusammengekniffenen Lippen und schmalen Augen drehte ich mich zu ihm um. Ich hatte angenommen, er wolle mir mit dem Besuch des Autokinos eine Freude machen, warum beleidigte er mich dann jetzt? Wenn es für ihn so eine Belastung war, sich den Film anzusehen, hätte er es vielleicht besser sein lassen.

»Ich bin keine Mitläuferin!«, fauchte ich verärgert. »Mir gefällt der Film, weil er toll ist, und nicht, weil er jedem gefällt.« Zugegeben, es war auch Katies Lieblingsfilm und vermutlich mochte ihn auch jedes zweite Mädchen unserer Schule, aber das war nicht der Grund, warum ich ihn mochte.

»Und wenn niemand außer dir ihn leiden könnte, würdest du ihn dann immer noch mögen?«

»Natürlich!«, behauptete ich voller Überzeugung. Ein boshaftes Grinsen glitt über meine Lippen. »Ich mag schließlich auch dich, obwohl jede andere schon längst die Flucht vor dir ergriffen hätte! Nur für den Fall, dass du es noch nicht weißt, du kannst ziemlich unausstehlich sein!«

Das verschlug ihm für einen Moment die Sprache, dann wandte er sich beleidigt ab, doch ich sah sein Grinsen dennoch.

»Hast du dir schon mal überlegt, warum so viele Menschen den Film mögen?«, fuhr ich fort. »Vielleicht weil er einfach gut ist? Es ist unmöglich, dass sich so viele Menschen auf einmal irren!«

Als er sich wieder zu mir umdrehte, lag ein versöhnlicher Ausdruck auf seinem Gesicht. »Was magst du denn an dem Film?«

»Die Frau, um die es geht, ist alles andere als perfekt. Sie ist unordentlich, chaotisch, kompliziert, verrückt und nicht immer nett, aber gerade deshalb findet man sie liebenswert, weil sie anders ist als alle anderen. Man kann sich mit ihr identifizieren.«

Er runzelte skeptisch die Stirn. »Aha.«

In gespielter Empörung begann ich zu lachen. »Wenn du nichts Nettes zu mir, Audrey oder dem Film sagen kannst, hältst du am besten deinen Mund, denn ich habe hier eine Aufgabe zu erfüllen.« Ich drehte meinen Kopf bedeutungsschwer in die Richtung des Popcornstandes. »Zu einem Kinobesuch gehört eigentlich auch Popcorn!«

»Dein Wunsch sei mir Befehl«, erwiderte Jason und kletterte aus dem Wagen.

Schlendernd ging er weg, wobei mir nicht entging, dass nicht nur ich, sondern auch die Mädchen im Wagen neben uns ihm schmachtend nachsahen. Seine Jeans saß einfach zu perfekt an seinem wohlgeformten Hintern. Als die Mädchen bemerkten, dass ich sie wütend anstarrte, wandten sie hastig den Blick ab und begannen zu kichern. Ausgeschlossen, dass sie mich für

Jasons Freundin hielten. Der Gedanke schien nicht nur mir lachhaft, sondern auch scheinbar jeder anderen weiblichen Person.

Ich ließ mich etwas tiefer in das Polster des Mustangs sinken und sehnte Jasons Rückkehr herbei. Als er endlich kam, hatte der Film bereits angefangen. Wortlos griff ich in die Tüte und zog knisternd eine Handvoll Popcorn hervor.

Ich wusste nicht, wie oft ich den Film bereits gesehen hatte. Doch jedes einzelne Mal war es mit Katie gewesen. Wir hatten unser Taschengeld gespart, um uns eine Audrey-Sonnenbrille mit passendem schwarzen Kleid zu kaufen. Einen ganzen Sommer lang hatte man uns nur mit dieser einen Sonnenbrille angetroffen und wir hatten davon geträumt, eines Tages selbst das *Tiffany*-Geschäft in New York zu besuchen. Während der Film nun über die Leinwand lief, hatte ich das Gefühl, als säße sie praktisch neben mir und wäre zum ersten Mal wieder Katie, meine beste Freundin, und nicht Katie, die Verräterin, die mir meinen Freund weggenommen hatte.

Jason stieß mich an. »Ich warte immer noch auf deinen großen Auftritt«, wies er mich auf den Punkt meiner Liste hin.

Obwohl ich den gesamten Text des Films definitiv auswendig kannte, war ich plötzlich nervös und räusperte mich verlegen. Der Film war noch ziemlich am Anfang bei einer der vielen Szenen mit der Katze, die Holly alias Audrey Hepburn zugelaufen war.

Flüsternd sprach ich ihre Sätze mit:

»*Armer alter Kater, he? Na komm. Armes Vieh, hast keinen Namen. Ich finde, dass ich kein Recht hab, ihm einen Namen zu geben. Wir gehören eigentlich gar nicht zusammen. Er ist mir mal über den Weg gelaufen. Und ich will auch gar keinen Besitz haben, bevor ich weiß, wo ich richtig hingehöre.*«

Jason hatte die Lippen aufeinandergepresst, um nicht vor Lachen loszuprusten, trotzdem ermutigte er mich mit einem Handwedeln, nicht aufzuhören. Und weil es ein Punkt meiner Liste war, tat ich es auch nicht. Es half mir, vorzustellen, Katie würde an seiner Stelle sitzen.

»*Kennen Sie das auch, wenn einem alles zum Hals raushängt?*«
»*Wie meinen Sie das? Wenn man Weltschmerz hat?*«
»*Nein. Den hat man, weil man zu dick wird oder weil es zu lange regnet. Man ist krank, das ist alles. Was ich meine, ist viel schlimmer. Man hat plötzlich Angst und weiß nicht, wovor. Kennen Sie das Gefühl?*«
»*Sicher.*«
»*Wenn ich das Gefühl kriege, dann hilft nur eins: in ein Taxi springen und zu* Tiffany *fahren. Das beruhigt mich sofort. Es ist wie eine einsame Insel, da kann einem gar nichts Schlimmes passieren. Wenn ich irgendwo ein Fleckchen finde, wo ich dasselbe Gefühl habe wie bei* Tiffany, *dann kauf ich mir 'ne Einrichtung und gebe der Katze einen Namen.*«

Jasons Grinsen war verschwunden. Ich spürte lediglich, wie er mich hin und wieder von der Seite musterte, aber ich versuchte es zu ignorieren, um mich nicht aus dem Konzept bringen zu lassen. Den Text des Films mitzusprechen, machte mich froh, weil er mich in eine Zeit zurückversetzte, in der ich glücklich gewesen war und meine Sorgen unendlich weit weg gewesen waren. Ich hatte mir keine Gedanken über meine Zukunft oder die Liebe machen müssen. Mein Leben hatte aus Eiscreme, Schwimmbad und Katie bestanden. Ein einfaches, unbeschwertes Leben.

Der Film näherte sich dem Ende und gelang zu einer meiner Lieblingsstellen:

»Weißt du, woran es bei dir fehlt, du armes Ding ohne Namen? Du hast Angst, du hast keine Courage! Du bist ein Kind, das Angst hat, alles so zu nehmen, wie es ist! Menschen verlieben sich nun mal! Menschen gehören zusammen, weil das die einzige Möglichkeit ist, ein wenig glücklich zu werden!«

Jason sah mich an, so eindringlich und intensiv, dass ich ihn nicht länger ignorieren konnte. Mit glühenden Wangen drehte ich mich zu ihm um.

»Ich habe mich getäuscht«, flüsterte er, als er sich zu mir vorbeugte und sein Atem mein Ohrläppchen kitzelte.

»Worin?«

»Der Film ist toll!«

»Wirklich?«, hauchte ich überrascht.

»Ich habe noch nie zuvor jemanden mit solch einer Liebe einen Film schauen sehen wie dich. Deine Augen leuchten und auf deinen Lippen liegt ein seliges Lächeln. Egal, welchen Film ich mir ansehen werde, wird wohl keiner diesem das Wasser mehr reichen können, solange du nicht neben mir sitzt und ihn genauso sehr liebst wie *Frühstück bei Tiffany*.«

»Das wird nicht passieren«, flüsterte ich zurück. »Ich habe mein Herz bereits an *Tiffany* verloren. Tut mir sehr leid!«

Der Film lief weiter und obwohl rund um uns herum Autos mit Zuschauern standen, hatte ich das Gefühl, mit Jason allein zu sein. Die Sterne standen am Himmel, ein leichter Wind wehte und die Luft war erfüllt vom Geruch nach süßem Popcorn. Sein Zeigefinger legte sich unter mein Kinn und er hob meinen Kopf leicht an. Ich ließ es einfach geschehen, unfähig, in irgendeiner Weise zu reagieren.

Er betrachtete mich ein paar Sekunden lang forschend, während mein Herz wie wild gegen meine Rippen hämmerte. War es möglich, dass er mich gleich küssen würde? Ich hielt seinem

Blick stand und versuchte, gleichmäßig zu atmen. Plötzlich ließ er seine Hand in meinen Nacken gleiten, zog mich ein Stück an sich heran und drückte mir einen Kuss auf die Stirn. Die Stirn! Dann ließ er mich wieder los und lehnte sich zufrieden im Polster des Mustangs zurück.

»Sorry, das musste sein«, sagte er, obwohl sein schelmisches Grinsen verriet, dass er es nicht im Geringsten bedauerte. »Du bist einfach zu süß.« Damit drehte er sich um und stieg aus dem Wagen, dessen Tür er laut zuschlug.

Ich saß da wie gelähmt und versuchte zu begreifen, was in den letzten fünfzehn Sekunden passiert war und warum ich es zugelassen hatte. Hätte ich nicht irgendetwas tun sollen? Zum Beispiel, ihn davon abhalten? Wie hatte ich glauben können, dass er mich tatsächlich auf den Mund küssen würde? Jason hatte doch nur wieder eine Möglichkeit gesucht, sich über mich lustig zu machen. Und was hatte ich getan? Ihn mit großen Rehaugen angeblickt und ihm bestätigt, dass ich ihm längst verfallen war. Egal, was ich nun sagen oder tun würde, ich konnte es nicht mehr leugnen: Ich hatte mich in Jason verliebt und er wusste es.

Tag 21

~~Im Regen küssen~~

D er Regen trommelte gegen das Fenster, als ich die Augen öffnete. Dieses winzige Geräusch verwirrte mich dermaßen, dass ich Probleme hatte, mich zu orientieren. Waren wir noch in Oklahoma? Seit unserer Ankunft hatte es nicht ein Mal geregnet. Ich drehte mich zur anderen Betthälfte, in der Jason hätte liegen sollen, doch nur sein Bettzeug war zerwühlt zurückgeblieben.

Nach unserem Besuch im Autokino hatten wir noch spät in der Nacht in einer kleinen Pension am Stadtrand eingecheckt. Ich war so müde gewesen, dass ich mir das Zimmer nicht einmal näher angesehen hatte. Zum anderen hatte ich aber auch einfach vor Jason und meinen Gefühlen für ihn flüchten wollen, sodass ich mich unter der Bettdecke vergraben und ihn nicht weiter beachtet hatte, in der Hoffnung, dass ich am nächsten Morgen vielleicht die peinliche Situation vergessen hätte. Hatte ich leider nicht!

Ich schlug meine Bettdecke zurück und schwang die Füße über die Bettkante, sodass sie den ausgetretenen Teppichboden berührten. Aus Gewohnheit strich ich mir die Haare aus dem Gesicht, die sich immer noch fremd anfühlten. Nicht nur, dass sie viel kürzer waren als zuvor, durch das Färbemittel waren sie auch etwas rauer geworden.

Die Vorhänge waren zugezogen und ich bemerkte den Lichtstrahl unter der geschlossenen Badezimmertür. Jason war schon ziemlich lange weg und es war verdächtig still. Kein Rauschen einer Dusche, kein Spülen der Toilette und auch sonst kein Rascheln. Neugierig trat ich einen Schritt näher. Vielleicht war er ja gar nicht im Bad und hatte nur vergessen, das Licht auszumachen.

Ich legte meinen Kopf gegen das Holz der Tür, als diese plötzlich nachgab und nach innen aufschwang. Überrascht stolperte ich einen Schritt in das erleuchtete Innere. Jason stand mit nacktem Oberkörper vor dem Spiegel. Er hatte den Kopf in den Nacken gelegt und hielt in seiner Hand ein Glas Wasser. Von dem Geräusch der sich öffnenden Tür zuckte er zusammen und starrte mich mit geweiteten Augen an, bevor die Wut in seinen Blick zurückkehrte.

»Kannst du nicht anklopfen?«, fuhr er mich wütend an und trat bedrohlich auf mich zu.

Erst jetzt bemerkte ich die vielen kleinen Tablettenbehälter, die rund um das Waschbecken aufgebaut waren. Ich hatte sie zuvor noch nie gesehen. Jason schob mich grob aus dem Badezimmer und knallte die Tür vor meiner Nase zu. Kurz danach rastete das Schloss ein und ich hörte ihn fluchen.

Die Bilder wiederholten sich in meinem Kopf und ich versuchte zu begreifen, was ich gerade gesehen hatte. Schluckte Jason die ganzen Tabletten? Warum? War er krank? Oder medikamentenabhängig? Hatte er vielleicht eine Drogensucht hinter sich und brauchte die Tabletten nun zum Ausgleich?

Ich wusste, dass es ihm am liebsten gewesen wäre, wenn ich so getan hätte, als hätte ich nichts gesehen, und wir nie wieder darüber sprechen würden. Ihm würde gewiss nicht ein zweites Mal der Fehler unterlaufen, die Badezimmertür nicht abzuschließen. Aber konnte ich das? Ich war mit diesem Mann bereits seit fast drei Wochen unterwegs und hatte geplant, auch den Rest meines Sommers mit ihm zu verbringen, aber wieder einmal wurde mir bewusst, dass ich nichts über ihn wusste. Er kam irgendwo aus der Nähe von Chicago, hatte eine alleinerziehende Mutter, zwei jüngere Schwestern und ein abgebrochenes Studium. Das war's!

Verdammt, ich kannte nicht einmal seinen Nachnamen! Wenn er unter Medikamenteneinfluss stand, durfte er nicht Auto fahren. Er war nicht nur eine Gefahr für sich, sondern auch für mich und jeden anderen Teilnehmer des Straßenverkehrs.

Verunsichert klopfte ich gegen die Badezimmertür. »Jason?« Meine Stimme glich dem ängstlichen Piepsen einer Maus.

»Lass mich in Ruhe!«, brüllte er von innen. Er war immer noch wütend. Aber ich war es auch! Er schloss mich aus seinem Leben aus und verlangte von mir, dass ich ihm blind vertraute. Dazu spielte er mit meinen Gefühlen. In dem einen Moment konnte er unglaublich nett und einfühlsam sein, sodass ich mir sicher war, dass er auch mehr für mich empfand, und im nächsten Moment ließ er seine ganze Wut an mir aus. Aber vielleicht waren seine Stimmungsschwankungen auch auf die Medikamente zurückzuführen? Er klagte oft über Kopfschmerzen.

Ich trat von der Badezimmertür zurück und setzte mich auf den Bettrand, von wo aus ich die Tür genau im Blick hatte. Früher oder später würde Jason das Zimmer verlassen und sich meinen Fragen stellen müssen.

Der Moment trat früher ein, als ich gedacht oder gehofft hätte, denn nur Sekunden später schwang die Tür auf, sodass sie gegen die dahinter liegende Wand krachte, und Jason stürmte aus dem Zimmer. Seinem Gesicht war abzulesen, dass er nur bei der kleinsten Frage zu ihm oder seinem Zustand an die Decke gehen würde. Ich fürchtete mich vor dem nächsten Streit, aber konnte auch nicht so tun, als wäre nichts gewesen. Als ich aufstand, hob ich beschwichtigend die Hände, so als wäre ich eine Polizistin, die versuchte, einen Kriminellen dazu zu bewegen, seine Waffe fallen zu lassen.

»Was waren das für Tabletten?«

»Kopfschmerztabletten«, brummte Jason, während er die Medikamente in seinem Rucksack verstaute.

»So viele?«

»Natürlich nicht!«, blaffte er zurück und begann dann zu lachen, ohne jegliche Freude. »Das sind Tabletten gegen Durchfall, Fieber und Erbrechen. Alles, was man so auf Reisen bekommen könnte. Ich bin einfach nur gut vorbereitet.« Er ließ seinen Blick spöttisch über mein Gesicht gleiten. »Du tust gerade so, als hätte ich ein Drogenproblem!«

Ich glaubte ihm nicht und es verletzte mich, dass er mich scheinbar für so dumm hielt, dass ich ihm das abnehmen könnte.

»Zeigst du mir die Verpackungen?«

Er verschränkte die Arme vor der nackten Brust und runzelte die Stirn. »Wenn du mir nicht glaubst, ist das dein Problem! Ich bin dir keine Rechenschaft schuldig!«

Ich trat vorsichtig auf ihn zu. »Wir sind zusammen unterwegs! Ich fahre mit dir in deinem Auto. Wenn du irgendwelche Medikamente einnimmst, sollte ich darüber Bescheid wissen.«

»Ich habe dich nicht gebeten, mich zu begleiten«, sagte er abweisend und schnürte mir damit den Hals zu.

»Wir wollten uns nicht mehr trennen. Erinnerst du dich?«, fragte ich mit zittriger Stimme. »Bin ich dir plötzlich so egal?«

Er schien erst jetzt zu bemerken, wie sehr mich die ganze Situation belastete, und ließ die Arme hängen. Als er weitersprach, schaffte er es nicht einmal, mich anzusehen.

»Du bist mir alles andere als egal!«

Obwohl meine Knie zitterten und ich die Tränen kaum noch zurückhalten konnte, ging ich weiter auf Jason zu und blieb erst stehen, als ich direkt vor ihm stand. Seine nackte Brust hob und senkte sich vor Aufregung. Ich hatte das Gefühl, sein Herz schlagen zu hören – genauso wild wie mein eigenes.

»Jason, du bist mir wichtig! Ich ...« Meine Stimme brach und ich musste Luft holen, um fortfahren zu können. »Ich mag dich so sehr, wie noch nie jemanden zuvor. Ganz egal, was das für Tabletten sind, ich werde dich deshalb nicht weniger mögen. Ich möchte nur die Wahrheit wissen.«

Er starrte auf den Fußboden zwischen unseren nackten Füßen. Seine Schultern hingen in Resignation kraftlos herab. Er wirkte so endlos traurig und verzweifelt, dass ich meine Arme um ihn schlingen und ihn festhalten wollte. Doch als er zurücktrat, wusste ich, dass das nicht passieren würde.

»Ich mag dich, Jade. Aber hätte ich gewusst, dass du dich in mich verlieben würdest, hätte ich dich nie in meinem Auto mitgenommen.«

Er hätte mir genauso gut in den Magen boxen können, das Gefühl wäre in etwa das gleiche gewesen. Ich schnappte nach Luft und spürte, wie die Tränen über mein Gesicht rannen. Es war falsch! Jason log. Sein ganzer Körper schien sich gegen seine Lüge wehren zu wollen: die herabhängenden Schultern, die zu Fäusten geballten Hände und der um Verzeihung flehende Blick in seinen Augen.

Ich schüttelte energisch den Kopf, während ich in meine Jeans schlüpfte. »Das stimmt nicht!«

Jason stieß ein freudloses Lachen aus. »Sollte ich das nicht am besten wissen?«

»Du lügst!«, warf ich ihm vor und zog hektisch meine Schuhe an.

»Jade, ich weiß, dass du das gern hättest. Aber so ist es nicht!«

Herausfordernd trat ich auf ihn zu. »Ach nein? Und warum fliehst du dann jedes Mal, wenn wir uns näherkommen?«

Er wich vor mir zurück und bestätigte dadurch nur noch mehr meine Aussage. Nun war er es, der sich vor mir fürchtete.

»Das tue ich nicht! Ich versuche nur, dir keine falschen Hoffnungen zu machen!«

»Lügner!«, brüllte ich außer mir. »Ich glaube, du empfindest genauso viel für mich wie ich für dich, aber bist zu feige, um auch dazu zu stehen!«

Er starrte mich erst entsetzt an, dann schüttelte er langsam den Kopf. »Nein.«

Mein Gesicht war feucht von den Tränen und meine Nase lief, sodass ich sie schniefend hochzog. »Feigling!«, fauchte ich, bevor ich die Tür aufriss und aus dem Gebäude stürmte.

Trotz des Regens war es draußen genauso heiß wie an jedem Tag zuvor. Die nassen Tropfen schlugen mir auf mein verweintes Gesicht und durchnässten meine Kleidung, während ich wütend und enttäuscht die leeren Straßen entlangstürmte. Die Menschen waren in ihre Häuser geflohen und gönnten sich eine Ruhepause von der sonst immerwährenden Sonne. In der Luft lag der unverwechselbare Geruch eines Sommerregens: feuchter Asphalt, Dampf und etwas Frisches, Blumiges. Als würde der ganze Dreck den Gully hinabgespült werden. Meine Enttäuschung konnte er gern dazu haben.

Es war mir völlig egal, wohin ich ging. Ich musste irgendetwas tun, um nicht zusammenzubrechen. Doch so verletzt ich auch war, empfand ich gleichzeitig auch einen gewissen Stolz. Ich hatte mir vorhin nicht überlegt, was ich zu Jason sagen wollte. Die Worte waren mir spontan und unüberlegt über die Lippen gekommen, aber in dem Augenblick, als ich sie ausgesprochen hatte, hatte ich mit einer überwältigenden Gewissheit gespürt, dass sie wahr waren.

Jason empfand mehr für mich und war nur zu feige, es zuzugeben. Warum auch immer! Vielleicht würden unsere Reise und unsere gemeinsame Zeit nun enden, aber zumindest konnte ich mir dann nicht vorwerfen, nicht alles versucht zu haben.

Die Aussicht, den Rest des Sommers mit Hausarrest in meinem Zimmer zu verbringen, erschien mir plötzlich nicht mehr ganz so schrecklich. Dort gab es wenigstens keinen Jason, über den ich mir den Kopf zerbrechen musste. Ich war seine Spielchen wirklich leid! Ich war es leid, auf einen Kuss von ihm zu hoffen, nur um dann wie ein kleines Kind den Kopf getätschelt zu bekommen! Ich war es leid, als Blitzableiter für seine unvorhersehbaren Wutausbrüche zu dienen! Ich war es leid, mich jeden Tag mehr in ihn zu verlieben!

»Jade!«

Jasons Stimme ließ mich innehalten. Ich blinzelte gegen den Regen an, als ich mich umdrehte. Er kam auf mich zu und schien es eilig zu haben. Seine Kleidung klebte völlig durchnässt an ihm, so wie meine eigene an mir. Ich hatte es nicht einmal gemerkt.

Seine Hände schlossen sich um meine Arme und hielten mich fest. Oder hielt er sich an mir fest? Wir sahen einander in die Augen, suchten verzweifelt nach Antworten darin.

»Ist es feige, Angst zu haben?«, hauchte er schließlich atemlos. Ich wusste nicht, ob er in meinem Blick das gefunden hatte, wonach er gesucht hatte.

Ich presse meine Lippen aufeinander und schüttelte den Kopf. »Angst zu haben, ist nicht schlimm, die meisten Menschen haben vor irgendetwas Angst. Ich sogar vor Autoscootern. Aber einfach aufzugeben, ohne es überhaupt versucht zu haben, das ist feige!«

Er lächelte und zeigte dabei seine makellosen weißen Zähne. Die Tropfen rannen ihm von der Stirn in die Augen, aber anstatt sie wegzuwischen, ließ er den Blick nicht von mir. »Ich habe Angst, dich zu verletzen, Jade!«

Damit hatte ich nicht gerechnet, aber ich zweifelte nicht eine Sekunde daran. Sein Gesicht war so ernst und ehrlich. Er sorgte sich um mich. Vielleicht sogar mehr als um sich selbst.

»Du verletzt mich am meisten, wenn du mich belügst und mich von dir stößt.«

Seine nasse Hand glitt über mein feuchtes Gesicht und wischte mit dem Daumen die Regentropfen und die Tränen von meinen Wangen, streichelte über mein Kinn und verharrte an meinen Lippen. Ich hatte das Gefühl, zu erstarren. Meine Haut kribbelte unter seiner Berührung. Sein Blick und seine Hände hielten mich gefangen. In diesem Moment hätte selbst ein Orkan mich nicht von der Stelle bewegen können.

Ein letzter zögerlicher Blick, ein tiefer Atemzug und seine Lippen lagen auf meinen. Warm und weich. Anders als jeder Kuss zuvor. Etwas schien in mir zu zerspringen. Mein Herz hämmerte gegen meine Brust und verlangte nach mehr. Ich war atemlos und elektrisiert zugleich. Unbeschreiblich.

Wir hatten schon oft nebeneinander in einem Bett gelegen, aber zum ersten Mal hielt Jason mich im Arm. Mein Kopf lag auf seiner Brust und ich lauschte abwechselnd dem Schlagen seines Herzens und dem Trommeln des Regens gegen die Fensterscheibe. Seine Finger strichen gedankenverloren durch meine nassen Haare. Ich wusste nicht, wie es jetzt weitergehen würde. Was der Sommer bringen würde. Was danach käme. Aber es war für den Moment auch nicht wichtig. Wichtig war nur, dass wir zusammen waren.

»Jason?«

»Mhm?«, murmelte er schläfrig.

Ich hob den Kopf und sah ihm ins Gesicht. Er wirkte entspannt und glücklich. Die vielen Sorgen, vor denen er sonst davonlief, schienen vergessen.

»Ich habe auch Angst.«

»Wovor?«

Ich schlug die Augen nieder. »Vor dir.«

»Vor mir?«, fragte er ungläubig. »Warum hast du Angst vor mir?«

»Manchmal wirst du wütend, ohne dass ich verstehe, warum. Ich möchte so viel von dir wissen, aber ich traue mich nicht, dich zu fragen, aus Angst davor, wie du reagieren könntest.«

Sein Körper spannte sich unter mir an, aber er schob mich nicht weg. »Es geht um die Tabletten, oder?«

»Auch, aber nicht nur.« Hoffnungsvoll sah ich ihn wieder an.

Er seufzte und sah zur Decke. »Es sind wirklich Kopfschmerztabletten dabei, aber nicht nur. Der Rest sind Antidepressiva.«

Damit hatte ich nicht gerechnet. Ich wusste nicht, was ich darüber denken sollte, und so schwieg ich und gab ihm die Zeit, mir zu antworten, ohne dass ich fragen musste.

»Mir ging es einige Zeit ziemlich mies und ich wusste nicht mehr weiter, deshalb habe ich die Antidepressiva verschrieben bekommen. Ich glaube ehrlich gesagt nicht, dass sie wirken, aber vielleicht habe ich mir auch nur zu viel von ihnen erhofft. Seit ich zu unserer Reise aufgebrochen bin, habe ich sie nicht mehr genommen.«

»Warum hast du sie dann heute Morgen genommen?«

»Ich war überfordert und wusste nicht, was ich tun sollte.«

»Weshalb?«

Ein Schmunzeln glitt über seine Lippen. »Deinetwegen.«

Ungläubig richtete ich mich auf. »Warum das denn? Bin ich so anstrengend?«

Sein Bauch vibrierte unter mir, als er leise lachte. »Du kannst sogar sehr anstrengend sein! Manchmal bist du wie ein Dackel, der sich am Hosenbein festbeißt und nicht mehr loslässt, bis er bekommt, was er will.«

Ich funkelte ihn zornig an.

»Aber das ist gut so! Du lässt dich nicht einfach abwimmeln und ich kann dir nichts vormachen. Ich wusste, was du für mich empfindest. Es war irgendwann nicht mehr zu übersehen, aber das hat es mir nicht leichter gemacht.« Er sah mich ernst an. »Jade, ich habe wirklich viele Probleme und ich möchte dich da nicht mit reinziehen. Meine plötzlichen Kopfschmerzen, die ganzen Stimmungsschwankungen ...«

»Erzählst du mir davon?«

»Nicht heute«, verneinte er. »Aber eines Tages werde ich es. Glaubst du, du kannst mir solange einfach vertrauen?«

Es war schwer, ihm darauf eine Antwort zu geben, wenn ich nicht wusste, worum es ging. Gleichzeitig sehnte ich mich so sehr nach seiner Nähe, dass ich mir kaum etwas vorstellen konnte, das mich von ihm hätte fernhalten können.

»Vorher muss ich dich drei Dinge fragen.«

Er hob die linke Augenbraue. »Ich bin gespannt.«

»Hast du jemanden umgebracht?«

Ein spöttisches Grinsen zog sich über seinen Mund. »Traust du mir einen Mord zu?«

»Du darfst meine Fragen nur mit Ja oder Nein und nicht mit einer Gegenfrage beantworten!«

»Nein, habe ich nicht!«

»Hast du außer mir noch eine andere Freundin oder gar eine Frau?«

Schnell schüttelte er den Kopf. »Niemanden!« Er beugte sich zu mir vor und ließ seine Finger über meinen Nacken gleiten. »Es gibt nur dich!«

»Würdest du mich in Gefahr bringen?«

»Niemals!«

Ich küsste ihn sanft. »Dann hast du bestanden und wirst mich ab sofort nicht mehr los.«

Er zog mich an sich und küsste mich erneut. Seine Lippen kitzelten auf meinen. »Kann ich das schriftlich haben?«

Liebe Mom und lieber Dad,
ich schreibe euch, weil ich euch wissen lassen möchte, dass ich gerade der glücklichste Mensch der Welt bin. Sorgt euch nicht um mich, denn es ging mir noch nie besser! Wir sehen uns am Ende des Sommers.

Von Herzen,
Jade

Tag 22

~~Im unpassendsten Moment einen Lachanfall haben~~

Der Wind fuhr durch meine ausgestreckten Hände und zerzauste meine Haare, während die Sonne meine Haut liebkoste. Ich hatte die Augen geschlossen und meine Arme dem Himmel entgegengestreckt, während ich vor Glück laut kreischte und breit grinste. Der Himmel schien mit den Händen erreichbar, in meinem Bauch tummelten sich Schmetterlinge und ich fühlte mich schwerelos. Ich sang alberne Liebeslieder im Radio mit und winkte jedem Autofahrer fröhlich zu, der uns entgegenkam. Wahres, reines, pures Glück lässt sich nicht in

Worte fassen, man muss es einfach fühlen. Ich war glücklich. Glücklicher als glücklich. Übersprudelnd vor Glück.

Jason, dem meine Euphorie erst etwas peinlich zu sein schien, konnte jedoch schon bald nicht mehr aufhören, zu grinsen. Das war mein Verdienst und es machte mich nur noch stolzer. Ihn jubeln, unbeschwert lachen und losgelöst von allen Sorgen und Problemen zu sehen, ließ mein Herz tanzen. Wie zufällig verschränkten sich unsere Finger miteinander, strich meine Hand über seinen nackten Arm oder berührten seine Fingerspitzen meinen Oberschenkel. Jede noch so kleine Berührung ließ mich erschauern und ich wollte mehr. Mehr. So viel mehr. Von Jason. Von unserer frischen Liebe. Von dem Leben.

Wir befanden uns auf dem Weg nach Texas, um endlich unsere Reise fortzusetzen. Wenn wir uns etwas beeilen würden, könnten wir in wenigen Tagen bereits Las Vegas erreichen, wobei es bei unserer Reise immer weniger darum ging, das Ziel zu erreichen, sondern immer mehr um die Zeit, die uns blieb. Trotzdem war die Vorstellung, mit Jason Hand in Hand durch die Lichter von Sin City zu schlendern, verlockend.

Erst als das Radio plötzlich verstummte und nur noch ein leises Rauschen von sich gab, bemerkten wir den Wetterumschwung. Die Sonne war hinter dicken grauen Wolken verschwunden und der Wind war nicht mehr mild, sondern geradezu stürmisch. Unglaublich, wie uns das hatte entgehen können.

»Achtung!«, drang es plötzlich laut aus den Autolautsprechern. »Dies ist eine Tornadowarnung! Suchen Sie bitte den nächsten Schutzraum auf und vermeiden Sie offene Flächen. Achtung! Tornado-Sichtung!«

Entsetzt sah ich Jason an. Wir befanden uns mitten auf der Straße. Keine Häuser weit und breit. Obwohl es in Oklahoma jährlich viele Tornados gab, hatte ich es für unmöglich gehalten, dass wir direkt zweimal in den *Genuss* kommen würden. Ich hätte bereits auf unsere erste Erfahrung gut und gern verzichten können.

Jason wirkte genauso verängstigt und ratlos wie ich. Wir befanden uns mitten im Nirgendwo, doch anstatt anzuhalten, trat er das Gaspedal noch fester durch, in der Hoffnung, dass wir dem Tornado davonfahren konnten. Aber vielleicht bewirkten wir damit auch genau das Gegenteil und fuhren der Naturgewalt nur geradewegs in die Arme.

»Sollten wir nicht wenigstens das Verdeck zumachen?«, brüllte ich Jason gegen den Wind entgegen.

Er schien kurz zu überlegen, dann bremste er scharf und sprang bereits im nächsten Moment aus dem Wagen. Jetzt, wo wir standen, bemerkte ich, dass der starke Wind tatsächlich nicht nur von der Fahrt herrührte. Über die offene Fläche schien er sich geradezu aufzuladen. Meine Haare flogen mir ins Gesicht, meine Kleidung flatterte und ich wurde bei dem Versuch, Jason mit dem Verdeck zu helfen, gegen den Mustang gepresst.

Als wir es endlich geschlossen hatten und atemlos Schutz im Wagen suchten, war die plötzliche Windstille nur noch beängstigender. Das gesamte Auto schien unter dem Sturm zu erbeben, während wir wie versteinert dasaßen und nicht wussten, was wir tun sollten.

Jasons Hand schloss sich fest um meine. »In ein paar Minuten ist es wieder vorbei«, murmelte er, wirkte dabei jedoch nicht sonderlich zuversichtlich.

Ich hatte Angst und fühlte mich, als befände ich mich in der Steilabfahrt einer Achterbahn. Hatte ich nicht gerade noch mein Gesicht in die Sonne gehalten und mich wie der glücklichste Mensch der Welt gefühlt? Wie konnte sich das in wenigen Minuten nur so schlagartig ändern?

Jasons Händedruck holte mich ins Hier und Jetzt zurück. Nicht alles war schlecht. Wir waren zusammen. Der tollste und aufregendste Junge, dem ich je begegnet war, hielt meine Hand. Vielleicht war meine Begeisterung für Jason sogar größer als meine Angst vor einem Tornado. Ich betrachtete sein markantes Gesicht und verlor mich in dem Schwung seiner Lippen, als uns plötzlich ein lautes Hupen zusammenzucken ließ. Gleichzeitig drehten wir uns um und sahen, wie ein Konvoi aus mehreren Geländewagen über die Straße auf uns zugebrettert kam. Sie hupten immer wieder, um auf sich aufmerksam zu machen.

Kurz entschlossen stieß Jason die Wagentür auf und stieg wild mit den Armen wedelnd aus. Ich tat es ihm gleich. Wer immer diese Leute auch waren, wir würden uns unter ihnen in einem ihrer Geländewagen sicherer fühlen als in dem schwankenden Mustang.

Staub wirbelte auf, als der vorderste Wagen an uns vorbeizischte, dicht gefolgt von dem zweiten. Erst der dritte kam schlitternd wenige Meter hinter uns zum Stillstand. Jason ergriff meine Hand und wir rannten dem Fahrzeug entgegen. Eine der hinteren Türen wurde aufgerissen, an der wir uns festklammerten, sobald wir sie erreichten. Auf der Vorderbank saßen zwei Männer, während die Rückbank voll schwarzer Koffer, Taschen und undefinierbarer Gerätschaften war.

»Steigt ein!«, forderte uns einer der beiden Männer auf.

Ohne weitere Fragen zu stellen, kletterten wir auf die Rückbank zwischen den ganzen Kram. Kaum dass ich die Tür hinter mir zugezogen hatte, setzte sich das Fahrzeug bereits wieder mit quietschenden Reifen in Bewegung.

Der jüngere der beiden Männer drehte sich vom Beifahrersitz zu uns um. »Kinder, ihr seid verdammte Glückspilze!«

Es war komisch, dass er uns mit *Kinder* ansprach, denn er schien selbst nicht einmal dreißig zu sein. Er trug eine Brille auf der Nase, mit kleinen, runden Gläsern, war glatt rasiert und hatte braunes, lockiges Haar, das er unter einer Schirmmütze bändigte.

»Danke, dass Sie uns aufgelesen haben«, ergriff Jason höflich das Wort. »Wir sind auf der Durchreise und wussten nicht, wohin, als die Tornadowarnung kam.«

»Habt ihr denn nicht mitbekommen, wie der Himmel zugezogen ist?«, fragte der Fahrer nun tadelnd.

Er hatte einen weißen Vollbart, war etwas füllig und trug die gleiche Schirmmütze wie sein Kollege auf dem Kopf. Er musterte uns neugierig durch den Rückspiegel.

Sowohl Jason als auch ich wussten nicht, wie wir den beiden Männern erklären konnten, dass wir zu sehr mit uns selbst beschäftigt gewesen waren, um auf so etwas Banales wie das Wetter zu achten. Die Blicke, die wir austauschten, schienen jedoch Erklärung genug zu sein, denn beide Männer begannen verhalten zu schmunzeln.

»Verstehe«, grunzte der Fahrer. »Ich bin übrigens Walden und das ist Matt.« Er deutete auf den Beifahrer.

»Ich heiße Jason und das ist meine Freundin Jade«, sagte Jason, wobei er besitzergreifend den Arm um mich legte.

Hatte er mich gerade wirklich als seine Freundin bezeichnet?

Tornadowarnung? Wen interessierte schon ein Tornado, wenn der coolste Junge mich als seine Freundin bezeichnete! Ich war mir sicher, dass ich dämlich grinste, aber konnte es meinen Mundwinkeln einfach nicht verbieten.

»Ihr scheint es eilig zu haben. Wohin geht es denn?«, fragte Jason neugierig und ließ den Blick über das Gepäck gleiten, zwischen das wir uns gequetscht hatten.

»In das Auge des Sturms«, grinste Matt. »Wir sind Tornadojäger!«

Entsetzt keuchte ich auf. »Ihr verfolgt den Tornado?«, rief ich beinahe panisch aus. »Einfach so? Aus Spaß?«

Walden lachte erheitert auf. »Nicht nur, es ist auch unser Job! Wir erforschen die Tornados sozusagen. Aber keine Sorge, Jade, das machen wir nicht zum ersten Mal. Ihr sitzt praktisch zwischen unserer Ausrüstung.«

Bei näherem Hinsehen erkannten wir in den Taschen und Koffern eine komplette Filmausrüstung.

»Ist das nicht gefährlich?«, stieß ich beunruhigt aus. Vielleicht wären wir im Mustang doch besser aufgehoben gewesen als bei diesen Verrückten.

»Nicht für echte Okies! Die Mexikaner haben den Stierkampf und wir haben die Tornados. Was wäre das Leben ohne ein bisschen Nervenkitzel?«

Seine Aussage beruhigte mich nicht.

»Wie stehen die Chancen für mein Auto?«, fragte Jason, woraufhin ich ihn ungläubig anstarrte.

Ich fürchtete um unser Leben und er sorgte sich lediglich um den Mustang?

»Schöner Wagen«, sagte Walden anerkennend. »Ich bin sicher, du wirst dein Baby später wohlbehalten zurückbekommen. Der Tornado hat eine andere Route, wobei sich das natürlich nie hundertprozentig berechnen lässt. Nun lehnt euch zurück und genießt das Wunder der Natur!«

Auch wenn man in dem Geländewagen von Walden und Matt nicht viel von den Windböen außerhalb bemerkte, bekam ich ein unwohles Gefühl, je weiter wir fuhren. Wie lange waren wir schon unterwegs? Fünf Minuten, zwanzig Minuten oder gar eine Stunde? Ich konnte es nicht sagen. Mein einziger Halt waren Jasons Arm um meine Schultern und seine Hand auf meinem Knie.

»Uns passiert nichts«, wisperte er mir ins Ohr. »Die machen das ständig.«

Wenn es nicht so eine schreckliche Situation gewesen wäre, hätte ich mir gern Geschichten von ihm ins Ohr flüstern lassen, nur um seinen Atem auf meinem Hals zu spüren.

Schließlich wurden auch die beiden Männer plötzlich nervös und reckten unruhig die Köpfe. Jason und ich taten es ihnen nach. Entsetzt sah ich den grauen Trichter des Tornados in einigen Meilen Entfernung über die Ebene wüten. Der Anblick war sowohl beeindruckend als auch angsteinflößend. Einen Wirbelsturm im Fernsehen zu sehen, war reichlich unspektakulär, da wir in Chicago in der Annahme lebten, dass erst die Welt untergehen musste, bevor sich ein Tornado nach Illinois verirren würde.

Während wir immer weiter auf den Wirbelsturm zufuhren, überkam mich ein Gefühl von Verlorenheit tief im Niemandsland. Wenn wir samt dem Wagen von dem Tornado erfasst würden, bekäme es vermutlich nicht einmal jemand mit. Weit und breit war keine andere Menschenseele zu erkennen. Kein Haus, kein Auto, nichts.

Ich atmete auf, als der Wagen endlich ruckartig zum Stehen kam. Aus den beiden Autos vor uns stiegen je zwei Personen, ebenfalls mit Kameras ausgestattet. Auch Walden und Matt hatten es nun eilig. Gehetzt ließen sie sich von uns die Taschen und Koffer reichen.

Als die Rückbank leer war, brüllte Walden: »Aussteigen!«

Fassungslos starrte ich ihn an. War das ein schlechter Scherz? Ich hatte gehofft, dass wir im Wagen warten konnten, bis alles vorüber war.

»Macht schon! Ihr könnt nicht im Auto bleiben, das ist zu gefährlich!«

»Ich dachte, das Ganze wäre völlig ungefährlich!«, rief ich empört aus, als die Türen des Autos mit einem Ruck aufgestoßen wurden.

Außerhalb wütete der Wind so stark, dass man kein Wort mehr verstehen konnte. Während Walden mit der Ausrüstung den anderen Filmern nachrannte, war Matt scheinbar dazu degradiert worden, sich um uns zu kümmern. Er fasste Jason und mich an den Schultern und schob uns aus dem Schutz des Autos zum Straßengraben.

»Legt euch flach in den Graben und schützt euren Nacken und den Kopf mit den Händen!«, schrie er uns gegen den Wind in die Ohren.

Mir war zum Heulen zumute, meine Beine zitterten und mein Magen fühlte sich so flau an, dass ich Angst hatte, mich direkt auf Matts Füße zu übergeben. Jason zögerte nicht, Matts Anweisung zu befolgen, und zog mich ebenfalls in den staubigen Straßengraben. Wir legten uns flach auf den Bauch, wie Matt es gesagt hatte, während dieser hektisch den anderen hinterherlief und uns allein zurückließ. Ich legte eine Hand auf meinen Kopf und die andere in meinen Nacken, während ich die Lippen und Augen fest zusammenpresste, um keinen Staub abzubekommen. Neben meinem eigenen Herzschlag war das Rauschen des Windes das einzige Geräusch, das ich wahrnehmen konnte.

Jason lag direkt neben mir. Unsere Ellbogen berührten sich. Wie hatten wir nur in diese absolut unwirkliche und absurde Situation geraten können? Waren wir nicht aus dem Mustang geflohen, um in Sicherheit zu sein?

Ich wusste nicht, ob es die Angst war oder ich langsam verrückt wurde, aber plötzlich drang ein Kichern aus meiner Kehle, das zu einem lauten Lachen anschwoll. Im Dreck liegend, zitternd und einen Wirbelsturm nur wenige Meilen entfernt, konnte ich nicht anders, als zu lachen. Es wollte nicht aufhören, schüttelte meinen ganzen Körper durch und trieb mir Tränen in die Augen.

Jason stieß mich in die Seite. Ich sah ihn durch meinen Tränenschleier an. Mein Anblick schien ihm noch mehr Angst zu bereiten als der Tornado in seinem Rücken, doch als er realisierte, dass ich lachte, anstatt zu weinen, runzelte er verständnislos die Stirn. Er beobachtete mich dabei, wie ich nach Luft schnappte, mich auf die Seite rollte und vor Lachen krümmte. Es dauerte einige Sekunden, da begann er ebenfalls zu lachen. Erst ein Kopfschütteln, dann ein Grunzen, ein Grinsen und schließlich ein Lachen, das aus seinem Bauch herauszubrechen schien.

Wir rollten uns im roten Staub, hielten uns die Bäuche und lachten Tränen. Erst als wir unser Gelächter selbst hören konnten, stellten wir fest, dass der Wind abgenommen hatte, und hoben die Köpfe. Der Tornado zog ab. Walden und die anderen Filmfreaks kehrten zu ihren Autos zurück.

Mein Lachen ging in einen Schluckauf über, während Jason sich die Tränen aus den Augen wischte. »Du bist verrückt, Jade Monroe! Absolut verrückt!«

»Wenn ich verrückt bin, dann bist du es auch!«

»Ich bin alles, was du willst, solange wir es zusammen sind!«, raunte er und zog mich schwungvoll an den Hüften an sich. Er presste seine Lippen auf meine und raubte mir damit nicht nur den Atem, sondern ließ auch meinen Schluckauf verstummen. Seine Lippen waren rau, auf ihnen war der Staub des Bodens von Oklahoma zu spüren.

Matt und Walden fuhren uns zurück zum Mustang, der noch immer so dastand, wie wir ihn in unserer Panik verlassen hatten. Wir bedankten uns bei ihnen für ihre *Hilfe*, die uns eigentlich nur noch in größere Gefahr gebracht hatte, aber uns gleichzeitig ein einmaliges Erlebnis beschert hatte. Es war einer dieser unglaublichen Tage, die sich in mein Gedächtnis brannten und die ich nie wieder vergessen würde. Jeder Tag mit Jason war wie ein großes Abenteuer.

Nach wenigen Meilen überquerten wir die Staatsgrenze nach Texas. Die Landschaft blieb die gleiche: eine nur leicht gewellte und nahezu baumlose Ebene, die exakt den gängigen Vorstellungen einer Prärie entsprach. Willkommen in Texas!

Tag 23

Der Gefahr ins Auge blicken

Obwohl ich gedacht hatte, dass ich mich langsam an das Schlafen im Zelt und die damit verbundenen Geräusche der Prärie gewöhnt hatte, fand ich in unserer ersten Nacht in Texas einfach keinen Schlaf.

Ich wünschte, es hätte daran gelegen, dass Jason und ich einfach nicht die Finger voneinander lassen konnten, doch so war es nicht. Auch wenn er nun zu mir und unserer Liebe stand, benahm er sich deutlich anständiger, als man es seinem Aussehen nach von ihm erwartet hätte. Für meinen Geschmack beinahe ZU anständig! Seine Küsse waren meist sehr vorsichtig und scheu, genau wie seine Berührungen. Fast als fürchtete er, mich zu zerbrechen. Ich wusste nicht, wovor er sich fürchtete. Es lag kein großer Altersunterschied zwischen uns, gerade einmal zwei Jahre, trotzdem schien er zu glauben, mich beschützen zu müssen. Aber wovor?

Außerhalb des Zeltes war neben der leichten nächtlichen Brise ein Rascheln zu hören. Im Grunde nichts Ungewöhnliches, aber wenn man ohnehin nicht schlafen konnte, störten einen selbst die kleinsten Geräusche. Vergeblich versuchte ich, es zu ignorieren, drehte mich von einer auf die andere Seite und schloss die Augen, während Jason neben mir ruhig atmete und zu schlafen vorgab. Vielleicht schlief er tatsächlich tief und fest, aber ich konnte es mir bei dem Radau, den ich veranstaltete, nicht vorstellen.

Das Rascheln schien nun näher als noch vor wenigen Sekunden. Irgendetwas daran störte mich. Es hörte sich weniger wie umknickende Grashalme oder brechende Äste an, sondern mehr wie ein Rasseln. Ich versuchte auszumachen, aus welcher Richtung das Geräusch kam, doch nun war es so nah, dass es von überall zu kommen schien.

Ich stützte mich auf meine Ellbogen und lauschte in die Nacht. Als das Rasseln wieder erklang, hielt ich die Luft an. Vorsichtig legte ich meine Hand auf Jasons Arm und rüttelte ihn leicht. »Jason?«

»Woher wusste ich nur, dass das passieren würde?«, murmelte er verschlafen. »Lass mich raten? Du kannst nicht schlafen, weil vor dem Zelt ein komisches Geräusch ist?«

Ich biss mir auf die Lippe und kam mir wie ein Angsthase vor. Vermutlich war meine Sorge völlig unbegründet. »Es hört sich wirklich ungewöhnlich an.«

»Vielleicht ein Gürteltier, das ums Zelt streift.«

»Ich glaube nicht, dass es ein gewöhnliches Tier ist.«

»Stachelschweine können sich auch fremd für uns anhören.«

»Sind die nicht gefährlich?«, stieß ich besorgt aus. »So wie Wildschweine?«

»Nur, wenn man ihnen zu nahe kommt. In dem Fall wäre es am besten, wir würden das Geräusch einfach ignorieren und versuchen zu schlafen. Bis morgen früh ist das Stachelschwein längst über alle Berge.«

»Es hört sich aber nicht wie ein großes Tier an. Hörst du das Rasseln nicht?«

Wir lauschten beide in die Stille. Für kurze Zeit war nur der leichte Wind zu hören, der gegen die Zeltwände drückte, doch dann erklang wieder dieses seltsame Geräusch, beängstigend nah am Eingang.

Nun setzte sich auch Jason auf. Er hatte es auch gehört und egal, was er nun sagen würde, ich wusste, dass es ihn genauso beunruhigte wie mich.

»Haben wir die Taschenlampe mit ins Zelt genommen?«

Ich wusste es nicht mehr und begann über den Boden zu tasten.

Doch als Jason bemerkte, was ich tat, legte er alarmiert seine Hand auf meinen Arm. »Lass das!«

»Warum?«

»Am besten verhalten wir uns ganz ruhig und versuchen, uns so wenig wie möglich zu bewegen.«

Er machte mir Angst. »Du weißt, was es ist, oder?«

»Ich habe eine Vermutung«, gab er zu.

Das Rasseln war erneut zu hören, gefolgt von einer Art Schleifen.

»Was ist es?«, wisperte ich ängstlich, während ich mit angezogenen Beinen dicht neben Jason kauerte.

»Ich hoffe, dass ich mich täusche, aber Texas ist die Heimat der Klapperschlangen.«

Ein Keuchen entfuhr mir. »Eine Klapperschlange?« Natürlich, dazu passte auch das Rasseln! »Was machen wir jetzt?«

»Schlangen reagieren auf Bewegung. Versuch, ganz still zu sitzen, dann verschwindet sie vielleicht einfach wieder.«

»Aber was, wenn sie ins Zelt kommt?«

»Hast du den Reißverschluss nicht zugezogen?«

Manchmal ließ ich ihn einen Spalt offen, damit etwas frischer Wind in das Innere geweht wurde. »Ich weiß es nicht mehr.«

Das Rasseln war bedrohlich nahe. Vielleicht kam es tatsächlich vom Zelteingang, vielleicht war es aber auch seitlich. Es war unmöglich mit Gewissheit zu sagen.

»Ohne Taschenlampe wäre es purer Selbstmord, das Zelt zu verlassen.«

»Wenn die Schlange sich aber ins Zelt verirrt, haben wir keine Chance, vor ihr zu fliehen!«

»Wenn sie sich bedroht fühlt und angreift, haben wir ohnehin keine Chance!«, widersprach Jason. »Klapperschlangen sind verdammt schnell!«

»Nehmen wir mal an, sie würde einen von uns beißen. Wie viel Zeit bliebe uns dann noch?«

»Als Faustregel spricht man von zwei Stunden, um das nächste Krankenhaus oder einen Arzt zu erreichen.«

Mittlerweile waren wir beide überzeugt davon, dass sich vor dem Zelt tatsächlich eine Klapperschlange befand, die womöglich versuchte, sich einen Weg in das Innere zu bahnen. Ein Ruck ging durch Jasons Körper, als er plötzlich seine Beine anzog, um in der Hocke aus dem Zelt zu krabbeln.

Panisch hielt ich ihn fest. »Nicht, das ist zu gefährlich!«

»Ich muss zumindest überprüfen, ob der Reißverschluss zugezogen ist!«

»Aber was, wenn genau dort die Schlange liegt?!«

»Das Risiko müssen wir eingehen. Ich halte diese Ungewissheit nicht länger aus!«

Ich schüttelte den Kopf, was er in der Dunkelheit jedoch nicht sehen konnte, und brachte mich ebenfalls in eine aufrechte Position. »Wenn überhaupt, dann gehe ich! Falls etwas passiert, kannst du mich wenigstens zum nächsten Arzt fahren. Ich habe ja nicht einmal einen Führerschein!«

Jason hielt mich am Arm fest. Er wusste, dass ich recht hatte, aber alles in ihm sträubte sich dagegen, mich der drohenden Gefahr auszusetzen. Doch schließlich ließ er seine Hand sinken und flüsterte: »Beweg dich ganz langsam!«

Vorsichtig ging ich in der Hocke zum Zelteingang. Ich streckte meine Hände aus und ertastete den Reißverschluss. Er stand tatsächlich einen Spalt offen, doch anstatt ihn zuzuziehen, zog ich ihn noch weiter auf. Als das Rasseln erneut erklang, ließ ich ihn vor Schreck beinahe los. Doch jetzt, wo ich mich am Eingang befand, war ich mir sicher, dass ich der Schlange zumindest nicht direkt gegenübersaß. Hastig riss ich den Reißverschluss weiter auf, bis die Öffnung groß genug war, um durchzusteigen.

»Jade, was machst du da?«, erklang Jasons besorgte Stimme direkt hinter mir.

»Ich hole die Taschenlampe!«

»Nein!«

»Ich bekomme kein Auge zu, solange diese Schlange um unser Zelt kriecht!«

»Bleib hier!«

Zu spät! Ich schlüpfte aus dem Zelt und war froh, als ich unter meinen Füßen den sandigen Boden und nicht etwa den Körper einer Klapperschlange spürte. Es war stockdunkel. Auf den

Straßen gab es kaum Laternen und andere Autos kamen nur selten vorbei, nachts praktisch gar nicht. Lediglich der Mond und die Sterne spendeten schwaches Licht. Es war ausreichend, um die Umrisse des Mustangs an der Straße zu erkennen, aber zu wenig, um eine Schlange auf dem Boden ausmachen zu können.

Ich richtete mich zu voller Größe auf und wischte mir den kalten Schweiß von der Stirn. In meinen Ohren rauschte das Blut und mein Herz schlug so heftig gegen meine Brust, dass mir davon schier übel wurde. Vorsichtig setzte ich einen Fuß vor den anderen, während das bedrohliche Rasseln neben meinem eigenen Herzschlag das einzige Geräusch war. Ich konnte nicht einmal mit Gewissheit sagen, ob es leiser wurde, je näher ich dem Auto kam. Wenn die Sirene eines Krankenwagens direkt neben einem losgeht, hört man sie auch noch lange, nachdem der Wagen bereits verschwunden ist.

Je näher ich dem Mustang kam, umso schneller wurden meine Schritte. Das Ziel war so nah und als ich endlich die Hände nachdem Türgriff ausstrecken konnte, um den Schlüssel ins Schloss zu stecken, hätte ich am liebsten vor Erleichterung geweint. Atemlos wie nach einem Marathonlauf und mit wild klopfendem Herzen sank ich hinter den Fahrersitz. Für einen Moment schloss ich die Augen und konnte mich nicht mehr rühren, als die Angst langsam von mir abfiel. Erst als ich Jason nach mir rufen hörte, suchte ich nach der Taschenlampe im Handschuhfach. Dort lag sie zwischen Karten, Trockenfleisch, Batterien und kaputten Feuerzeugen.

»Ich hab die Taschenlampe!«, schrie ich laut, damit Jason wusste, dass ich auf dem Rückweg war.

Der Lichtstrahl tanzte über den Boden, als ich mich dem Zelt näherte. Zu meiner Erleichterung lag vor dem Zelteingang keine zwei Meter lange texanische Klapperschlange, aber das Rasseln war nach wie vor zu hören, wenn auch deutlich weiter entfernt als zuvor.

»Du kannst rauskommen! Die Luft ist rein«, forderte ich Jason auf.

Das ließ er sich nicht zweimal sagen. Innerhalb von Sekunden kam erst sein Kopf und dann der Rest seines Körpers aus dem Zelt gestolpert. Daran, wie eilig er es hatte, nach draußen zu kommen, merkte ich, dass nicht nur mir die Knie vor Angst geschlottert hatten. Schnaufend stellte er sich neben mich. Gemeinsam folgten wir mit den Augen dem Lichtstrahl der Taschenlampe, die ich über den Boden rund um das Zelt gleiten ließ.

Wir hielten beide den Atem an, als wir den glatten Körper der Klapperschlange ein Stück hinter der rechten Zeltseite entdeckten. Sie trat offenbar gerade den Rückzug an. Aber sie war tatsächlich da gewesen! Sie hätte ohne weiteres in das Zelt kriechen und ihre Zähne in unsere Haut schlagen können, noch ehe wir gewusst hätten, was geschah.

»Sollen wir im Auto schlafen?«, fragte Jason mit Blick auf die Schlange.

Ich lachte erleichtert auf, froh, dass der Vorschlag von ihm kam.

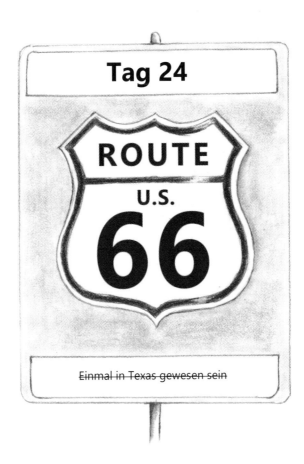

Tag 24

~~Einmal in Texas gewesen sein~~

Hitze.
Flirrender Asphalt.
Lauer Fahrtwind.
Prärie.
Motorengeheul.
Staub.
Schweiß.
Herzklopfen.
Verstohlene Blicke.
Scheue Küsse.
Momente des Sommers.

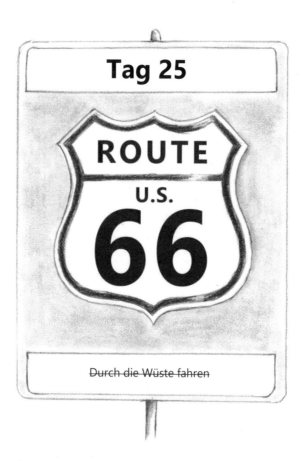

Tag 25

~~Durch die Wüste fahren~~

New Mexico war wie ausgestorben. Es war vor allem der Wassermangel, der keine großflächige Besiedlung erlaubte. Die von gelblichen, roten und braunen Farbtönen dominierte Erde wurde vom Grün vereinzelter Büsche gesprenkelt.

Irgendetwas schien mir das Gefühl zu geben, endlich angekommen zu sein. Nur wo? Die endlose Weite des Landes wäre beängstigend gewesen, wenn mir die schwarze Schnur des Highways nicht die Sicherheit gegeben hätte, dass der Weg irgendwohin führen musste.

Uns führte er nach Santa Rosa.

Tag 26

Nachts schwimmen

Wasser war das entscheidende Element in Santa Rosa. Das ansehnliche Städtchen war wie eine Fata Morgana in der Wüste oder eine Insel in den Weiten des Ozeans. Mitten in der trostlosen Wüstenlandschaft befand sich das Blue Hole – eine Quelle mit kristallklarem Wasser und einer Tiefe von sechsundzwanzig Metern.

Es war nicht weiter überraschend, dass sich im Schatten der Bäume, die sich rund um das Ufer des Wasserlochs befanden, viele Menschen in Bikinis, Badeanzügen und Schwimmhosen tummelten. Die ganze Stadt schien ihre Tage am Wasser zu verbringen, um der Hitze wenigstens für ein paar Stunden entkommen zu können.

Schweißperlen rannen mir über den Rücken und ich sehnte mich danach, mir mein eigenes Fleckchen Wasser zu erkämpfen, doch Jason hielt mich mit der Hand zurück.

»Nicht jetzt! Wir kommen später wieder«, raunte er verschwörerisch.

Überrascht sah ich ihn an. Es war bereits Nachmittag. »Wann später?«

Ein schelmisches Grinsen glitt über seine vollen Lippen. »Wie wäre es mit heute Nacht?«

»Ist das erlaubt?«

Sein Grinsen wurde noch breiter und er zog vielsagend seine Augenbrauen hoch. »Wer hat eigentlich die Liste erstellt? Du oder ich? Wenn ich mich recht erinnere, lautet ein Punkt *Nachts schwimmen*, oder? Soweit ich weiß, ist das überall verboten.«

Als Katie und ich die Liste erstellt hatten, waren wir eher davon ausgegangen, nachts über den Zaun eines Schwimmbads zu klettern und dort in dem Becken bei Mondlicht unsere Bahnen zu ziehen. An ein sechsundzwanzig Meter tiefes Wasserloch hatten wir weniger gedacht.

Jason bemerkte mein Zögern und hob resignierend die Hände. »Wir können den Punkt natürlich auch in *Nackt schwimmen* ändern, wenn dir das lieber wäre.«

Ich rollte mit den Augen und streckte ihm die Zunge raus. Jason liebte es, zweideutige Bemerkungen zu machen und den Draufgänger zu spielen, gleichzeitig schien er sich aber geradezu davor zu fürchten, mich auch nur anzufassen. Wir küssten uns nie in der Öffentlichkeit, so als wäre unsere Beziehung ein Geheimnis.

Also ließ ich es drauf ankommen und zuckte herausfordernd mit den Schultern. »Wie wäre es mit beidem?«

Den Rest des Nachmittags und Abends hatten wir damit zugebracht, dem Radio zu lauschen. Es war langweilig gewesen. Etwa einmal in der Stunde war *I Got You Babe* von Sonny und Cher gelaufen. Zuerst hatte mir der Song noch gefallen, doch nach dem dritten Mal ging er mir bereits auf die Nerven und ich kannte den Text auswendig.

Hin und wieder hatte ich Jason betont lange angesehen, um ihn darauf aufmerksam zu machen, dass man als frisch verliebtes Paar eigentlich Besseres mit seiner Zeit anzufangen wüsste, als von einem Sender zum nächsten zu wechseln. Was interessierten mich die Dramen irgendwelcher Songs, wenn mein eigenes Liebeschaos direkt neben mir lag?

Doch entweder waren Jason meine eindringlichen Blicke entgangen oder er hatte sie bewusst ignoriert. Wenn ich mich an ihn schmiegte, rückte er zwar nicht von mir ab, aber dafür machte er sich so steif, als sehe er seine berufliche Zukunft als Steinskulptur. Mir fehlte der Mut, ihn auf sein Verhalten anzusprechen. Es passte nicht zu dem Bild, das ich von ihm hatte. Er war mir nie schüchtern erschienen.

Aber wenn es nicht an ihm lag, was machte ich falsch? Bereute er sein Liebesgeständnis vielleicht schon? Hatte er es nur gesagt, damit ich nicht ging? Aber der Kuss im Regen war so echt gewesen. So voller Sehnsucht und Verzweiflung. Das konnte nicht gespielt gewesen sein!

Was waren wir in seinen Augen jetzt überhaupt? Ein Paar? Oder lediglich zwei Weggefährten, die sich aus einer Stimmung heraus zufällig geküsst hatten? Die Hälfte des Sommers war bereits um. Uns blieben noch Tage und Wochen zusammen und trotzdem hatte ich das Gefühl, dass uns die Zeit davonlief. Ich wollte nicht an das Danach denken und tat es doch immer wieder.

Erst als die Straßenlaternen flackernd vor der Pension ansprangen, kam wieder Leben in Jasons Körper. Er setzte sich ruckartig auf, als hätte ihn ein Wecker aus der Lethargie gerissen, den nur er hören konnte. Das Funkeln kehrte in seine Augen zurück und ein Grinsen ließ sein ganzes Gesicht leuchten.

»Bist du bereit?«, fragte er verschwörerisch.

Um ehrlich zu sein, war ich kurz davor gewesen, einzuschlafen, doch sein plötzlicher Tatendrang wirkte ansteckend. Ich streckte mich und unterdrückte ein Gähnen. Jason sprang förmlich aus dem Bett und schaltete das Radio aus. Es war düster und stickig in dem kleinen Zimmer, als er mir seine Hand entgegenhielt. Diese kleine, schlichte Geste reichte aus, um meine Zweifel in meinen Hinterkopf zurückzudrängen.

Als ich seine Hand ergriff, überkam mich das bekannte Kribbeln, wie wenn man im Wagen einer Achterbahn sitzt, der jeden Moment losfährt. Leise schlichen wir uns aus der Pension. Am Empfangstresen saß ein älterer Herr, der uns freundlich zunickte. Mir entging nicht sein überraschter Blick wegen unseres jungen Alters, aber da er lediglich der Nachtportier war, ging ihn das wohl nichts weiter an.

Auf den Straßen von Santa Rosa war es deutlich ruhiger als am Mittag, aber man konnte noch lange nicht von Nachtruhe sprechen. Es gab viele Restaurants und Bars, die hell erleuchtet ihr Licht in die Nacht verströmten. Der Duft von Barbecues erfüllte die Luft und gedämpfte Musik drang aus den offen stehenden Fenstern. Ein lauer Wind strich über meine nackten Arme und fuhr unter den dünnen Stoff meines Kleides. Es war wie ein sanftes Kitzeln.

Das Blue Hole lag nun verlassen da. Lediglich auf der Wiese rund um das Wasserloch waren noch die Abdrücke von Picknickdecken und Handtüchern zu entdecken. Ein hüfthoher Zaun grenzte das Gelände ein und Hinweisschilder verwiesen darauf, dass das Betreten außerhalb der Öffnungszeiten verboten sei.

Jason beachtete sie nicht, als er den Maschendrahtzaun leicht runterdrückte und in das Innere kletterte. Er zeigte sich sogar von seiner charmanten Seite, indem er mir ebenfalls beim Einsteigen half.

Das Gras knisterte unter unseren Füßen. Erst kurz vor dem Ufer wurde es von Kies abgelöst. Der Wind strich sanft über die Wasseroberfläche, sodass sich schwache Wellen bildeten, die seicht unter dem klaren Sternenhimmel hin und her wiegten. Wenn man ganz genau hinsah, konnte man sogar die Spiegelung des Mondes im Wasser sehen. Der Anblick war atemberaubend und hatte so etwas Beruhigendes. Für einen Augenblick verstummten alle Sorgen und Gedanken in meinem Kopf und ich fühlte mich eins mit der Welt. Es war die Art von innerer Ruhe, die man nur in Momenten völliger Zufriedenheit empfand.

Jason zerbrach die Stille, als er seine Hand aus meiner befreite, um sich die Schuhe auszuziehen. Es folgten sein Oberteil und die Jeans. Lediglich bei der Boxershorts hielt er inne. »Ich weiß, mein Anblick ist atemberaubend«, scherzte er. »Aber wolltest du in Kleidung samt Schuhen schwimmen gehen?«

Ich zögerte. Wenn ich es darauf angelegt hätte, wäre das der Zeitpunkt gewesen, ihn darauf hinzuweisen, dass wir uns aufs *Nackt schwimmen* geeinigt hatten. Doch so wie ich Jason einschätzte, würde er es nicht wagen, zu kneifen, und dann müsste ich selbst auch nachziehen. Allein der Gedanke trieb mir die

Schamesröte in die Wangen und ich senkte verlegen den Kopf und nestelte wortlos an den Schnürsenkeln meiner Turnschuhe herum.

Als ich wieder aufsah, rannte Jason bereits in das kühle Wasser, sodass es zu allen Seiten spritzte. Ein gezielter Sprung und er verschwand unter der Oberfläche. Aber es hatte gereicht, um zu sehen, dass er seine schwarzen Boxershorts anbehalten hatte. *Feigling!*, dachte ich mit verstohlenem Grinsen und purer Erleichterung. Auch wenn mich der Gedanke erregte, nackt mit ihm im Schutz des Wassers zu sein. Vielleicht wäre es der Funke Mut, den es brauchte, um Jason dazu zu bringen, mich nicht länger als kleines Mädchen, sondern als Frau zu sehen. Ich wollte ihm nah sein. So nah, dass es gar nicht näher ging. Er sollte mich berühren, anfassen und nicht mehr loslassen. Seine Haut auf meiner Haut. Aber Vorstellung und Realität lagen manchmal weiter auseinander, als es einem lieb war.

Unter meinem Kleid trug ich schlichte schwarze Unterwäsche. Jason hatte leider nicht an einen Bikini gedacht, als er Tracy beklaut hatte.

In Windeseile rannte ich ins Wasser, das kälter war, als ich erwartet hatte. Durch die Tiefe des Blue Hole heizt sich die Wassertemperatur nicht so sehr auf wie bei einem See, sondern blieb selbst bei enormer Hitze kühl. Jason war nirgends zu sehen, als ich mir Wasser auf den Körper spritzte und zitternd eintauchte. Bibbernd schwamm ich bis etwa zur Mitte des Wasserlochs, um mich aufzuwärmen. Bereits nach wenigen Metern war das Wasser so tief, dass ich nicht mehr stehen konnte. Es war nicht nur ungewohnt, sondern geradezu unheimlich, allein in einem dunklen Wasser zu schwimmen. Die Lichter der Stadt waren von hier aus nicht mehr zu sehen und die Bäume am Ufer bildeten eine schwarze Mauer. Rund um mich herum war nur das Platschen des Wassers von meinen eigenen Bewegungen zu hören. Wo war Jason?

Ich begann mich vorsichtig im Kreis zu drehen und hielt nach ihm Ausschau. Wenn das ein Scherz sein sollte, war es ein schlechter. Ich entdeckte ihn nicht weit von mir. Er hatte seine Arme und Beine von sich gestreckt und trieb bewegungslos unter der Wasseroberfläche – fast wie tot. Nur sein Kopf guckte noch heraus. Sein Gesicht war dem Himmel zugewandt und er hatte die Augen auf den Sternenhimmel gerichtet.

»Du hast mir einen Schrecken eingejagt«, beschwerte ich mich bei ihm und spritzte ihm Wasser ins Gesicht. Er blieb völlig ruhig, blinzelte lediglich die Tropfen aus seinen Augen. Sie liefen wie Tränen über seine Wangen.

»Leg dich neben mich«, forderte er mich auf.

Ich tat ihm den Gefallen, ließ meinen Körper vom Wasser tragen und versuchte ruhig zu atmen, während die leichten Wellen sanft um meinen Kopf schwappten.

Überall waren Sterne. Sie bedeckten den ganzen Himmel. Ich erkannte ein paar Sternenbilder, ohne jedoch ihre Bedeutung zu kennen. Jasons Hand verschränkte sich mit meiner. Seine Haut war die einzige Wärmequelle in dem kalten Wasser.

Wir trieben über die Oberfläche, aneinandergebunden wie zwei Schiffe. Wenn einer von uns sank, würde der andere mit ihm untergehen.

»Wenn in diesem Moment eine Sternschnuppe fiele, was würdest du dir wünschen?«, fragte ich ihn. Meine Stimme war kaum lauter als ein Flüstern.

»Dass die Zeit stehen bleibt«, antwortete er, ohne zu zögern.

»Warum?«

»Weil ich wünschte, dieser Moment würde ewig währen.«

Für einen Augenblick waren wir beide still. Ganz egal, wie seltsam er sich manchmal benahm, er hätte mir nicht deutlicher sagen können, dass er mich genauso sehr mochte wie ich ihn. Mit wem, wenn nicht jemandem, den man liebt, würde man schon die Ewigkeit teilen wollen?

»Und was würdest du dir wünschen?«

Meine Antwort kam nicht so prompt wie seine, weil ich mich vor seiner Reaktion fürchtete. »Dass wir zusammen aufs College gehen. Während du die Zeit am liebsten anhalten würdest, freue ich mich auf die Zukunft. Wäre es nicht toll, wenn wir uns auch nach dem Sommer noch sehen könnten?«

Er löste sich von mir. »Du weißt doch noch nicht einmal, was du studieren möchtest.«

Ich ließ meine Beine wieder unter Wasser gleiten und suchte seinen Blick. »Es geht mir nicht darum, was ich studiere, sondern dass wir zusammen sind. Findest du das dumm?«

Seine nasse Hand legte sich auf meine Wange. Zärtlich streichelte sein Daumen über meine Haut. »Nein, aber du planst ganz schön weit voraus. Wollten wir es nicht langsam angehen lassen?«

»Ich weiß, es tut mir leid«, entschuldigte ich mich mit einem Lächeln. »Ich kann nicht anders. Ich bin es gewohnt, dass in meinem Leben alles nach Plan verläuft.«

»Bin ich auch Teil dieses Plans?«

»Nein, du bist der beste Beweis dafür, dass das Leben noch viel mehr zu bieten hat, als man denkt.«

Liebe Mom und lieber Dad,

habt ihr schon einmal von dem Blue Hole in Santa Rosa, New Mexico gehört? Es ist ein sechsundzwanzig Meter tiefes Wasserloch mit kristallklarem Wasser mitten in der Prärie. Unglaublich, oder? Während ich heute im Wasser geschwommen bin, ist mir klar geworden, dass ich nach der Schule aufs College gehen möchte. Das überrascht euch wahrscheinlich nicht, denn das war immer unser Plan. Aber ich möchte nicht Medizin studieren. Ganz ehrlich, ich wäre eine grauenhafte Ärztin! Diese Reise lässt mich nicht nur neue Orte entdecken, sondern vor allem erfahre ich viel über mich selbst. Ich bin noch nicht ganz so erwachsen, wie ich es gern wäre, aber ich glaube, zum Erwachsenwerden gehört dazu, zu erkennen, wer man wirklich ist. Ihr fehlt mir!

Bis bald,
eure Jade

Tag 27

Ein Konzert besuchen

Bereits am nächsten Morgen ließen wir Santa Rosa hinter uns und fuhren weiter. Jason hatte es plötzlich eilig, aber wollte mir den Grund dafür nicht verraten. Wie so oft gab er sich geheimnisvoll, jedoch auf eine gute Art und Weise. Immer wenn ich ihn fragte, was er vorhatte, grinste er nur und schüttelte tadelnd den Kopf.

Unser Weg führte uns durch herrliche Gebirgslandschaften, die eine willkommene Abwechslung zu der tristen Prärie der letzten Tage bildeten. Die Straße wand sich in vielen Kurven durch die Berge, vorbei an kleinen Dörfern und trockenen Wäldern. Quellen entsprangen aus den braunen Steinen. Der Anblick war atemberaubend und ich wäre gern länger geblieben, aber Jason wurde bei jedem kleinen Stopp unruhig und sah immer wieder drängend auf die Uhr.

Am Abend erreichten wir Albuquerque, das geradezu für Autos gemacht zu sein schien. Es gab keine Fußgängerzonen oder schmalen Gassen, in denen man sich zu Fuß einfach hätte treiben lassen können. Stattdessen waren die Entfernungen riesig, die vier- bis sechsspurigen Boulevards schnitten die Stadt in Stücke und erschienen als unüberwindbare Hindernisse.

Wir fuhren an Restaurants, Souvenirshops, Kunstgalerien und Juweliergeschäften vorbei, schließlich bog Jason in eine heruntergekommene Straße ein, die von riesigen Müllcontainern mit Bauschutt gesäumt wurde. Ein halb fertiges Hochhaus ragte vor uns empor, mit einem Plakat, das verkündete, dass ab November Wohnungen zu vermieten seien. Ich bezweifelte, dass Jason mir den Rohbau seiner neuen Wohnung zeigen wollte, und war somit genauso ratlos wie zuvor.

»Okay, sagst du es mir jetzt?«, bettelte ich, als Jason auf einen der wenigen Parkplätze an der gruseligen Straße fuhr.

Er hielt vor einem alten Hotel im Art-déco-Stil.

»Geduld, Geduld«, neckte Jason mich und schnallte sich ab. Er stieg aus dem Auto und reckte sich erst einmal ausgiebig, als habe er alle Zeit der Welt.

Ich tippte ungeduldig mit dem Fuß auf und ab. »Ich warte.«

Jason umrundete das Auto, öffnete mir die Tür und zeigte auf das Hotel. »Wir sind hier, weil hier meine Lieblingsband spielt. Die Firekeepers.«

»Die Firekeepers?«, wiederholte ich. »Von denen habe ich noch nie gehört.«

»Sind viel besser als der ganze Mainstream. Sofern du nur ein bisschen Geschmack hast, werden sie dir gefallen.«

Er nahm meine Hand, verschränkte seine Finger mit meinen und führte mich in das Hotel. Mir war völlig gleich, ob der Raum, in dem das Konzert stattfinden würde, genauso runtergekommen war wie die ganze Gegend oder ob die Musik grauenhaft sein würde. Allein die Tatsache, dass Jason mir endlich etwas von sich selbst preisgab, ließ mein Herz vor Aufregung rasen.

An den Wänden hingen türkis- und lachsfarbene Folklore-Teppiche. Ein Metallschild am Ende der Lobby wies uns den Weg zum Club, was aber eigentlich nicht nötig gewesen wäre. Der donnernde Bass und die Verstärker-Rückkopplungen waren schon zu hören gewesen, als wir durch die Drehtür gekommen waren. Es roch nach Zigaretten, billigem Bier und schwitzenden Körpern. Ein paar Kids, die zu cool zum Tanzen waren, standen rauchend in der Lobby und musterten uns neugierig.

Nachdem wir fünf Dollar Eintritt gezahlt hatten, schoben wir uns in den großen, quadratischen Saal. Außer den Bühnenscheinwerfern leuchteten nur noch ein paar Lichterketten im erhöhten Barbereich, sonst war es dunkel. Es wimmelte von Menschen – Typen, die sich weigerten, zu tanzen, Mädchen, die sich mit geschlossenen Augen im Rhythmus wiegten, untergehakte Pärchen. Wir bahnten uns einen Weg durch die Masse, tippten auf unzählige Schultern und murmelten mehr als einmal *Sorry*. Die Musik war ohrenbetäubend laut.

Als Jason und ich endlich die Bar erreichten, sackten wir am Tresen zusammen, als hätten wir gerade einem Orkan getrotzt. Wir bestellten Cola beim Barkeeper und ich konnte zum ersten Mal einen Blick zur Bühne werfen.

Mir gefror das Blut in den Adern. Dort standen keine Fremden, sondern ausgerechnet der Mensch, den ich am wenigsten sehen wollte: Scott. Er hielt seine Gitarre in der Hand und zupfte ein paar Akkorde zur Probe. Scott hatte keine Ahnung, wie man Gitarre spielte, sie war für ihn nur ein Accessoire, um sein cooles Image zu unterstützen. Auch die restlichen Bandmitglieder kannte ich alle vom Sehen.

Vor der Bühne tummelten sich ein paar Mädchen, die die Jungs neugierig beim Aufbau der Instrumente beobachteten. Scott sah immer wieder mit einem verschmitzten Lächeln zu ihnen, dabei fiel ihm sein dunkles Haar beinahe vor die Augen. Genau dieser Anblick hatte vor Monaten meine Beine weich werden lassen, mein Blut zum Kochen gebracht und mich bis in meine Träume verfolgt. Ich erwartete, dass der Schmerz wie ein Tsunami über mich hinwegwallen würde, doch stattdessen spürte ich bloße Wut in meinem Bauch.

Meine Hände ballten sich zu Fäusten, als ich den Blick von der Bühne abwandte und mit zusammengekniffenen Lippen auf meine Cola starrte.

»Sind das etwa die Firekeepers?«, presste ich wütend hervor. Scotts Band hatte sich zu Beginn des Sommers zwar noch Ladykillers geschimpft, aber wer wusste schon, was in den letzten Wochen passiert war.

Jason schaute nun zwischen mir und der Bühne hin und her. »Nein, keine Ahnung, wer die sind. Vermutlich die Vorband, warum?«

Es gab so vieles, das ich ihm sagen wollte, aber kein Ton kam über meine Lippen. Wenn ich den Mund öffnen würde, könnte ich weder meine Stimme noch meine Emotionen kontrollieren. Ich wusste nicht, was ich tun würde. Heulen, schreien, etwas zusammenschlagen, kotzen oder alles gleichzeitig?

»Kennst du sie?«, deutete Jason meine Reaktion richtig.

Ich nickte und trank die Cola in einem Zug aus. »Kann ich ein Bier haben?«, wandte ich mich an den Mann hinter der Bar.

Er musterte mich für einen Moment und ich überlegte mir bereits, was ich ihm für eine wütende Antwort entgegenschleudern würde, wenn er es wagen sollte, nach meinem Alter zu fragen. Aber er verlangte keinen Ausweis, sondern stellte unbeeindruckt eine Bierflasche vor mir auf den Tisch. »Willst du ein Glas?«

»Nein danke!« Es war erbärmlich und albern, sich wegen einem Vollidioten wie Scott betrinken zu wollen, aber ich brauchte etwas, an dem ich mich festhalten konnte. Erst als der erste Schluck meine Kehle hinabgelaufen war, fühlte ich mich in der Lage, Jason anzusehen und ihm zu antworten. »Der Sänger ist mein Exfreund«, presste ich mühsam hervor.

Was immer Jason dachte, seine Miene ließ es nicht erkennen. Er sah mir nachdenklich in die Augen. »Vielleicht sollte ich mich bei ihm bedanken.«

Für einen Augenblick vergaß ich meine Wut und verschluckte mich beinahe an meinem Bier. »Warum das denn?«, wollte ich überrumpelt wissen.

Seine Fingerspitzen strichen kühl über meinen verschwitzten Unterarm, während sich sein Blick direkt durch meine Augen in mein Herz zu bohren schien. »Immerhin bist du wegen ihm abgehauen. Ohne sein Zutun hätte ich dich vielleicht nie kennengelernt.«

Meine Haut kribbelte unter seiner Berührung. Das Gefühl breitete sich über meinen ganzen Körper aus. Ein Schaudern zog sich von meiner Kopfhaut über meinen Rücken, sodass ich leicht zusammenzuckte.

Wenn Scott mich früher angesehen hatte, war ich immer unglaublich stolz gewesen, dass er, der große Musiker, seine Zeit ausgerechnet mit mir, der unscheinbaren Schülerin, verbrachte.

Aber wenn Jason mich ansah, fühlte ich mich selbst wie der Star. Er gab mir nicht nur das Gefühl, liebenswert zu sein, sondern auch einzigartig. Es machte keinen Unterschied, ob wir uns in einem vollen Club, auf einer Kuhweide, mitten auf der Straße oder im strömenden Regen befanden. Solange Jason mich mit leicht gesenktem Kopf und seinen azurblauen Augen ansah, fühlte ich mich wie auf Wolken und vergaß alles um mich herum.

Unsanft wurde ich aus meinen Gedanken gerissen, als mir plötzlich jemand von hinten einen Ellbogen in den Rücken rammte und ich nach vorn stolperte. Jason hielt mich an beiden Armen fest, damit ich nicht fiel.

»Vier Bier und eine Runde Kurze«, orderte eine mir vertraute Stimme in harschem Befehlston.

Der Geruch von Zigaretten, Schweiß und Alkohol ließ mich die Nase rümpfen, als ich mich umdrehte. Dort stand der Junge, der mir beinahe meinen Sommer versaut und mir meine beste Freundin gestohlen hatte. Sein Haar klebte ihm auf der verschwitzten Stirn und er trat unruhig von einem Fuß auf den anderen, während er mit den Fingern auf den Tresen trommelte.

»Geht das nicht schneller?«, blaffte er den Barkeeper an. »Ich muss gleich auf die Bühne.«

»Vielleicht solltest du dann nicht trinken«, zischte ich, ehe ich mich bremsen konnte.

Überrascht drehte er sich zu mir um. Sein Blick glitt über meine Haare, mein Gesicht und verweilte schließlich auf meinen Brüsten. Schwein! Sein Mund verzog sich zu einem ungenierten Grinsen, als er die Augen zurück zu meinem Gesicht gleiten ließ. *Er erkennt mich nicht!*, stellte ich fassungslos fest. Gut, meine Haare waren kürzer und gefärbt, aber ich war doch immer noch dieselbe! Hatte ich ihm überhaupt je etwas bedeutet?

»Wer bist du, dass du glaubst, mir Ratschläge erteilen zu können?«, wollte er amüsiert wissen.

Meine Hand ballte sich zur Faust und es kostete mich enorme Selbstkontrolle, ihm diese nicht mit voller Wucht direkt auf die Nase zu knallen. Ich umfasste mit der anderen Hand mein Bier etwas fester. »Du bist ein widerlicher Mistkerl und ich verstehe nicht, was ich jemals an dir finden konnte«, brach es ungebremst aus mir hervor.

Plötzlich weiteten sich seine Augen und er musterte mich erneut. Die Erkenntnis traf ihn wie ein Blitzschlag. »Jade?«, fragte er ungläubig. »Was machst du denn hier?«

Dasselbe hätte ich ihn fragen können. Ich hatte angenommen, Tausende Meilen Entfernung zwischen mir und meinem Zuhause würden ausreichen, um Scott, Katie und das ganze Dilemma vergessen zu können. Aber ausgerechnet in Albuquerque, New Mexico traf ich nun auf ihn und mein Gefühl der Sicherheit brach wie ein Kartenhaus in sich zusammen.

»Was geht es dich an?!«

»Du siehst so anders aus«, murmelte er verblüfft und strich sich die feuchten Haare aus der Stirn. »Aber gut!«, lachte er und ließ erneut seine Augen über meinen Körper gleiten.

Obwohl ich angezogen vor ihm stand, fühlte ich mich entblößt. Wütend verschränkte ich die Arme vor der Brust.

Beruhigend und besitzergreifend zugleich legte Jason seinen Arm um meine Schultern und baute sich neben mir auf. »Hi, ich bin Jason und wer bist du?«, wandte er sich scheinbar freundlich an Scott und reichte ihm seine Hand.

Mit unverhohlener Geringschätzung sah Scott ihm in die Augen. Ohne die ausgestreckte Hand zu ergreifen, wandte er sich erneut an mich. »Ist das dein Neuer?« Eine Spur Eifersucht schwang in seiner Stimme mit.

»Wo hast du Katie gelassen? Ich habe sie hier noch nirgendwo entdecken können«, entgegnete ich kühl.

»Katie ist im Camp, wo du eigentlich auch sein solltest«, erwiderte er unbeeindruckt und deutete auf meine Bierflasche, die ich immer noch umklammert hielt. »Weiß der Barkeeper eigentlich, dass du noch minderjährig bist?«, fragte er laut genug, damit alle Umstehenden es auch ja mitbekamen.

Mein ganzer Körper schien vor Wut zu beben, als ich zu den Mädchen vor der Bühne deutete. »Weiß Katie eigentlich, dass du sie betrügst?«

»Was interessiert mich Katie?«, rief Scott verständnislos aus. »Es war ein Kuss, mehr nicht! Konnte ja nicht ahnen, dass du noch so ein Kleinkind bist, das deshalb direkt eine riesige Szene macht!« Er streckte seine Hand nach meinem Gesicht aus, während er dreist grinsend erst zu Jason und dann zurück zu mir sah. »Aber ich verzeihe dir. Nach unserem Auftritt nehme ich mir Zeit für dich.«

Noch ehe seine Fingerspitzen meine Wange berühren konnten, schüttete ich ihm den Inhalt meiner Bierflasche ins Gesicht. Er schnappte entrüstet nach Luft, bevor sich seine Hände schmerzhaft um meine Schulter schlossen und er mich heftig rüttelte. Nicht einmal eine Sekunde später verpasste ihm Jason einen Stoß gegen die Brust, der ihn zurücktaumeln ließ.

»Spinnt ihr?«, brüllte Scott außer sich, während sich Jason beschützend vor mir aufbaute.

»Niemand fasst mein Mädchen an!«, wies er ihn beherrscht zurecht.

Scott stürmte auf Jason zu und holte mit der Faust aus, doch Jason wich ihm geschickt aus. Dabei stolperte Scott über seine eigenen Füße und landete ächzend am Boden. Er versuchte sich fluchend wieder hochzustemmen, doch kaum dass er stand, bauten sich zwei breitschultrige Männer zwischen ihm und Jason auf. »Schlägereien könnt ihr vor der Tür erledigen!«, knurrten sie und sahen zwischen den beiden Rivalen hin und her. In dem Moment mischte sich der Barkeeper ein.

»Setz den Prolet an die frische Luft, der andere ist friedlich!«

Er zwinkerte Jason freundschaftlich zu, während Scott sich empörte. »Ihr könnt mich nicht rausschmeißen, ich habe einen Auftritt!«

Die beiden Männer vom Sicherheitsdienst interessierten sich nicht dafür und packten ihn unter den Armen. Scott begann sich zu wehren und trat wie wild um sich. »Wisst ihr nicht, wer ich bin?«, brüllte er fassungslos, während ihn die Männer aus dem Club schleiften. Seine Bandkollegen sowie alle anderen Anwesenden bekamen nun Scotts Aufstand ebenfalls mit und sahen teils entsetzt, teils belustigt dabei zu, wie er aus dem Saal geschleift wurde.

Sobald er verschwunden war, wurde die Musik wieder lauter gedreht und die Bühne blieb verlassen zurück.

Jason zuckte schelmisch grinsend mit den Schultern. »Wie es aussieht, gibt es heute wohl leider keine Vorband.«

Ich fiel lachend ein. »Das ist wirklich bedauerlich.«

Er zog mich stürmisch an sich. »Versprichst du mir etwas?«

Ich hätte ihm in diesem Moment wohl jedes Versprechen gegeben. »Was?«

»Wenn wir uns trennen, dann verliebe dich bitte nie wieder in solch einen Vollidioten.«

Energisch schüttelte ich den Kopf. »Tut mir leid, aber das kann ich dir unmöglich versprechen.«

Überrascht hob er die Augenbrauen. »Warum nicht?«

Ich stellte mich auf die Zehenspitzen, sodass wir auf einer Höhe waren, und beugte mich dicht vor sein Gesicht. Unsere Nasenspitzen berührten bereits einander. »Wir werden uns niemals trennen und deshalb werde ich mich auch nie in einen anderen verlieben.«

Vielleicht war es naiv, albern und kitschig, aber genau das empfand ich in diesem Augenblick. Warum sollten wir darüber reden, was einmal sein könnte, wenn unser gemeinsames Leben doch gerade erst begonnen hatte? Ich wartete nicht auf seine Antwort, sondern verschloss seine Lippen mit einem Kuss.

Die Firekeepers spielten gerade einen schnellen Song. Der Schlagzeuger schien acht Arme zu haben. Der Bassist wiegte sich im Takt, wobei ihm sein langes Haar ins Gesicht fiel. Die Sängerin, die platinblondes Haar hatte, stand in der Mitte der Bühne und sang verführerisch ins Mikrofon. Ich starrte sie wie verzaubert an und konnte meinen Blick nicht von ihr wenden. Sie hatte ihr Haar zu einer Turmfrisur hochgesteckt und trug ein enges schwarzes Kleid, schwarze Stiefel und lange schwarze Seidenhandschuhe. Ich bewunderte sie, aber ein Teil ihres Selbstbewusstseins spürte ich auch in meinem eigenen Herzen schlagen.

»Du hast recht! Tolle Band«, schrie ich Jason ins Ohr. Sie waren völlig anders als alles, was ich bisher gehört hatte.

Er lächelte mich stolz an und stieß seine Bierflasche an meine. Sein Kopf wippte im Rhythmus der Musik. Ich ließ meinen Blick durch den Saal schweifen. Viele tanzten und auf ihren Köpfen erschienen Heiligenscheine von dem Licht der Bühnenscheinwerfer. Ein paar Fans drängelten sich vor der Bühne. Hauptsächlich Jungs, die wahrscheinlich versuchten, der Sängerin unter den Rock zu starren.

»Katie fände es hier super«, sagte ich traurig. »Sie geht unheimlich gern zu solchen Konzerten. Alle Bands, die ich höre, kenne ich nur von ihr.«

Jason hob überrascht die Augenbrauen. »Deine Freundin, die dir diesen Vollidioten ausgespannt hat?«

Ich rollte mit den Augen. Seitdem Scott so abwertend über Katie gesprochen hatte, fiel es mir schwer, länger wütend auf sie zu sein. Sie bedeutete ihm genauso wenig wie ich. Wir waren beide auf ihn hereingefallen und hatten zugelassen, dass er unsere jahrelange Freundschaft zerstörte. »Scott ist es nicht wert, dass ich seinetwegen meine beste Freundin verliere.«

Jason grinste mich wissend an, als habe er nur darauf gewartet, dass ich selbst zu der Erkenntnis kam. Im Schein der Diskokugel leuchteten seine blauen Augen auf.

»Vielleicht kannst du sie ja mal kennenlernen«, schlug ich euphorisch vor.

»Das wäre schön«, nickte er.

Katie und Jason würden sich mögen – ihnen war beiden egal, was andere von ihnen dachten. Nach dem, was mit Scott vorgefallen war, hätte ich vermutlich befürchten sollen, dass Katie mir Jason wegnehmen würde. Aber ich vertraute darauf, dass sie ihre Lektion gelernt hatte, und vor allem vertraute ich Jason, dass er mir niemals wehtun würde.

Als wir ausgetrunken hatten, zog ich Jason von seinem Stuhl hoch und zerrte ihn zur Tanzfläche. Er räusperte sich verlegen. »Ich bin aber kein großer Tänzer.«

»Ich auch nicht«, brüllte ich in den Lärm. »Aber hier kennt uns keiner, also ist es doch egal.«

Lachend ließ er mich eine Pirouette drehen, bevor wir zusammen tanzten und zur Musik auf und ab hüpften.

Als die Firekeepers ihr Set beendet hatten, war ich erschöpft und in Schweiß gebadet, aber fühlte mich gleichzeitig leicht wie eine Feder.

»Ich wollte dir noch etwas zeigen«, sagte Jason, deutete auf den Notausgang und führte mich durch den dunklen, feuchten Flur, der dahinter lag. Auf einer schweren Metalltür an der Seite stand: Aussichtsplattform. Jason drückte sie auf und wir stiegen eine schmale Treppe hinauf.

»Dürfen wir hier wirklich rein?«, fragte ich besorgt, während unsere Schritte von den Metallstufen widerhallten.

»Ja«, sagte Jason leichthin. »Wir sind gleich da.«

Am Ende der Treppe schoben wir eine zweite schwere Tür auf und standen im Freien. Die Aussichtsplattform war im Grunde genommen nur ein Flachdach mit ein paar alten Holzstühlen und Beistelltischen, einem Mülleimer, der vor leeren Bierflaschen überquoll, und einer großen, halb verwelkten Topfpflanze. Aber vor uns erstreckte sich Albuquerque mit seinen Lichtern, seiner Energie und seinem Lärm.

»Wunderschön«, hauchte ich. »Woher wusstest du, dass das hier oben ist?«

Jason ging zum Geländer, legte den Kopf in den Nacken und schaute in den Nachthimmel hinauf. »Ich war eine Zeit lang oft hier im Krankenhaus, deshalb kenne ich die Stadt inzwischen ziemlich gut.«

»Warst du krank?«, fragte ich leise, wobei mein Herzschlag sich beschleunigte. War das der Moment, in dem er mir Einlass in all seine Geheimnisse gewähren würde?

Er starrte auf die glitzernden Lichter der Stadt und wirkte wieder so verschlossen wie eh und je. »Ich hatte Lungenkrebs und war in Albuquerque zur Chemotherapie.«

»Wie lange ist das her?«

»Drei Jahre.«

Mir wurde eng in der Brust, als würde sich eine kalte Hand um mein Herz legen. »Habt ihr früher hier gewohnt?«, brachte ich mühsam hervor und versuchte mir meine Bestürztheit nicht anmerken zu lassen.

»Nein, aber in Albuquerque gibt es eine sehr gute Privatklinik. Meine Mom hat einen Kredit aufgenommen, damit wir sie uns leisten konnten.« Er sprach darüber so abgeklärt, als ginge es um jemand Fremdes.

»Du warst bestimmt trotzdem oft einsam, oder? Ich meine, so ganz ohne Freunde und Familie.« Mitgefühl schwang in meiner Stimme mit, was ihn zusammenzucken ließ, als hätte ich ihm einen elektrischen Schlag verpasst.

»Ich hatte nie viele Freunde. Die Charaktere aus Büchern und Filmen standen mir näher als reale Personen. Man könnte sagen, Tom Sawyer war mein bester Freund.«

In seinen Worten lag ein tiefes Bedauern und ich wusste nicht, was ich dazu sagen sollte, ohne es noch schlimmer zu machen. Er kam mir zuvor: »Aber es ist unbedeutend, denn es ist vorbei.«

Ich wusste, dass ich nun nicht mehr weiter nachfragen durfte, wenn ich die Nacht nicht ruinieren wollte. Also verbiss ich mir die vielen Fragen, die sich unwillkürlich in mir aufdrängten, und schmiegte mich stattdessen an Jasons Brust.

Auf den Straßen unter uns hupten Autos. Ein Hubschrauber flog über uns hinweg und schickte einen einzelnen weißen Lichtstrahl in Richtung der Berge. In der Ferne gab die Alarmanlage eines Gebäudes so lange gellende, nervtötende Piepstöne von sich, bis jemand sich erbarmte, sie abzustellen. Aber für mich war es einer der schönsten Abende meines Lebens.

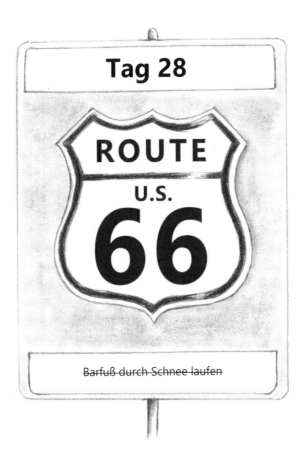

Tag 28

~~Barfuß durch Schnee laufen~~

Die Sonne fiel durch die Scheiben des Mustangs und tauchte das Wageninnere in ein goldenes Licht. Müde schirmte ich meine Augen mit der Hand ab, als ich mich aufrichtete. Der Fahrersitz war leer.

Wir befanden uns noch immer auf dem abgelegenen Parkplatz zwischen den halb fertigen Hochhäusern. Nachdem wir den Club erst in den frühen Morgenstunden verlassen hatten, hatten wir uns das Geld für ein Hotel sparen wollen und deshalb im Auto geschlafen.

Ich stieß die Wagentür auf und streckte meine Beine ins Freie. Meine Knochen knackten wie bei einer alten Frau und ich ließ meinen Kopf kreisen, um die eingerostete Nackenmuskulatur zu lockern. Die Bauarbeiter hatten bereits ihre Arbeit aufgenommen und erfüllten die Luft mit dem Rattern der Betonmischer und dem Sirren der Stahlbohrer. In der Ferne war das Rauschen von Autos zu hören, die über eine Schnellstraße zischten.

Ich reckte meine Hände zum Himmel und ging einmal im Kreis um den Mustang. Jason war nirgends zu sehen, vermutlich war er losgezogen, um etwas zum Frühstück aufzutreiben. Gähnend ließ ich mich zurück auf den Ledersitz gleiten und drehte mich zur Rückbank, um nach einer Wasserflasche zu suchen. Doch stattdessen fiel mir Jasons geöffneter Rucksack ins Auge. Die Tüte mit den Medikamenten schaute aus dem Spalt heraus.

Mit einem Schlag spielte sich die Erinnerung an die vergangene Nacht vor meinen Augen ab. Jason hatte Krebs gehabt – Lungenkrebs. Er sagte, es sei vorbei, aber wofür dann die vielen Medikamente? Depressionen … Bei einer Jugend hinter den Mauern einer Klinik, ohne jegliche Freunde, war es kein Wunder, wenn man trübsinnig wurde, aber war das wirklich alles?

Vorsichtig hob ich den Kopf und sah mich erneut um. Neben unserem Auto befanden sich noch zwei weitere auf dem Parkplatz, die jedoch verlassen waren. Jason war immer noch nicht zu sehen. Zögernd streckte ich meine Hand nach dem geöffneten Rucksack aus. Das war meine Chance, herauszufinden, ob er mir die Wahrheit sagte.

Meine Fingerspitzen berührten bereits das Plastik der Tüte, als ich innehielt. Jason würde außer sich vor Wut sein, wenn er mich dabei erwischte, wie ich in seinen Sachen herumschnüffelte. Er hatte mir versprochen, mir irgendwann alles zu erzählen. Gestern hatte er den ersten Schritt gemacht. Es hatte ihn sicher Überwindung gekostet, mir von seiner Krankheit zu erzählen. Er hatte mir dabei ja nicht einmal in die Augen blicken können und trotzdem hatte er es getan.

Ich wusste nicht, was ich getan hatte, aber offenbar hatte ich mir sein Vertrauen verdient. Wenn ich nun in diese Tüte sah, würde ich alles kaputt machen. Vielleicht würde ich dann die Wahrheit kennen, aber ich wollte sie nicht selbst herausfinden, sondern von Jason hören.

Was, wenn er mich gar nicht belogen hatte und es wirklich nur Mittel gegen Depressionen und Kopfschmerzen waren? Wie würde ich mich an seiner Stelle fühlen, wenn er mir beweisen würde, dass er mir kein Wort glaubte? Ich wäre zutiefst verletzt und würde mich verraten fühlen. Unsere Beziehung stand erst am Anfang und vertrug so einen Vertrauensbruch vielleicht nicht.

Und wenn es doch mehr als Depressionen waren? Was würde es mir bringen, das zu wissen? Ich konnte ihn schlecht zur Rede stellen. Außerdem war der Gedanke, dass jemand, der Krebs gehabt hatte, nichts Besseres zu tun haben könnte, als über die Route 66 zu fahren, geradezu verrückt. So etwas würde nur jemand tun, der keine Hoffnung mehr im Leben sah. Aber Jason steckte voller Leben. Wir genossen jeden gemeinsamen Tag – *als wäre es unser letzter? Nein!*

Ich schüttelte energisch den Kopf und zog meine Hand zurück. Mit vor der Brust verschränkten Armen wandte ich dem Rucksack den Rücken zu, als lauerte in ihm eine Gefahr, der ich nicht bereit war, mich zu stellen.

Mein Herz klopfte nervös in meiner Brust und als Jason gegen die Fensterscheibe klopfte, fuhr ich erschrocken zusammen, so als hätte er meinen Verrat in meinen Gedanken gelesen.

Er hielt zwei dampfende Kaffeebecher in den Händen und eine Tüte mit Bagels.

Gut gelaunt ließ er sich hinters Steuer sinken. »Hattest du einen Albtraum oder warum schaust du so erschrocken?«

Ich strich mir meinen Pony aus der Stirn und versuchte damit auch die negativen Gedanken zu vertreiben. »Ich brauche wohl Koffein, um wach zu werden.«

Mit einem zufriedenen Grinsen streckte er mir den Kaffee entgegen. »Wie gut, dass ich deine Gedanken lesen kann, bevor du sie überhaupt denkst.«

Ein nervöses Kichern drang über meine Lippen. »Wenn du dich da mal nicht täuschst.«

Jason verstand meine Anspielung nicht und ließ seine Finger über mein Knie tanzen. Normalerweise hätte mir diese kleine Berührung bereits einen Schauer nach dem anderen über den Körper gejagt, aber an diesem Tag raste mein Herz auch schon ohne sein Zutun.

»Was ist das Verrückteste, das du jemals gemacht hast?«, fragte er mich herausfordernd.

»Ist das nicht offensichtlich?«, erwiderte ich und sah ihm eindringlich in die Augen.

Ein Lachen verließ seine Lippen, wobei seine azurblauen Augen freudig funkelten. »Okay, ich nehme an, jeder Tag unserer Reise ist verrückt, aber abgesehen davon?«

Ich versuchte mich auf seine Frage zu konzentrieren und durchforstete meine Erinnerungen nach einem verrückten Erlebnis, doch alles erschien mir geradezu farblos im Vergleich zu den vergangenen Wochen, als hätte ich mein bisheriges Leben hinter einem Vorhang verbracht.

»Katie und ich haben uns mal in einem Kaufhaus einschließen lassen.«

Er hob überrascht seine linke Augenbraue. »Eine ganze Nacht?«

»So war unser Plan, aber bereits nach einer Stunde wurden wir dabei erwischt, wie wir ein Wettrennen in der Fahrradabteilung machten«, gestand ich ihm schulterzuckend, aber mit breitem Grinsen. Katie fehlte mir, ganz egal, was sie getan hatte. Am meisten schmerzte die Vorstellung, ihr nach dem Sommer nicht alles bis ins kleinste Detail erzählen zu können.

Jason knuffte mich ins Knie. »Du bist ja richtig kriminell«, zog er mich auf.

»Was ist das Verrückteste, das du je gemacht hast?«

Seine Augen versanken in meinem Blick, so wie es mir zuvor als Antwort auf seine Frage ergangen war. Der Funke in meinem Herzen fing augenblicklich Feuer. Ich legte meine Hand auf seine und verschränkte unsere Finger miteinander.

»Kann ich dir diese Frage heute Abend beantworten?« Ein schelmisches Lächeln umspielte seine Lippen. Der Drang, ihn zu küssen, war kaum zurückzuhalten.

»Was hast du vor?«

»Wie verrückt fändest du es, mitten im Sommer barfuß durch Schnee zu laufen?«

»Das ist nicht verrückt, sondern unmöglich!«, erwiderte ich kopfschüttelnd.

Grinsend löste er seine Hand aus meiner und startete den Motor. »Wetten, dass ich dir noch heute das Gegenteil beweise, Jade Monroe?«

Schon von Weitem sah man das mächtige, beinahe tausend Megawatt starke Kohlekraftwerk Cholla, das im Winter Elektrizität bis hoch in den pazifischen Nordwesten lieferte. Die Berge erhoben sich um uns herum, als wir New Mexico hinter uns zurückließen und die Staatsgrenze von Arizona passierten.

Wir verließen die Route 66 und fuhren in Flagstaff ein, welches über 2.100 Meter hoch lag und mit der Humphrey's Peak die höchste Erhebung Arizonas darstellte. Ein Sessellift brachte uns mitten im Hochsommer auf 3.500 Meter Höhe.

Mit jedem Meter veränderte sich die Luft. Es wurde nicht nur kühler, sondern roch auch anders: frischer, reiner und irgendwie auch nach Freiheit. Es ist nicht möglich, den Geruch von Schnee zu beschreiben, und trotzdem würde ihn jedes Kind erkennen, das ihn nur einmal in seinem Leben gerochen hat. Jason machte das Unmögliche möglich. Zugegeben, es war nur ein winziger Hügel angehäufter Schneematsch, der in der Sonne vor sich hin schmolz, aber es war Schnee im Sommer.

Wir zogen beide unsere Schuhe aus und gruben unsere nackten Zehen in den eisigen Matsch, sodass wir vor Kälte zitterten, aber gleichzeitig vor Lachen geschüttelt wurden. Er hielt meine Hand, so als wäre sie eine Verlängerung seines eigenen Arms. Das Glück floss wie Strom zwischen unseren Körpern. Dieses Bild von Jason vor dem Tal, eingerahmt von den grünen Tannen und den schneebedeckten Bergspitzen, fügte sich in das Album meiner besten Erinnerungen, die ich ein Leben lang bei mir tragen würde.

Die schönsten Momente konnte man nicht in Fotos einfangen, sondern nur im Herzen tragen. Es waren Augenblicke der vollkommenen Zufriedenheit, wenn die Welt im Einklang mit einem selbst stand. Man erinnerte sich später selten an Details wie die Kleidung, die man getragen hatte, oder die Geräusche im Hintergrund, aber das Gefühl, welches man empfunden hatte, vergaß man nie. So würde ich niemals vergessen, wie sehr ich Jason in diesem Moment liebte. Es brauchte keine Worte, um mich wissen zu lassen, dass er das Gleiche empfand, ein Blick in seine Augen verriet es mir.

»Wenn dich jemand in fünfzig Jahren fragen würde, was das Verrückteste war, das du jemals getan hast, was würdest du ihm dann antworten?«

»Ich würde ihm antworten, dass der Sommer 1965 nicht nur der beste, sondern auch der verrückteste Sommer meines Lebens war, denn ich traf den unglaublichsten Mann. Danach war nichts mehr wie zuvor.«

Es war nicht die Antwort, die er erwartet hatte. Sie war besser. Mit einem Satz war er bei mir, schloss seine Hände um meine Hüften und küsste mich wie nie zuvor. Wir hatten unsere Sorgen und Ängste im Tal zurückgelassen. Hier oben gab es nur ihn und mich zwischen den Spuren des letzten Winters.

Tag 29

~~Jemandem ein Versprechen geben~~

Während wir es zu Beginn unserer Reise locker hatten angehen lassen und die Tage so genommen hatten, wie sie kamen, jagten wir nun von einer Sehenswürdigkeit zur nächsten. Uns blieben noch gut zwanzig Tage, um unser Ziel San Francisco zu erreichen. Es gab also keinen Grund zur Eile und trotzdem schien es Jason nie lange irgendwo auszuhalten, fast als liefe uns die Zeit davon. Meinetwegen hätten wir unsere restliche Zeit auch in irgendeinem kleinen Hotel verbringen können, ganz egal, wo. Es ging mir schon lange nicht mehr um das Abenteuer, sondern nur noch um ihn. Wie würde es mit

Jason und mir nach dem Sommer weitergehen? Ich wollte daran glauben, dass es kein Ende gab.

Als wir den Grand Canyon erreichten, fühlte ich mich mehr denn je wie ein Tourist, auch wenn wir nicht wie die anderen Besucher ein Foto nach dem anderen schossen, was jedoch einzig und allein daran lag, dass wir keinen Fotoapparat hatten. Das Foto vom Sonnenuntergang über der Schlucht zierte weltweit wahrscheinlich eine halbe Milliarde Fotoalben. Und auch wenn die Menschheit das Porträt schon hundertmal gesehen hatte – oder wohl eben deswegen – fühlte sie sich vom Original magisch angezogen. Denn der Grand Canyon war genau so, wie man ihn sich vorstellte: gigantisch. Nicht nur die für menschliches Ermessen unfassbaren Dimensionen machten ihn einzigartig. Das sich stündlich verändernde Spiel von Licht und Schatten und die facettenreiche Farbpalette provozierten beinahe religiöse Gefühle von der Einzigartigkeit der Schöpfung und der Nichtigkeit des menschlichen Daseins.

Wir standen an einem der vielen Aussichtspunkte auf der Ostseite des Canyons, die Morgensonne im Rücken, und blickten hinab in die überdimensionale Schlucht: ehrfürchtig und wortlos.

»Unglaublich, oder?«, flüsterte Jason nach einigen Minuten, während uns ein leichter Wind ins Gesicht wehte.

»Wenn man hier so steht und in den Abgrund blickt, erscheint einem alles andere plötzlich so unbedeutend.«

»Hast du Hunger?«, fragte er plötzlich aus heiterem Himmel.

Wir waren schon früh in Flagstaff aufgebrochen, sodass wir keine Zeit für ein Frühstück gehabt hatten. Während der Fahrt hatte mein Magen geknurrt, doch der Anblick des Grand Canyons hatte mich alles andere vergessen lassen. Hungrig nickte ich nun.

»Warte hier! Ich bin gleich wieder da«, raunte Jason geheimnistuerisch und lief zurück zum Auto.

Als er wiederkam, hatte er eine Decke unterm Arm und eine Supermarkttüte dabei. Er breitete die Decke auf einer Wiese ein Stück abseits des Aussichtspunktes aus. Das Gras war von der Nacht noch etwas feucht, aber würde innerhalb der nächsten Stunde von der Sonne trocknen.

Es raschelte, als wir uns niederließen. Auch wenn man von hier nicht mehr in die Schlucht hinabblicken konnte, so erhoben sich doch immer noch die majestätischen Berge rund um uns herum. Jason zog aus der Einkaufstüte eine Packung Orangensaft, grüne Trauben, weiche Brötchen und ein großes Stück Käse. Mit seinem Taschenmesser schnitt er den Käse in mundgerechte Stücke. Ich sah ihm dabei zu und empfand diese unwirkliche Situation auf einer Wiese am Abgrund des Grand Canyons als eine der romantischsten Dinge, die ich je erlebt hatte. Das Einzige, was das vielleicht noch toppen konnte, war unser nächtlicher Badeausflug ins Blue Hole. Jeder Tag an Jasons Seite erschien mir absolut irreal, so als würde ich träumen oder mich in einem Buch befinden.

Ich steckte mir eine Traube zwischen die Zähne und ließ meinen Blick über die Umgebung schweifen, als mir plötzlich eine Gruppe Menschen auffiel. Sie waren alle schwarz gekleidet und hoben sich dadurch von der restlichen Touristenmasse ab. In ihren Gesichtern lag nicht die typische Euphorie, sondern Trauer. Zwei Frauen unter ihnen weinten sogar, während eine dritte einen Gegenstand fest umklammert hielt, so als hinge ihr Leben davon ab. Es war eine Urne.

Die Gruppe versammelte sich am äußersten Punkt der Plattform und ein Mann löste sich aus ihrer Mitte. An seinem Kragen erkannte ich, dass es sich um einen Pfarrer handelte. Er begann zu den Trauernden zu sprechen, doch sie waren zu weit weg, als dass ich etwas hätte verstehen können.

Jason war meinem Blick gefolgt und beobachtete die kleine Gruppe nun ebenfalls.

Als der Pfarrer seine Rede beendet hatte, trat die Frau mit der Urne neben ihn. Vorsichtig öffnete sie diese. Selbst aus der Entfernung konnte ich erkennen, wie sie am ganzen Körper zitterte, als sie die Asche mit dem nächsten Windstoß davonwehen ließ. Die anderen Trauernden traten nun neben sie und sandten weiße Blütenblätter hinterher. Während von der Asche bereits nichts mehr zu sehen war, tanzten die Blüten durch die Luft und regneten in die Schlucht hinab. Es war ein schöner Anblick, der mich rührte.

Ich war erst ein Mal auf einer Beerdigung gewesen, es war die einer Großtante, die ich kaum gekannt hatte. Sie war traditionell in einem Grab auf dem Friedhof beerdigt worden. Schon als Kind hatte ich die Vorstellung von einem leblosen Körper, gefangen in einer Kiste, tief unter der Erde, als erschreckend empfunden. Es erschien mir fast, als würde man das, was von dem Menschen noch übrig war, gewaltsam auf der Erde festhalten wollen.

Die Art, wie die Asche vom Wind verweht worden war, hatte hingegen etwas Leichtes und Freies. Wer immer dieser Mensch gewesen sein mochte, ihn hielt nun nichts mehr in dieser Welt.

»Genau so möchte ich das auch«, sagte Jason plötzlich mit Blick auf die Trauergemeinde.

»Sind wir nicht noch etwas zu jung, um uns Gedanken über den Tod zu machen?«, entgegnete ich, ohne über meine Worte nachzudenken.

»Wenn man dem Tod schon einmal ins Auge geblickt hat, ist man wohl oder übel gezwungen, sich Gedanken darüber zu machen«, entgegnete Jason, jedoch ohne dabei vorwurfsvoll zu klingen. Ich schämte mich, weil ich nicht daran gedacht hatte. Als er wegen Lungenkrebs in Behandlung gewesen war, hatte er damit rechnen müssen, dass er es vielleicht nicht überleben würde.

»Und was ist mit deiner Familie? Vielleicht brauchen sie ein Grab, um von dir Abschied nehmen zu können?«

»Ich denke immer an das Wohl meiner Familie, sollte ich dann nicht wenigstens im Tod das Recht haben, frei sein zu dürfen?« An der Art, wie er es sagte, erkannte ich, dass er sich schon viele Gedanken über seinen Tod gemacht haben musste.

»Ich glaube, wenn man tot ist, interessiert es einen nicht mehr, wie man bestattet wird. Man bekommt davon doch ohnehin nichts mit.«

»Wäre es dir also egal, wenn du wüsstest, dass deine Leiche zum Beispiel im Müll landet und zusammen mit verschmutzten und verschimmelten Plastikbehältern verbrannt wird?«

Ich verzog angewidert das Gesicht. »Jason, das ist abartig!«

Seine ernste Miene lockerte sich und er lachte auf. »Du hast recht, das ist wirklich abartig!« Aber so ganz konnte er das Thema wohl noch nicht fallen lassen. Er schien über seine nächsten Worte etwas länger nachzudenken, bevor er sie aussprach. »Ich meine nur, würde es dir nicht leichter fallen, zu wissen, was mit deinem Körper passiert, bevor du stirbst?«

Es war das erste Mal, dass ich überhaupt über den Tod nachdachte. Bisher hatte ich dazu einfach keinen Anlass gehabt. Meine Eltern waren beide gesund, selbst meinen Großeltern ging es gut und mein eigener Tod erschien mir in weiter Ferne.

»Vermutlich schon«, gab ich zu. »Aber wenn ich wählen könnte, würde ich lieber meine Asche im Lake Michigan versenken lassen. Immerhin bin ich dort zu Hause.«

»Auch nicht schlecht«, gab Jason zu. »Aber ich bleibe beim Grand Canyon. Versprichst du mir etwas?«

Ein Versprechen im Zusammenhang mit dem Thema Tod gefiel mir nicht, trotzdem nickte ich, ohne zu wissen, was er wollte.

»Wenn ich einmal sterbe, kommst du dann noch einmal her und verstreust meine Asche?«

Ein schiefes Lächeln zog sich über meinen Mund. »Ich verspreche dir, dass ich zum Grand Canyon fahren werde, um deine Asche zu verstreuen, wenn du in vielen, vielen, vielen Jahren einmal stirbst. Zufrieden?« Sonst hätte er vermutlich ohnehin keine Ruhe gegeben.

Er nickte beruhigt, ließ sich zurück auf die Decke sinken und verschränkte seine Arme hinter dem Kopf, den Blick zum Himmel gewandt.

Ich legte mich neben ihn und ließ meinen Kopf auf seine Brust sinken, sodass ich seinen Herzschlag hören konnte. »Ist das die Art von Gesprächen, die man während einer Chemotherapie führt?«

»Ganz im Gegenteil. Die Ärzte wollen immer hören, wie zuversichtlich man ist, dass alles gut ausgeht. Sie sprechen gern darüber, was man in seiner Zukunft machen möchte. Über den Tod spricht niemand.« Bitterkeit lag in seiner Stimme und sein Herzschlag schien zu stolpern.

»Was, wenn du noch einmal Krebs bekommen würdest?«, fragte ich leise.

Sein Körper verspannte sich augenblicklich unter mir und ich hob besorgt den Kopf. Seine Lippen waren fest aufeinandergepresst, doch als er in mein Gesicht sah, entspannte er sich plötzlich. Er hob seine rechte Hand und ließ sie sanft über meine Wange gleiten. »Dann wäre ich dankbar für jedes Jahr, jeden

Monat, jede Woche, jeden Tag und selbst jede Stunde, die ich noch geschenkt bekommen habe. Wenn ich eines gelernt habe, dann ist es, dass jeder Moment zählt.«

Unsere Lippen fanden sich automatisch. Das war einer der Momente, für den es sich zu leben lohnte, ganz egal, was gewesen war und was noch kommen würde.

Er strich mir liebevoll das Haar aus der Stirn. »Weißt du, wo es keinen Unterschied macht, ob es Tag oder Nacht ist, und jede Sekunde über Sieg oder Niederlage entscheiden kann?«

Verwirrt schüttelte ich den Kopf. Ich verstand nicht, worauf er hinauswollte. »Nein, wo?«

Ein breites Grinsen breitete sich auf seinen Lippen aus, während seine Augen schadenfroh funkelten. »In der Stadt, die niemals schläft – Las Vegas.«

Tag 30

Bis zum Morgengrauen durchfeiern

Viele sagten, man konnte Las Vegas nur lieben oder hassen. Auf die Frage, wie man Las Vegas lieben konnte, bekam man von erklärten Enthusiasten selten mehr als einsilbige Antworten. Vegas macht einfach Spaß oder ist unglaublich witzig, hieß es dann.

Diese Sprachlosigkeit erklärte sich mir erst, als ich die Stadt der Sünde mit eigenen vor Staunen weit aufgerissenen Augen sah: Las Vegas machte perplex. Eine vollständige Reizüberflutung voller visueller Wahrnehmungen rollte über Jason und mich hinweg, sobald wir in die Stadt einfuhren – wie ein

Tsunami. Wir waren mental genauso überfordert wie bei einer Achterbahnfahrt.

Ich wusste nicht, wo ich als Erstes hinschauen sollte. Überall funkelte und blinkte es. Riesige Hotelfassaden ragten über unseren Köpfen empor. Musik beschallte die Straßen, Künstler sprangen wie Affen im Dschungel von einer Straßenecke zur nächsten und luden in die spektakulärsten Shows ein, sodass wir uns bald selbst als Teil dieser unwirklichen Welt fühlten. Nichts war echt in der Kapitale des schlechten Geschmacks, aber sie war dabei ehrlich und gab gar nicht erst vor, echt zu sein. Es existierten nur blinkende Fassaden und diese boten uns Schutz vor der Realität.

Wir ließen uns von dem Strom mitreißen, waren völlig elektrisiert und trieben wie Gestrandete auf hoher See von einem Spektakel zum nächsten. Die Casinos hatten keine Fenster und keine Uhren, der Weg hinein war leicht, aber der Ausgang nur schwer zu finden. Die Zeit verging, ohne dass wir hätten sagen können, ob es nun Minuten oder Stunden waren. Eine reale Welt existierte nicht länger – nur der Spieler, seine Münzen und die Maschinen. Wir gewannen und verloren wieder, berauscht von den Glücksmomenten.

Der Las Vegas Boulevard war wie ein riesiger Jahrmarkt, der keine Öffnungszeiten kannte. Vierundzwanzig Stunden, sieben Tage die Woche, das ganze Jahr lang.

Und dieser Jahrmarkt schien sich immer wieder selbst übertreffen zu müssen, als verliere er sonst seine Daseinsberechtigung. Größer, lauter, bunter, verrückter.

Die Kette von Hotels, Casinos, Bars und Restaurants zog sich praktisch endlos – kein Anfang und kein Ende.

Rückblickend erinnerte ich mich kaum noch daran, was wir in unserer ersten Nacht in Las Vegas tatsächlich getan oder gesehen hatten. Alles war zu einem Strudel bunter Farben und greller Lichter verschwommen. Ich hätte mich in dieser Welt verlieren können, wenn Jason nicht meine Hand die ganze Zeit festgehalten hätte. Er war wie meine Erdung, denn in all diesem glitzernden Schein war er das einzige Wahrhaftige.

Erst als die Sonne bereits hoch am Himmel stand, fielen wir erschöpft in das quietschende Bett unseres billigen Hotelzimmers. Obwohl ich kaum Alkohol getrunken hatte, drehte sich alles in meinem Kopf. Die Musik lief weiter und die Kassen der Spielautomaten klingelten, während ich die Augen schloss und mir das Kissen über den Kopf zog. Selbst dann tanzten noch bunte Punkte vor meinen Augen, als hätte ich zu lange in die Sonne geblickt. Las Vegas hatte mich gefangen.

Tag 31

~~Auf einem Tisch getanzt haben~~

Erst am Abend wurde ich von den Strahlen der untergehenden Sonne geweckt, die sich durch die Spalten des Rollos in unser Zimmer drängten. Im ersten Moment wusste ich nicht, wo ich dieses Mal gelandet war. Colorado, New Mexico, Nevada? Die Erinnerungen an die vergangene Nacht erschienen mir unwirklich wie ein bunter Farbstrudel, dabei hatte ich kaum Alkohol getrunken. Es war Las Vegas selbst, das mich völlig berauscht hatte.

Schlaftrunken drehte ich mich auf die andere Seite des Bettes und erwartete, Jason dort zu sehen, doch seine Hälfte war bereits verlassen. Ein Seufzen drang über meine Lippen, als ich mich gähnend aufsetzte.

»Na, hast du endlich ausgeschlafen?«, kam es aus einer Ecke des Zimmers, die völlig im Schatten lag.

Dort saß er in einem Sessel und hob belustigt den Kopf von seinem Buch.

Halt! Nicht sein Buch, sondern MEIN Buch. Er hielt meine zerfledderte Ausgabe von *Der Zauberer von Oz* in seinen Händen. Sie hatte sich tief unten in meinem Rucksack befunden und er musste sie sich einfach genommen haben, ohne mich zu fragen. Im ersten Moment wollte ich ihn wütend anfahren, was er an meinen Sachen zu suchen hatte, doch im nächsten Moment fiel mir ein, dass es nichts in meinem Rucksack gab, das er finden konnte, was er nicht bereits über mich wusste. Er kannte ja selbst meine dämliche Liste, die er gewiss genauestens studiert hatte, um mich zu der nächsten Peinlichkeit zu überreden. Und so gab ich nur ein unwilliges Schnauben von mir, bevor ich mich zurück in die Federn fallen ließ.

Jason lachte leise, als er sich aus dem Sessel erhob und zu mir ans Bett kam. Er baute sich vor mir auf und blickte triumphierend zu mir herab. »Weißt du eigentlich, dass du schnarchst, wenn du schläfst?«

Empört zog ich mir die Decke vors Gesicht. »Tue ich nicht!«

Seine Lippen verzogen sich zu einem schelmischen Grinsen. »Und ob! Die Zimmernachbarn haben schon geklopft und gefragt, ob ich hier drinnen Bäume fällen würde.«

Genervt rollte ich mit den Augen. »Ganz bestimmt!«

Er beugte sich zu mir runter. »Okay, niemand hat geklopft«, gab er zu und strich mir zärtlich übers Haar. »Ich war dein einziger Zuschauer und von mir aus hättest du noch Stunden weiterschlafen können.«

Das Grinsen war aus seinem Gesicht gewichen. Dafür lag ein so liebevoller Ausdruck in seinen Augen, dass mir heiß und kalt zugleich wurde.

»Manchmal lächelst du im Schlaf«, flüsterte er.

»Während ich schnarche?«, murmelte ich verlegen unter der Decke.

»Du schnarchst doch gar nicht«, gestand er lächelnd und erhob sich wieder. »Stehst du jetzt auf? Wir haben heute noch etwas vor.«

Ich warf die Decke zurück, aber rührte mich nicht, sondern musterte ihn stattdessen misstrauisch. »So, haben wir das? Und was sollte das bitte sein?«

»Hast du nicht noch eine Liste abzuarbeiten?«

Ganz wie ich es mir gedacht hatte. »Was hast du dir heute Schreckliches für mich ausgedacht?«

»Ich habe mir gar nichts ausgedacht, das hast du dir selbst zuzuschreiben«, korrigierte er mich amüsiert. »Wir sind in Las Vegas, der Stadt, die niemals schläft. Jetzt raus aus den Federn und ab in die nächste Bar.«

»Um was zu tun? Lass mich raten. Vor Publikum singen? Betrinken, um meine Grenzen auszutesten?«, fragte ich missmutig.

Als er vorgeschlagen hatte, mir zu helfen, die Liste bis zum Ende des Sommers abzuarbeiten, hätte ich darauf bestehen sollen, dass er ebenfalls eine Liste für sich schrieb. Dann wäre ich zumindest nicht die Einzige, die sich zum Clown machen musste.

»Gute Punkte«, lobte er mich schadenfroh. »Aber für heute dachte ich mehr daran, dass du auf einem Tisch tanzen solltest.«

Ich schnappte nach Luft und verschränkte bockig die Arme vor der Brust. »Auf keinen Fall!«

Er reichte mir seine Hand, um mich aus dem Bett zu ziehen. »Keine Widerrede!«

»Tanz du doch auf einem Tisch!«

»Es ist nicht meine Liste! Außerdem: Was kann schon passieren? Niemand kennt dich hier! Komm schon, du bist doch kein Feigling, oder?«

»Wirst du mit mir auf dem Tisch tanzen?«, fragte ich herausfordernd.

Er zuckte nur mit den Schultern. »Wenn du dich dann besser fühlst.« Er reichte mir erneut seine Hand.

Dieses Mal ergriff ich sie, doch anstatt mich rausziehen zu lassen, zog ich ihn zu mir, sodass er förmlich ins Bett stolperte und auf mir landete. Ehe er flüchten konnte, schlang ich meine Beine um seine Hüften und hielt ihn fest. Ich wusste nicht, was mir den Mut dazu verlieh. Vielleicht war es auch mehr pure Verzweiflung, weil ich wusste, dass er nie den ersten Schritt machen würde.

Sein Gesicht war direkt über meinem, als ich meine Lippen auf seine presste. Er erwiderte den Kuss, ohne zu zögern. Seine Hände glitten über meinen Bauch. Für einen Augenblick waren wir eins, doch dann brach er ruckartig ab.

Atemlos sah er mir in die Augen. »Du spielst ein gefährliches Spiel«, raunte er und versuchte sich von mir zu lösen.

Ich hielt ihn fest. »Warum spielst du nicht einfach mit?«

Meine Lippen glitten von seinem Mund zu seinem Hals. Ich konnte spüren, wie er bei meiner Berührung erbebte. Er wollte das genauso sehr wie ich. Warum sträubte er sich nur so hartnäckig?

Fast dachte ich, dass ich ihn endlich so weit hätte, doch dann stemmte er sich entschieden aus dem Bett. »Wir haben Zeit«, murmelte er. Es hörte sich wie eine Entschuldigung an, was noch dadurch verstärkt wurde, dass er es nicht einmal schaffte, mich anzusehen.

»Wer ist nun der Feigling?«, entgegnete ich enttäuscht.

Meine Frustration über sein Verhalten verflog, sobald wir uns wieder auf den funkelnden Straßen von Las Vegas befanden und uns einen Weg durch die Menschenmassen bahnten. Jason hielt meine Hand umklammert, damit wir einander nicht verloren. Für jeden Außenstehenden mussten wir wie ein glückliches Paar wirken und eigentlich waren wir das doch auch, oder? Noch vor ein paar Wochen wäre es das Größte für mich gewesen, überhaupt seine Hand halten zu dürfen. Ein Kuss wäre die Erfüllung all meiner Träume gewesen. Und jetzt hatte ich beides, aber war einfach nicht zufrieden. Ich wollte mehr. Bei Scott war ich diejenige gewesen, die sich gescheut hatte, einen Schritt weiterzugehen. Etwas in meinem Inneren hatte ihn wohl schon immer durchschaut. Aber bei Jason wollte ich nicht warten. Ich spürte, dass er der Richtige war. Ganz egal, was nach dem Sommer auch sein würde.

Wir gelangten in einen etwas weniger besuchten Teil der Stadt. Dort gab es weniger Casinos und Shows, dafür reihte sich eine Kneipe an die andere. Sie sahen im Grunde alle gleich aus, keine war besser oder schlechter als die andere. Unsere Wahl fiel auf *The Piet*, denn als wir vorbeigingen, begann gerade *Satisfaction* von den Rolling Stones zu spielen – Jasons aktueller Lieblingssong, wie er sagte.

Ich suchte uns einen freien Tisch in einer Ecke der Bar, während Jason uns etwas zu trinken besorgte. Er kam mit zwei bunten Cocktails zurück. In Las Vegas schienen tatsächlich andere Regeln zu gelten, denn bisher waren wir noch nicht einmal nach unseren Ausweisen gefragt worden.

Die Ventilatoren an der Decke sorgten für einen lauen Luftzug in der Hitze Arizonas. Obwohl es bereits dunkel war, schien die Nacht erst begonnen zu haben. Es war noch nicht viel los und die meisten Gäste saßen sich leise unterhaltend an ihren Tischen, während die Musik lief und der Lärm der überfüllten Stadt wie ein Rauschen im Hintergrund zu hören war.

Unauffällig ließ ich meinen Blick über die Gäste schweifen. Sie waren alle älter als wir, aber ansonsten keiner Gruppe zuzuordnen. Meine Mutter wäre entsetzt darüber, wenn sie wüsste, dass ich in Las Vegas war, weshalb ich beschlossen hatte, ihr von diesem Zwischenstopp unserer Reise keine Postkarte zu schicken. Ihrer Ansicht nach trieben sich nur Alkoholiker, Spielsüchtige, Arbeitslose und Prostituierte in Las Vegas herum. Ihre Ansicht ließ sich jedoch weder in dieser Kneipe noch in anderen Teilen der Stadt bestätigen. Sicher gab es auch den *Abschaum der Gesellschaft*, wie sie ihn nannte, aber größtenteils waren es normale Touristen – Senioren wie Studenten gleichermaßen.

Plötzlich drang lautes Stimmengewirr zu uns durch. Nur Sekunden später stürmte eine Gruppe von jungen Männern das Lokal. Sie trugen allesamt ihre Haare nur wenige Zentimeter lang, gebügelte Hemden, faltenfreie Bundhosen und geputzte Schuhe, was sie eindeutig als Soldaten in Zivil identifizierte. Ihre Stimmung war ausgelassen, geradezu erhitzt. Sie versammelten sich rund um die Bar und bestellten lautstark. Sie zogen die Aufmerksamkeit der anderen Gäste auf sich, vor allem die der jungen Frauen. Obwohl ich mich selbst mit keinem der jungen Männer unterhielt, erfuhr ich dennoch, dass es ihr letzter Abend war, bevor sie morgen nach Vietnam in den Krieg aufbrechen würden. Sie feierten sich bereits jetzt wie Helden, dabei würde gewiss nicht jeder von ihnen nach Amerika zurückkehren. Vielleicht gerade deshalb.

Während die anderen Gäste, mich eingeschlossen, die Soldaten bewundernd betrachteten, wandte Jason zerknirscht den Blick ab. Er hielt sein Glas umklammert, als wolle er es mit bloßen Händen zerbrechen.

»Was ist los? Geht es dir nicht gut?«, fragte ich besorgt und hoffte, dass es nicht wieder eine seiner Stimmungsschwankungen war.

»Da sollte ich auch stehen«, knurrte er, während er auf den Tisch blickte. Er stieß sein leeres Glas von sich und ballte seine Hand zur Faust.

Ich verstand nicht. Beneidete er diese jungen Männer etwa, weil sie in den Krieg zogen?

»Wurdest du nicht eingezogen?«

Scott hatte genau wie der Rest seiner Band damit geprahlt, dass er es geschafft hatte, sich vor dem Kriegsdienst durch irgendwelche gefälschten Papiere zu drücken. Er war stolz darauf gewesen und ich nur froh, dass ich mich nicht um ihn sorgen musste. Von mir aus hätten sie ihn allerdings jetzt sofort einziehen können. Er war ein Feigling! Nicht weil er versuchte, sich vor dem Krieg zu drücken, das verstand ich gut, sondern weil er nicht in der Lage war, Stellung zu beziehen. Er mogelte sich durchs Leben.

Besänftigend streckte ich meine Hand nach Jasons Faust aus, doch er wich vor mir zurück, bevor ich ihn auch nur berührte.

»Ich wurde ausgemustert«, gestand er leise, so als würde er sich dafür schämen.

»Warum?«

Jason war muskulös, groß gewachsen und machte auch sonst einen gesunden Eindruck auf mich, abgesehen von seiner Vergangenheit. Doch genau die war das Problem.

Er hob den Kopf und sah mich an, als sei ich schwachsinnig. »Der Krebs...«, stieß er hervor.

»Aber das ist doch vorbei!«

Er starrte mich sekundenlang an, ohne etwas zu sagen. Eine Befürchtung legte sich über mein Herz.

»Es ist doch vorbei, oder? Du bist doch wieder gesund, oder nicht?« Meine Stimme zitterte.

»Ja«, sagte er und sah an mir vorbei. »Es ist vorbei.«

»Warum haben sie dich dann ausgemustert?«

»Für das Militär macht es keinen Unterschied, dass ich den Krebs besiegt habe. Wer einmal Krebs hatte, ist nie wieder derselbe. Es ist wie eine Narbe, die auf den ersten Blick vielleicht nicht zu erkennen ist, aber nur ein Blick in meine Krankenakte genügt und ich kann alles vergessen, was ich mir je erträumt habe.«

»Du hast davon geträumt, in den Krieg zu ziehen?«, entfuhr es mir fassungslos. Das brachte mir ein Schmunzeln von ihm ein.

»Nein, natürlich nicht.« Seine Wut hatte sich gelegt und er konnte mir wieder in die Augen blicken, ohne dabei schier zu explodieren. »Eigentlich könnte ich froh sein, dass der Krebs mich wenigstens vor dem Krieg bewahrt hat, aber es macht mir nur immer wieder deutlich, dass, ganz egal, was ich anfange oder wohin ich gehe, mich meine Vergangenheit immer wieder einholen wird. Sie ist mir ein Klotz am Bein.« Nun war er es, der meine Hand ergriff, die er zuvor abgewehrt hatte. »Es tut mir leid, dir das sagen zu müssen, aber du hast dich in einen Krüppel verliebt.«

Ich schlug mit meiner freien Hand nach seiner Schulter. »Du spinnst doch!«, sagte ich lachend. »Meiner Ansicht nach bist du völlig gesund, lediglich an Verstand fehlt es dir etwas, sonst würdest du sehen, dass dir alle Chancen im Leben offenstehen und du sie nur ergreifen musst.«

»Genau das mache ich gerade«, bestätigte er mir lächelnd, beugte sich über den Tisch und küsste mich.

Als er sich von mir löste, holte ich tief Luft. Das Auftauchen der Soldaten und unser Gespräch hatten Jasons Stimmung etwas gedrückt und ich wollte ihn wieder so unbeschwert und glücklich wie zuvor sehen. Wenn ich mich dafür lächerlich machen musste, war es mir das wert.

Die ersten Takte von *I Can't Help Myself* von The Four Tops begannen zu spielen, als ich entschlossen auf den Tisch kletterte und begann, mich im Kreis zu drehen. Jason starrte mich mit großen, erstaunten Augen an, während sich ein breites Grinsen auf seinem Gesicht ausbreitete.

Meine Aktion blieb nicht lange unbemerkt und die Soldaten begannen zu grölen, während einer der Angestellten die Musikanlage laut aufdrehte. Andere Gäste klatschten oder tanzten ebenfalls. Ein paar Tische weiter stiegen auch andere Mädchen auf die Tische.

Das Erstaunlichste an der ganzen Sache war, dass ich mich nicht schämte, sondern es genoss. Ich fühlte mich großartig! Mutig, stolz und frei von jeder Angst. Das verdankte ich Jason. Ohne ihn wäre ich nie auf diesen Tisch gestiegen, geschweige denn in Las Vegas gelandet. Ohne ihn hätte ich nie herausgefunden, dass so viel mehr in mir steckte als das langweilige und unscheinbare Anhängsel von Katie. Ohne ihn hätte ich nicht gelernt, mich selbst so zu lieben, wie ich war. Ohne ihn wäre ich nie die geworden, die ich heute war. Lachend wiegte ich mich mit der Musik und genoss Jasons anerkennenden Blick.

Oh, sugar pie, honey bunch
You know that I love you
I can't help myself
I love you and nobody else

Tag 32

~~Vor Publikum singen~~

Jason hatte es scheinbar zu seinem obersten Ziel erklärt, jeden einzelnen Punkt meiner Sommerliste abzuhaken. Er empfand dabei mehr Freude als ich und so schleppte er mich auch in unserer dritten Nacht in Las Vegas in eine Bar. Sobald wir davorstanden, hätte ich am liebsten sofort kehrtgemacht, denn ein großes Schild kündigte die heutige Abendveranstaltung an: Gesangswettbewerb. Dem Gewinner winkte ein Preisgeld in Höhe von zweihundert Dollar.

Die Bar war an kitschiger Inneneinrichtung kaum zu übertreffen. Die gesamte Theke war mit bunten Plastikblumen geschmückt, von der Decke baumelten Palmenblätter, ebenfalls aus Plastik. Dazwischen saßen kleine Stoffaffen, die vermutlich einen Eindruck von Dschungel erwecken sollten. Die Getränke wurden in Kokosnussschalen und ausgehöhlten Ananas serviert. Die Polster der Sitzmöbel erstrahlten in grellem Pink und auf dem Boden leuchteten bunte Lichter.

Wäre mir nicht klar gewesen, dass er mich zu einem Auftritt nötigen würde, hätte ich vermutlich sogar Gefallen an der Bar gefunden. Es wäre ein Spaß, den anderen Gästen dabei zuzusehen, wie sie eine schiefe und krumme Imitation von den Beatles von sich gaben oder einen auf Diana Ross machten.

Entschieden schob Jason mich an meinen Schultern immer weiter in den Laden. Zu seiner Enttäuschung und meiner Erleichterung waren vor der Bühne bereits alle Tische belegt, sodass wir uns in eine Nische zurückzogen, von der aus man perfekten Blick auf die Bühne hatte, ohne selbst gesehen zu werden.

Ein falscher Roy Orbison kassierte gerade einen stürmischen Applaus für seine schiefe, aber mit viel Charme gesungene *Pretty Woman*-Nummer.

Jason stupste mich aufmunternd an. »Siehst du, die Leute sind total nett. Selbst wenn du krumm und schief singst, applaudieren sie dir, solange du sie davon überzeugt hast, dass du selbst Spaß hast.«

»Und was, wenn ich keinen Spaß habe, sondern nur die Sekunden zähle, bis ich wieder von der Bühne darf?«, brummte ich widerwillig. »Das ist ein Gesangswettbewerb! Wie soll ich Leute von mir überzeugen, wenn ich selbst nicht einmal von mir überzeugt bin? Ich weiß, dass ich nicht singen kann!«

Jason schüttelte tadelnd den Kopf. »Jeder kann singen! Sagst du mir nicht immer, dass ich positiv in die Zukunft schauen soll? Wie wäre es, wenn du dich mal selbst an deine Ratschläge hältst?«

»Das ist etwas völlig anderes«, protestierte ich.

»Warum?«

»Na, weil es hier um einen kleinen, unbedeutenden Auftritt geht und bei dir geht es um dein ganzes zukünftiges Leben.«

Er hob belustigt die Augenbrauen. »Wenn der Auftritt so unbedeutend ist, warum hast du dann so viel Angst davor?« Er legte seine Hände auf meine Schultern und blickte mir tief in die Augen. »Verdammt, Jade, du hast gestern auf einem Tisch getanzt und ich habe gesehen, wie toll du dich dabei gefühlt hast! Du kannst alles schaffen, was du willst. Vermutlich könntest du sogar den Mond vom Himmel holen, wenn du es nur genug wollen würdest. Hör auf, immer vor allem Angst zu haben, und tu alles, was du möchtest, ohne Wenn und Aber.«

Die Eindringlichkeit seiner Worte traf mich tief im Herzen. Er meinte ernst, was er sagte. Er glaubte an mich – mehr als irgendjemand zuvor. Es war, als wäre er der erste Mensch, der mich wirklich so sah, wie ich wirklich war, und nicht nur die Fassade, die ich nach außen hin aufrechtzuerhalten versuchte. Jason sah auch die Teile von mir, die ich in meinem Inneren aus Scheu oder Angst verborgen hielt. Ich wollte das Mädchen sein, das tat, was ihm gefiel, und das sich vor nichts fürchtete. Aber war ich dazu auch schon bereit? Mir die Haare abzuschneiden und zu färben, machte mich noch lange nicht zu einer neuen Person.

»Hast du vor gar nichts Angst?«, entgegnete ich ihm, während ich genoss, dass seine Hände genau dort blieben, wo sie waren – auf meinen nackten Schultern.

Er schüttelte lächelnd den Kopf und als er mich wieder ansah, funkelten seine Augen vor Energie. »Warum sollte ich Angst haben? Die meisten Dinge im Leben passieren, ohne dass wir etwas dagegen tun können. Angst schützt uns nicht, sie lähmt uns nur.«

Er ließ seine rechte Hand langsam von meiner Schulter gleiten. Sanft streichelte er über meinen Arm, wobei er mir einen Schauer über den gesamten Körper jagte. Seine Finger verschränkten sich mit meinen.

»Sing mit mir, Jade!«, bat er und sah mir dabei auf eine Weise in die Augen, dass ich ihm absolut nichts abschlagen konnte. Er hätte genauso gut sagen können *Überfall eine Bank mit mir* und ich wäre ihm gefolgt.

Bestimmt zog er mich auf die Beine und bahnte sich mit mir einen Weg an den anderen Tischen vorbei zur Bühne. Mein Herz hämmerte wie verrückt gegen meine Brust. Ob vor Nervosität oder wegen der schlichten Tatsache, dass es das immer tat, wenn Jason meine Hand hielt, wusste ich nicht.

»Ich habe den perfekten Song für uns«, wisperte er mir verschwörerisch ins Ohr, als er mir ein Mikrophon in die Hand drückte und mir auf die Bühne half.

Die Scheinwerfer blendeten, sodass ich die ersten Sekunden gegen das Licht anblinzeln musste. Die anderen Gäste applaudierten uns bereits, bevor wir auch nur einen Ton gesungen hatten.

Als die ersten Takte zu spielen begannen, entfuhr mir ein ungläubiges Kichern. Der Song war unverwechselbar und mir war auch klar, warum Jason ausgerechnet diesen ausgewählt hatte: *I Got You Babe* von Sonny und Cher. Es erforderte wirklich keine musikalische Höchstleistung, den Part von Sonny zu singen. Blöderweise musste ich den Anfang machen, den ich glatt verpasste. Jason stieg dafür in seinen Part wie ein echter Profi ein.

Er sang die Zeilen so überzeugend, als wären sie für ihn geschrieben worden.

Die Zuschauer pfiffen begeistert und feuerten mich damit ordentlich an. Ich wollte neben Jason nicht wie eine Lachnummer dastehen. Meinen nächsten Part bekam ich problemlos, wenn auch mit leicht piepsiger Stimme hin.

Doch je länger wir sangen, umso sicherer fühlte ich mich. Jason kannte den gesamten Text auswendig. Ich hätte nicht erwartet, dass der Song seinen Musikgeschmack treffen würde.

And when I'm sad you're a clown
And if I get scared, you're always around

Bald sah ich nicht mehr die Zuschauer, sondern nur noch Jason. Es war nicht nur *sein* Song, sondern *unserer*. Und es war einer der Momente, die sich in mein Gedächtnis brannten und die ich nie wieder vergessen würde. Völlig egal, was noch kommen würde, wie viele Jahre vergehen würden, immer wenn ich dieses Lied hören würde, würde ich lächeln müssen. Jason hatte mir eine Erinnerung für die Ewigkeit geschenkt – einen Funken Glück für schlechte Zeiten.

Then put your little hand in mine
There ain't no hill or mountain we can't climb

Tag 33

~~Herausfinden, wo beim Alkohol die eigenen Grenzen liegen~~

»Lass uns ein Spiel spielen«, schlug Jason vor und stellte eine noch geschlossene Flasche Whiskey sowie zwei Plastikbecher auf den wackligen Tisch des Hotelzimmers. »Es heißt *Ich hab noch nie*.«

Skeptisch beäugte ich den Alkohol. Bisher hatte ich kaum Erfahrungen mit dem harten Zeug gemacht, sondern mich nur an Bier und Mischgetränke gehalten. Sollte Jason als der Ältere von uns beiden nicht auch der Vernünftigere sein?

»Worum geht es bei dem Spiel?«

Er öffnete den Verschluss der Flasche, während er sagte: »Du stellst eine Behauptung auf, z.B. *Ich habe noch nie in der Nase gepopelt*. Wenn die Behauptung stimmt, dann trinkst du nicht. Ist sie gelogen, dann nimmst du einen Schluck.«

Er goss Whiskey in die beiden Becher und trank aus seinem, während er mir meinen entgegenhielt.

»Komm schon, willst du mir ernsthaft erzählen, du hättest noch nie in der Nase gebohrt? Wenn du nicht ehrlich bist, funktioniert das Spiel nicht.«

Ich rollte mit den Augen und ergriff den Becher. Der Whiskey brannte in meinem Rachen und ließ mich husten. Zur Belustigung von Jason verzog ich angeekelt den Mund. »Das ist widerlich«, stellte ich fest.

»Nach den ersten paar Schlucken ist es nicht mehr ganz so schlimm«, versicherte er mir. »Denk du dir eine Behauptung aus.«

»Ich war noch nie zuvor in Las Vegas«, sagte ich, aber Jason schüttelte tadelnd den Kopf.

»Es muss etwas sein, was du über mich noch nicht weißt.«

»Okay«, erwiderte ich und überlegte, wie ich das Spiel nutzen könnte, um mehr über ihn zu erfahren. Das hatte ich doch immer gewollt und vielleicht war das meine Chance.

Unwillkürlich kam mir eine Frage in den Kopf, die ich aber zurückstellte, da ich definitiv noch nicht genug Alkohol getrunken hatte, um mich zu trauen, sie ihm zu stellen. Lieber etwas Unverfänglicheres für den Anfang.

»Ich bin noch nie von zu Hause abgehauen.« Der Whiskey schmeckte genauso ekelhaft wie beim ersten Mal. Erwartungsvoll sah ich zu Jason, doch er trank nicht. »Wirklich nicht?«

»Nein«, sagte er unschuldig. »Ich war doch die meiste Zeit ohnehin in einer Klinik und nicht zu Hause. Wann hätte ich da abhauen sollen?«

»Bist du denn mal aus der Klinik abgehauen?«

»Das war nicht Teil deiner Behauptung«, grinste er mich schelmisch an und lehnte sich auf seinem Stuhl zurück. »Ich habe noch nie etwas geklaut.«

An seinem Blick erkannte ich deutlich, dass er damit rechnete, dass ich nicht trinken würde, doch da hatte er sich getäuscht. Mit einem weiteren Schluck war mein Becher leer, genau wie seiner, obwohl er ein Mal weniger hatte trinken müssen als ich.

»Ein Oberteil in einer Boutique«, gab ich zu.

Er hob anerkennend die Augenbrauen, während er uns nachgoss. »Ich bin schockiert!«

»Es war nur ein Mal und danach nie wieder«, versuchte ich mich lachend herauszureden. »Ich bin vor Angst schier gestorben!«

Der Whiskey hinterließ ein warmes Gefühl in meinem Bauch und meine Wangen fühlten sich bereits erhitzt an. Wenn das so weiterging, wäre ich betrunken, bevor wir auch nur das Hotelzimmer verließen.

»Ich habe noch nie jemanden verprügelt.«

Er nahm einen weiteren Schluck aus seinem Becher. »Meinen Arzt.«

Entsetzt riss ich die Augen auf. »Du hast deinen Arzt verprügelt? Warum?«

Jasons Gesicht nahm wieder diesen ernsten Ausdruck an, der jedes Mal eine Unruhe bei mir hervorrief. »Er hatte sich einen miesen Scherz mit mir erlaubt.«

»Was für ein Scherz?«

»Er hat behauptet, der Krebs sei wieder da, dabei war er das gar nicht«, erzählte Jason leise, während er den Becher in seiner Hand drehte.

»Was?«, rief ich schockiert aus. »Aber das ist schrecklich! Was ist das denn für ein Arzt?«

Jason hob den Kopf. Ein zaghaftes Lächeln umspielte seine Lippen. »Also hatte er den Fausthieb verdient?«

»Er hätte verdient, dass man ihm seine Lizenz entzieht!«, schimpfte ich fassungslos.

Jason grinste nur und stellte die nächste Behauptung auf: »Ich hatte noch nie Sex.«

Genau das war die Frage, die ich ihm hatte stellen wollen, aber mich nicht getraut hatte. Verkrampft hielt ich meinen Becher mit der rechten Hand umklammert, während ich gespannt darauf wartete, was er tun würde. Ich rechnete beinahe damit, dass er nicht trinken würde, denn das würde seine Zurückhaltung erklären. Doch er nahm, ohne zu zögern, einen weiteren Schluck.

Für einen Moment spielte ich mit dem Gedanken, ebenfalls zu trinken, aber ich ließ es sein. Wenn es je dazu kommen sollte, würde Jason ohnehin merken, dass ich gelogen hatte. Und verdammt, ich wollte, dass es dazu kam!

Jason sah mich neugierig an und schien nur darauf zu warten, dass ich ihn etwas fragte, doch ich blieb stumm. Seine Hand berührte sanft mein Knie, als wolle er mich ermutigen, all die Dinge auszusprechen, die mir durch den Kopf gingen.

»Es war mit meiner ersten festen Freundin auf dem College«, sagte er schließlich ungefragt.

»Schön«, entfuhr es mir spitz und ich merkte, wie die Eifersucht in mir zu kochen begann, dabei kannte ich seine Exfreundin ja nicht einmal. Er hatte noch nie von ihr gesprochen, aber in meiner Vorstellung war sie eine gertenschlanke Blondine, der Modeltyp eben und das komplette Gegenteil von mir.

Jason lachte über meine Reaktion. »Bist du jetzt etwa sauer?«

»Nein, warum sollte ich?«, fauchte ich ertappt.

Jason hob beschwichtigend die Arme. »Ich habe nicht einmal mehr an Liz gedacht, seitdem ich dich kenne.«

»Da wird Liz aber traurig sein«, zischte ich und fragte mich, warum er mir das überhaupt erzählte. Ich hatte ihn nicht danach gefragt und wollte es auch gar nicht wissen. Lag es also doch an mir, dass er offensichtlich nicht mit mir schlafen wollte?

»Ich glaube nicht, dass es sie interessieren würde«, sagte Jason schulterzuckend. »Sie hat mich verlassen.«

Sollte es das etwa besser machen? Wäre er überhaupt mit mir hier, wenn Liz nicht Schluss gemacht hätte? War die ganze Reise vielleicht doch nur eine Flucht vor dem Liebeskummer, genau wie bei mir?

»Warum?« Er würde es mir ohnehin erzählen.

»Es war ihr zu viel.«

»Was war ihr zu viel?«

»Meine Probleme. Das ganze Drunter und Drüber. Sie wollte eine lockere Beziehung und ein unbeschwertes Leben und keine Verpflichtungen. Verübeln kann ich es ihr nicht.« Er sprach ohne jeglichen Zorn, sondern mit schlichter Resignation. Aber ich verstand dennoch nicht, was er überhaupt meinte.

»Hattest du schon Depressionen, als du mit ihr zusammen warst?«

»Ja, es war eine Zeit lang besser und ich dachte, es ginge bergauf, aber irgendwann kamen sie zurück. Dagegen konnte auch Liz nichts ausrichten.«

»Sie hat es ja nicht einmal versucht«, entfuhr es mir.

Jason lächelte traurig. Auch wenn er etwas anderes behauptete, schien die Enttäuschung immer noch tief zu sitzen. »Du bist dran!«

»Ich habe mir noch nie gewünscht, mit einem anderen hier zu sein als mit dir«, flüsterte ich und blickte ihn ängstlich an. Sofort schüttelte er energisch den Kopf, ließ den Becher los und umschloss meine Hände mit seinen.

»Niemals, Jade! Nicht einmal einen kurzen Moment! Wenn ich die Zeit zurückdrehen könnte, würde ich alles wieder ganz genauso machen, weil ich wüsste, dass es mich am Ende zu dir führt.«

Die Angst fiel von meinem Herzen ab und ich lächelte ihn sowohl dankbar als auch erleichtert an. »Auf unseren Streit und die Erfahrung mit dem Trucker könnte ich verzichten«, fügte ich schmunzelnd hinzu.

»Vielleicht brauchten wir den Streit, um den anderen schätzen zu können«, widersprach Jason. Er zögerte einen Moment, bevor er sagte: »Allein die Vorstellung, dass ich irgendwann noch einmal ohne dich sein muss, macht mich krank. Am liebsten würde ich nie wieder nach Hause zurückkehren, sondern einfach immer weiter mit dir der Sonne entgegenfahren.«

Mein Herz hüpfte vor Freude. Endlich gab er zu, dass ihm das Ende unserer Reise genauso viel Angst bereitete wie mir. Aber wenn es uns beiden gleich ging, dann würden wir es auch nach dem Sommer schaffen, zusammenzubleiben. Immerhin lebten wir beide bei Chicago. Uns trennten keine Meilen, sondern nur ein paar Minuten Zugfahrt.

Ich beugte mich zu ihm, jedoch ohne ihn zu küssen. Zentimeter vor seinen verlockenden Lippen hielt ich inne, sah ihm tief in die Augen und wisperte: »Ich würde dich nie im Stich lassen, ganz egal, wie groß deine Probleme wären.«

»Ich weiß«, flüsterte er zurück, sodass sein Atem meine Haut kitzelte und ich den Whiskey riechen konnte.

Vorsichtig berührten sich unsere Lippen, erstasteten sich, als täten sie es zum ersten Mal. Ich erschauerte von der Sanftheit dieser Berührung. Meine Kopfhaut kribbelte und mein gesamter Körper schien unter Strom zu stehen. Jasons Hände lösten sich von meinen und legten sich auf meine Hüften. Er zog mich an sich und ich kletterte auf seinen Schoß. Meine Finger legten sich um seinen Nacken, während unsere Zungen miteinander zu tanzen schienen. Ein Stöhnen entfuhr ihm. Er rückte ein Stück von mir ab, ließ mich nach Atem ringend zurück.

»Ich habe noch nie jemanden so sehr geliebt wie dich.«

Alles schien sich um mich herum zu drehen, während mein ganzer Körper vor Glück und Erregung bebte. Ich drückte mich an ihn, presste meine Lippen auf seine, aber hatte trotzdem das Gefühl, ihm nie nah genug sein zu können. Meine Finger glitten unter sein Oberteil, ertasteten seine warme Haut und strichen über seine Bauchmuskeln.

Jason hielt meine Hände fest. »Du bist dran!«

Es dauerte einen Moment, bis ich verstand, was er von mir wollte. Irritiert wich ich zurück. »Ist das dein Ernst?«, fragte ich ungläubig. »Du willst immer noch dieses blöde Spiel spielen?«

Seine rechte Hand streichelte über meine Wange und glitt zu meinem Nacken. »Gehen dir etwa die Behauptungen aus?«, raunte er, wobei ich erschauerte.

Ich biss mir auf die Lippe, beugte mich zu seinem Ohr und wisperte: »Ich habe noch nie jemanden so sehr gewollt wie dich.«

Sanft knabberte ich an seinem Ohrläppchen. Er stöhnte erneut und ich war mir so sicher, dass ich ihn dieses Mal so weit hätte. Doch mit einem einzigen Satz schaffte er es, alles kaputt zu machen.

»Ich habe mir noch nie gewünscht, tot zu sein.«

Die Worte waren wie eine Ohrfeige. Ich setzte mich aufrecht hin und blickte ihn besorgt an. Seine Hand glitt aus meinem Haar zu der Whiskeyflasche und er nahm einen großen Schluck. Für einen Augenblick sahen wir einander in die Augen, dann stieg ich von ihm und wandte mich ab. Ein Kloß bildete sich in meinem Hals und ich blinzelte die aufkommenden Tränen weg.

»Lass uns rausgehen«, sagte Jason hinter mir, so als wäre nichts gewesen.

Langsam begann ich zu verstehen, warum es Liz zu viel mit ihm gewesen war. Aber so sehr mich sein Verhalten manchmal auch verletzte, wäre ich niemals bereit, ihn zu verlassen. Es war wie ein Kampf. Vielleicht der erste Kampf in meinem Leben. Aber ich würde nicht aufgeben, sondern so lange weitermachen, bis ich als Siegerin hervorging. Egal wie lange es auch dauern würde.

Ich hatte irgendwann aufgehört, zu zählen, die wievielten Casinos, Bars oder Clubs es waren, die wir betraten. Wir ließen uns mit der Menge mitreißen, nahmen jedes Freigetränk mit, das es zum Eintritt dazu gab oder von einem spendablen Gast bei einer Lokalrunde ausgegeben wurde.

Bald konnte ich Whiskey nicht mehr von Cola unterscheiden. Alles hinterließ denselben klebrigen Geschmack in meinem Mund, der mir das Gefühl gab, dass mein Durst nie gestillt war. Kaum dass ein Glas leer war, sehnte ich mich bereits nach dem nächsten, und sei es nur, um etwas zu haben, an dem ich mich festhalten konnte.

Es drehte sich alles um mich: Lichter, Stimmen, Musik, Gerüche. Klar denken konnte ich nicht mehr, sonst hätte ich längst die Notbremse gezogen. Aber dafür war es zu spät – ich steckte bereits in einem Strudel, der mich immer tiefer in die unwirkliche Welt von Las Vegas hinabzog. Ich dachte nicht mehr nach, sondern ließ mich nur noch treiben. Manchmal vergaß ich dabei sogar Jason, so lange, bis er plötzlich neben mir mit dem nächsten Getränk auftauchte oder mich mit sich zu dem nächsten Lokal zog.

Unsere Gespräche ergaben keinen Sinn mehr. Es waren Worte, die wir uns gegen die Musik entgegenbrüllten. Der eine verstand den anderen nicht mehr, ohne sich dessen überhaupt bewusst zu sein. Wir feierten die Stadt, die niemals schläft, uns und das Leben. Denn hier in dieser Nacht schien die Ewigkeit greifbar.

Ich drehte mich im Kreis, schmiss die Arme in die Luft, sang aus vollem Hals einen Song mit, den ich nicht einmal kannte, lachte mit Menschen, die ich noch nie zuvor gesehen hatte, und fühlte mich dabei großartig.

Auf jedes Hoch folgte ein Tief. Es kam unerwartet und ohne jede Vorwarnung. Jason und ich verließen gerade eine Bar mit einer Gruppe Feierwütiger, als er sich plötzlich auf meine Schulter stützte. Ich machte mir darüber keine Gedanken, so wie auch um sonst nichts in diesem Augenblick. Vielleicht drehte sich der Boden unter seinen Füßen genauso sehr wie bei mir und er brauchte Halt oder er wollte mich nur in den Arm nehmen. Seine Hand glitt von meinem Arm und er klammerte sich an den nächsten Laternenmast.

Unsere neuen Freunde bekamen nichts davon mit und gingen lachend, singend und grölend weiter.

»Komm schon, Jason!«, rief ich über die Schulter, während ich mich von der Menge mittragen ließ.

Erst als ich sein Gesicht sah, hielt ich an. Seine Augen waren vor Schreck geweitet, seine Lippen fest aufeinandergepresst und seine Haut war so bleich, wie ich es zuvor noch nie bei ihm gesehen hatte. Sie wirkte beinahe gelblich.

Mit wackligen Schritten taumelte ich zurück zu ihm. »Was ... was ist denn los?«, stieß ich verwirrt hervor und legte meine Hand auf seinen Arm, weil ich fürchtete, sonst umzufallen. Seine Haut war eiskalt und feucht vor Schweiß zugleich.

Plötzlich riss er den Mund auf und zog gierig Luft ein wie ein Fisch auf dem Trockenen. Er verdrehte die Augen zum Nachthimmel. Seine Beine brachen unter ihm weg und er sackte auf seine Knie. Mit der flachen Hand schlug er sich gegen die Brust.

Es ging alles so schnell, dass ich gar nicht wusste, was ich tun sollte. Völlig hilflos ließ ich mich neben ihn sinken und rüttelte an seinen Schultern.

»Jason, was hast du?«, schrie ich panisch.

Seine Augen rollten in ihren Höhlen, ohne sich auf einen Punkt fixieren zu können. Er schien mich nicht einmal wahrzunehmen.

»Jason!«

Sein Oberkörper fiel mir entgegen und er rührte sich nicht mehr. Schlaff hing er in meinen Armen. Ich konnte nicht einmal mit Sicherheit sagen, ob er überhaupt noch atmete.

Verzweifelt sah ich zu den Menschenmassen auf, die an uns vorbeiströmten, ohne Notiz von uns zu nehmen. Ich begann gleichzeitig zu schreien und zu weinen. Mit einem Mal war ich völlig klar im Kopf.

»Wir brauchen Hilfe!«, brüllte ich den lachenden Menschen zu. »Er braucht einen Arzt!«

Nur wenige beachteten uns, aber auch sie gingen an uns vorbei. Das Gefühl, mitten unter lauter Menschen allein zu sein, war entsetzlich. Warum half uns niemand? Sahen sie denn nicht, dass Jason vielleicht gerade starb?

Wütend hielt ich den nächsten Mann, der an uns vorbeikam, am Hosenbein fest und schrie ihn an: »Rufen Sie einen Krankenwagen!«

Er starrte mich erst fassungslos, dann zornig an und riss sich von mir los, als sei ich eine Obdachlose, die ihn nach Geld angebettelt hatte.

Es kam mir vor wie eine Ewigkeit, bis endlich ein Türsteher aus einem nahe gelegenen Casino zu uns gelaufen kam. Er hob Jason von dem schmutzigen Asphalt und trug ihn in einen Nebenraum, wo wir auf den Notarzt warten sollten.

Während ich Jasons Hand hielt und über seine Wangen streichelte, musste ich den Drang, mich zu übergeben, zurückdrängen. Die laute Musik, das Gelächter der Menschen und die blinkenden Lichter taten nicht nur in meinem Kopf weh, sondern kamen mir vor wie Hohn. Wie konnten diese Menschen weiter Spaß haben, während ich nicht wusste, was mit Jason los war? Wie war es möglich, dass für den einen die Welt völlig in Ordnung war und sie für jemand anderen gerade zerbrach?

Die Sirenen des Krankenwagens hörte ich erst, als dieser direkt vor dem Casino hielt. Ein Ärzteteam kam in den Nebenraum gestürzt. Sie fühlten Jasons Puls und hörten seine Brust ab.

»Hat er Alkohol getrunken?«, fragte mich einer von ihnen.

Ich nickte stumm. Wie viel oder was, hätte ich nicht einmal sagen können.

»Wie ist sein Name?«

»Jason«, antwortete ich.

»Und weiter?«

Ich wusste es nicht. Die schlichte Erkenntnis, dass ich nach all der Zeit immer noch nicht seinen Nachnamen kannte, trieb mir erneut die Tränen in die Augen. »Ich weiß es nicht«, schluchzte ich verzweifelt. »Er wird doch wieder, oder?«

»Weißt du, ob er irgendwelche Krankheiten hat?«

»Nein, er ist gesund«, sagte ich entschieden. »Es ging ihm doch gerade noch gut!«

Sie luden ihn auf eine Trage, um ihn aus dem Casino in den Krankenwagen zu bringen. Ich wollte ihnen folgen, doch an der Tür bauten sich zwei Polizisten vor mir auf.

»Wie alt sind Sie, Miss?«

»Achtzehn«, stieß ich hervor und sah mit Sorge, wie die Trage mit Jason im Inneren des Krankenwagens verschwand. »Lassen Sie mich durch. Ich muss mit ins Krankenhaus!«

Die Polizisten gingen nicht beiseite, sodass ich versuchte, mich an ihnen vorbeizudrängen. Einer von ihnen hielt mich am Arm fest. »Es tut uns leid, aber Sie müssen uns auf die Wache folgen.«

»Nein!«, schrie ich panisch. »Ich muss bei Jason bleiben. Er braucht mich doch!«

Der Griff um meinen Arm lockerte sich nicht. »Die Ärzte kümmern sich um Ihren Freund. Es gibt nichts, was Sie im Moment für ihn tun können.«

»Bitte!«, flehte ich weinend. »Wenn ich weiß, was er hat, komme ich mit Ihnen überall hin. Aber zuerst muss ich ins Krankenhaus!«

In dem Moment fuhr der Krankenwagen los. Verzweifelt warf ich mich gegen die Polizisten. Diese zögerten nicht, drehten meinen Arm gegen meine Schreie und Tränen auf den Rücken und legten mir Handschellen an. Wie eine Verbrecherin führten sie mich aus dem Casino zu ihrem Streifenwagen.

Tag 34

~~In einem Streifenwagen mitfahren~~

Ich hatte es nicht nur geschafft, in einem Streifenwagen mitzufahren, sondern auch noch, in Handschellen abgeführt zu werden und auf der Polizeistation in einem Verhörzimmer zu landen. Katie wäre entsetzt und stolz zugleich auf mich gewesen.

Seit etwa einer halben Stunde wartete ich mit flatternden Nerven, zitternden Knien und rebellierendem Magen darauf, dass einer der Polizisten zurückkam und mir erklärte, was sie überhaupt von mir wollten. Mir war natürlich klar, dass ich mich mit siebzehn nicht betrunken und allein in Las Vegas herumtreiben durfte. Vielleicht hatten sie mich auch von der Vermisstenmeldung erkannt, die meine Eltern aufgegeben hatten. Aber das alles rechtfertigte doch wohl nicht, mich zu behandeln, als hätte ich eine Bank überfallen. Ich wollte zu Jason! Es machte mich krank, nicht zu wissen, wie es ihm ging. Wenn sie meine Eltern benachrichtigen wollten, sollten sie das tun. Aber warum konnte ich nicht im Krankenhaus auf ihr Eintreffen warten?

Mein Blick fiel auf den Spiegel auf der gegenüberliegenden Seite der Wand. Selbst ich wusste, dass es sich dabei um einen Venezianischen handeln musste, bei dem die Leute auf der anderen Seite in diesen Raum blicken konnten. Standen die Polizisten in diesem Moment dort und beobachteten mich? Was hofften sie, zu sehen? Wie ich aufstand und den Stuhl quer durch den Raum schleuderte oder anfing zu schreien und mir die Haare auszureißen?

Die Tür öffnete sich, doch anstatt der beiden Polizisten, die mich festgenommen hatten, betrat eine Frau mittleren Alters das Zimmer. Sie war der typische Muttertyp: etwas zu breite Hüften, ein freundliches Gesicht und ihre Haare zu einem Bob geschnitten. Ein Äußeres, das Vertrauen erwecken sollte. In ihrer Hand hielt sie zwei Becher mit dampfender Flüssigkeit. Einen davon schob sie mir über den Tisch zu – Kakao.

»Hallo, Jade, ich bin Diana Wolf und für die Polizei als Psychologin tätig. Hast du etwas dagegen, wenn ich dir ein paar Fragen stelle?«

»Habe ich eine Wahl?«, entgegnete ich patzig.

Diana setzte ein verständnisvolles Lächeln auf. »Du bist sicher mit den Nerven völlig am Ende. Bist du zum ersten Mal auf einer Polizeistation?«

»Nein, das passiert mir mindestens einmal die Woche«, fauchte ich sarkastisch. Ich konnte mir selbst nicht erklären, was in mich gefahren war. Normalerweise war ich nicht so, schon gar nicht gegenüber Polizisten. Aber seit Beginn des Sommers erkannte ich mich oft selbst kaum wieder.

Sie verschränkte ihre Hände auf dem Tisch. »Trink etwas, das beruhigt den Magen. Hast du Hunger? Ich kann ein paar belegte Brötchen besorgen.«

So sehr diese Diana Wolf sich auch Mühe zu geben schien, sie verstand mich kein Stück. Frustriert stieß ich die Luft aus. »Es geht doch gar nicht um mich, sondern um Jason! Er ist zusammengebrochen, wurde ins Krankenhaus gebracht und ich habe keine Ahnung, was mit ihm ist. Ich mache mir einfach Sorgen!«

Sie nickte freundlich. »Sobald wir mit unserem Gespräch fertig sind, rufe ich im Krankenhaus an und erkundige mich nach ihm. Aber zuerst einmal geht es um dich.« Sie sah mir eindringlich in die Augen. »Jade, warum bist du von zu Hause weggelaufen?«

Ich ließ meinen Kopf nach vorn sinken. Die Gründe dafür erschienen mir nun kindisch und albern. Ich bereute keinen Tag meiner Reise, aber ich schämte mich, dieser erfahrenen Frau zu erzählen, dass ich wegen ein bisschen Liebeskummer und einem Streit mit meiner besten Freundin abgehauen war. Damals war es entsetzlich gewesen, aber das alles kam mir vor, als läge es nicht nur Wochen, sondern bereits Jahre zurück.

»Ich wollte nicht mit ins Sommercamp fahren, weil ich Streit mit einer Freundin hatte«, gestand ich geknickt. Es hörte sich so verdammt lächerlich an.

»Hast du zuvor versucht, mit deinen Eltern darüber zu reden?«

»Ja, aber sie meinten, dass wir uns schon wieder vertragen würden.« Schuldbewusst hob ich den Kopf und sah Diana einsichtig an. »Vermutlich hatten sie recht.«

»Nach Aussagen der Betreuer des Camps wissen wir, dass du bei dem ersten Rastplatz abgehauen sein musst. Wie kam es dazu?«

Ich erzählte ihr davon, wie ich mich in Jasons Auto versteckt hatte. Darauf hob sie überrascht die Augenbrauen.

»Du bist einfach ohne Erlaubnis zu einem Fremden ins Auto geklettert? Hattest du keine Angst?«

In meinen Gedanken sah ich Jason in der Tankstelle genau vor mir. Nichts an ihm hatte freundlich oder vertrauenserweckend gewirkt und trotzdem hatte ich nicht einen Moment gezögert, fast so, als hätte mein Herz sich von Anfang an zu ihm hingezogen gefühlt, ohne dass mein Kopf es sich hätte erklären können.

»Nein«, erwiderte ich lächelnd. »Jason ist der beste Reisebegleiter, den man sich wünschen kann. Er hat sich immer um mich gekümmert und dafür gesorgt, dass es mir an nichts gefehlt hat.«

Diana erwiderte mein Lächeln. »Du bist verliebt in ihn, oder?«

»Wir sind zusammen«, bestätigte ich ihr und konnte das Grinsen dabei nicht aus meinem Gesicht verbannen, doch gleichzeitig stiegen mir erneut Tränen in die Augen, weil ich nicht wusste, wie es ihm in diesem Moment ging.

Sie reichte mir ein Taschentuch. »Was war euer Plan? Ihr seid zusammen quer durch Amerika gefahren. Wo wolltet ihr hin?«

»Wir wollten nur den Sommer zusammen verbringen und danach zurück nach Hause fahren. Ich habe meine Eltern angerufen und ihnen Postkarten geschrieben, damit sie sich nicht zu große Sorgen um mich machen.«

»Wolltest du denn vielleicht insgeheim, dass sie sich um dich sorgen?«

Energisch schüttelte ich den Kopf. »Das alles hat absolut nichts mit meinen Eltern zu tun. Sie sind toll! Wenn nicht sogar die besten. Ich wollte einfach nur etwas erleben, aber sie hätten das niemals erlaubt.«

»Du weißt, dass sie es dir nicht hätten erlauben dürfen, oder? Deine Eltern haben eine Aufsichtspflicht zu erfüllen und dich allein mit einem Fremden durchs Land reisen zu lassen, würde dagegen verstoßen.«

Ich nickte einsichtig. »Ich weiß.« Flehend blickte ich sie an. »Ich habe Ihnen doch nun alle Fragen beantwortet, könnten Sie jetzt bitte im Krankenhaus anrufen und nach Jason fragen?«

Sie seufzte resigniert und schob ihren Stuhl zurück. »In Ordnung. Wir haben deine Eltern bereits benachrichtigt. Sie werden mit dem nächsten Flugzeug kommen, um dich abzuholen. Möchtest du vielleicht vorher noch einmal mit ihnen telefonieren? Sie würden sich sicher freuen, deine Stimme zu hören.«

Mein schlechtes Gewissen ergriff mein Herz sofort mit eiserner Hand, trotzdem nickte ich erneut.

Diana führte mich aus dem Verhörzimmer in die Polizeistation zu einem Telefon, welches an der Wand befestigt war. »Lass dir ruhig Zeit«, sagte sie aufmunternd, während sie zu einem Schreibtisch ging und selbst den Telefonhörer ergriff.

Vermutlich würde Mom weinen, sobald sie meine Stimme hörte. Sie weinen zu hören, würde auch mich völlig aus der Fassung bringen. Dad würde versuchen, den Starken zu markieren, aber er hätte selbst Tränen in den Augen. Was hatte ich meinen Eltern nur angetan? In den letzten Tagen hatte ich immer weniger an sie gedacht. Es hatte für mich nur noch gezählt, so viel Zeit wie möglich mit Jason zu verbringen.

Ich holte tief Luft und versuchte gegen den immer größer werdenden Kloß in meinem Hals anzukämpfen, als ich mit zittrigen Fingern die Nummer von meinem Zuhause wählte.

Das erste Klingeln ertönte und mein Herz schlug so schnell, dass mir davon schwindelig wurde. Ich stützte mich an der Wand ab, als es zum zweiten Mal klingelte. Beim dritten Mal wurde der Hörer abgenommen.

»Monroe«, sagte meine Mutter und die Tränen bahnten sich einen Weg über meine Wangen. Ich konnte nicht sprechen, lediglich ein Schluchzen drang aus meiner Kehle.

»Jade, bist du das?«, fragte Mom am anderen Ende der Leitung sanft.

»Hallo, Mom«, schniefte ich ins Telefon. Nicht sie war beim Klang meiner Stimme in Tränen ausgebrochen, sondern ich bei dem ihrer. Erst jetzt merkte ich, wie sehr mir meine Eltern in dieser ausweglosen Situation fehlten.

»Jade, mein Schatz, mach dir keine Sorgen. Wir fliegen noch heute los und am Nachmittag sind wir bereits bei dir. Alles wird gut!«

Die Überzeugung in ihrer Stimme ließ mich aufatmen und ich glaubte ihr. Wenn meine Eltern erst einmal hier wären, würden sie sich um alles kümmern. Sie konnten mir helfen, Jason zu sehen, und gemeinsam würden wir zurück nach Chicago fliegen.

Plötzlich war Dad am Hörer. »Jade, bitte versuch dich zu beruhigen. Setz dich irgendwo hin und wenn es geht, versuche etwas zu schlafen. Die Polizisten kümmern sich um dich, bis wir da sind. Du wirst sehen, es geht schneller, als du denkst. Wir sind nicht wütend auf dich. Hast du das verstanden?«

Ich nickte, was er natürlich nicht sehen konnte. »Ja«, setzte ich schnell hinterher. »Dad?«

»Ja, Schatz?«

»Ich hab euch lieb«, schniefte ich laut in den Hörer.

Ich hörte Mom und ihn lachen. »Wir dich auch, Schatz. Sei tapfer und bis später!«

»Bis später«, murmelte ich, bevor ich auflegte. Allein ihre Stimmen und ihre Zuversicht zu hören, machte alles irgendwie ein kleines bisschen besser.

Diana räusperte sich hinter mir. Beschämt fuhr ich herum, während ich versuchte, mir die Tränen aus dem Gesicht zu wischen.

»Deinem Freund Jason geht es so weit gut. Er wird jedoch noch etwas im Krankenhaus bleiben. Sobald deine Eltern da sind, kannst du ihn besuchen.«

Die letzte Last fiel von meinen Schultern und ich hätte Diana am liebsten vor Erleichterung umarmt. »Was hatte er denn?«

»Das soll er dir selbst erzählen«, sagte Diana und klopfte mir aufmunternd auf die Schulter. »Komm, ich bringe dich in mein Büro. Da kannst du auf deine Eltern warten.«

Ich zählte die Sekunden, Minuten und Stunden bis zum Eintreffen meiner Eltern. Wann immer ich auf die Uhr sah, hatten sich die Zeiger scheinbar kaum vorwärts bewegt. Die Zeit verlief zähflüssiger als Honig. Aber als es dann endlich so weit war und meine Eltern in das Büro von Diana Wolf gestürmt kamen, war ich wie versteinert und sprachlos dazu.

Sie standen in der Tür und musterten mich von oben bis unten. Unsicher strich ich mir über meine neue Frisur und zuckte entschuldigend mit den Schultern. Als sie merkten, dass ich noch beide Beine und Arme hatte und mir auch sonst nichts zu fehlen schien, füllten sich ihre Augen mit Tränen.

Mom hielt sich zitternd eine Hand vor den Mund. »Jade«, stieß sie mit brüchiger Stimme hervor, bevor sie langsam auf mich zuging. »Mein Mädchen«, flüsterte sie mit ruhiger Stimme.

Sie verhielt sich, als sei ich ein scheues Tier, das bei zu schnellen Bewegungen die Flucht antreten würde.

»Mom!«, schluchzte ich und warf mich ihr entgegen. Ich schlang meine Arme um ihre Taille und drückte mich weinend an sie. Sie weinte ebenfalls, als Dad uns beide gleichzeitig umarmte.

Meine Eltern schienen mich gar nicht mehr loslassen zu wollen. Erst als ich ihnen drohte, dass ich ersticken würde, wenn sie mich nicht losließen, traten sie einen Schritt zurück. Sie sahen mich immer noch ungläubig, aber auch wahnsinnig erleichtert an.

»Was machst du nur für Sachen?«, fragte Dad kopfschüttelnd.

»Es tut mir leid«, erwiderte ich kleinlaut. »Aber ich habe euch ja angerufen und Karten geschrieben, damit ihr euch keine Sorgen machen müsst.«

Dad stieß spöttisch die Luft aus und seine Stimme klang nicht mehr ganz so sanft. Auch wenn er sich Mühe gab, konnte er die Wut nicht ganz unterdrücken. »Glaubst du, wir machen uns weniger Sorgen, wenn wir wissen, dass unsere Tochter mit einem Wildfremden quer durch die Staaten reist?«

Jason! Ich hatte ihn vor lauter Wiedersehensfreude tatsächlich für einen Moment vergessen. »Wir müssen sofort ins Krankenhaus«, rief ich hastig aus und blickte meine Eltern flehend an.

Mom sah mich entsetzt an. »Was ist los? Fehlt dir doch etwas?«

»Nein, mir geht es gut«, beruhigte ich sie. »Aber Jason ist letzte Nacht zusammengebrochen! Ich muss ihn sehen und wissen, wie es ihm geht.«

Dad verschränkte abweisend die Arme vor der Brust. »Ist das der junge Mann, der für diesen ganzen Unsinn verantwortlich ist?«

»Nein!«, protestierte ich augenblicklich. »Jason wollte mich erst gar nicht mitnehmen. Ich habe mich ihm förmlich aufgedrängt!« Verzweifelt sah ich zu ihm auf und hoffte, dass meine traurigen Augen ihn erweichen würden. »Dad, bitte! Ich erzähle euch alles später, aber jetzt muss ich zu Jason! Bitte!«

Dad sah zu Mom. Auch sie schien nicht gut auf den Jungen zu sprechen zu sein, der die letzten Wochen mit mir verbracht hatte. Aber sie fürchtete wohl, dass ich erneut abhauen würde, wenn ich nicht meinen Willen bekam. »Unser Rückflug geht doch ohnehin erst morgen«, warf sie besänftigend ein.

Im Krankenhaus hing der typische Geruch nach Desinfektionsmitteln in der Luft und der Boden gab ein quietschendes Geräusch von sich, als ich mit meinen Turnschuhen darüber rannte. Die Dame am Empfang hatte uns Jasons Zimmernummer verraten, seitdem war ich nicht mehr zu stoppen. Selbst das Warten auf den Aufzug hatte mir zu lange gedauert, sodass ich lieber die Treppe genommen hatte. Meine Eltern hechteten schnaufend hinter mir her. Ihre Ermahnungen und Proteste ließ ich unbeachtet hinter mir zurück.

Sobald ich im zweiten Stock aus dem Treppenhaus stolperte, sah ich mich orientierungslos nach den Zimmernummern um. Zimmer 232 lag am Ende des Flurs.

Es war mir egal, ob Jason dort allein war oder nicht – ich riss atemlos die Tür auf. Mein Herz setzte aus, als ich ihn erblickte. Er lag in der weißen Bettwäsche des Krankenhauses am Fenster und sah unglaublich blass und schwach aus. Er war tatsächlich an ein EKG-Gerät angeschlossen, das ein ständiges Piepsen von sich gab. Vor seiner Nase hing ein Schlauch, der zu einer weiteren Maschine führte. Die Rollos waren runtergelassen, sodass das Zimmer trotz strahlenden Sonnenscheins in einem schwachen Dämmerlicht lag.

Doch zumindest war er bei Bewusstsein, denn er starrte mich mindestens genauso entsetzt an wie ich ihn. Dann wandte er den Blick ab und schüttelte traurig den Kopf. »Du hättest nicht herkommen sollen.«

Ich beachtete ihn nicht und taumelte ihm entgegen. Meine Beine schienen unter mir nachzugeben und ich sackte kraftlos auf den Stuhl neben seinem Bett.

»Was ist passiert?«, fragte ich mit bebender Stimme.

Warum war er an die ganzen Geräte angeschlossen? Hatte Diana nicht behauptet, dass es ihm so weit gut gehe?

»Das Übliche«, knurrte Jason.

In dem Augenblick klopfte es an der Tür und meine Eltern traten ein. Betreten ließen sie ihren Blick über Jason im Krankenbett und die summenden Geräte schweifen.

Ich räusperte mich verlegen. »Jason, das sind meine Eltern.«

Es hätte wohl kaum einen schlechteren Zeitpunkt geben können, um sie einander vorzustellen.

Dad straffte die Schultern und trat Jason entgegen. Er hielt ihm seine Hand hin und schaffte es sogar, zu lächeln. Seine Wut auf ihn schien bei seinem erbärmlichen Anblick verflogen zu sein. »Freut mich, Sie kennenzulernen.«

Jason sah ihn ungläubig an, aber ergriff die ausgestreckte Hand. »Es wundert mich, dass Sie mir Ihre Hand reichen und mir nicht mit Ihrer Faust die Nase zertrümmern«, grinste er schwach.

Darüber musste auch Dad lächeln. »Ich nehme an, meine Tochter ist nicht ganz unschuldig an der Situation.«

Mom reichte Jason ebenfalls die Hand. »Danke, dass Sie auf unsere Tochter aufgepasst haben.«

»Vielleicht war es auch andersherum«, erwiderte Jason und lächelte mich zaghaft an.

Ich freute mich, dass meine Eltern Jason so freundlich entgegentraten, trotzdem wünschte ich mir, dass sie das Zimmer wieder verlassen würden. Ihre Anwesenheit wirkte völlig fehl.

Die Tür öffnete sich erneut und ein Arzt trat in Begleitung einer Krankenschwester ins Zimmer. »Oh, Mister Walker, Sie haben ja Besuch«, stellte er überrascht fest. »Das freut mich für Sie.« Er wandte sich an meine Eltern. »Sind Sie die Eltern des jungen Mannes?«

Dad schüttelte den Kopf, doch ehe er etwas sagen konnte, rief Jason bereits energisch: »Nein, sind sie nicht.«

Der Arzt sah für einen Moment verwirrt zwischen ihnen hin und her, bevor er sich erneut meinem Vater zuwandte. »Dürfte ich Sie bitten, kurz vor der Tür zu warten, bis ich die Visite abgeschlossen habe?«

»Natürlich«, erwiderte Dad und trat zusammen mit Mom den Rückzug an, während ich mich nicht von der Stelle rührte.

Jason sah mich eindringlich an, doch ich schüttelte den Kopf. »Ich bleibe«, sagte ich entschieden.

Ich sah, wie er mir widersprechen wollte, doch dann gab er plötzlich nach und zuckte nur mit den Schultern. »Von mir aus.«

Der Arzt überging die angespannte Stimmung und warf einen Blick auf die Ausdrucke des EKG-Geräts. »Das sieht doch alles sehr gut aus«, murmelte er zufrieden, bevor er sich seinem Patienten zuwandte. »Wie klappt es mit der Atmung?«

Jason zog den Schlauch von seiner Nase. »Ich habe Ihnen bereits heute Nacht gesagt, dass es mir gut geht. Wann kann ich endlich gehen?« Seine Stimme war hart und schneidend wie Glas. Er war wütend.

Der Arzt blickte tadelnd auf ihn hinab. »Mister Walker, ich habe Ihnen auch heute Nacht bereits gesagt, dass ich Ihnen dringend zu einer Behandlung rate, bevor es zu spät ist. Sie mögen volljährig sein, aber in Ihrem Zustand kann ich Sie unmöglich guten Gewissens entlassen.«

Mir wurde kalt. Worüber sprach der Arzt?

»Ihr Gewissen ist mir völlig gleich! Ich will meine Reise fortsetzen und nicht in einem Krankenhaus vor mich hin vegetieren!«, brüllte Jason außer sich.

Die Krankenschwester machte sich Notizen, während der Arzt einen Schritt zurücktrat. »Seien Sie doch nicht so unvernünftig. Sie haben Lungenkrebs und wenn Sie sich nicht operieren lassen, werden Sie sterben. Wollen Sie das etwa? Sie sind doch noch so jung und haben Ihr ganzes Leben noch vor sich.«

Ich hatte das Gefühl, man würde mir die Luft zum Atmen rauben. Lungenkrebs! Jason hatte doch gesagt, dass es vorbei sei. Er hatte gesagt, er sei gesund!

»Das geht Sie nichts an!«, schnauzte Jason zurück.

Der Arzt schüttelte verständnislos den Kopf, bevor er ging. »Mister Walker, denken Sie bitte noch einmal darüber nach. Wir können Sie zu nichts zwingen, aber mit Verlaub, Sie wären dumm, eine Behandlung auszuschlagen.«

Als der Arzt das Zimmer verlassen hatte, schwiegen wir. Jason sah mich nicht einmal an. Meine Gedanken überschlugen sich und ich wusste nicht, wo ich anfangen sollte.

»Warum hast du es mir nicht gesagt?«, brachte ich schließlich zittrig hervor. Ich wollte nicht weinen und drängte mit aller Macht die Tränen zurück.

»Wenn du es gewusst hättest, wären wir nie so weit gekommen. Du hättest genauso wie alle anderen darauf beharrt, dass ich mich behandeln lasse.« Er sah mich immer noch nicht an. Seine Stimme klang vorwurfsvoll, was mir einen Stich versetzte.

»Du hast mich angelogen!«, stieß ich fassungslos hervor. »Ich habe dir mehr als ein Mal die Chance gegeben, mir die Wahrheit zu sagen, aber du hast mir immer wieder ins Gesicht gelogen.«

»Ich wollte nicht, dass du mich ansiehst, als sei ich bereits tot«, erwiderte er leise.

»Jason, sieh mich an!«, forderte ich aufgebracht, während ich die Tränen nicht länger zurückhalten konnte.

Er rührte sich nicht.

»Schau mich an!«, brüllte ich wütend.

Langsam drehte er mir sein Gesicht zu. Es war schmerzverzerrt. In seinen Augen standen Tränen.

»Sehe ich aus, als hielte ich dich für tot?«

Er schüttelte den Kopf.

»Du bist nicht tot! Noch lange nicht!«, fuhr ich ihn an.

»Jade, du verstehst das nicht«, seufzte er verzweifelt. »Ich habe das alles bereits einmal durchgemacht und wirklich gedacht, dass es vorbei sei. Und dann steht dieser verdammte Krebs einfach wieder vor meiner Tür. Verdammt, ich dachte, ich hätte endlich ein Leben! Ich hatte eine Freundin und wollte studieren. Alles lief gut und dann macht ein verdammter Arztbesuch alles zunichte!«

»Es ist nichts vorbei!«, rief ich aufgebracht. »Du kannst immer noch studieren!«

»Wie lange?«, fiel er mir ins Wort. »Selbst wenn ich noch einmal überlebe, wie viele Jahre würde es mir bringen? Zwei, drei? Irgendwann käme der Krebs ja doch wieder! Ich will mein Leben nicht in Krankenhäusern mit Behandlungen verbringen, sondern etwas erleben, und sei es nur für ein paar Wochen.«

»Es ist doch aber nicht gesagt, dass er wiederkommen würde. Vielleicht ist es das letzte Mal und danach kannst du endlich das Leben führen, das du möchtest. Du darfst nicht einfach aufgeben!«

Er drehte seinen Kopf weg und zeigte mir damit deutlich, dass ich ihn nicht verstand. »Das ist nicht deine Entscheidung!«

»Was ist mit deiner Familie?«, warf ich verzweifelt ein. »Du kannst sie doch nicht einfach im Stich lassen!«

Er presste die Lippen aufeinander. »Ohne mich ginge es ihnen besser!«

»Niemals!«, schrie ich fassungslos. »Weiß deine Mutter überhaupt, dass du krank bist?«

»Sie hat keine Ahnung. Sie weiß ja nicht einmal, dass ich das Studium abgebrochen habe. Aber vermutlich hat dieser aufdringliche Arzt sie schon längst angerufen. Dass er damit gegen meine Persönlichkeitsrechte verstößt, interessiert ihn nicht. Verdammt, ich bin volljährig!«

»Du benimmst dich wie ein unreifes Kind!«, fuhr ich ihn wütend an. »Ein Erwachsener würde kämpfen und nicht einfach aufgeben!«

»Was weißt du denn schon?«, knurrte er und sah mich zornig an. »Bei dir läuft doch alles perfekt! Deine Eltern lieben dich, du hast jede Menge Freunde, gute Noten, kannst dir deine Uni aussuchen und musst dir über Geld keine Gedanken machen.«

Seine Worte schnitten mir ins Herz und machten mich sprachlos. Was sollte ich dazu schon sagen? Mein Leben fühlte sich selten so perfekt an, wie er es darstellte. Aber natürlich waren meine Probleme nichts im Vergleich zu seinen. Ich würde mich jedoch nicht dafür entschuldigen, dass ich vielleicht einfach mehr Glück gehabt hatte.

Vorsichtig streckte ich meine Hand nach seiner aus, doch er reagierte nicht. Ich ließ sie neben seiner auf die Bettdecke sinken. »Jason, wir kennen uns erst so kurz, aber trotzdem kann ich mir ein Leben ohne dich gar nicht mehr vorstellen. Es würde mir das Herz brechen, dich zu verlieren.«

Ruckartig hob er den Kopf und sah mir in die Augen. »Es tut mir leid«, sagte er, ohne es näher zu bestimmen. »Glaub mir, ich wollte nicht, dass du dich in mich verliebst. Ich habe versucht, dagegen anzukämpfen, aber du warst stärker. Du solltest nicht in das alles mit hineingezogen werden.«

»Ich wünschte, du hättest mir die Wahrheit gesagt.«

»Hättest du dich dann nicht in mich verliebt?«

»Es hätte an meinen Gefühlen für dich nichts geändert, aber ich müsste nicht alles, was du mir je gesagt hast, infrage stellen.«

Tag 35

~~Sich mit den Eltern um etwas Wichtiges streiten~~

»Hast du alles?«, fragte Dad, als er ungeduldig im Türrahmen des Hotelzimmers wartete, in dem wir zu dritt die Nacht verbracht hatten.

Zuletzt hatte ich im Alter von acht Jahren zwischen meinen Eltern im Bett gelegen, doch nach dem Besuch im Krankenhaus und Jasons Prognose war ich so aufgelöst gewesen, dass ich nicht hatte aufhören können zu weinen. Mom hatte mir die halbe Nacht beruhigend übers Haar gestrichen, während Dad sich eine Packung Ohropax gekauft hatte, um wenigstens etwas Schlaf finden zu können. Er musste am nächsten Tag wieder arbeiten und hatte sich auch nur schwer freinehmen können, um mich abzuholen.

Die Tasche mit den gestohlenen Kleidern von Tracy lag neben dem Mülleimer. Meine Eltern waren entsetzt gewesen, als ich ihnen erzählt hatte, dass ich seit Wochen in der Kleidung einer Fremden herumlief.

So blieb mir nur mein kleiner Rucksack, in dem nicht viel mehr war als das, womit ich losgefahren war, und trotzdem war alles anders. Mein Herz fühlte sich schwer an bei dem Gedanken, in ein Flugzeug zu steigen und Jason hier einfach zurückzulassen. Vielleicht würde ich ihn niemals wiedersehen. Es hatte mir Angst gemacht, wie er über sein Leben gesprochen hatte, so als gebe es keine Hoffnung und alles sei bereits verloren. Gleichzeitig hatte ich zum ersten Mal das Gefühl gehabt, wirklich ihn zu sehen und nicht nur die Fassade, die er für die Außenwelt errichtet hatte.

In meinen Augen standen erneut Tränen, als ich zu meinen Eltern aufblickte. »Ich kann nicht mit euch zurückfliegen«, stieß ich verzweifelt hervor.

»Jade, mach jetzt bitte kein Theater«, flehte Dad. Er war mit seiner Geduld am Ende und sah aus, als könnte er dringend einen Schnaps oder eine Zigarette brauchen.

»Aber Jason braucht mich doch. Er hat hier niemanden und ist ganz allein«, schluchzte ich, während mein Körper von einem Zittern erschüttert wurde.

»Schatz, du kannst ihm nicht helfen«, sagte Mom sanft und nahm mich an die Hand. »Wenn wir zu Hause sind, kannst du ihn anrufen.«

Ich ließ mich von ihr aus dem Hotelzimmer schleifen und suchte gleichzeitig nach einer Möglichkeit, wie ich ihnen begreiflich machen konnte, wie wichtig es für mich war, hierzubleiben. Jason wollte sein Leben nicht mehr und ich musste ihn vom Gegenteil überzeugen. Er hatte mir erzählt, wie seine Exfreundin ihn im Stich gelassen hatte, als sie von seiner Krankheit erfahren hatte. So war ich nicht! Ich wollte ihm zur Seite stehen und ihn nicht einfach wie ein Paar alte Schuhe hinter mir zurücklassen.

Als wir die Aufzüge erreichten, versuchte ich es erneut: »Ihr könntet mir doch ein Hotelzimmer in der Nähe des Krankenhauses buchen, dann hätte ich es nicht weit und käme mit dem Rest der Stadt praktisch kaum in Berührung. Wir könnten jeden Tag telefonieren, damit ihr wisst, dass es mir gut geht.«

Dad unterbrach mich scharf: »Jade, es reicht!« Seine Stimme war laut und schneiend. Er duldete nicht länger Widerworte.

»Wir haben eine Aufsichtspflicht und können dich nicht einfach allein in einer fremden Stadt zurücklassen«, erklärte mir Mom, was ich bereits wusste. Ich hatte mich fünf Wochen allein durchgeschlagen, ohne dass mir etwas Schlimmes passiert war. Wenn Jason nicht zusammengebrochen wäre, hätte die Polizei uns nie geschnappt. Genauso wenig würden sie sich um ein Mädchen scheren, das seinen kranken Freund im Krankenhaus besuchte.

»Aber niemand würde etwas merken!«, beharrte ich kleinlaut, als wir die Aufzüge verließen.

Der Ausgang des Hotels war bereits in Sichtweite. Davor warteten eine ganze Reihe Taxis, von denen uns eins zum Flughafen bringen würde.

Die Ader an Dads Hals pulsierte, während er tief Luft holte, um nicht vor all den Leuten zu explodieren. Er war weder unsensibel noch ein schlechter Vater, alles, was er wollte, war, unser Leben wieder in geordnete Bahnen zu lenken.

»Du wirst mit uns nach Hause fliegen!«, knurrte er entschieden. »Ich möchte jetzt nichts mehr davon hören!«

Ich presste meine zitternden Lippen fest aufeinander, während ich mir über die Augen wischte, um die Tränen zu verbergen, doch sie liefen unablässig über meine Wangen. Ich konnte nichts dagegen tun.

»Aber ich liebe ihn!«, stieß ich schließlich hervor, viel lauter als beabsichtigt.

Die umstehenden Hotelgäste drehten sich neugierig zu uns um. Als sie jedoch den wütenden Blick meines Vaters bemerkten, wandten sie sich schnell wieder ab.

Dad baute sich bedrohlich vor mir auf. Sein Gesicht war knallrot und Schweißperlen tanzten auf seiner Stirn, ob vor Wut oder vor Hitze, ließ sich nicht sagen. »Ist dir überhaupt bewusst, was du deiner Mutter und mir in den letzten Wochen angetan hast? Wir waren krank vor Sorge, während du vergnügt durchs Land gereist bist. Du hattest deinen Spaß, jetzt ist Schluss! Wenn du auch nur einen Funken Respekt in dir hast, dann steigst du jetzt in das Taxi und hältst deinen Mund, bis wir in Chicago gelandet sind.«

Ich straffte meine Schultern und sah ihm eindringlich in die Augen. »Dad, ich respektiere euch mehr als jeden anderen und genau darum verlasse ich mich darauf, dass ihr mich verstehen werdet. Es tut mir wirklich wahnsinnig leid, wie viele Sorgen ich euch gemacht habe. Das wollte ich nicht, aber ich brauchte diesen Sommer, um zu mir selbst zu finden. Ich wusste nicht, was ich wollte, und habe mich wie ein Blatt im Wind gefühlt.«

»Jade, du hast noch ein ganzes Leben vor dir, um rauszufinden, was du willst«, warf Mom verständnislos ein.

»Aber ich weiß es jetzt!«, rief ich energisch. »Ich will Jason!«

Dad stieß frustriert die Luft aus. Vielleicht hätte er mir in diesem Moment gern eine Ohrfeige verpasst, aber er tat es nicht. Egal, was ich sagen oder tun würde, er würde niemals derart die Kontrolle verlieren.

»Wolltest du nicht noch vor ein paar Wochen diesen Möchtegernmusiker? Fahr mit uns ...«

»Nein!«, schrie ich wütend dazwischen. »Das ist etwas völlig anderes! Ich LIEBE Jason! Das ist keine Schwärmerei, die wieder vergeht. Ich liebe ihn!« Flehend sah ich von meinem Vater zu meiner Mutter. »Ich habe noch nie zuvor so für jemanden empfunden und er braucht mich jetzt mehr denn je. Versteht ihr das denn nicht? Jason ist schwer krank und er möchte nicht mehr weiterleben, obwohl es noch Hoffnung für ihn gibt. Wenn ich ihn jetzt verlasse, wird er erst recht aufgeben und das könnte ich mir niemals verzeihen!«

Ich erwartete heftige Widerworte, doch stattdessen schwiegen meine Eltern. Sie schauten mich an, als würden sie mich zum ersten Mal sehen.

Plötzlich zog Dad meine Mutter von mir weg. Sie gingen ein Stück und unterhielten sich leise. Als sie zurückkamen, wirkten sie nicht glücklich, aber beruhigter als zuvor.

Dad sah mich ernst an. »Deine Mutter bleibt mit dir hier, bis Jasons Familie eintrifft oder er nach Chicago verlegt wird. Ich kann leider nicht bleiben, weil ich arbeiten muss. Aber ich erwarte von dir, dass du auf deine Mutter hörst. Es gibt keine Alleingänge mehr, verstanden?«

Auch wenn ich es gehofft hatte, hatte ich nicht daran geglaubt, dass sie sich tatsächlich auf meine Bitten einlassen würden. Ich nickte eilig und schlang die Arme um meinen Vater. »Danke!«, schluchzte ich erleichtert gegen seine Brust.

Er drückte mich fest an sich. »Du bist das Wichtigste in unserem Leben, vergiss das nie«, bat er mich leise und schnürte mir damit den Hals zu.

Wir lösten uns voneinander, er küsste Mom zum Abschied und ließ uns dann allein im Hotel zurück. Mom legte ihren Arm um mich und lächelte mich aufmunternd an. Ich hatte wirklich die tollsten Eltern der Welt!

Als ich später an diesem Tag gegen die Tür von Jasons Zimmer klopfte, schlug mein Herz zum ersten Mal nicht nur vor Aufregung, sondern auch vor Angst. Ich fürchtete mich vor seiner Reaktion. Seine Worte vom Vortag hingen mir immer noch im Kopf. Würde ich wirklich ausreichen, um ihn dazu zu bringen, den Kampf gegen den Krebs noch einmal aufnehmen zu wollen? Wir kannten uns doch erst so kurz. Wenn selbst seine Familie ihn nicht dazu bewegen konnte, warum sollte es mir dann gelingen?

Als mir niemand antwortete, öffnete ich langsam die Tür. Jason lag in seinem Bett und sah mich überrascht an. Er schien nicht mit mir gerechnet zu haben.

»Was machst du denn noch hier?«, fragte er verblüfft.

Auch wenn er sich Mühe gab, es mich nicht spüren zu lassen, konnte ich sehen, dass er sich freute, wenn auch nur für den Moment. Doch dieses kurze Aufflackern in seinen Augen reichte, um mir ein Lächeln ins Gesicht zu zaubern.

Ich schloss die Tür hinter mir und setzte mich neben ihn aufs Bett. Das EKG-Gerät war nicht mehr da. »Ich habe dir doch gesagt, dass ich dich nicht im Stich lassen werde.«

Er sah mir ungläubig in die Augen. Als ich den Blick nicht abwandte, schüttelte er den Kopf. »Du machst dich nur unglücklich, je länger du bei mir bleibst.«

Meine Hand schloss sich fest um seine. »Falsch! Ich war jeden Tag mit dir glücklicher als je zuvor in meinem Leben. Wir wollten den Sommer zusammen verbringen und der ist noch nicht vorbei.«

»Du hast sicher nicht geplant, den Sommer in einem stickigen Krankenzimmer zu verbringen«, gab er zu bedenken, als er wieder zu mir aufsah. Sein Daumen streichelte zärtlich über meinen Handrücken.

Allein für diese winzige Berührung hätte ich jeden Tag am Meer sausen lassen.

»Hauptsache, wir sind zusammen«, flüsterte ich zurück und küsste ihn auf den Mund.

Auch wenn er alles versuchte, um mich zu vertreiben, schaffte er es nicht, mir glaubhaft vorzuspielen, dass er mich nicht länger bei sich haben wollte. Er brauchte mich genauso sehr wie ich ihn. Wir hatten uns ineinander verliebt und daran konnte auch seine Krankheit nichts ändern. Ich glaubte fest daran, dass es für uns mehr als einen Sommer gab. Jeden anderen Gedanken ließ ich erst gar nicht zu.

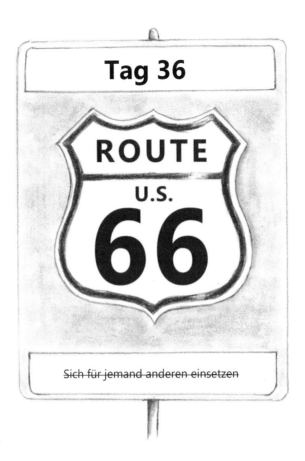

Tag 36

Sich für jemand anderen einsetzen

Als ich am nächsten Morgen das Krankenhaus betrat, war ich guter Hoffnung, dass wir an unseren kleinen Fortschritt vom Vortag anschließen könnten. Es musste vieles besprochen und organisiert werden. Gab es in Chicago überhaupt eine Klinik, in der Jason seine Behandlung fortsetzen konnte? War er fit genug, um den Flug zu überstehen?

Doch schon bevor ich sein Zimmer am Ende des Flurs erreicht hatte, hörte ich lautes Geschrei. Eine weibliche und eine männliche Stimme brüllten aufeinander ein, so laut, dass sicher keiner das Wort des anderen verstehen konnte oder wollte. Eine

Schwester stürzte an mir vorbei zu der geschlossenen Tür und riss sie energisch auf. »Geht das bitte auch etwas leiser?«, fauchte sie wütend in das Zimmer. »Hier gibt es auch noch andere Patienten, die Ruhe brauchen!«

Mein Blick fiel auf Jason, der immer noch in seinem Bett lag. Seine Hände waren jedoch zu Fäusten geballt und sein Gesicht vor Wut verzerrt.

Eine schlanke Frau mit karamellfarbener Haut und dunklem Haar drehte sich entschuldigend zu der Schwester um. »Es tut mir wahnsinnig leid. Ich habe für einen Moment die Fassung verloren«, entschuldigte sie sich beschämt. Sie war zu alt, um Jasons Exfreundin zu sein, doch gleichzeitig erschien sie mir zu jung, um seine Mutter sein zu können. Sie musste mindestens zehn Jahre jünger sein als meine eigene Mutter.

»Reißen Sie sich jetzt zusammen oder ich muss Sie bitten, zu gehen«, ermahnte die Schwester sie streng, bevor sie das Zimmer verließ und die Tür lauter als nötig hinter sich zuzog.

Für einen Augenblick begegneten sich Jasons und mein Blick, bis ich durch die Tür wieder ausgeschlossen war. Ich wusste nicht recht, was ich tun sollte. Vielleicht würde meine Anwesenheit nur stören und ich sollte ihm etwas Zeit allein mit dieser fremden Frau lassen. Sie hatten offensichtlich einiges zu bereden und mussten sich gut kennen.

Ehe ich mich hätte entschließen können, zu gehen, wurde die Tür jedoch wieder geöffnet. Die Frau streckte ihren Kopf hervor und musterte mich kritisch von Kopf bis Fuß. »Bist du Jade?«, fragte sie schließlich. Es klang unfreundlich.

Als ich schüchtern nickte, trat sie beiseite, sodass ich ihr in das Zimmer folgen konnte. Es herrschte eine angespannte Stimmung, doch als Jason mich sah, lächelte er mir aufmunternd zu. Ich freute mich, ihn zu sehen, gleichzeitig hatte ich das Gefühl, dass ihn der Streit dermaßen angestrengt hatte, dass er deutlich schwächer war als gestern. Er wirkte geradezu zittrig.

»Darf ich vorstellen? Das ist meine Mutter Rachel.«

Also doch die Mutter!

Ich streckte ihr meine Hand entgegen. »Freut mich, Sie kennenzulernen«, fügte ich höflich und mit einem zaghaften Lächeln hinzu. Für gewöhnlich mochten die Eltern meiner Freunde mich auf Anhieb, da ich etwas Vertrauenserweckendes ausstrahlte und man mir keine Dummheiten zutraute.

Doch Rachel war alles andere als erfreut. Sie hatte die Arme vor der Brust verschränkt und warf nur einen spöttischen Blick auf meine Hand, ohne sie jedoch zu ergreifen. »Schön für dich«, fauchte sie.

»Mom!«, knurrte Jason aufgebracht. »Jade hat mit all dem nichts zu tun! Du brauchst deine Wut nicht an ihr auszulassen.«

Ich zog beschämt meine Hand zurück und hielt sie vor mich, als hätte ich sie mir verbrannt. »Ist nicht so schlimm«, murmelte ich besänftigend in seine Richtung.

Das schien Rachels Stichwort zu sein. »Nicht so schlimm?«, rief sie empört aus. Wenn Blicke töten könnten, wäre ich auf der Stelle tot umgefallen. »Mein Sohn weiß seit Monaten, dass er wieder Krebs hat, bricht sein Studium ab und entschließt sich, lieber durch die Gegend zu reisen, anstatt sich behandeln zu lassen. Er setzt sein Leben aufs Spiel und flirtet lieber mit irgendwelchen dahergelaufenen Mädchen.« Sie sah mich auf eine Weise an, die mir völlig fremd war. Ihr Blick schrie *Schlampe!* »Die ganze Zeit hält er es nicht für nötig, sich auch nur ein Mal bei mir, seiner Mutter, zu melden. Ich muss erst einen Anruf von einem Krankenhaus aus Las Vegas erhalten, um von der Krankheit meines eigenen Sohnes zu erfahren.«

Mittlerweile hatte sie sich wieder an Jason gewandt.

»Hast du eine Ahnung, wie es mir dabei ging? Ich dachte, mir würde der Boden unter den Füßen wegbrechen!«

»Der dämliche Arzt hätte dich überhaupt nicht benachrichtigen dürfen!«, schrie Jason zurück. »Ich bin volljährig!«

Besorgt sah ich zu der geschlossenen Zimmertür. Wenn sie so weitermachten, würde gleich die Schwester wie ein Tornado ins Zimmer gefegt kommen.

»Volljährig«, spie seine Mutter herablassend aus. »Du magst in dem Körper eines Erwachsenen stecken, aber du befindest dich auf dem Geisteszustand eines Kleinkindes! Wie kann man nur so verantwortungslos mit seinem Leben und dem seiner Familie umgehen? Weißt du eigentlich, wie teuer ein Flugticket ist? Wenn ich Pech habe, verliere ich auch noch meinen Job, weil ich einfach abgehauen bin, ohne mich abzumelden!«

»Niemand hat dich gezwungen, herzukommen!«, brüllte Jason ungehalten.

»Du bist mein Sohn! Natürlich komme ich her!«, schrie Rachel zurück. Es war komisch, ihnen zuzuhören. Sie bombardierten sich gegenseitig mit Vorwürfen, sodass man hätte meinen können, sie würden einander abgrundtief hassen, doch ich hatte nicht für einen Moment Zweifel daran, dass sie sich liebten.

Wie ich bereits befürchtet hatte, flog die Tür erneut auf und die Schwester erschien mich hochrotem Kopf. »Mrs. Walker, Ihre Besuchszeit ist vorbei. Bitte verlassen Sie auf der Stelle das Krankenhaus.«

Rachel schnappte verzweifelt nach Luft. »Aber es geht doch um meinen Sohn. Er hat Krebs und ich habe erst jetzt davon erfahren. Verstehen Sie ...«

Die Schwester ließ sich nicht erweichen. »Ihre Situation tut mir sehr leid, aber ich kann nicht zulassen, dass Sie durch Ihr Geschrei andere Patienten stören. Vielleicht tut es Ihnen beiden ganz gut, wenn Sie sich etwas beruhigen. Sie können morgen wiederkommen.«

Rachel begann zu weinen und sah hilfesuchend zu Jason, doch der hatte seinen Kopf stur zur Seite gedreht. »Es ist besser, wenn du gehst«, sagte er abweisend. Daraufhin begann seine Mutter laut zu schluchzen, schnappte sich ihre Handtasche vom Stuhl neben seinem Bett und verließ wortlos das Zimmer. Selbst die Schwester sah ihr mitleidig hinterher.

»Warum bist du so hart zu ihr?«, fragte ich Jason, als wir wieder allein waren.

Meine Frage schien ihn noch zusätzlich zu erzürnen.

»Sie versteht mich einfach nicht und mischt sich in mein Leben ein, weil sie glaubt, alles besser zu wissen.«

»Sie macht sich Sorgen um dich!«

»Aber es ist mein Leben!«, schrie er nun mich an wie zuvor seine Mutter.

Ich hob beruhigend meine Hände. »Du brauchst nicht zu schreien, es sei denn, du möchtest, dass ich ebenfalls gehen muss.«

Er holte tief Luft und versuchte sich zu beruhigen. »Hast du nicht bemerkt, wie sie dich angesehen hat? Sie kennt dich überhaupt nicht, aber glaubt, alles über dich zu wissen.«

»Es geht aber nicht um mich, sondern um dich!«

Er seufzte und sah dabei so elendig aus, dass es mir im Herzen wehtat. »Jade, es ist ihr egal, was ich möchte. Sie ist nur hier, um mich nach Hause zu holen und mich dann auf direktem Weg in einer Klinik abzuliefern.« Er sah mir tief in die Augen und hoffte, wenigstens von mir Verständnis zu bekommen. »Genau deshalb habe ich ihr nichts gesagt. Sie ist krank vor Sorge und hätte nicht verstanden, dass ich erst mal leben muss, um überhaupt kämpfen zu können. Wofür sollte ich kämpfen, wenn ich nichts erlebt habe, wofür es sich zu kämpfen lohnen würde?« Er drückte meine Hand. »Verstehst du das?«

Ich konnte ihm nicht bestätigen, dass es richtig war, sein Leben aufs Spiel zu setzen, nur für ein bisschen Spaß und Abenteuer.

»Wie ist es denn jetzt? Wir sind die Route 66 entlanggefahren und haben mehr zusammen erlebt als manch andere in ihrem ganzen Leben. Wir haben nicht nur einen Tornado, sondern direkt zwei überlebt. Wir sind vor einer Klapperschlange geflohen und haben bei den Amish gelebt. Und nicht zu vergessen, dass wir einem Kälbchen auf die Welt geholfen haben. Hat das gereicht? Hast du nun genug erlebt, um weiterleben zu wollen?«

Ich fürchtete mich vor seiner Antwort. Was, wenn alles umsonst gewesen war? Was, wenn ihm das alles nichts bedeutete?

Jason hob seine Hand und legte sie mir auf die feuchte Wange. Er wischte meine Tränen fort, von denen ich nicht einmal bemerkt hatte, dass ich sie vergossen hatte.

»Das alles ist unwichtig. Das Einzige, was zählt, bist du! Wir hätten auch fünf Wochen bei den Amish bleiben können und mein Herz würde trotzdem heftiger als je zuvor in meinem Leben schlagen. Wir haben viel gesehen, aber noch nicht annähernd genug. Es könnte keinen besseren Grund geben, kämpfen zu wollen, als für dich.«

Ich ließ mich in seine Arme sinken und schmiegte meinen Kopf gegen seinen warmen Hals. Er roch nach Krankenhaus und Desinfektionsmitteln, sein eigener Geruch war nur noch schwach wahrnehmbar. Aber solange auch nur noch eine Spur davon übrig war, gab es Hoffnung.

Zur Mittagszeit verließ ich das Krankenhaus, um mich mit meiner Mutter zum Essen zu treffen. Die Sonne stand hoch am

Himmel und sandte ihre glühenden Strahlen zur Erde hinab. Nach der Kühle des Krankenhauses war es, als würde ich gegen eine Wand laufen. Sofort brach der Schweiß auf meiner Stirn aus, während mein Oberteil unangenehm an meinem Rücken klebte.

Ich hob schützend die Hand vor meine Augen und sah mich auf dem Parkplatz um, ob ich irgendwo meine Mutter schon erkennen konnte. Zur rechten Seite des Gebäudes gab es eine kleine Grünfläche mit Bäumen, die Schatten spendeten. Dort entdeckte ich zwar nicht meine Mutter, dafür aber Jasons. Sie saß mit hängenden Schultern auf einer Bank und blickte auf ihre Füße. Sicher war ich eine der letzten Personen, die sie sehen wollte, aber wie sie dort so niedergeschlagen saß, tat sie mir unendlich leid. Nicht nur Jason fühlte sich unverstanden, auch seine Mutter.

Langsam lief ich in ihre Richtung. Sie sah erst auf, als ich zögerlich direkt vor ihr stand. Für einen Moment blinzelte sie verwirrt, so als würde sie mich nicht erkennen, dann entfuhr ihr ein trauriges Seufzen. »Du schon wieder.«

Ich ließ mich ohne Aufforderung neben ihr nieder. »Jason wollte Sie nicht verletzen«, erwiderte ich sanft.

»So weit ist es schon gekommen, dass ich mir von einer Fremden das Verhalten meines Sohnes erklären lassen muss«, sagte sie spitz. Sie machte es mir wirklich nicht leicht.

»Wir kennen uns erst seit fünf Wochen, aber manchmal kommt es mir schon viel länger vor. Jason und ich haben in der kurzen Zeit viel zusammen erlebt.«

Sie drehte den Kopf in meine Richtung und sah mich zum ersten Mal richtig an. Aus der Nähe konnte ich die dunklen Ringe und Falten um ihre Augen erkennen. Sie war doch nicht ganz so jung, wie ich in dem düsteren Krankenzimmer angenommen hatte. »Wusstest du, dass er krank ist?«

»Nein«, gab ich zu. »Er hat mir zwar erzählt, dass er mal Krebs hatte, aber nicht, dass er wieder zurückgekehrt ist.«

»Dann ist das wohl das Ende eurer kleinen Sommerromanze«, stellte sie herablassend fest.

Ihre Worte trafen mich. Sie erwartete von Jason, dass er um sein Leben kämpfte, aber schien selbst bereits die Hoffnung aufgegeben zu haben.

»Es ist für mich nicht nur ein kleiner Sommerflirt. Ich hab Jason wirklich gern und ich werde bei ihm bleiben, solange er mich lässt.«

Ein spöttisches Grinsen zog sich über ihre gesprungenen Lippen. »Sehr löblich, aber früher oder später wirst du erkennen, dass du dir mehr vom Leben erwartest, als in Krankenhausfluren die Zeit abzusitzen. Jason hat schon genug Leute kommen und gehen gesehen, er braucht nicht noch jemanden, der ihm das Blaue vom Himmel verspricht und ihn am Ende im Stich lässt wie jeder andere. Besser, du gehst jetzt, bevor er sich noch mehr an dich gewöhnt hat.«

Es war ihr nicht zu verübeln, dass sie so dachte. Sie sprach nicht aus bloßer Vermutung, sondern aus Erfahrung. Jason sprach nur ungern über seine Kindheit und Jugend, aber es hatte sicher mehr als einen Freund gegeben, der ihn nach Ausbruch der Krankheit immer weniger besucht hatte. Während er es verdrängte, litt seine Mutter darunter. Es musste auch ihr wehgetan haben, zu sehen, wie einsam ihr Sohn war.

»Ich kann Ihnen versichern, dass ich nicht vorhabe, Jason im Stich zu lassen. Er ist ein großartiger Mensch und ich habe viel von ihm gelernt. Das möchte ich ihm zurückgeben.«

»Du hast doch keine Ahnung, wovon du sprichst«, stieß sie wütend aus. »Du stellst dir das Ganze halb so schlimm vor. Jason lässt sich operieren und geht für ein paar Wochen in eine

Klinik und danach ist alles wieder gut. Aber so läuft es nicht! Eine Behandlung dauert Monate, wenn nicht gar Jahre. Jason wird nicht immer der nette Kerl sein, den du kennengelernt hast. Er wird daran zerbrechen und dich zerbricht er mit, wenn du nicht rechtzeitig davonläufst. Glaub mir, du bist dem nicht gewachsen!«

So langsam reichten mir ihre Vorwürfe. »Ich weiß vielleicht nichts über Krebs, aber ich kenne Jason. Haben Sie ihn auch nur ein Mal gefragt, warum er lieber durchs Land gefahren ist, anstatt sich in Behandlung zu geben?«

Rachels Augen weiteten sich ungläubig, aber sie wagte es nicht, etwas zu sagen. Stattdessen schüttelte sie nur stumm den Kopf.

»Nicht nur ich, sondern auch er erwartet sich mehr vom Leben, als in einer Klinik festzusitzen. Er möchte selbst entscheiden können, selbst wenn das bedeutet, dass er sich gegen das Leben entscheidet.« Allein der Gedanke trieb mir die Tränen in die Augen. »Ein Leben, in dem er über nichts die Kontrolle hat, ist kein Leben. Das Einzige, was wir für ihn tun können, ist, ihm zur Seite zu stehen und ihn seine Entscheidungen selbst treffen zu lassen.«

Auch Rachel weinte nun wieder. »Und wenn er sich gegen das Leben entscheidet?«

Ich wollte nicht, dass es passierte. »Ich glaube nicht, dass er das tun wird. Aber wenn doch, dann müssen wir seine Entscheidung akzeptieren und ihn gehen lassen.«

»Ich kann doch nicht meinem Sohn beim Sterben zusehen, solange es noch Hoffnung für ihn gibt!«

»Sie dürfen ihn aber nicht zwingen! Geben Sie ihm die Chance, sich selbst für das Leben zu entscheiden. Nur wenn er auch leben möchte, wird er in der Lage sein, noch einmal gegen den Krebs anzukämpfen!«

Sie sah mich mit großen, vom Weinen geröteten Augen an. Ich rechnete beinahe damit, dass sie mir wieder vorwerfen würde, dass ich nicht wusste, wovon ich sprach, doch plötzlich nickte sie. »Du hast recht«, sagte sie und schien über ihre eigenen Worte mindestens genauso überrascht zu sein wie ich. Sie lachte sogar. »Jason war schon immer so. Wenn ich ihm gesagt habe, was er tun sollte, hat er aus Prinzip genau das Gegenteil davon gemacht. Je mehr ich ihn zu etwas dränge, umso mehr wehrt er sich dagegen.«

Ich nickte schwach grinsend. »Das hört sich sehr nach ihm an.«

Rachel kramte in ihrer Handtasche nach Taschentüchern und als sie die Packung gefunden hatte, reichte sie mir eins. Wir schnäuzten uns beide die Nase und wischten uns die Tränen von den Wangen.

Auf der anderen Seite des Parkplatzes entdeckte ich meine Mutter, die bereits ungeduldig auf ihre Uhr sah. Ich räusperte mich und sah zu Rachel. »Meine Mutter und ich wollten etwas essen gehen, hätten Sie vielleicht Lust, uns zu begleiten?«

Sie lächelte, aber schüttelte den Kopf. »Nein danke, ich würde jetzt ohnehin nichts runterbekommen.«

Zögerlich erhob ich mich von der Bank. Ich wollte ihr irgendetwas sagen, das ihr Mut machte, und suchte verzweifelt nach den richtigen Worten, doch sie kam mir zuvor. »Jason hat Glück, dass er ein Mädchen wie dich gefunden hat.«

Es war eine Entschuldigung für all die Vorwürfe, die sie mir zuvor gemacht hatte. Ich hatte nicht erwartet, dass sie das tun würde, aber ich wusste es zu schätzen. »Eigentlich war es genau andersherum. Er hat mich nicht gesucht, aber ich habe ihn dennoch gefunden.«

Ein leichter Wind wehte durch das geöffnete Fenster in unser Hotelzimmer. Ich war frisch geduscht und meine Haare rochen noch leicht nach dem Apfelgeruch meines Shampoos. Meine Mutter lag in der anderen Betthälfte. Es tat gut, sie neben mir zu wissen. Sie hatte die meiste Zeit des Tages am Hotelpool verbracht, damit ich mich um Jason kümmern konnte.

»Wie geht es ihm?«, fragte sie nun in die Stille des Zimmers.

Ich wusste es nicht genau. Der Besuch seiner Mutter hatte ihn wahnsinnig aufgeregt, gleichzeitig hatte er so viele nette Dinge zu mir gesagt, die mich hoffen ließen, dass für uns ein Licht am Ende des Tunnels schien.

»Ich denke, er ist auf einem guten Weg.«

Als ich mich zu ihr umdrehte, gab das Bett ein leises Quietschen von sich.

»Danke, dass du und Dad mir die Chance gegeben habt, bei ihm zu bleiben. Ich weiß, das hätten die meisten Eltern nicht getan, erst recht nicht, nachdem ich einfach abgehauen bin und euch vermutlich den schlimmsten Sommer eures Lebens beschert habe.«

Mom lächelte gutmütig. Sie würde gewiss nie ihre Sorgen um mich vergessen, aber sie hatte mir bereits verziehen. Ihre warme, weiche Hand legte sich auf mein feuchtes Haar. »Mach dir deswegen keine Sorgen. Das Wichtigste ist, wie es dir geht.« Ihr Lächeln verschwand. »Manchmal habe ich Angst, dass das alles zu viel für dich sein könnte.«

Ich schüttelte entschieden den Kopf. »Aber nicht ich bin es, die krank ist, sondern Jason! Er braucht mich jetzt!«

»Du bist noch so jung und solltest deinen Spaß haben. Stattdessen quälst du dich mit Sorgen herum, die sobald nicht abnehmen werden.«

»Mom, du hast Dad doch auch kennengelernt, als du so alt warst wie ich, oder?«

Ich kannte die Antwort bereits, genauso wie ihre ganze Kennenlerngeschichte. Es war eine rhetorische Frage.

»Ja, er war der erste Junge, der mich zum Tanzen aufgefordert hat.« Mom lächelte selig bei der Erinnerung.

»Es hat nur einen Abend gedauert und du hast dich Hals über Kopf in ihn verliebt. Wenn du dann erfahren hättest, dass er schwer krank ist, hättest du ihn dann verlassen?«

»Natürlich nicht«, sagte Mom einsichtig. »Es wäre der größte Fehler meines Lebens gewesen.«

»Siehst du! Vielleicht ist Jason für mich der Richtige. Aber ich werde es niemals herausfinden, wenn ich ihm jetzt nicht beistehe.«

»Ich weiß, Schatz«, flüsterte Mom verständnisvoll und streichelte mir weiter übers Haar. »Weißt du eigentlich, wie stolz dein Vater und ich auf dich sind?«

Das sagten sie oft, aber ich hatte nicht erwartet, es in nächster Zeit noch einmal zu hören. »Dad erschien mir eher wütend als stolz, und das zu recht.«

»Er kann es nicht immer so zeigen, aber er schätzt dein Engagement genauso sehr wie ich. Irgendetwas müssen wir wohl richtig gemacht haben, wenn dabei eine so großherzige und fürsorgliche junge Frau herausgekommen ist.«

Tag 37

Lernen, »Nein« zu sagen

Auch als ich am nächsten Tag Jason besuchen wollte, herrschte bereits Unruhe in seinem Zimmer. Doch dieses Mal lag es nicht an seiner Mutter, sondern an ihm selbst. Eine Schwester stieß die Tür auf, ehe ich klopfen konnte.

»Das kann ich nicht entscheiden, Mister Walker. Ich hole jetzt den Arzt«, sagte diese entschieden und ging kopfschüttelnd davon.

Jason saß in Jeans und Shirt auf seinem Bett. Nur seine Schuhe fehlten noch. Seine Beine baumelten über den Rand und er hatte nicht länger einen Schlauch in der Nase. Auch sonst machte er einen deutlich besseren Eindruck als am Vortag. Als er mich sah, hellte sich seine Miene deutlich auf.

»Da bist du ja endlich! Ich habe schon auf dich gewartet!«, rief er überschwänglich aus, kam auf mich zu und zog mich in eine feste Umarmung, sodass ich lachen musste.

»Du hast mich aber vermisst«, scherzte ich, als ich zu ihm aufblickte. »Was ist denn los?«

»Ich werde heute entlassen«, teilte er mir freudestrahlend mit.

Ungläubig runzelte ich die Stirn und löste mich von ihm. »Du meinst, du entlässt dich selbst?«, korrigierte ich ihn, denn die Schwester hatte nicht so gewirkt, als wüsste sie etwas von einer Entlassung.

»Und wenn schon«, winkte er ab. »Mir geht es wieder gut, also gibt es keinen Grund, länger hierzubleiben.«

Da war wieder seine Unvernunft. »Vielleicht geht es dir jetzt gut, aber was ist in ein paar Tagen oder Wochen? Jason ...«

Er hob abwehrend die Hand und brachte mich damit zum Schweigen. »Hast du dich jetzt mit meiner Mutter verbündet oder was soll das werden? Ich dachte, du wärst auf meiner Seite.«

»Das bin ich auch!«, rief ich aus. »Wahrscheinlich sogar mehr als du selbst. Ich kann verstehen, dass du nicht länger in diesem Krankenzimmer festgehalten werden möchtest, und wenn es dir gerade wieder besser geht, ist es vermutlich der ideale Zeitpunkt, um zurück nach Chicago zu fliegen.«

Er sah mich für einen Moment schweigend an, dann schüttelte er den Kopf. »Ich fliege nicht zurück!«

Fast hatte ich damit gerechnet, doch ich hatte gehofft und gebetet, dass es anders wäre. »Warum nicht? Wo willst du dich denn behandeln lassen?« Ich kannte seine Antwort und stellte die Frage trotzdem.

Jason nahm meine Hände in seine. »Ich werde mich nicht behandeln lassen, Jade!«

Wütend entriss ich sie ihm und ging einen Schritt zurück. »Aber ich dachte, du hättest verstanden, wie wichtig die Behandlung ist! Ich dachte, du wolltest deinem Leben noch eine Chance geben! Du hast gesagt, dass ich es dir wert wäre, zu kämpfen. War das alles nur so dahergesagt?« Meine Stimme überschlug sich beinahe, während ich kaum Luft bekam und mein Herz heftig gegen meine Brust klopfte.

Er trat erneut auf mich zu, doch ich wich weiter vor ihm zurück. Ich könnte es nicht ertragen, wenn er mich jetzt berühren würde.

Beschwichtigend hob er die Arme. »Du hast mich falsch verstanden. Ich hatte nie vor, mich in Behandlung zu begeben, aber ich werde darum kämpfen, solange wie möglich am Leben zu bleiben, um meine Zeit mit dir verbringen zu können. Wir hatten noch so viel vor! Lass uns die Reise fortsetzen, Jade.«

Die Tränen brannten in meinen Augen und mein Hals schnürte sich zu. Zornig schüttelte ich den Kopf. Ich wollte ihm nicht länger zuhören. »Nein!«, schrie ich laut.

Er hob beschwichtigend die Hände. »Wir wollten doch noch nach Los Angeles und San Francisco ...«

Ich unterbrach ihn. »... das alles interessiert mich nicht mehr!«

Er ging auf meinen Protest gar nicht ein. »Uns bleibt noch genug Zeit! Bitte, Jade!«

»Vielleicht bleibt uns genug Zeit für die Reise, aber was ist danach? Soll ich dich dann einfach zum Sterben zurücklassen und nach Hause fliegen, meine Schule beenden und so tun, als wäre nichts gewesen? Als hätte ich dich nie kennengelernt?«

Mit einem Satz war er bei mir und drückte mich gegen meinen Willen an sich. Erst versuchte ich, ihn von mir zu stoßen, doch dann gab ich auf und sank in seinen Armen schluchzend zusammen. Warum verstand er mich denn nicht? Was hätte er an meiner Stelle getan? Hätte er mir beim Sterben zugesehen, obwohl es noch Hoffnung für mich gab? Wie konnte er das nur von mir verlangen?

»Natürlich nicht«, wisperte er mir sanft ins Ohr, während er mir behutsam übers Haar streichelte. »Aber ich möchte, dass du mich so in Erinnerung behältst, wie du mich kennengelernt hast. Stark, lebendig und vielleicht ein bisschen verrückt. Ich möchte nicht, dass dein letztes Bild von mir ist, wie ich in einem Krankenhaus an Schläuche und Maschinen angeschlossen bin.«

»Ich will kein letztes Bild von dir!«, weinte ich verzweifelt. »Ich möchte verdammt noch mal nicht, dass es endet! Ich will mit dir zusammen sein, Jason! Aber nicht nur ein paar letzte Wochen, sondern für immer!«

Er nahm mein Gesicht in seine Hände und zwang mich, ihm in die Augen zu sehen. Sie schwammen vor Tränen, doch er war im Gegensatz zu mir stark genug, sie zurückzuhalten. Er strich mir über die feuchten Wangen. »Ich möchte doch auch nicht, dass es endet! Glaub mir, wenn ich nicht krank wäre, würde ich dir noch heute einen Heiratsantrag machen, um den Rest meines Lebens mit dir zu verbringen. Ich liebe dich, Jade! Ich liebe dich so sehr, dass mir der Gedanke, dich verlassen zu müssen, das Herz zerreißt. Aber lieber habe ich noch ein paar Wochen mit dir in Freiheit, als unsere letzte gemeinsame Zeit in einem Krankenhaus zu verbringen.« Er sah mich flehend an. »Bitte mach diese Reise mit mir!«

Für einen kurzen Moment war ich tatsächlich gewillt, nachzugeben, gegen jede Vernunft. Aber ich tat es nicht. Ich tat es nicht, weil ich Jason liebte.

Ich drückte ihn von mir. »Nein!«

Er sah mich erst überrascht, dann verletzt an. »Warum nicht?«

»Ich will dich nicht darin unterstützen, dein Leben wegzuwerfen. Vielleicht hast du jede Hoffnung aufgegeben, aber ich habe es nicht und ich werde nicht dabei zusehen, wie du dich selbst umbringst. Wenn du die Reise fortsetzen willst, dann musst du das ohne mich tun.«

»Ist das jetzt das Ende?«, fragte er ungläubig.

Meine nächsten Worte taten so weh, dass ich nicht geglaubt hätte, dass ich es schaffen würde, sie auszusprechen. Doch meine Stimme war erstaunlich fest. »Ja, ich fliege zurück nach Chicago.«

Obwohl sich alles in mir wehrte, ihn zu verlassen, wusste ich, dass es das Richtige war, und diese Gewissheit gab mir die Kraft, es durchzuziehen. Es gab keine Abschiedsworte, keine tränenreichen Versprechen und keinen letzten Kuss. Ich ging, ohne mich noch einmal nach ihm umzusehen. Auch wenn ich wusste, dass es hiermit vorbei war und ich Jason nie wiedersehen würde, so fühlte es sich nicht so an. Egal was ich tat oder mir versuchte einzureden, ein winziger Teil von mir hoffte noch immer.

Tag 38

~~Einen Song in Dauerschleife hören~~

Joliet hatte mich wieder und alles, wonach ich mich sehnte, war das wechselhafte Wetter, für das Illinois so bekannt war. Doch auch hier hatte der Sommer das Land fest unter seiner Kontrolle. Die Sonne stand hoch oben am Himmel und drängte sich durch die Vorhänge in mein Zimmer.

Vor dem Haus war das Lachen und Gekreische der Nachbarskinder zu hören, die sich mit Wasserbomben bewarfen, Eis aßen und selbst gemachte Limonade tranken, während ich mich in meinem Zimmer verkrochen hatte.

Die strahlende Sonne und die unbeschwerte Fröhlichkeit der Menschen in meiner Umgebung waren wie Hohn für mich. Es tat weh, sie lachen zu sehen, während ich am liebsten meinen Schmerz in die Welt hinausgebrüllt hätte. So war es bereits zu Beginn des Sommers gewesen und auch zum Ende des Sommers hatte sich daran nichts geändert, außer dass die Gründe für mein Tief völlig andere waren.

Zurückblickend konnte ich nur den Kopf darüber schütteln, dass ich jemals geglaubt hatte, dass Scott mir tatsächlich etwas bedeuten würde. Ich hatte ja keine Ahnung gehabt! Er hatte mir nicht mein Herz gebrochen, sondern meinen Stolz verletzt. Darum war es gegangen. Wie ein beleidigtes Kind hatte ich in meinem Zimmer geschmollt, anstatt den Mistkerl einfach zu vergessen und meiner besten Freundin zu verzeihen. Sie hatte einen Fehler gemacht, aber im Grunde bewies es nur, dass sie genau wie ich auf Scott hereingefallen war. Das war eine Gemeinsamkeit, die uns irgendwie sogar miteinander verband. Vor fünf Wochen hatte ich das noch nicht sehen können, da war Scott meine große Liebe gewesen und Katie meine erklärte Erzfeindin.

Ich war an einen anderen Ort geflohen, sogar in einen anderen Bundesstaat, aber das, wovor ich davongelaufen war, hatte mich dennoch begleitet. Und zwar so lange, bis ich einen Weg gefunden hatte, damit umzugehen.

Mein Weg war Jason. Durch ihn hatte ich erst erkannt, was es wirklich bedeutete, jemanden zu lieben. Dabei hatte ich ihm nicht einmal sagen können, dass ich das tat. Jedem anderen hatte ich meine Liebe für ihn ins Gesicht gebrüllt, doch nur ihm hatte ich es nicht ein Mal gesagt. Wovor hatte ich mich gefürchtet? So wie es aussah, würde ich nun nie wieder die Gelegenheit dazu bekommen.

Ich wusste nicht, was er gemacht hatte, nachdem ich das Krankenhaus fluchtartig verlassen hatte. War er gegangen und hatte seine Reise allein fortgesetzt, so wie er es geplant hatte? Oder hatte meine Entscheidung gegen ihn vielleicht dazu beigetragen, dass er sich alles noch einmal überlegt hatte?

Yesterday von den Beatles lief auf meinem Plattenspieler in Dauerschleife. Das Lied musste meiner Mutter bereits gewaltig auf die Nerven gehen, doch sie bat mich nicht ein Mal, es leiser zu stellen.

Ich rollte mich wie eine Katze auf meinem Bett zusammen. Meine Augen schmerzten und fühlten sich geschwollen vom vielen Weinen an. Ich hatte in der Nacht kaum ein Auge zubekommen, weil meine Gedanken doch immer wieder bei Jason gelandet waren, und mit ihm kamen die Tränen. Ich war machtlos dagegen. Sie flossen einfach aus meinen Augen, tropften auf das Kopfkissen und schnürten mir den Hals zu. Je mehr ich versuchte, mich gegen sie zu wehren, umso schlimmer wurde es nur.

Tränen waren nun keine mehr übrig, dafür schmerzte mein Nacken und mein Kopf fühlte sich an, als befände sich darin ein summender Bienenstock. Der Schmerz kam aus meinem Inneren, saß tief in meiner Brust. Bei jedem Atemzug hatte ich das Gefühl, mein Herz würde sich schmerzhaft zusammenziehen. Es war nur ein Organ, nichts anderes als meine Lunge, meine Leber oder meine Nieren. Kein Arzt der Welt hätte meinen Schmerz feststellen können. Gesundheitlich war mit mir alles in bester Ordnung und trotzdem schien mein Herz zu weinen.

Man musste gespürt haben, was es bedeutet, wenn das Herz weint, um diese Phrase verstehen zu können. Für jeden anderen war es nur schlichte Wortmalerei, doch jemand, der einen anderen so sehr geliebt hatte wie ich Jason und diesen dann verloren hatte, der würde verstehen, was ich meinte.

Unsere Beziehung war nicht daran zerbrochen, dass einer von uns beiden das Interesse an dem anderen verloren hätte. Ganz im Gegenteil: Unsere Liebe stand erst am Anfang und wuchs jeden Tag. Trotzdem gab es für uns keine Zukunft. Das Schicksal hatte sich wie eine Straßensperrung zwischen uns gestellt. Es würde uns nichts bringen, Vollgas zu geben und sie einfach zu durchbrechen, denn dahinter wartete ein Abgrund, der uns in ein bodenloses Nichts stürzen lassen würde.

Tag 39

Sich vordrängeln

Es war der zweite Tag, den ich mit geschlossenen Vorhängen in meinem Zimmer verbringen wollte. Wenn ich die Welt ausschloss, dann konnte sie mich auch nicht verletzen. So würde ich den Rest des Sommers verbringen, bis in zwei Wochen die Schule wieder losging.

Am liebsten wäre ich auch dort nicht erschienen, doch ich wusste, dass meine Eltern das unter keinen Umständen dulden würden. Zumindest war Katie noch nicht aus dem Camp zurückgekehrt, sodass ich mich auch keinem klärenden Gespräch mit ihr hatte stellen müssen. Wer weiß, vielleicht war sie auch gar nicht mehr daran interessiert. Fünf Wochen waren eine lange Zeit, um neue Freundschaften zu schließen.

Wenn ich mit meiner Mutter allein zu Hause gewesen wäre, wäre mein Plan vielleicht sogar aufgegangen. Doch mein Vater machte mir einen Strich durch die Rechnung. Er hatte seinen freien Tag und nachdem er seinen ganzen Sommer damit verbracht hatte, sich um mich zu sorgen, hatte er nicht vor, damit weiterzumachen. Am Mittag riss er meine Zimmertür auf, ohne anzuklopfen, was ihm bereits ein wütendes Protestieren meinerseits einbrachte. Ungeachtet dessen schritt er zum Fenster und den geschlossenen Vorhängen. Er zog sie mit einem Ruck auf und das ganze Sonnenlicht, was ich versucht hatte, auszuschließen, flutete mein Zimmer. Es blendete in meinen Augen, die ich kreischend zusammenkniff. Fast fühlte ich mich wie ein Vampir, der Jahrhunderte in einem Sarg verbracht hatte, dabei war es bei mir gerade mal ein Tag.

Wütend setzte ich mich in meinem Bett auf und funkelte meinen Vater an. »Was soll das?«

»Das frage ich dich«, erwiderte er verständnislos. »Du willst wie eine Erwachsene behandelt werden, dann benimm dich auch so. Nur weil du Liebeskummer hast, brauchst du dich nicht in deinem Zimmer zu verschließen. Es ist Sommer! Geh vor die Tür und unternimm etwas.«

»Ich habe aber keine Lust«, fauchte ich beleidigt.

Er hatte doch gar keine Ahnung, wie es mir ging. Sein ganzes Leben hatte er mit Mom verbracht, ohne auch nur einmal zu erfahren, wie sich Liebeskummer anfühlte.

Er stemmte die Hände in die Hüften und musterte mich kritisch. »Geh unter die Dusche, putz dir die Zähne und zieh dir etwas Sommerliches an, wir gehen Eis essen«, entschied er schließlich und stampfte aus meinem Zimmer, ohne auch nur auf eine Antwort von mir zu warten.

Wenn ich mich nun weigern würde, gäbe es erst recht Ärger. Mir blieb nichts anderes übrig, als den kleinen Ausflug über mich ergehen zu lassen, in der Hoffnung, dass ich danach wieder meine Ruhe hätte.

Eine halbe Stunde später stand ich in einem weißen knielangen Kleid mit Kirsch-Print und schlecht gelaunter Miene im Wohnzimmer.

»Wenn du jetzt noch lächeln würdest, wäre ich vollends zufrieden«, stichelte Dad.

»Mir ist nicht nach lächeln«, knurrte ich zurück.

»Dann gibt es heute für dich wohl Zitroneneis«, grinste er, ohne mich ernst zu nehmen.

Ich verzog mein Gesicht zu einer Grimasse und streckte ihm die Zunge raus. Es gab nichts Nervigeres als meinen Vater, der versuchte, lustig zu sein, und dabei der Einzige war, der über seine Witze lachte. Hahaha!

Zur Feier des Tages fuhr er sein feuerrotes Mercedes Cabrio aus der Garage, das er sonst zwar an jedem freien Tag vor der Einfahrt polierte, aber nur selten fuhr. Der Anblick des Cabrios versetzte mir einen Stich ins Herz, weil ich an das schwarze Mustang Cabrio von Jason denken musste. War er nun damit unterwegs oder stand es immer noch einsam und verlassen auf dem Parkplatz des Hotels? War es womöglich schon abgeschleppt worden?

Dad hielt mir die Tür auf. »Bitte einsteigen, die Damen!«

Mom ließ sich kichernd wie ein Teenager auf dem Beifahrersitz nieder, während ich murrend auf die Rückbank kletterte.

Ich schob mir die Sonnenbrille auf die Nase, als Dad den Motor startete und aus der Einfahrt fuhr.

Zu meinem Leidwesen fuhren wir nicht auf direktem Weg zur Eisdiele, sondern unternahmen zuvor eine kleine Spazierfahrt vorbei an den blühenden Wiesen und Feldern. Der Wind zerzauste mir das Haar und in der Luft lag der Geruch von frisch gemähtem Gras und dem Parfum meiner Mutter auf dem Sitz vor mir.

Ich beobachtete sie dabei, wie sie immer wieder einen liebevollen Blick in Dads Richtung warf. Er sah stets grinsend wie ein Honigkuchenpferd zurück. Bei gerader Strecke legte er sogar seine Hand auf Moms Oberschenkel. Ihre Finger verschränkten sich miteinander. Nach all den Jahren waren meine Eltern wirklich immer noch glücklich miteinander. Sie hatten die große Liebe gefunden.

Obwohl es meine Eltern waren, tat ihr Anblick weh. Erst vor ein paar Tagen hatte ich auf die gleiche Weise neben Jason im Auto gesessen und war der glücklichste Mensch der Welt gewesen.

Ich hatte Zukunftspläne geschmiedet, während er bereits wusste, dass es für uns kein gemeinsames Leben geben würde.

Das war der Grund gewesen, warum er sich immer zurückgehalten hatte. Es war nicht ein Mangel an Gefühlen für mich gewesen, sondern sein schlechtes Gewissen, es noch schlimmer zu machen, als es ohnehin schon war. Er hatte erbarmungslos versagt! Selbst wenn er mit mir geschlafen hätte, wäre es deshalb auch nicht schlimmer. Es konnte nicht schlimmer sein. Mein Herz schrie und weinte, selbst im strahlenden Sonnenschein. Das ganze Licht und die Wärme taten mir weh. Ich schloss die Augen und betete, dass die Fahrt bald vorbei sein möge.

Als wir in der Eisdiele ankamen, waren die Tische bereits alle belegt und vor dem Tresen hatte sich eine lange Schlange gebildet.

»Wir warten einfach, bis ein Tisch frei wird«, sagte Mom unbekümmert, doch mir war nicht nach Warten. Ich wollte das Ganze so schnell wie möglich hinter mich bringen.

Auf der anderen Seite des Lokals erhob sich ein älteres Paar von seinen Stühlen. Das war meine Gelegenheit. Ich stürmte ungehalten los, bahnte mir einen Weg durch die Tische und Menschen, dabei stieß ich versehentlich gegen eine Kellnerin, die es jedoch schaffte, ihr Tablett ohne großen Schaden in der Hand zu behalten. Ein junges Paar hatte den frei werdenden Platz offenbar ebenfalls bemerkt, denn sie steuerten genauso zielgerichtet wie ich darauf zu. Ich beschleunigte meine Schritte, rannte die letzten paar Meter sogar und warf mich auf den freien Stuhl, während der junge Mann seine Hand bereits an der Lehne hatte und mich nun schockiert über so viel Dreistigkeit ansah.

Ich beachtete ihn nicht und hob winkend die Hand in Richtung meiner Eltern. »Mom! Dad!«, brüllte ich das Lokal zusammen. »Hier ist ein Tisch frei!«

»So kann man das aber nicht sagen«, maulte der Typ hinter mir. »Wir waren zuerst da!«

Ich drehte mich demonstrativ zu ihm um und blickte durch meine Sonnenbrille zu ihm auf. »Sitze ich oder du?«

Das Mädchen neben ihm schnappte empört nach Luft. »Du hast dich einfach auf unsere Plätze gesetzt!«

Ich tat so, als würde ich die Stühle und den Tisch nach etwas absuchen. »Oh, ich sehe gar nicht eure Namen hier stehen. Wie heißt ihr denn?« Ich ließ meinen Blick von ihr zu ihm wandern. »Dick und Doof?«

Sie stieß wütend Luft aus und verschränkte die Arme vor der Brust. »James, mach doch etwas!«

Der junge Mann wirkte von der Situation reichlich überfordert. Als meine Eltern dazukamen, wandte er sich Hilfe suchend an sie. »Das waren eigentlich unsere Plätze, bevor Ihre Tochter sich vorgedrängelt hat.«

Dad sah mit grimmiger Miene von ihm zu mir. »Entschuldigen Sie bitte, aber soweit ich weiß, gibt es in einer Eisdiele keine Tischreservierung, und wenn meine Tochter zuerst saß, sind das nun wohl unsere Plätze.«

Nicht nur das fremde Paar, sondern auch ich starrte meinen Vater ungläubig an. Ich hatte damit gerechnet, dass er sich bei den beiden entschuldigen, ihnen die Plätze überlassen und mir vor dem gesamten Lokal eine Standpauke über schlechtes Benehmen halten würde, doch stattdessen ließ er sich unbeirrt auf einen freien Stuhl mir gegenüber nieder und griff nach der Speisekarte.

Mom nahm mit entschuldigendem Lächeln und leicht zittrig neben ihm Platz. »Es wird bestimmt gleich noch ein Tisch frei«, versuchte sie das Paar zu trösten.

Die beiden schimpften leise vor sich hin, aber zogen davon, während ich immer noch ungläubig meinen Vater ansah. Als die beiden außer Hörweite waren, hob er den Kopf aus der Karte und warf mir einen strengen Blick zu. »Mach so etwas nicht noch einmal!«

Ich wollte es nicht, denn es war das Letzte, wonach mir eigentlich zumute sein sollte, doch plötzlich brach ein Lachen aus mir hervor. Ungebremst und unkontrolliert fing ich laut an zu kichern. Ich hatte mich wirklich peinlich benommen und alles, was mein Dad zu sagen hatte, war *Mach das nicht noch einmal*.

Mom und er sahen mich erst überrascht an, aber grinsten dann beide selbst, bevor sie ebenfalls zu lachen begannen.

Tag 40

Mit dem Bus grundlos bis zur Endhaltestelle fahren

Am nächsten Morgen setzte ich mich zu meinem Vater an den Frühstückstisch, der überrascht seinen Kopf von der Zeitung hob.

»Schon wach?«, fragte er irritiert.

»Ich treffe mich mit Freunden«, behauptete ich und goss mir eine Tasse Kaffee ein.

Er lächelte zufrieden und widmete sich wieder seiner Zeitung. »So gefällst du mir schon viel besser.«

Genau das war meine Absicht gewesen. Natürlich traf ich mich nicht mit Freunden, was Dad auch hätte auffallen können, wenn er nur einen Moment überlegt hätte. Erstens war Katie so ziemlich meine einzige Freundin und zweitens war sie noch im Camp. Vermutlich war er einfach nur froh, dass ich mich nicht länger in meinem Zimmer verkroch.

Nach dem gestrigen Tag hatte ich beschlossen, dass mein Zuhause nicht der geeignete Ort war, um Trübsal zu blasen, deshalb würde ich ein bisschen mit dem Bus in der Gegend herumfahren.

Zufälligerweise war das auch noch ein Punkt auf meiner Liste, die ich trotz Jasons Bemühungen nicht vollenden würde. Es fehlten zwar nicht mehr viele Punkte, aber ein paar davon konnte ich unmöglich allein erledigen. Es ging mir auch weniger um die Liste, sondern mehr darum, der Beobachtung meiner Mutter zu entfliehen.

Dad räusperte sich. »Ich habe übrigens gestern Morgen noch im Krankenhaus von Las Vegas angerufen.«

Ich hatte gerade einen Schluck Kaffee trinken wollen, doch nun ließ ich die Tasse wieder sinken und sah ihn mit großen Augen an. »Hast du etwas rausgefunden?« Ich war mir nicht sicher, ob ich es überhaupt wissen wollte.

»Jason wurde vor vier Tagen entlassen.« Das war der Tag, an dem ich ihn verlassen hatte. Bedeutete das, dass er tatsächlich abgehauen war, jeder Vernunft zum Trotz?

Ich zuckte mit den Schultern und tat so, als interessiere es mich nicht länger. »Geht mich nichts mehr an.«

Plötzlich erschien mir unsere großzügige Küche wie ein Schuhkarton. Das ganze Haus wirkte auf einmal winzig klein.

Ich sah auf die Küchenuhr. »Oh, so spät schon. Ich muss los, sonst verpasse ich den Bus«, gab ich vor und stand vom Tisch auf. Meine Kaffeetasse war noch halb voll, auch wenn es sich gerade mehr nach halb leer anfühlte.

»Ich kann dich fahren«, schlug Dad vor, der gleich ohnehin in die Stadt zur Arbeit fahren würde, doch ich wartete gar nicht auf ihn, sondern lief gehetzt in den Flur.

»Nicht nötig, alle fahren mit dem Bus.«

Ehe er noch etwas sagen konnte, riss ich die Haustür auf und stürmte auf die Straße.

»Viel Spaß«, hörte ich ihn mir hinterherrufen.

Spaß war vermutlich das Letzte, was ich heute haben würde.

An der Bushaltestelle warteten ein paar Männer und Frauen in Anzügen und Kostümen sowie eine ältere Frau samt ihrem kleinen Hund, der jeden, der an ihm vorbeiging, mit einem wütenden Kläffen strafte. Ich hätte es ihm gern nachgemacht, stattdessen verkrümelte ich mich in eine Ecke, ließ den Kopf hängen und trottete gemächlich in den Bus, als dieser hielt.

Auf der vorletzten Sitzbank ließ ich mich tief nach unten gleiten und zog ein Buch aus meiner Tasche, um mich dahinter zu verstecken. Es war immer noch *Der Zauberer von Oz*, aber heute war mir nicht nach einer Geschichte, die am Ende gut ausging, denn so etwas passierte den Menschen nur in Büchern oder Filmen. Im wahren Leben gab es weder Zauberer noch Happy Ends.

Ich hatte den Tag damit verbracht, von einem Bus in den anderen zu steigen. Die Busfahrer musterten mich zwar öfter etwas argwöhnisch, wenn ich zum dritten Mal an diesem Tag bei ihnen einstieg, aber immerhin sagten sie nichts.

Am Abend saß ich an der Endhaltestelle und wartete auf den letzten Bus des Tages, der mich bis nach Hause bringen würde. Es dämmerte bereits und die ersten Sterne zeigten sich am Himmel. Dieselben Sterne, die schon auf die Erde geschienen hatten, bevor die Menschheit auf ihr wandelte. Seit Milliarden

Jahren dieselben Sterne, und was bedeutete Zeit schon für sie? Im Gegensatz zu den Sternen waren wir Menschen alle nur Eintagsfliegen.

Wenn die Amish zum Himmel sahen, beteten sie meist zu Gott, den sie als Schöpfer des Universums vermuteten. Als Kind hatte ich öfter zum lieben Gott gebetet. Meist vor meinem Geburtstag oder kurz vor Weihnachten, dass er mir doch bitte meine Wünsche erfüllen möge. In einem Jahr hatte ich mir ein Pony gewünscht und gegen alle Einwände meiner Eltern hatte ich den lieben Gott im Himmel angefleht, er möge doch dafür sorgen, dass ich mein Pony bekäme.

Tja, was soll ich sagen? Ich bekam keins und danach war Schluss mit Beten.

Lieber Gott, wenn es dich da oben irgendwo gibt und du auch nur im Geringsten Einfluss auf uns kleine unbedeutende Menschen hast, dann lass Jason bitte nicht sterben! Gib ihm die Kraft, sich seiner Krankheit zu stellen und sie zu bekämpfen! Nimm ihn mir nicht weg! Ich kann dir nicht versprechen, dass ich dafür ins Kloster gehen oder jeden Abend ein Dankesgebet sprechen werde, aber vielleicht würde so der Glaube an das Gute einen kleinen Platz in meinem Herzen finden.

Ich schüttelte über mich selbst den Kopf. So weit war es schon gekommen. Ich betete, nein, ich flehte einen unsichtbaren Gott im Himmel an, dass er mir Jason wiedergeben möge. Noch war es nicht aussichtslos. Jason war noch am Leben, dessen war ich mir ganz sicher, nur wie lange noch?

Ich wusste ja nicht einmal, wo er war, und hatte so jede Möglichkeit verloren, zu ihm Kontakt aufzunehmen. Sah er gerade vielleicht von irgendwo in denselben Sternenhimmel und dachte an mich? Würde nicht allein das beweisen, dass unsere Liebe mehr als ein paar Wochen verdient hatte? Wie oft kam es wohl vor, dass zwei Menschen in zwei verschiedenen Bundesstaaten genau zur selben Zeit aneinander dachten und in denselben Himmel blickten?

Vermutlich deutlich öfter, als ich mir in diesem Augenblick vorstellen konnte, aber für jeden dieser Menschen erschien es als etwas Großes und Einzigartiges. Und nur weil viele Menschen das glaubten, war es nicht weniger bedeutend.

Tag 41

~~Im Sommerregen mit der besten Freundin spazieren gehen, bis man klatschnass ist~~

Nachdem ich mir am Vortag eine geballte Ladung Menschenmassen verordnet hatte, fühlte ich mich heute nicht in der Lage, auch nur einen Fuß vor die Tür zu setzen. Um nicht wieder die Sorge meiner Eltern zu erregen, hatte ich mir von meiner Mom zum Frühstück Pancakes servieren lassen und danach etwas ferngesehen, ohne überhaupt zu wissen, was ich mir anschaute. Der Ton war zu einem monotonen Rauschen geworden und das Bild verschwamm vor meinen Augen.

Eine Stunde erschien mir als genug Zeit vor dem Gerät, um nicht als lustlos zu erscheinen. Danach zog ich mich in mein

Zimmer zurück und murmelte irgendetwas davon, dass ich noch etwas für die Schule vorbereiten müsste. Das hatte ich jedoch bereits in den ersten Tagen der Sommerferien erledigt, als ich nur die Zeit in meinem Zimmer tot gesessen hatte. Jason hätte sich prächtig über meine Gewissenhaftigkeit amüsiert. *Mist, schon wieder an ihn gedacht!*

Das passierte mir ständig. Ganz egal, was ich tat, sah, hörte oder roch, alles erinnerte mich auf eine gewisse Art an ihn. Die Pancakes zum Beispiel hatten mich an unsere ersten Tage erinnert, als wir noch oft in den verschiedenen Diners an den Straßen gehalten hatten, um uns für den Tag zu stärken. Jason hatte von dem ersten Tag an wie selbstverständlich für mich gezahlt, außer, ich hatte mich geweigert. Irgendwie hatte er sich wohl für mich verantwortlich gefühlt. Ohne ihn wäre ich sicher auch nie so weit gekommen. Wenn ich ihm nicht begegnet wäre, hätte ich wohl bereits nach zwei Tagen meine Eltern angerufen, sie um Verzeihung angewinselt und gefleht, dass sie mich irgendwo im Nirgendwo abholen würden. Ganz egal, was geschehen war, zumindest verdankte ich ihm den Sommer meines Lebens. Das konnte mir niemand nehmen.

Schweren Herzens setzte ich mich auf die kleine Polsterbank vor meinem Fenster und sah hinaus auf die Straße. Es war erst Vormittag und trotzdem liefen bereits die Rasensprenger, weniger für den Rasen als mehr zur Abkühlung für die Kinder, die in Badesachen kreischend durch das Wasser hüpften. Vor den Häusern standen die Mütter und unterhielten sich lachend, stets mit wachsamem Blick auf ihre Sprösslinge.

Zeit war eine komische Sache. Auf der einen Seite hatte ich Jason noch genau vor mir und auf der anderen schien mir unsere Reise bereits Monate und nicht erst Tage her zu sein. Gleichzeitig erinnerte ich mich noch an meine unbeschwerten Kindheitstage, als wären sie erst einen Sommer her. Genau wie die Kinder jetzt war ich ebenfalls im Vorgarten herumgehüpft, hatte Baumhäuser gebaut oder in unserem Garten im Zelt übernachtet.

In dem Sommer, bevor für mich die Schule losgegangen war, hatte ich Katie kennengelernt und seitdem waren wir unzertrennlich gewesen. Wir waren einander nicht einmal besonders ähnlich, aber gerade das hatte unsere Freundschaft ausgemacht. Sie war vorlaut und impulsiv, während ich eher zurückhaltend und ruhig war. Wenn sie außer sich vor Wut oder Aufregung gewesen war, war es mir immer gelungen, sie wieder runterzubringen. Gleichzeitig hatte sie mich dazu gebracht, Dinge zu tun, die ich mich ohne sie nie getraut hätte.

Es hatte mich nie gestört, dass sie mehr redete und ich mehr zuhörte. Wir hatten einander so akzeptiert und geliebt, wie wir waren. Erst als Jungen anfingen, in unser Leben zu treten, hatte ich mich plötzlich mit meiner Rolle nicht mehr wohlgefühlt. Denn es war immer nur Katie gewesen, die sie ansahen. Ich schien in ihrem Schatten völlig unterzugehen. Katie hatte immer behauptet, dass die Jungen mich sehr wohl wahrnehmen würden, sich nur nicht trauen würden, mich anzusprechen, weil ich so schüchtern sei. Ich hatte ihr nie geglaubt.

Jetzt spielte es für mich keine Rolle mehr. Vielleicht war der Gedanke naiv, aber ich konnte mir nicht vorstellen, dass ich je wieder jemanden so sehr lieben könnte wie Jason. Er hatte tief in mir etwas berührt und verändert. *Und schon wieder an ihn gedacht!*

Frustriert wollte ich den Blick abwenden, doch eine Person erregte meine Aufmerksamkeit. Sie stand direkt vor unserem Haus und sah zu meinem Fenster empor. Ihre langen blonden Haare leuchteten beinahe weiß in der Sonne, während ihre Haut einen warmen Braunton angenommen hatte, der von ihrem gelben Sommerkleid noch betont wurde. Katie.

Erschrocken wich ich zurück, doch sie musste mich längst gesehen haben. Obwohl ich ihr längst verziehen hatte, fürchtete ich mich vor unserer ersten Begegnung. Ich warf einen Blick zu meinem Wandkalender, in dem ich die Tage des Sommercamps erst mit Sonnenstickern versehen und nach der Sache mit Scott voller Wut mit einem schwarzen Farbstift durchgestrichen hatte. Katie war erst gestern Abend wiedergekommen und heute Vormittag stand sie bereits wieder vor meinem Haus. Hatte selbst ein Sommer mit anderen Mädchen und Jungen nicht gereicht, damit sie mich vergaß?

Ich hielt den Atem an und lauschte in die Stille des Hauses. Aus der Küche war ein leises Scheppern zu hören. Vermutlich machte meine Mutter Limonade oder backte einen Kuchen. Ich rechnete damit, jeden Moment die Klingel zu hören, doch es blieb still.

Nach einiger Zeit des angespannten Wartens wagte ich mich zurück ans Fenster. Es versetzte mir einen Stich ins Herz, als ich Katie nicht mehr vor unserem Haus entdeckte. Sie musste weitergegangen sein. Ich ließ meinen Blick über die Straße gleiten, suchte sie förmlich nach ihr ab, bis ich sie entdeckte. Sie saß ein paar Häuser weiter im Schatten eines großen Ahornbaums auf der Wiese. Auf ihrem Schoß lag eine Zeitschrift, die sie lustlos durchblätterte. Immer wieder glitten ihre Augen in meine Richtung, auch wenn sie mich von dort aus unmöglich hinter der Scheibe sehen konnte. Sie wartete auf mich.

Für einen Augenblick spielte ich mit dem Gedanken, sie dort den ganzen Tag sitzen zu lassen, doch dann schüttelte ich entschieden den Kopf. Warum sollte ich sie und mich länger quälen? Katie hatte einen Fehler gemacht und mich verletzt, aber mir war unsere Freundschaft wichtiger als mein angeknackster Stolz. Ich hatte ihr doch längst verziehen. Vielleicht würde es eine Weile dauern, bis mein Vertrauen zu ihr wieder völlig hergestellt wäre, aber ich wollte nicht länger auf sie verzichten. Es gab so vieles, das ich ihr erzählen wollte.

Als ich mein Zimmer verließ, versuchte ich noch, gelassen zu wirken, doch bereits auf der Treppe beschleunigten sich meine Schritte. Die paar Meter zur Haustür rannte ich beinahe.

Mom streckte überrascht den Kopf aus der Küche. »Was ist los?«

»Katie ist zurück«, rief ich ihr zu und riss die Tür auf.

Die heiße Luft empfing mich, als ich hinaustrat. Ich sah im selben Moment zu dem Ahornbaum, als Katie erneut den Kopf in meine Richtung drehte. Unsere Blicke begegneten sich. Als sich meine Lippen zu einem zaghaften Lächeln verzogen, taten es auch ihre. Unsere Gesichter waren wie ein Spiegelbild der anderen. Langsam, aber zielgerichtet ging ich auf sie zu, während sie ihre Zeitschrift zuschlug und neben sich auf die Wiese legte.

»Hi«, sagte ich verlegen, als ich vor ihr stand.

»Hi«, lächelte sie zurück und rückte ein Stück zur Seite, damit ich mich neben sie in den Schatten setzen konnte.

Ich ließ mich neben ihr zu Boden gleiten. Sie deutete auf mein kurzes rotes Haar. »Deine neue Frisur steht dir.«

»Hab ich selbst gemacht«, erzählte ich ihr und fuhr mir mit den Fingern durch die kurzen Fransen. Mittlerweile war es nicht einmal mehr ungewohnt.

Ihre Augen weiteten sich erstaunt. »Echt? Ich hätte mich das nie getraut! Warst du nicht traurig, als du sie dir abgeschnitten hast?«

»Ich dachte, dass ich es sein würde, aber eigentlich war ich erleichtert.« Ich erinnerte mich noch genau daran, wie ich in dem kleinen Badezimmer vor dem Spiegel gestanden und mich nach Katie gesehnt hatte. »Du hast mir gefehlt«, fügte ich leise hinzu.

Katies Augen füllten sich wie auf Kommando mit Tränen. »Du mir auch!« Sie schüttelte den Kopf und suchte nach Worten. »Es tut mir so leid, Jade. Ich hätte Scott niemals …«

Ich ließ sie nicht aussprechen. »Scott ist ein Idiot!«

Sie nickte. »Ein Vollidiot!«

»Und wir sind zwei dumme Hühner, dass wir auf ihn reingefallen sind!«, fügte ich hinzu, was Katie zum Grinsen brachte.

Danach erzählte ich ihr von meiner letzten Begegnung mit Scott. Wir schafften es tatsächlich, gemeinsam über ihn zu lachen. Nach Scott folgte eine Schilderung meines gesamten Sommers. Katie hörte nur zu und nickte lediglich an den richtigen Stellen zustimmend oder schüttelte empört den Kopf. Irgendwie hatten wir die Rollen getauscht und vielleicht würde unsere Freundschaft nie wieder so werden, wie sie gewesen war, aber zumindest blieb uns die Gewissheit, dass es immer noch eine Freundschaft war.

Am Nachmittag riss uns das Klingeln des Eismanns, der durch unsere Straße fuhr, aus unserem Gespräch.

»Ich lade dich ein«, schlug Katie vor. »Immer noch Zitrone?«

»Manche Dinge ändern sich nie«, erwiderte ich grinsend und sah ihr nach, als sie zu der Haltestelle lief, wo bereits eine Truppe kleiner Kinder wartete.

So wie ich Katie kannte, würde sie dennoch einen Weg finden, sich vorzudrängeln. Während ich in dem Schatten des Baumes saß und meiner besten Freundin nachsah, fühlte ich mich wieder wie ein ganz normales Mädchen, das einen ganz normalen

Sommertag genoss. Mein Leben würde auch ohne Jason weitergehen. Es würde Momente wie diesen geben, in denen ich nicht an ihn dachte und sogar lachen konnte.

Aber was war mit den Nächten, wenn das Haus still war und meine Gedanken anfingen, zu kreisen? Früher oder später kehrten sie immer wieder zu ihm zurück. Würde das je enden?

Die Wahrheit war: Ich wollte nicht, dass es endete! Wenn die Sorgen und das Loch in meiner Brust das Einzige waren, was mir von ihm blieb, dann würde ich mich daran festhalten wie ein Ertrinkender an einem Strohhalm.

Ein Donnern ließ mich zusammenzucken. Ich sah zum Himmel empor. Graue Wolken schoben sich über das strahlende Blau und ein warmer Wind blies mir unter das Kleid.

Katie kam mit unseren beiden Eistüten angelaufen. »Ich glaube, es gibt bald ein Gewitter«, verkündete sie und reichte mir das Eis.

Ich erhob mich von der Wiese. »Erinnerst du dich noch an unsere Liste, die wir vor dem Sommer geschrieben haben?«

»Ja, aber uns wird wohl kaum noch genug Zeit bleiben, um alle Punkte zu erfüllen.«

»Um ehrlich zu sein, habe ich sie allein weitergeführt«, gestand ich ihr. Zuerst wirkte sie enttäuscht, doch nach einem kurzen Blinzeln schien sie eher neugierig.

»Wie viele Punkte fehlen dir noch?«

»Zehn, und einen davon kann ich nur mit dir erfüllen.« Ich sah zu den Gewitterwolken und lächelte sie liebevoll an. Sie hatte mir wirklich gefehlt, mehr als ich selbst geahnt hatte.

Ich musste ihr nichts weiter erklären. Sie reichte mir ihre Hand. »Wollen wir spazieren gehen?«

Ihre Hand war leicht klebrig von ihrem Schweiß, aber sie gab mir ein Gefühl von Geborgenheit. Zusammen liefen wir die

Straße entlang, während das Donnern die anderen in ihre Häuser vertrieb.

Zehn Minuten später fielen bereits die ersten Regentropfen vom Himmel, die sich innerhalb von Minuten zu einem Sommergewitter entwickelten. Der warme Regen fiel auf unsere Köpfe, durchnässte unsere Kleider und floss an unseren nackten Armen hinab. Unsere Sandalen gaben auf dem nassen Asphalt quietschende Geräusche von sich, während wir Hand in Hand durch den Regen liefen.

Ohne Vorwarnung schlang Katie ihre Arme um mich und drückte mich fest an sich. »Danke«, wisperte sie mir ins Ohr.

Dieses eine Wort kam tief aus ihrem Herzen. Es klang so ehrlich und voller Hingabe, dass etwas in mir zerbrach. Es war der Damm, den ich mir in den letzten Tagen aufgebaut hatte, um dahinter meinen Kummer zu verschließen. Der Regen vermischte sich mit meinen Tränen, während Katie mir über meine bebenden Schultern strich. Wir hatten uns wochenlang nicht gesehen und sie kannte Jason nicht einmal, trotzdem brauchte ich ihr nichts zu erklären. Sie verstand mich wortlos.

Nachdem wir später beide bei mir geduscht hatten und ich ihr trockene Kleidung von mir geliehen hatte, saßen wir zusammen auf meinem Bett und lauschten den Regentropfen, die gegen das Fenster schlugen.

»Weißt du, Jade, ich glaube, das mit Jason und dir ist etwas ganz Großes«, sagte sie plötzlich.

Ich sah sie fragend an. »Es ist vorbei«, widersprach ich ihr unsicher.

»Manche Menschen glauben nicht an das Schicksal und halten alles für Zufall, aber wenn du mich fragst, gibt es Dinge im Leben, die einfach passieren sollen. Man kann verschiedene

Wege, Abzweigungen und Richtungen im Leben einschlagen, aber was, wenn sie einen trotzdem immer auf dieselbe Straße führen? So etwas wie dir und Jason passiert einem Menschen nur einmal im Leben, wenn überhaupt. Ich will nicht daran glauben, dass es nun einfach vorbei sein soll.«

Ihre Überzeugung irritierte und berührte mich zugleich. »Katie, mein Leben ist aber kein Roman.«

»Warum machst du dann nicht einen daraus?«

»Wie jetzt?«

»Schreib eure Geschichte auf!«, schlug sie euphorisch vor.

»Das würde niemand lesen wollen.«

»Doch, Jade! Jeder Mensch, der ein Herz in seiner Brust besitzt, würde das lesen wollen.«

»Es wäre eine traurige Geschichte ohne Happy End.«

»Es ist deine Geschichte, du kannst das Ende selbst bestimmen!«

»Außerdem wärst du darin die blöde Kuh, die meinen Exfreund geküsst hat.«

»Na und? Dafür wäre ich auch die geniale Freundin, die dich auf die Idee gebracht hat, das Buch zu schreiben. Du müsstest mich in deiner Danksagung erwähnen und dann wüsste jeder, den das Buch zu Tränen gerührt hat, dass er die Geschichte allein mir, der blöden Kuh, verdankt.« Sie grinste mich aufmunternd an. »Dein Vater hat doch eine Schreibmaschine, oder?«

»Ja«, antwortete ich vage. So ganz überzeugte mich ihre Idee noch nicht, doch sie war bereits Feuer und Flamme.

»Wo steht sie?«

»In seinem Arbeitszimmer.«

»Dann hol sie dir und fang sofort an.«

»Jetzt?«

»Natürlich jetzt! Du musst alles aufschreiben, solange es noch frisch ist. In ein paar Wochen wirst du sonst die vielen kleinen, aber wichtigen Details vergessen haben.«

»Und was ist mit dir?«

Sie umarmte mich und küsste mich auf die Wange. »Ich gehe jetzt nach Hause und komme erst wieder, wenn du mindestens zwanzig Seiten geschrieben hast.«

»Zwanzig Seiten?«, fragte ich fassungslos. Ich hatte noch nie für irgendetwas zwanzig Seiten geschrieben, schon gar nicht mit der kleinen Schrift einer Schreibmaschine.

»Du hast die ganze Nacht Zeit«, zwinkerte sie mir zu, bevor sie aus meinem Zimmer rauschte.

Kaum dass sie weg war, ging ich tatsächlich in das Zimmer meines Vaters und setzte mich auf seinen großen Schreibtischstuhl. Das Leder klebte an meinen nackten Beinen. Vor mir stand die Schreibmaschine wie ein Heiligtum. Ich wusste nicht, wie ich anfangen sollte oder ob es überhaupt eine gute Idee war, all die Erinnerungen noch mal aufzuwühlen. Andererseits, was hatte ich schon zu verlieren? Mein Liebeskummer konnte dadurch kaum schlimmer werden, in den Nächten wälzte ich mich unruhig hin und her und Jason ging mir so oder so nicht aus dem Kopf.

Meine Finger kribbelten vor Nervosität, als ich sie über die Tasten gleiten ließ. Die ersten Wörter erfüllten das weiße Papier:

```
Die Straße zog an mir vorbei, während al-
les vor meinen Augen zu einem bunten
Farbstrudel verschwamm. Tränen verschlei-
erten meinen Blick, doch ich gab mir keine
Mühe, sie zu verstecken ...
```

Tag 42

Einen Liebesbrief schreiben

Aus den zwanzig Seiten, von denen ich mir nicht hatte vorstellen können, dass ich an nur einem Abend schaffen würde, sie zu tippen, wurden fünfzig. Ich hatte tatsächlich die ganze Nacht vor der Schreibmaschine verbracht. Am Morgen war mein Nacken verspannt und meine Handgelenke sehnten sich nach einer Pause, aber ich fühlte mich trotz allem gut.

Während ich mir am Anfang noch albern und wie eine Träumerin vorgekommen war, hatte ich im Verlauf der Nacht immer mehr Freude daran gefunden, mit den Worten zu spielen. Ich schrieb alles auf, was mir einfiel. Manchmal tippte ich eine Seite auch neu ab, weil ich etwas vergessen hatte oder mir eine Möglichkeit eingefallen war, wie ich das Ganze noch besser erzählen könnte. Fünfzig Seiten waren eine Menge und trotzdem stand ich erst am Anfang meiner Erzählung.

Ich war nicht einmal müde, sondern brannte innerlich. Nie zuvor hatte ich mich bei etwas so gut gefühlt wie beim Schreiben. Es fiel mir tatsächlich leichter, als ich gedacht hätte, die vielen Seiten zu füllen und meine Gedanken in klare Bahnen zu lenken. Die Erinnerungen, vor denen ich mich gefürchtet hatte, erfüllten mich, aber sie waren nicht schmerzhaft, sondern zauberten mir ein Lächeln aufs Gesicht.

Es tat gut, sich zu erinnern, und immer wieder dachte ich daran, wie ich mit Jason über meine Zukunft gesprochen hatte, nachdem mir klar geworden war, dass ich niemals zur Ärztin taugen würde. Damals hatte ich nicht gewusst, was ich stattdessen machen könnte. Ich schien für nichts eine Begabung zu haben, gleichzeitig war er voller Zuversicht gewesen, dass ich es schon bald wüsste.

Dieser Tag war heute gekommen. Es war wie eine Eingebung gewesen. Nun musste ich nur noch mutig genug sein, auch selbst an mich zu glauben. Mein Vater würde Schriftstellerei sicher als brotlose Kunst abtun, aber wenn andere es schaffen konnten, warum dann nicht auch ich? Zudem müsste ich ja nicht darauf warten, einen Bestseller zu schreiben, wenn ich diese Geschichte überhaupt jemals zu Ende bringen würde.

Aber ich könnte Literaturwissenschaften oder Journalismus studieren, irgendetwas, das mich meinem Traum näher bringen würde. Ich konnte mir die Diskussion mit meinem Vater bildlich vorstellen. Er würde sich erst sträuben und argumentieren, doch wenn ich ihm bewies, dass es mir ernst war, so wie Jason mir ernst gewesen war, würde er schließlich einlenken und mich unterstützen.

Jason hatte mich bereits in die richtige Richtung gestoßen und Katie hatte mir noch den letzten Schubs verpasst. Ohne die beiden hätte ich mich vielleicht nie getraut, etwas auszuprobieren, was ich zuvor immer nur als unsinnige Träumerei abgetan hatte.

Katie könnte ich anrufen, aber was war mit Jason? Ich wollte ihm so gern von dieser Nacht, in der ich mir selbst so viel näher gekommen war, erzählen. Er sollte wissen, dass ich mich gefunden hatte, genauso wie er es mir vorhergesagt hatte.

Ich konnte mir sein zufriedenes und selbstgerechtes Grinsen förmlich vorstellen. Es war eine Fassade, die er aufsetzte, um mich zu ärgern, aber ich hatte ihn dennoch durchschaut. Hinter der Fassade würde er sich ehrlich für mich freuen und wäre vielleicht sogar ein bisschen stolz, weil er meine Inspiration war.

Alles, was ich bisher geschrieben hatte, war aus Liebe zu ihm entstanden. Im Grunde würde das ganze Buch ein einziger Liebesbrief an ihn werden. Doch dieses Gespräch würde nie zustande kommen. Jason war vermutlich nicht nur meilenweit entfernt und in einem anderen Bundesstaat, sondern vielleicht auch gar nicht mehr in der Lage, mit mir zu sprechen. Er meinte zwar, dass ihm noch Wochen blieben, aber wer wusste das schon so genau? Zudem hatte ich keine Möglichkeit, ihn zu erreichen.

Es klingelte an unserer Haustür. Dad war vor etwa einer Stunde zur Arbeit gefahren und Mom stand unter der Dusche. Vielleicht war es Katie, die vorbeigekommen war, um sich nach meinem Fortschritt zu erkundigen, oder eine Nachbarin, der das Mehl oder etwas anderes ausgegangen war. Ich verließ das

Arbeitszimmer und schlurfte in meinem Jogginganzug, den ich seit gestern Abend trug, zur Haustür.

Ohne jegliche Erwartungen zog ich die Tür auf. Das Erste, was ich sah, war ein großer Blumenstrauß, bestehend aus hellblauen Hortensien, weißem Schleierkraut und langstieligen Callas. Dahinter kam ein Gesicht zum Vorschein, das mir nur allzu bekannt war, aber mit dem ich in diesem Augenblick am wenigsten gerechnet hätte. Ich hatte gerade noch an ihn gedacht und mich so sehr nach ihm gesehnt, doch ihn jetzt vor meiner Tür stehen zu sehen, überforderte mich.

Fassungslos trat ich einen Schritt zurück und sah Jason ungläubig an. »Was machst du hier?«, war das Einzige, was ich hervorbrachte.

Ich konnte nicht einmal sagen, ob ich mich freute, ihn zu sehen. Seine Erscheinung erschien mir so unwahrscheinlich, wie jemals nach Oz zu gelangen.

»Freust du dich nicht, mich zu sehen?«, grinste er schelmisch.

Nun war ich mir sicher, dass ich mich nicht freute, ihn zu sehen, ganz im Gegenteil: Was dachte er sich eigentlich dabei? Tauchte einfach mit einem dämlichen Blumenstrauß vor meiner Tür auf und tat so, als sei alles in bester Ordnung.

»Du kannst dir deine blöden Blumen sonst wohin stecken!«, fauchte ich ihn erbost an, während sich in meinem Hals ein dicker Kloß bildete und meine Augen feucht wurden. Ich musste mich an dem Türrahmen festhalten, um das Zittern meiner Hände verstecken zu können.

Er ließ die Blumen resigniert sinken. »Jade, du hast mir gefehlt! Ich bin deinetwegen zurückgekommen«, gestand er mir eindringlich.

Ich konnte den Blick nicht von seinen azurblauen Augen abwenden, so sehr ich es auch wollte.

»Was ist mit der Route 66? Es war dir doch so wichtig, die Strecke zu beenden. Wichtiger als dein Leben!«

»Das stimmt nicht.« Er schüttelte den Kopf. »Du bist mir wichtig! Ich wollte den Sommer mit dir verbringen, aber mir ist ganz egal, wo. Was interessiert mich noch eine alte, verstaubte Straße, wenn du nicht dabei bist?«

»Wo ist dein Mustang?«

»Ich habe ihn verkauft.« Er zuckte mit den Schultern, trotzdem entging mir nicht, dass ihm dieser Schritt keinesfalls leichtgefallen war. Er war so stolz auf dieses Auto gewesen.

Ich spürte, wie meine Abwehr immer mehr in sich zusammenbrach. Mein Körper sehnte sich danach, sich ihm in die Arme zu werfen und sein wunderschönes Gesicht mit Küssen zu übersehen, doch noch hatte mein Kopf die Kontrolle.

»Hast du dabei nicht etwas vergessen?«, fuhr ich ihn an.

»Mir geht es gut«, versicherte er mir.

»Noch!«, konterte ich unnachgiebig. Ich hatte ihn nicht verlassen, weil ich keine Lust mehr auf die Route 66 gehabt hatte, sondern weil ich nicht ertragen konnte, wie er sein Leben wegwarf. Und daran änderte auch nichts, dass er das nun scheinbar direkt vor meiner Nase tun wollte.

Er trat auf mich zu, sodass er im Türrahmen stand. Während sich der eine Teil von mir gegen ihn sinken lassen wollte, wollte der andere Teil direkt mehrere Schritte zurück fliehen. Da ich mich nicht entscheiden konnte, blieb ich genau dort, wo ich war.

»Wir haben uns einen Sommer versprochen«, erinnerte er mich sanft, dabei machte ich den Fehler, ihm in seine Augen zu blicken, die mich an die Tiefen des Blue Hole erinnerten. Ich würde in ihnen ertrinken. »Gib mir für den Rest des Sommers Zeit, um eine Entscheidung zu fällen. Ich verspreche dir, dass ich ernsthaft darüber nachdenken werde.« Er streckte zögerlich seine Hände nach mir aus. »Bitte, Jade!«

Ich konnte mich nicht länger gegen seine Anziehungskraft wehren und warf mich in seine Arme, schluchzte aus voller Kehle und presste mein Gesicht gegen seinen warmen Hals. Er drückte mich an sich und küsste mich auf den Kopf, ehe ich ihm das Gesicht zuwandte und unsere Lippen sich trafen.

Katie hatte mir gefehlt, aber das war nichts im Vergleich zu dem gewesen, was ich nun empfand. Es war, als wäre ich in den letzten Tagen ein halber Mensch gewesen und würde in Jason nicht nur ihn, sondern auch mich selbst wiederfinden. Er war zu einem Teil von mir geworden, ohne den ich nicht mehr leben wollte. Wenn er seinen Sommer haben wollte, dann sollte er ihn bekommen, aber er konnte mir nicht verbieten, ihn in jeglicher mir möglichen Weise zu beeinflussen. Es ging nicht nur um sein Leben, sondern auch um meins!

Tag 43

ROUTE U.S. 66

~~Etwas Nettes getan haben,~~
~~ohne etwas dafür zu erwarten~~

Nach dem Gewitter hatte sich die Temperatur etwas abgekühlt. Zwar war es tagsüber immer noch warm, aber zumindest nachts und morgens war es nun recht frisch. Ich hatte gut eine halbe Stunde vor meinem Kleiderschrank verbracht, da ich mich nicht hatte entscheiden können, was ich anziehen sollte. Jason hatte mich zu sich nach Hause eingeladen und obwohl ich seine Mutter bereits kennengelernt hatte, wollte ich einen möglichst guten Eindruck hinterlassen. Letztendlich hatte ich mich gegen Blue Jeans und für einen roten Tellerrock entschieden, der ideal zu meiner neuen Frisur passte. Dazu trug ich schwarze Ballerinas, eine schwarze Bluse und eine weiße Strickjacke.

Meine Mutter sah mir meine Nervosität an und beruhigte mich damit, dass sie sagte, ich sehe sehr gepflegt aus. Dad hatte mir angeboten, mich vor seiner Arbeit zu Jason zu fahren. Obwohl wir beide in Vororten von Chicago wohnten, lagen einige Meilen zwischen uns, was für mich erst eine lange Busfahrt und dann noch einige Stationen mit der Straßenbahn bedeutet hätte.

Ich wusste nicht viel darüber, wie Jason wohnte, nur, dass seine Mutter wenig Geld verdiente und er noch zwei jüngere Schwestern hatte. Vermutlich hatten sie eine Wohnung und kein Haus, aber das störte mich nicht. Ich hatte mich wirklich über seine Einladung gefreut, auch wenn ich vermutete, dass er sie nur aufgrund seines schlechten Gewissens ausgesprochen hatte.

Er hatte bei der Vorstellung von mir in seinem Zuhause unbehaglich gewirkt und mir auch nicht seine Adresse geben wollen, sondern nur eine Bushaltestelle genannt, an der er mich abholen würde.

Umso wichtiger war es, dass ich ihm zeigte, dass er keinen Grund hatte, sich vor mir zu schämen. Selbst eine kleine Wohnung konnte man hübsch einrichten. Zudem wollte ich ja nicht bei ihm einziehen, sondern ihn nur noch besser kennenlernen.

Ich konnte mir zum Beispiel nicht vorstellen, wie wohl sein Zimmer aussah. Hatte er Poster von Autos, Footballspielern oder gar leicht bekleideten Frauen an den Wänden hängen? Gab es Bücherregale? Würde ich vielleicht das eine oder andere Erinnerungsstück aus seiner Kindheit entdecken? Ein Zimmer konnte so viel über seinen Bewohner verraten.

Ich freute mich auch darauf, seine Schwestern kennenzulernen, wenn ich mich auch etwas davor fürchtete, dass sie mich vielleicht nicht mögen würden.

Wir ließen Joliet hinter uns zurück und nahmen einen kleinen Umweg über Landstraßen, um uns nicht durch den allmorgendlichen Berufsverkehr von Chicago kämpfen zu müssen. Je näher wir unserem Ziel kamen, umso mehr veränderte sich die Umgebung. Während Joliet von kleinen Einfamilienhäusern und hübschen Vorgärten regiert wurde, säumten hier Hochhäuser den Horizont. Die Hausfassaden hatten alle einen trostlosen Grauton, der sich bereits von den Wänden löste. Zwischen den Wohnhäusern drängten sich kleine Autowerkstätten, Schnellimbisse und Kioske. Ab und zu war eine eingezäunte Grünfläche zu erkennen, in der Kinder bereits früh am Morgen spielten.

Es war alles völlig anders, als ich es von zu Hause gewohnt war. Polizeisirenen schienen ein permanentes Hintergrundgeräusch zu sein.

Ich konnte Dad ansehen, dass es ihm nicht behagte, mich hier zurückzulassen. Er hatte die Stirn sorgenvoll in Falten gelegt und die Hände fest um das Lenkrad geschlossen, sodass seine Knöchel weiß hervortraten.

»Wir sind gleich bei deiner Bushaltestelle«, sagte er. »Soll ich euch dann nicht lieber doch direkt zu Jason nach Hause fahren?«

Er meinte es nur gut, aber Jason hatte mir sicher nicht grundlos eine Bushaltestelle als Treffpunkt und nicht seine Adresse gesagt. Wenn er sich vor mir schon schämte, würde er das vor meinem Vater erst recht.

»Jason wohnt hier. Er kennt sich bestens aus. Du brauchst dir keine Sorgen zu machen«, versicherte ich meinem Vater und versuchte dabei unbeschwerter zu klingen, als ich mich fühlte.

»Hat seine Familie zu Hause ein Telefon?«

Ich verzog mein Gesicht zu einer Grimasse, die sagte *Ist das dein Ernst?* »Natürlich haben sie ein Telefon!«

»Dann zögere bitte nicht, es zu benutzen, wenn irgendetwas sein sollte. Du hast die Nummer von meinem Büro. Wenn ich gerade nicht da sein sollte, sprich bitte mit der Dame von der Zentrale. Sie wird es so schnell wie möglich an mich weitergeben. Ich kann ...«

»Dad!«, stöhnte ich genervt. »Ich besuche meinen Freund und ziehe nicht in den Krieg!«

»Ich möchte nur, dass du weißt, dass du mich jederzeit anrufen kannst, wenn etwas sein sollte. Auch während der Arbeit. Wenn ich dich selbst nicht abholen kann, schicke ich jemand anderen.«

»Das wird sicher nicht nötig sein«, versuchte ich ihn zu besänftigen. Ich sah, wie er bereits zum Sprechen ansetzte, und fügte schnell hinzu: »Aber falls doch, habe ich deine Nummer.« Ich lächelte ihn aufmunternd an.

Wir hatten mittlerweile an der Bushaltestelle gehalten, wo Jason bereits auf mich wartete. Er trat auf unser Auto zu und öffnete mir zuvorkommend die Tür. Ich verabschiedete mich von meinem Vater mit einem Kuss auf die Wange.

Als ich ausgestiegen war, beugte sich Jason in das Wageninnere und reichte meinem Dad höflich die Hand. »Guten Morgen, Mister Monroe. Danke, dass Sie Jade hergefahren haben.«

Dad ergriff seine Hand mit einem freundlichen Lächeln, auch wenn es etwas gezwungen wirkte, was Jason jedoch hoffentlich nicht bemerkte. »Kein Problem! Macht euch einen schönen Tag!« Er sah an Jason vorbei und warf mir einen strengen Blick zu. »Ich komme dich heute Abend abholen!«

»Viel Spaß auf der Arbeit«, säuselte ich zur Antwort, in der Hoffnung, dass er nun endlich fahren würde.

Jason legte mir seinen Arm um die Schultern und wir winkten meinem Vater zum Abschied, als er endlich weiterfuhr. Kaum dass er weg war, brachen wir in lautes Gelächter aus, was augenblicklich dafür sorgte, dass sich unsere Anspannung löste. Ich schlang meine Arme um Jasons Hals, stellte mich auf die Zehenspitzen und hauchte ihm einen Kuss auf die Lippen. Es fühlte sich so normal an, fast als hätte es die langen Tage der Ungewissheit nicht gegeben. Meine Sorgen um seine Gesundheit versuchte ich zu verdrängen, um den Tag genießen zu können.

Jason umschloss meine Hand fest mit seiner. »Ich rechne es dir hoch an, dass du nicht auf halber Strecke wieder umgekehrt bist. Ich hätte es dir nicht verübeln können Die Gegend ist nicht gerade das, was du gewohnt bist.«

Ich schüttelte vehement den Kopf. »Es ist anders, aber ich finde es nicht schlecht«, behauptete ich. »Selbst am Morgen ist hier schon viel los. Es ist irgendwie lebendiger.«

Er schmunzelte über meine Worte und zog mich mit sich. »Du bist eine schlechte Lügnerin!«

»Und wenn schon«, seufzte ich ertappt. »Mir ist egal, wo du wohnst. Ich freue mich wirklich schon darauf, dein Zuhause zu sehen und deine Schwestern kennenzulernen.«

»Da muss ich dich leider enttäuschen«, sagte er und hob entschuldigend die Schultern. »Sie sind heute bei einer Freundin meiner Mutter.«

»Oh«, entfuhr es mir. Gleichzeitig fragte ich mich, ob er das mit Absicht so eingefädelt hatte. Wollte er nicht, dass ich sie traf? Wovor fürchtete er sich? »Und deine Mom?«

»Ist auf der Arbeit.«

»Den ganzen Tag?«

»Sie hat Frühschicht und kommt erst heute Mittag wieder, aber da hat sie dann gern ihre Ruhe. Am besten gehen wir dann etwas spazieren oder ein Eis essen.«

Ich blieb stehen und sah ihn verärgert an. »Weiß sie überhaupt, dass ich komme?«

»Natürlich«, behauptete er entrüstet. »Ich weiß nicht, was du zu ihr gesagt hast, aber seltsamerweise mag sie dich seitdem.«

Ich dachte an unser Gespräch vor dem Krankenhaus zurück. Damals hatte ich seiner Mutter noch versichert, dass Jason genauso sehr an seinem Leben hängen würde wie sie an ihm und er sich deshalb früher oder später sicher auf eine Behandlung einlassen würde. Nur einen Tag später hatte er sich eigenmächtig entlassen und ich war einfach abgehauen. Seine Mutter kannte ihn wohl doch besser als ich.

Er bemerkte meinen nachdenklichen Gesichtsausdruck und hob mein Kinn mit seinem Zeige- und Mittelfinger an, sodass ich ihm in die Augen sehen musste. »Bist du etwa nicht gern mit mir allein?«, grinste er schelmisch.

Ich musste über seine Dreistigkeit lächeln, auch wenn ich mir den Tag anders vorgestellt hatte. »Du bist doch der Feigling, der sich nicht traut, weiter zu gehen als Händchen zu halten und ein paar scheue Küsse auszutauschen«, zog ich ihn frech grinsend auf.

Er schnappte entrüstet nach Luft und begann mich an meiner Taille zu kitzeln. »Pass lieber auf, dass du dich da nicht täuschst!«

Jason wohnte abseits der Hauptstraße in einem fünfstöckigen Wohnkomplex. Jeweils drei Häuserblocks bildeten eine Art U, in deren Mitte sich eine kleine Grünfläche befand. Alles sah von außen trist und gleichtönig aus. Die meisten Balkone waren nicht einmal mit Blumen dekoriert, dafür hatten manche eine Wäscheleine angebracht, auf der selbst am Morgen schon die feuchte Kleidung im Wind schwang.

Wir standen in der Mitte der Häuser und sahen nach oben.

»Wo ist eure Wohnung?«, fragte ich und gab mir dabei Mühe, mir nicht anmerken zu lassen, wie erdrückend ich die ganze Anlage fand.

Jason deutete auf das rechte Gebäude, nach ganz oben. »Fünfter Stock, zweiter Balkon von links.«

Ich folgte seinen Angaben mit den Augen. Auf den ersten Blick unterschied sich ihr Balkon nicht von den anderen, doch in dem Fenster daneben entdeckte ich etwas Gebasteltes, das hinter der Scheibe baumelte. Dadurch machte die Wohnung, in die ich noch keinen Fuß gesetzt hatte, direkt einen etwas freundlicheren Eindruck.

»Lass uns hochgehen«, entschied Jason und zog mich mit sich.

Im Treppenhaus roch es nach kaltem Zigarettenrauch und scharfem Uringestank. Jason bemerkte meinen angewiderten Blick, noch bevor ich mir dessen selbst bewusst war. Doch er lachte nur.

»Mit dem Putzplan nehmen es die meisten nicht so genau«, grinste er. »Der Gestank kommt aus der Wohnung der alten Mrs. Dinslake. Sie kann kaum noch laufen, geschweige denn sehen, aber von ihren vielen Katzen will sie sich trotzdem nicht trennen, genauso wenig wie von ihren Glimmstängeln.«

Ein Bild einer alten, rauchenden Frau in einer Wohnung voller Katzenkot drängte sich mir unwillkürlich auf. Gesund war das sicher nicht, weder für die Frau noch für ihre Katzen. Aber vermutlich interessierte sich niemand mehr für sie.

»Bist du dir sicher, dass sie überhaupt noch lebt?«, hakte ich skeptisch nach, während wir die Treppenstufen hochstiegen.

»Cara und Alice spielen ihr mindestens ein Mal in der Woche einen Klingelstreich. Solange sie noch zornig hinter der Tür hervorbrüllen kann, ist alles gut.«

»Sind Cara und Alice deine Schwestern?« Es war das erste Mal, dass ich die beiden Namen hörte.

Jason errötete. »Ja.«

Bisher hatte er so beharrlich über seine Familie geschwiegen, dass ich nicht einmal gewusst hatte, wie seine Schwestern hießen.

Als wir im fünften Stock ankamen, war ich außer Puste. Doch wenigstens war hier oben die Luft deutlich angenehmer als im Erdgeschoss. Durch ein Fenster fiel Tageslicht in den dunklen und beengten Hausflur. Es war angekippt, sodass ein leichter Luftzug durch das Gebäude wehte und den Gestank forttrug.

Wir gingen zu der zweiten Haustür am Ende des Gangs. Davor standen zwei Paar kleine Gummistiefel, die Jasons Schwestern gehören mussten. Ansonsten unterschied sich der Eingang nicht von den anderen des Hauses. Alle hatten braune Holztüren mit einem Spion.

Klimpernd zog Jason den Schlüssel aus seiner Hosentasche und schloss die Tür auf. Ein schmaler Flur erstreckte sich vor uns. Schuhe standen am Boden in einer Reihe und auf einer Garderobe hingen die Jacken der Familie. Viele waren es nicht. Doch anders als im Treppenhaus roch es in der Wohnung sauber, so als hätte erst vor Kurzem jemand gelüftet und die Böden gewischt.

Die Wände im Flur waren mit bunten Kinderzeichnungen gepflastert. Auch ein paar Fotos hingen ohne Rahmen dazwischen. Sie zeigten hauptsächlich Cara und Alice, doch auf ein paar wenigen entdeckte ich auch Jason, hauptsächlich als er noch jünger gewesen war. Es gab kein aktuelles Foto von ihm.

Er schob mich durch den Flur zu einer kleinen Küche, in deren Mitte sich ein runder Tisch mit vier Stühlen befand. Hier baumelte das gebastelte Bild am Fenster, das ich bereits von unten entdeckt hatte. Alles war klein und beengt, aber dennoch ordentlich. Jasons Mutter schien sich Mühe zu geben, die Wohnung sauber zu halten und das Beste daraus zu machen.

»Ich wette, eure Speisekammer ist größer als unsere Küche«, murmelte Jason leise hinter mir. Als er am Tag zuvor plötzlich vor meiner Haustür gestanden hatte, war er nicht ins Haus gekommen, sondern kurze Zeit später bereits wieder gegangen. Er kannte also das Innere gar nicht und trotzdem verglich er es bereits mit seiner eigenen Wohnung.

»Wir haben gar keine Speisekammer«, widersprach ich ihm, ließ dabei aber unerwähnt, dass unsere Küche vermutlich dreimal so groß war.

Gegenüber der Küche befand sich ein kleines, fensterloses Badezimmer, bestehend aus einer Badewanne mit Duschvorhang, einem WC und einem Waschbecken, auf dessen Rand sich die Zahnputzbecher aneinanderreihten. Es war winzig, aber sauber.

Am Ende des Flurs waren drei weitere Türen. Eine führte zu dem Schlafzimmer von Jasons Mutter, welches wir jedoch nicht betraten. Seine beiden Schwestern teilten sich ein Zimmer. Es war das größte, das ich bisher in der Wohnung gesehen hatte. An jeder Wand stand ein schmales Bett, welches mit bunten Stickern beklebt worden war. Vor dem Fenster waren zwei gleiche Schreibtische und beide Mädchen teilten sich eine alte Kommode für ihre Kleidung. Die Wände waren mit Postern von Pferden, Hunden und Katzen behängt. Für mich sah es wie ein gewöhnliches Kinderzimmer aus, auch wenn Jasons Schwestern wahrscheinlich bei meinem Zimmer, welches ein Traum aus Rosa war, vor Neid erblasst wären.

Wir gingen weiter zu der dritten Tür, die in das Wohnzimmer führte. Es war kaum größer als das Kinderzimmer, aber gemütlich mit einer weichen Couch und flauschigem Teppichboden eingerichtet. Auch hier hingen an den Wänden Fotos der Familie, dieses Mal sogar alle mit Rahmen. Gegenüber der Couch befand sich eine Regalwand, in der sich Bücher stapelten. Einen Fernseher gab es nicht. Neugierig trat ich näher und entdeckte eine zerfledderte Ausgabe des *Zauberers von Oz*.

Freudig zog ich sie hervor und hielt sie Jason entgegen. »Ihr habt das Buch ja auch!«

Als er sah, wie ich mich über diese Gemeinsamkeit freute, hellte sich auch sein Gesicht etwas auf. »Meine Mom findet es wichtig, dass wir mehr Bücher lesen, anstatt vor dem Fernseher zu sitzen.« Geknickt fügte er hinzu: »Wir haben ja nicht einmal einen.«

Ich stellte das Buch zurück und lächelte ihn erwartungsvoll an. »Zeigst du mir jetzt dein Zimmer?«

Seine Wangen färbten sich erneut rot, er sah an mir vorbei aus dem Fenster und räusperte sich verlegen. »Jade, du stehst in meinem Zimmer.«

Verwirrt sah ich ihn an und verstand nicht sofort, was er meinte. Mein Blick glitt zu der Couch und meine Augen weiteten sich. »Du schläfst auf dem Sofa?«

Er zuckte mit den Schultern und vergrub seine Hände in den Hosentaschen. »Früher hat meine Mom dort geschlafen, aber als ich aufs College gegangen bin und dort auch gewohnt habe, ist sie in mein Zimmer gezogen.«

Er tat mir unendlich leid, wie er vor mir stand und sich für die Umstände schämte. Ich hatte mich darauf gefreut, sein Zimmer zu sehen, und war nun auch etwas enttäuscht darüber, dass es nichts gab, das ich mir ansehen konnte. In der ganzen Wohnung gab es kaum etwas, das darauf hindeutete, dass auch er hier wohnte. Er war wie ein vorübergehender Gast und als solchen schien er sich auch selbst zu sehen.

Ich trat ihm entgegen und schlang meine Arme um seine Taille, doch er reagierte abweisend und wich vor mir zurück. »Das ist alles meine Schuld!«, behauptete er wütend.

»Was ist deine Schuld?«

»Wenn meine Mom nicht immer noch den Kredit von meiner letzten Behandlung abbezahlen müsste, bliebe ihr viel mehr Geld und sie müssten nicht in diesem Drecksloch hausen!« Er sprach erneut von seiner Familie, als sei er kein Teil von ihr.

»Ich finde die Wohnung eigentlich ganz gemütlich«, versuchte ich ihn zu besänftigen, doch er schnaubte nur wütend.

»Sie ist so gemütlich, dass uns die Freundinnen meiner Schwestern nicht besuchen dürfen, weil ihre Eltern Angst haben, dass sie sich hier eine ansteckende Krankheit holen.«

»Das ist doch totaler Blödsinn! Eure Wohnung ist sauberer als jedes Krankenhaus«, widersprach ich energisch und ärgerte mich über diese fremden Eltern, die mit ihren blöden Vorurteilen zwei kleine Mädchen zutiefst verletzten.

»Selbst wenn, wir wohnen im Armenviertel! Sei ehrlich, hätte deine Mutter dich früher zu so jemandem gelassen?«

In meiner Klasse gab es niemanden, der im Armenviertel lebte. Alle kamen aus Joliet, deshalb konnte ich ihm darauf keine ehrliche Antwort geben. Aber ich wollte daran glauben, dass meine Mom mehr Einfühlungsvermögen besessen hätte.

»Die Wohngegend sagt nichts über den Menschen aus!«

Er ließ sich kraftlos auf die Couch sinken. »Wir haben nicht schon immer hier gewohnt. Bevor ich krank wurde, hatten wir sogar ein kleines Haus. Natürlich nicht so groß und schick wie eures, aber zumindest hatte jeder ein eigenes Zimmer und wir hatten sogar einen kleinen Garten, in dem die Mädchen im Sommer im Planschbecken spielen konnten. Es war das Erbe unserer Großeltern, aber Mom hat es verkauft, als ich krank wurde. Wenn ich schon damals die Behandlung verweigert hätte, würden sie immer noch dort wohnen.« Er kämpfte nun vor Verzweiflung und Schuldgefühlen mit den Tränen.

Ich schlang meine Arme um ihn und drückte mich fest an ihn. Es zerbrach mir das Herz, ihn so zu sehen. »So darfst du nicht denken! Deine Familie liebt dich und braucht dich mehr als irgendein Haus!«

Er hörte mir gar nicht richtig zu. »Kannst du dir vorstellen, wie enttäuscht mich meine Mutter angesehen hat, als sie den Mustang in Vegas gesehen hat?« Sein Blick bohrte sich in meinen. »Sie arbeitet sich jeden Tag krumm und trotzdem reicht das Geld nicht. Und alles, was ich getan habe, war, das Geld, das sie mühsam für mein Studium angespart hatte, für ein albernes Auto aus dem Fenster zu werfen. Nur weil ich es fürs Studium ja nicht mehr brauchte. Ich wollte meinen Traum leben und dachte mir, dass sie nach meinem Tod ja immer noch das Auto verkaufen könnte. Dabei brauchen sie das Geld jetzt!«

»Aber du hast den Mustang doch verkauft«, warf ich ein.

»Ich hatte keine andere Wahl! Meine Mutter wollte, dass ich mit ihr zurückfliege, und ich wollte bei dir sein. Wir haben das Auto weit unter Preis verkauft, nur um es loszuwerden.«

Obwohl er sich die größten Vorwürfe machte, schmerzte ihn der Verlust des Wagens. Er hatte für ihn Freiheit bedeutet, die er seiner Familie und mir zuliebe aufgegeben hatte. Es war nicht fair, dass er nichts haben konnte, das nur ihm gehörte.

»Cara und Alice werden in der Schule schon gehänselt, weil ihre Kleidung viel zu klein ist oder sogar Löcher hat. Sie haben ja nicht einmal genug Buntstifte! Alice musste eine grüne Sonne malen, weil sie keinen gelben Stift hatte!«

»Jeder kann eine gelbe Sonne malen! Eine grüne ist etwas Besonderes«, versuchte ich ihn aufzuheitern, aber er unterbrach mich wütend.

»Kannst du dir vorstellen, wie es ist, wenn das Geld nicht einmal reicht, um eine neue Packung Buntstifte zu kaufen, geschweige denn ein Eis im Sommer?«

Er sah mir herausfordernd in die Augen und ich schrumpfte unter seinem Blick, bevor ich traurig den Kopf schüttelte. *Nein, konnte ich nicht.* Meine Eltern waren zwar nicht reich, aber es hatte mir nie an irgendetwas gefehlt.

Mein Eingeständnis schien Jason zu beruhigen, denn er ließ sich seufzend neben mir in das Polster zurücksinken.

So saßen wir einige Minuten schweigend da, bevor er mich entschuldigend ansah. »Tut mir leid. Das alles ist nicht deine Schuld und ich hätte dich deshalb nicht anschreien dürfen.«

»Es ist auch nicht deine Schuld«, sagte ich leise. Ich wollte ihn nicht erneut verärgern, aber er musste das einfach wissen. Glücklicherweise fing er keine weitere Diskussion an, sondern zog mich stattdessen an sich.

»Ich weiß nicht, womit ich dich verdient habe«, wisperte er mir zärtlich ins Ohr, während er mir die Haare zurückstrich.

»Vielleicht liegt es daran, dass du eigentlich ganz nett sein kannst, wenn du nicht gerade den Idioten raushängen lässt«, zog ich ihn grinsend auf, während ich unter seiner Berührung erschauerte.

»Mädchen sind nie mit Jungen zusammen, die sie nur ganz nett finden«, konterte er und küsste meinen Hals.

Ich genoss jede Berührung und schloss genießerisch die Augen, während sich eine Gänsehaut über meinen ganzen Körper ausbreitete.

»Du siehst natürlich auch wahnsinnig gut aus«, sagte ich scherzhaft, obwohl es genau das war, was ich gedacht hatte, als ich ihn zum ersten Mal gesehen hatte.

»Ich wusste gar nicht, dass du so oberflächlich bist«, raunte er neckisch und knabberte an meinem Ohrläppchen, sodass ich zu kichern anfing.

»Es fällt mir schwer, deinen Küssen zu widerstehen«, flüsterte ich, worauf er sich über mich beugte und meine Lippen mit seinen verschloss. Seine Zunge bahnte sich langsam einen Weg in meinen Mund, während seine Hände über meinen Körper strichen. Sie schienen überall zu sein.

Für einen Moment hielt er inne, nahm mein Gesicht zwischen seine Hände und sah mir tief in die Augen. »Ich liebe dich am meisten dafür, dass du mich nicht ansiehst, als wäre ich bereits tot.«

»Das liegt daran, dass dein Leben noch nicht vorbei ist«, entgegnete ich, ohne zu zögern.

»Wenn ich mit dir zusammen bin, fühle ich mich unendlich. Als gäbe es keinen Anfang und kein Ende«, wisperte er, bevor er mich erneut küsste.

Wir sanken auf das Sofa, wobei sich mein Rock leicht nach oben schob. Seine Finger streichelten meine Oberschenkel. Spätestens an diesem Punkt hatte ich bei Scott immer die Notbremse gezogen, doch bei Jason sehnte ich mich danach, dass er weiterging. Mein Körper presste sich gegen seinen. Ich spürte seine Erregung und ließ meine Hände unter sein T-Shirt gleiten, um seinen muskulösen Bauch zu ertasten. Vorsichtig schob ich es ihm über den Kopf.

Wir hatten nicht länger Geheimnisse voreinander und das schien auszureichen, um Jason seine Hemmungen zu nehmen. Er brauchte mich nicht zu beschützen. Ich wusste selbst, was ich wollte, und das war er. Seine Finger glitten zu meiner Brust und er begann ungeschickt, meine Bluse aufzuknöpfen, als plötzlich ein leises Kichern ertönte.

Jason fuhr zusammen, als hätte ihn eine Wespe gestochen. Er richtete sich ruckartig auf, während ich ebenfalls den Kopf in Richtung der Tür drehte. Dort standen zwei kleine Mädchen, das eine vielleicht sechs Jahre alt, das andere höchstens acht. Sie sahen uns mit großen Augen und einem schüchternen Grinsen auf den Lippen an.

»Was macht ihr da?«, fragte die jüngere der beiden.

»Dafür bist du noch zu jung«, tadelte sie die ältere. »So entstehen Babys!«

Jason sprang wütend von der Couch auf und richtete sich drohend vor seinen beiden jüngeren Schwestern auf. »Was macht ihr schon zu Hause?«, schnauzte er sie ungehalten an.

»Wir wollten Jade kennenlernen«, piepste die ältere, während sich die andere verängstigt hinter ihr versteckte und scheu in meine Richtung schielte.

Ich knöpfte mir hastig die oberen Knöpfe meiner Bluse zu und ging zu den beiden, bevor Jason sie wieder davonjagte.

»Hi«, sagte ich und lächelte sie an, bevor ich mich runterbeugte und ihnen meine Hand entgegenstreckte. »Ich wollte euch auch kennenlernen. Jason hat schon viel von euch erzählt«, log ich.

Die beiden Mädchen drückten sich an ihrem Bruder vorbei. Die größere reichte mir als Erste ihre Hand. Sie hatte die gleichen azurblauen Augen wie Jason und das dunkle Haar ihrer Mutter, welches ihr bis zum Po reichte. Bereits jetzt war sie eine richtige Schönheit. »Ich bin Cara.«

»Freut mich! Dann musst du Alice sein, oder?«, richtete ich mich an die Kleinere, die schokoladenbraune Augen hatte und ihr Haar auf Kinnlänge trug.

Sie nickte und ergriff ebenfalls höflich meine Hand. »Was hat dir Jason denn über uns erzählt?«

»Er meinte, ihr würdet gern Eis essen«, grinste ich, wobei die beiden erst mich und dann Jason mit breitem Lächeln ansahen.

»Gehen wir etwa Eis essen?«, fragte Cara ungläubig.

»Oh ja! Bitte, Jason«, bettelte Alice mit flehendem Blick zu ihrem Bruder. Dieser sah mich grimmig an und zog mich am Arm beiseite.

»Ich habe dir doch gerade erzählt, dass wir dafür kein Geld haben«, knurrte er vorwurfsvoll und zog sich sein Shirt wieder über.

»Mein Vater hat mir Geld für ein Taxi gegeben, falls ich früher nach Hause möchte. Das werde ich aber sicher nicht brauchen, also können wir davon Eis essen gehen«, entgegnete ich entschieden.

»Ich will nicht, dass du für uns zahlst!«, sträubte er sich hartnäckig, doch ich konnte genauso stur sein.

»Ich habe aber Lust auf ein Eis und allein würde es mir nur halb so gut schmecken. Das ist also purer Eigennutz.«

Damit war die Diskussion beendet und ich ließ Jason hinter mir zurück, während ich mit seinen Schwestern bereits beratschlagte, welche Eissorte die beste war.

Nachdem wir einen kleinen Spaziergang durch das Wohnviertel zur nächsten Eisdiele gemacht hatten, gingen wir auf den Spielplatz. Am Nachmittag kehrten wir in die Wohnung zurück, wo wir zusammen mit Rachel, die mittlerweile von der Arbeit gekommen war, Pfannkuchen backten. Der Abend kam schnell und als es für mich Zeit war, zu gehen, umarmten Cara und Alice mich liebevoll. Sie baten mich, so bald wie möglich wiederzukommen, und auch Rachel sagte mir, dass ich jederzeit bei ihnen willkommen sei.

Es war ein wirklich schöner Tag gewesen, genau so, wie ich es mir gewünscht hatte, auch wenn Jason zuerst alles versucht hatte, um seine Familie von mir fernzuhalten. Vielleicht war ihre Wohnung nicht die größte, aber er hatte zwei tolle Schwestern, die ihn bewunderten und verehrten wie einen Footballstar, und eine Mutter, die alles für ihn tun würde. Das war mehr wert als ein Haus oder ein Kleiderschrank voller neuer Klamotten.

Als ich bei meinem Vater im Auto saß und wir nach Hause fuhren, bemerkte er mein glückliches Lächeln. »War es ein schöner Tag?«

»Ja, sehr! Ich habe Jasons Schwestern kennengelernt und seine Mutter wiedergesehen. Wir haben Pfannkuchen gebacken«, erzählte ich ihm fröhlich.

»Ich freue mich, dass du so einen tollen Tag hattest«, lächelte Dad zufrieden. »Vielleicht möchte Jason uns ja mal mit seinen Schwestern besuchen kommen. Deine Mom würde sich sicher freuen.«

Meine Eltern hatten mir einmal erzählt, dass sie gern Geschwister für mich gehabt hätten, doch es hatte nicht sein sollen. Vielleicht mochte Mom gerade deshalb Kinder besonders gern. Sie hätte Jasons Schwestern genauso schnell ins Herz geschlossen wie ich. Doch ich konnte mir vorstellen, dass Jason nicht wollte, dass seine Schwestern sahen, in was für einem schönen Zuhause ich lebte, und dann traurig wären, weil sie selbst nur eine kleine Wohnung hatten.

»Jasons Familie hat nicht so viel Geld«, sprach ich aus, was Dad aufgrund der Wohnlage schon vermutet haben musste. »Seine Schwestern haben nicht mal genug zum Anziehen oder Geld für neue Buntstifte«, fügte ich traurig hinzu.

»Wir haben auf dem Dachboden noch jede Menge Kisten mit Kleidern stehen, die dir zu klein geworden sind. Dort müssten auch noch deine alten Spielsachen sein. Warum fragst du sie nicht, ob sie etwas davon haben wollen? Du wirst die Sachen sicher nicht mehr brauchen.«

Daran hatte ich noch gar nicht gedacht. Vermutlich würde Jason sich wieder dagegen wehren, weil er es für Almosen halten würde, aber vielleicht konnte er seinen Schwestern zuliebe über seinen Schatten springen. Die meisten Sachen hatte ich kaum angehabt und die Mädchen würden sich sicher darüber freuen. Niemand aus ihrer Schule würde sehen, dass es gebrauchte Kleider und keine neuen waren. Ich hatte in meinem Zimmer eine ganze Kiste voller Buntstifte stehen, die sie mitnehmen könnten. Dann wären ihre Sonnen auch wieder gelb und nicht mehr grün.

Vielleicht konnte ich sogar Katie um Hilfe bitten. Sie hatte sicher auch noch jede Menge Sachen, die sie nicht mehr brauchte. Niemandem halfen die alten Kleider und Spielsachen, wenn sie auf unseren Dachböden verstaubten. Spielsachen waren dazu da, dass man mit ihnen spielte, und genau das würden Cara und Alice tun. Man brauchte nicht immer viel Geld, um kleinen Mädchen eine Freude machen zu können, manchmal reichte eine gute Idee.

Noch am selben Abend rief ich Katie an und erzählte ihr von meinem Plan. Sie war sofort dabei und wir verabredeten uns für den nächsten Tag, um die alten Sachen auszusortieren.

Tag 44

Mit der letzten Straßenbahn des Tages gefahren sein

Der Schweiß stand uns auf der Stirn und tränkte unsere Oberteile bei jeder noch so kleinen Bewegung. Es waren rund 35 Grad auf dem Dachboden, doch anstatt uns draußen im Sonnenschein eine Abkühlung zu verschaffen, verbrachten Katie und ich den Tag damit, uns durch unsere Kindheitserinnerungen zu wühlen.

Wir hatten bei mir begonnen und waren danach zu ihr nach Hause aufgebrochen. Während wir die alten Kleider sortierten und Spielsachen abstaubten, fing mindestens jeder fünfte Satz mit *Weißt du noch* an. Es war erstaunlich, wie gut sie sich an manche meiner Kleidungsstücke erinnerte und damit besondere Erlebnisse verband. Teile, die ich längst vergessen hatte, waren ihr im Gedächtnis geblieben.

Mir ging es bei ihr nicht anders. Ihr blaues Marinekleid würde mich zum Beispiel immer daran erinnern, wie sie dem Eiswagen hinterhergerannt war, nachdem wir ihn verpasst hatten, und dann gestolpert war. Sie hatte sich das Knie aufgeschlagen, aber anstatt über den Schmerz zu weinen, hatte sie nur geflucht, weil wir kein Eis bekommen hatten. Wir hatten eine Verschwörung gegen den Eismann geplant und wollten unser eigenes Eisimperium gründen. Doch unsere erste Kreation hatte nicht einmal uns geschmeckt, sodass wir den Traum bereits nach einem Tag wieder verworfen hatten.

Würden unsere Kleider für Cara und Alice eines Tages die gleiche Bedeutung haben? Es war ein schöner Gedanke, dass sie in ein paar Jahren beim Durchsehen der alten Sachen nicht nur an ihre eigenen Erinnerungen denken würden, sondern auch für einen kurzen Moment an Katie und mich.

Die ganze Aktion diente nicht nur dazu, den beiden Mädchen eine Freude zu bereiten, sondern sie frischte auch unsere Freundschaft wieder auf. Wir hatten schon so viel zusammen erlebt, dass es wirklich ein Jammer gewesen wäre, wenn Scott es geschafft hätte, uns für immer voneinander zu trennen.

Jason hatte mich am Morgen angerufen und gefragt, ob wir den Tag zusammen verbringen würden. Als ich abgelehnt hatte, war ihm seine Enttäuschung deutlich anzuhören gewesen. Wir wussten nie, wie viel Zeit uns wirklich noch blieb. Zwar hatten wir uns einen Sommer versprochen, aber den Krebs interessierten unsere Versprechen vermutlich nicht. Auch mir fiel es schwer, von ihm getrennt zu sein, aber die Vorstellung, wie sich seine Schwestern über die ganzen Sachen freuen würden, machte es leichter.

Katie entging nicht, wie ich in manchen Momenten mit meinen Gedanken plötzlich abschweifte und dabei einen traurigen Ausdruck in den Augen bekam. Am Nachmittag, als wir mit allen Kisten beinahe fertig waren, stupste sie mich sanft an. »Fahr doch jetzt noch zu ihm!«, schlug sie vor, als hätte sie meine Gedanken gelesen.

»Da bin ich ja ewig unterwegs«, warf ich skeptisch ein.

»Du kannst ja über Nacht bleiben«, grinste sie frech. »Ich bin ein gutes Alibi!«

»Katie!«, rief ich empört aus. »Jason schläft auf der Couch im Wohnzimmer. Da geht bestimmt nichts, während seine Mutter oder seine Schwestern jederzeit hereinplatzen könnten.«

»Vielleicht überkommt euch ja die Leidenschaft und ihr könnt euch nicht länger bremsen«, scherzte sie.

Ich schüttelte amüsiert den Kopf, doch die Vorstellung, noch einmal eine Nacht in Jasons Armen verbringen zu können, war verlockend. Auf unserer Reise waren wir unzertrennlich gewesen und jetzt sahen wir uns immer nur für ein paar Stunden.

»Ich weiß auch gar nicht, ob es seiner Mutter so recht wäre, wenn ich bei ihnen übernachte«, überlegte ich laut, immerhin war ich erst siebzehn.

Meine Eltern brauchte ich gar nicht erst zu fragen. Sie hätten mir ganz sicher nicht erlaubt, bei Jason zu schlafen. Dad war es ja schon schwergefallen, mich für einen Tag bei ihm zu lassen, da kam eine Nacht ganz sicher nicht infrage.

»Warum sollte sie etwas dagegen haben? Ihr habt fünf Wochen miteinander verbracht. In dieser Zeit war auch kein Anstandswauwau dabei, der aufgepasst hat, dass ihr euch nicht die Kleider vom Körper reißt.«

Ich rollte mit den Augen. »Du hättest keine Sekunde gezögert, oder?«

Ihr schelmisches Grinsen war mir Antwort genug.

»Kann ich mal telefonieren?«, fragte ich und gab mich somit geschlagen. Katie klatschte erfreut in die Hände.

Jason war überrascht, dass ich anrief, aber mein Vorschlag gefiel ihm dafür umso besser. Auch Mom hatte nichts dagegen, als ich sie fragte, ob ich bei Katie übernachten dürfte. Sie freute sich sehr darüber, dass wir uns wieder vertragen hatten, und wünschte uns beiden noch einen schönen Abend und süße Träume. Ich hatte ein schlechtes Gewissen, weil ich sie schon wieder anlog, aber dieses Mal konnte ich wenigstens mit Gewissheit sagen, dass mir nichts passieren würde. Es war nur eine Nacht.

Als ich endlich bei Jason ankam, war es bereits später Abend. Er empfing mich, als hätten wir uns wochenlang nicht gesehen und nicht nur einen Tag. Sobald ich aus der Straßenbahn gestiegen war und er mich auf dem Gleis entdeckt hatte, war er auf mich zugerannt, hatte mich in die Luft gewirbelt und mich geküsst, als wäre es unser erster und letzter Kuss zugleich. Das Gefühl in meinem Bauch war unbeschreiblich. Ich fühlte mich schwerelos und so glücklich wie nie zuvor. Jedes Mal, wenn ich mit Jason zusammen war, hatte ich das Gefühl, nie zuvor glücklicher gewesen zu sein. Doch dieses Gefühl hielt nur so lange an, wie es mir gelang, meine Gedanken abzuschalten. Sie drängten sich immer wieder wie dunkle Regenwolken über mein Glück.

Wir fuhren zusammen mit dem Bus zu ihm nach Hause. Dort war es bereits ruhig. Seine Mutter musste am Morgen früh zur Arbeit und auch seine Schwestern schliefen bereits. Leise schlichen wir auf Zehenspitzen durch den Flur und schlossen die

Tür zum Wohnzimmer. Das Licht der untergehenden Sonne fiel durch das Fenster und tauchte den Raum in ein goldenes Licht.

Jason zog mich zu sich auf das Sofa, auf dem er sich bereits sein Nachtlager eingerichtet hatte. Er streichelte mir über die Wangen, fuhr den Schwung meiner Lippen nach und ließ seinen Daumen auf meinem Kinn verweilen. Es machte mich wahnsinnig, ihm so nah zu sein und gleichzeitig zu wissen, dass es zumindest heute dabei bleiben müsste. Er steigerte mein Verlangen, ob nun bewusst oder unbewusst.

»Was war denn so wichtig, dass du mich den ganzen Tag hast warten lassen?«, raunte er verführerisch in mein Ohr.

»Ich habe den Tag mit Katie verbracht«, erzählte ich ihm.

Es war nicht einmal gelogen, nur das Warum ließ ich dabei wissentlich aus. Wenn ich ihm in dem Moment von unserer Idee erzählt hätte, wäre er nur wütend geworden und hätte versucht, es zu verhindern. Jason musste man manchmal einfach zu seinem Glück zwingen und vor vollendete Tatsachen stellen.

»Also habt ihr euch wieder vertragen?«, fragte er überrascht, denn bisher hatte ich ihm nichts davon gesagt.

»Ja«, lächelte ich selig. »Scott ist ein Vollidiot und es wäre zu dumm gewesen, wenn wir seinetwegen unsere Freundschaft aufgegeben hätten.«

»Finde ich gut«, grinste er. »Eine beste Freundin findet man nicht allzu oft im Leben.«

»Genauso wenig wie die große Liebe«, erwiderte ich und sah ihm dabei tief in die Augen, denn das war er für mich. Meine große Liebe.

Er zog mich erneut an sich und wir ließen uns zurück auf die Couch sinken. Ich kuschelte mich an ihn, legte meinen Kopf auf seine Brust und lauschte seinem Herzschlag, während die Sonne immer weiter versank und es von Minute zu Minute dunkler im

Zimmer wurde. Sein Herz schlug kräftig und rhythmisch. Unvorstellbar, dass damit bald schon Schluss sein sollte. Alles an ihm wirkte stark und lebendig.

»Das hat mir am meisten gefehlt«, seufzte er nach einiger Zeit, während er mir über das kurze Haar strich. »Einfach nur neben dir zu liegen und deiner Atmung zu lauschen.«

»Dann gib es nicht auf«, flüsterte ich zurück.

Eigentlich war es ein stilles Übereinkommen gewesen, dass wir seine Krankheit und die damit verbundene Entscheidung bis zum Ende des Sommers nicht mehr ansprachen, doch die Worte rutschten mir aus dem Mund, ehe ich darüber nachdenken konnte. Jason blieb ruhig und sagte nichts dazu. Doch ich hatte das Gefühl, als würde sein Herz für einen kurzen Augenblick aussetzen.

Er drückte mich an sich, während ich meine Arme noch etwas fester um ihn schlang. Wir hielten einander fest und wenn so die Ewigkeit ausgesehen hätte, wäre es für mich der Himmel gewesen.

Tag 45

~~Im Freibad vom Fünfer springen~~

»Wann bist du denn heute Morgen gekommen?«, fragte mich Alice, während wir am Frühstückstisch saßen und Cornflakes löffelten.

Rachel hatte schon früh das Haus verlassen und ab dann war Jason für seine Schwestern verantwortlich.

»Vielleicht ist sie ja gar nicht erst heute Morgen gekommen«, grinste Cara mich frech über den Tisch hinweg an.

Verlegen senkte ich den Blick. Trotz ihrer gerade mal acht Jahre schien sie mich bereits perfekt zu durchschauen.

»Sie ist um Mitternacht durchs Fenster geklettert gekommen, wie der Weihnachtsmann«, behauptete Jason und warf Cara einen warnenden Blick zu, die kicherte jedoch nur leise.

»Wirklich?« Alice riss ungläubig die Augen auf und musterte mich, als hoffe sie, Elfenflügel an mir zu entdecken. »Hast du auch Geschenke mitgebracht?«

»Alice!«, schimpfte Jason empört. »Reicht es nicht, dass sie hier ist?«

Ich musste mir ein Grinsen verkneifen, denn in der Tat konnte es sich nur noch um Minuten handeln, bis die Geschenke eintreffen würden. Katies Mutter hatte heute ihren freien Tag und hatte sich bereiterklärt, Katie mit den Kisten zu uns zu fahren. Nach der Bescherung wollten wir alle zusammen ins Schwimmbad fahren. Ich bekam vor lauter Nervosität kaum einen Bissen hinunter. Zwar war ich mir sicher, dass sich Cara und Alice über die Sachen freuen würden, aber wie würde Jason reagieren?

»Doch«, lächelte Alice mich breit an. »Gehen wir wieder Eis essen?«

»Alice!«, brüllten nun Jason und Cara gleichzeitig, worauf ich laut zu lachen begann.

»Nein, heute machen wir etwas Besseres.«

»Besser als Eis essen?«, wollte nun auch Cara neugierig wissen.

»Wir fahren ins Schwimmbad!«

»Ja!«, kreischte Alice erfreut, während sich die Freude ihrer älteren Geschwister in Grenzen hielt.

Während Jason mich irritiert ansah, da ich meine Pläne bisher nicht mit ihm besprochen hatte, ließ Cara traurig den Kopf hängen. »Ohne mich!«

Jason kniete sich behutsam vor ihr nieder. »Ohne dich wäre es aber nur halb so schön. Was ist denn los?«

»Ich habe meinen Badeanzug beim Schulschwimmen vergessen. Mom sagt, ich bekomme erst nach dem Sommer einen neuen, wenn die Schule wieder losgeht.«

»Aber das ist doch schon bald«, warf ich aufmunternd ein.

Bei unseren aussortierten Kleidern waren zum Glück auch Badesachen dabei gewesen. Cara würde auf jeden Fall etwas davon passen.

Jason verstand meinen Einwand genauso wenig wie Cara. Was half es ihr, dass sie bald einen neuen Badeanzug bekäme, wenn sie ihn doch aber jetzt brauchte?

In dem Moment klingelte es. Während sich die drei Geschwister ratlos anblickten, sprang ich freudig von meinem Stuhl auf. »Das ist für mich!«, kreischte ich und rannte zur Tür, um den Öffner zu betätigen.

Jason kam mir hinterhergelaufen. Er hielt mich am Arm fest. »Jade, was ist hier los? Erst schlägst du vor, ins Schwimmbad zu fahren, ohne es vorher mit mir zu besprechen, und jetzt empfängst du Besuch in unserer Wohnung?«

Ich entzog ihm meinen Arm und küsste ihn auf die Wange. »Mach dir keine Sorgen, es ist eine Überraschung und deine Schwestern werden sich freuen.«

»Jade!«, kreischte Katie aus dem Treppenhaus. »Schieb deinen hübschen Hintern hier runter oder soll ich alles allein tragen?«

Jason sah mich immer noch misstrauisch an, doch er ließ mich gehen. Im Erdgeschoss wartete Katie mit vier vollgepackten Kisten. Sie rümpfte etwas die Nase wegen des Gestanks aus der Wohnung von Mrs. Dinslake, ließ sich aber ansonsten nicht anmerken, wie schäbig der ganze Wohnblock im Gegensatz zu unserem Zuhause war. Ich hatte sie ja bereits vorgewarnt.

»Hast du meine Badesachen mitgebracht?«, fragte ich sie, während ich zwei Kisten übereinanderstapelte.

»Nö«, grinste sie schelmisch. »Ich dachte, Jason würde das Eva-Kostüm bestimmt besser gefallen.«

Ich streckte ihr die Zunge raus, während wir kichernd und schnaufend die Kisten in den fünften Stock schleppten. Dort stand Jason mit vor der Brust verschränkten Armen wie ein Türsteher vor der Wohnung, während sich hinter ihm Cara und Alice neugierig herumdrückten.

»Was soll das werden, wenn es fertig ist?«, knurrte er skeptisch.

Er betrachtete Katie wie einen Eindringling, den ich verbotenerweise in unseren geheimen Garten geführt hatte. Sie ließ erschöpft die Kisten fallen, richtete sich auf, strich sich das blonde Haar zurück und streckte ihm ihre Hand entgegen.

»Hi, ich bin Katie.«

Erst zögerte er, doch dann ergriff er ihre Hand. »Jason.«

»Ich weiß«, grinste sie ihn an. »Jade kommt aus dem Schwärmen ja gar nicht mehr raus.«

Die Worte schienen ihn zu besänftigen, denn er erwiderte ihr Grinsen, während mir die Röte in die Wangen schoss. Etwas friedlicher gestimmt sah er wieder zu mir. »Was sind das für Kisten?«

»Ich dachte mir, wenn ich schon mitten in der Nacht wie der Weihnachtsmann durchs Fenster einsteige, sollte ich wenigstens auch Geschenke mitbringen.«

Die beiden Mädchen wurden hinter ihm noch unruhiger. Cara schlüpfte als Erste an ihrem Bruder vorbei. »Für uns?«, fragte sie ungläubig.

»Helft ihr mir, sie reinzutragen?«

Das ließen sie sich nicht zwei Mal sagen. Gemeinsam trugen, zogen und schleppten wir die Kisten ins Wohnzimmer. Auf meine Erlaubnis hin öffneten Cara und Alice eine nach der anderen und verteilten deren Inhalt im ganzen Zimmer. Auf dem Boden stapelten sich neben Kleiderhaufen auch Spielsachen, Buntstifte und Bücher. Dabei sahen die Mädchen aus, als hätte ich ihnen einen ganzen Spielzeugladen geschenkt. Es störte sie nicht eine Sekunde, dass nichts davon neu war.

Jason stand mit verschränkten Armen im Türrahmen und beobachtete das ganze Schauspiel mit nicht zu deutender Miene.

Ich trat schüchtern auf ihn zu. »Katie und ich sind aus allen Sachen rausgewachsen und wir haben beide keine jüngeren Geschwister, die damit noch etwas anfangen könnten. Wir wollten Cara und Alice nur eine Freude machen«, versuchte ich mich vor ihm zu rechtfertigen. Ich rechnete damit, dass er mir etwas von Almosen an den Kopf werfen würde, doch stattdessen zog er mich wortlos an sich und drückte mir einen Kuss auf die Stirn.

»Danke«, raunte er und ich sah, wie feucht seine Augen geworden waren. Es berührte ihn zutiefst, seine Schwestern so glücklich zu sehen, und zumindest ein Teil seiner Sorgen war damit erst einmal gelöst. Die Mädchen hatten neue Kleider und Schulsachen, sodass sie sich so bald nicht mehr vor den Hänseleien ihrer Mitschüler zu fürchten brauchten.

»Also ich brauche dringend eine Abkühlung. Wer kommt mit ins Schwimmbad?«, rief Katie laut aus, worauf sie begeisterte Zustimmung erntete, auch von Cara, die es kaum erwarten konnte, ihren neuen Badeanzug auszuführen.

Das Schwimmbad war gut besucht, was für so einen heißen Sommertag nicht ungewöhnlich war. Wir hatten unsere Anziehsachen und Taschen in einen Spind gequetscht und waren direkt zum Schwimmbecken gelaufen, um dort mit Anlauf hineinzuspringen. Nur Alice brauchte unsere Hilfe, da sie noch nicht schwimmen konnte und es nur ein tiefes Becken gab, in dem niemand von uns stehen konnte. Sie schlang ihre Arme um Jasons Hals und ließ sich von ihm ziehen. Das Wasser war erfrischend kühl. Lachend spritzten wir uns gegenseitig nass, tauchten und schwammen bis zu den Springtürmen.

»Wenn ich mich nicht täusche, ist das ein Punkt von eurer Liste, oder?«, neckte mich Jason und deutete mit dem Kopf auf den Fünfmeterturm.

Er wusste genau, dass er sich nicht täuschte, denn er schien die Liste auswendig gelernt zu haben. Natürlich hätte ich vor ihm und Katie behaupten können, dass ich den Punkt bereits erledigt hatte, als sie beide noch nicht hier gewesen waren, doch ich wollte sie nicht anlügen.

Wie die meisten Punkte der Liste war auch dieser eine von Katies Ideen gewesen, doch bei dem Anblick des Turms schien auch sie Muffensausen zu bekommen. Dennoch streckte sie mir im Wasser ihre Hand entgegen. »Komm schon, wir sind doch keine Feiglinge!«

Gemeinsam schwammen wir zum Beckenrand, während Jason mit seinen Schwestern im Wasser wartete.

Vor dem Einmeterbrett hatte sich bereits eine lange Schlange gebildet und auch der Dreier wurde immer wieder benutzt, doch an den Fünfer wagte sich kaum jemand heran. Vor uns waren nur zwei Jungen, die prahlend ihren Freunden zuwinkten, die von unten zu ihnen hinaufsahen. Als sie bemerkten, dass wir uns auf der Leiter direkt hinter ihnen befanden, hoben sie anerkennend die Augenbrauen.

»Ist das nicht etwas zu hoch für euch, Ladys?«

»Kannst du nur Sprüche klopfen oder auch springen?«, entgegnete Katie schlagfertig.

Er hob beschwichtigend eine Hand. »Schon gut, musst ja nicht gleich unfreundlich werden.«

Wir erreichten den Turm und augenblicklich verwandelten sich meine Beine in Gummi. Bereits von unten hatte es hoch ausgesehen, aber von oben erschienen mir die fünf Meter wie fünfzehn, wenn nicht noch mehr. Halt suchend klammerte ich mich am Geländer fest, was die Jungen grinsend zur Kenntnis nahmen. Auch Katie hatte Angst, aber sie war zu stolz, um es sich anmerken zu lassen, und sah stattdessen die Jungen herausfordernd an.

»Was ist denn jetzt? Springt ihr endlich oder seid ihr nur hier, um die Aussicht zu genießen?«

Je mehr sie die beiden drängte, umso unsicherer wurden sie. Auch wenn sie einen auf cool machten, zitterten ihre Knie genauso sehr wie unsere. Dazu auch noch zwei Mädchen im Rücken zu haben, die jeden ihrer Schritte beobachteten und kommentierten, machte es nicht gerade leichter.

»Spring du als Erster«, sagte der eine zum anderen.

»Warum ich? Spring du doch!«, entgegnete dieser abwehrend.

Katie seufzte genervt und schnappte sich meine Hand. Ich versuchte mich gegen sie zu wehren, doch sie zog mich unnachgiebig von dem Geländer weg.

»Wenn ihr euch nicht traut, zeigen wir euch eben, wie es geht«, erwiderte sie mit einem koketten Zwinkern in Richtung der Jungen, die sie stumm anstarrten. Vermutlich hatte Katie gerade zwei neue Verehrer gewonnen. Die Herzen der Jungen flogen ihr nur so zu und ich verstand auch, warum. Im Gegensatz zu mir gab sie zumindest vor, furchtlos zu sein.

Sie schob mich an beiden Schultern zum Rand des Turms. »Komm, wir springen zusammen!«

Ich schüttelte ängstlich den Kopf und hielt ihre Hand fest umschlossen, da sie mein einziger Halt hier oben war. »Katie, ich kann das nicht!«

Sie sah mich skeptisch an. »Du kannst das nicht?«, fragte sie ungläubig. »Du, die sich die Haare selbst abgeschnitten und feuerrot gefärbt hat, willst mir erzählen, dass du dich nicht traust, von einem Fünfer zu springen? Du, die in Las Vegas auf einem Tisch getanzt hat? Du, die allein quer durch die USA gereist ist?« Sie grinste mich breit an. »Sorry, Schätzchen, aber das nehme ich dir nicht ab.«

»Ich war doch nicht allein! Jason war die ganze Zeit bei mir! Allein hätte ich keine vierundzwanzig Stunden durchgehalten.«

Sie drückte meine Hand etwas fester. »Jetzt bist du auch nicht allein! Ich bin bei dir und zusammen schaffen wir das.«

Beunruhigt drehte ich mich zu den beiden Jungen um, die plötzlich gar nichts mehr sagten. Als sie meinen ängstlichen Blick auffingen, lächelten sie mich jedoch Mut machend an. »Du schaffst das!«

Ich drehte mich wieder zu Katie, die mittlerweile keine Angst mehr zu haben schien. Stattdessen blickte sie auch noch hinab in das Schwimmbecken. »Da unten wartet Jason auf dich! Willst du ihn etwa enttäuschen?«

Ich riskierte einen Blick hinab, wobei ich ihre Hand noch fester umklammerte. Es dauerte einen Moment, doch dann erkannte ich seinen kahlen Schädel tatsächlich im Schwimmbecken. Auch Alice und Cara starrten bewundernd zu uns rauf. Alle drei winkten sie uns.

Katie rückte ein Stück näher an mich heran. »Jason hat Angst vor einer Operation und der damit verbundenen Therapie. Du möchtest, dass er sich seiner Angst stellt und um sein Leben kämpft. Dann beweise ihm, dass auch du kämpfen kannst! Das ist nur ein Fünfer. Nur ein paar Sekunden und alles ist vorbei. Zeig ihm, wie mutig du bist!«

Ihre Worte erreichten mein Herz. Warum stellte ich mich so an? Was war schon ein Sprung gegen einen monatelangen Überlebenskampf? Ich straffte die Schultern, drückte den Rücken durch und richtete meinen Blick geradeaus. »Auf drei?«, fragte ich sie.

»Drei«, fing sie an.

»Zwei«

»Eins!!!«, schrien wir beide aus vollem Hals und sprangen.

Für einen Augenblick schwebten wir in der Luft, bevor die Schwerkraft uns mit aller Gewalt hinabriss. Es waren nur Sekunden, kaum der Rede wert, bevor wir ins Wasser schossen. Wir ließen einander auch nicht los, als wir uns zurück an die Oberfläche strampelten. Berauscht von dem Erlebnis und unglaublich stolz fielen wir einander in die Arme.

»Wir haben es geschafft«, kreischte Katie, so als hätte sie selbst nicht mehr daran geglaubt.

Jason und die beiden Mädchen schwammen auf uns zu. Sie applaudierten uns, als hätten wir einen Weltrekord gebrochen. Für einen Augenblick waren wir gewöhnliche Jugendliche, die einen heißen Tag im Schwimmbad verbrachten. Sorgenfrei und unbeschwert. Doch während ich im Wasser Jason in seine blauen Augen sah, die vor Freude strahlten, schlug die Realität über mir unbarmherzig zusammen.

Die Gedanken, die ich seit Tagen zu verdrängen versuchte, griffen nach mir wie eine eiskalte Hand. Vielleicht war das Jasons letzter Sommer! Vielleicht war er in einem Jahr bereits tot!

Anstatt sich operieren zu lassen und sein Leben zu retten, planschte er hier im Wasser. Und alles, was ich tat, war, ihm dabei zuzusehen, wie er starb.

Mein Hals schnürte sich zu. Das Gekreische und fröhliche Lachen um mich herum wurde zu einem einzigen Rauschen. Ich hatte das Gefühl, meinen Körper nicht mehr zu spüren, während mein Herz so schwer wie Stein wurde.

Ich ertrug es nicht länger, zu sehen, wie sich Jason und die anderen freuten und so taten, als sei alles in bester Ordnung. Ohne etwas zu sagen, schwamm ich zum Rand des Beckens. Mein Körper reagierte wie ferngesteuert. Ich spürte kaum, was ich tat, als ich mich aus dem Wasser stemmte und zu den Liegewiesen taumelte. Ich musste hier raus oder ich würde zusammenbrechen.

Warum dieses Gefühl so plötzlich über mir zusammenbrach, konnte ich mir selbst nicht erklären. Vielleicht war es der Moment absoluten Glücks, der mich daran erinnert hatte, wie vergänglich unsere Zeit war.

Jason holte mich bei den Spinden ein. Er musste seine Schwestern bei Katie im Wasser gelassen haben. Er war außer Puste und hielt mich an den Schultern fest. Verständnislos und panisch sah er mich an. »Was ist mit dir? Warum läufst du einfach weg?«

Ich schüttelte den Kopf. Meine Zunge war wie gelähmt. Ich rang nach Atem, während mir die Tränen über die Wangen liefen. »Ich … ich …«, stotterte ich und Jason rüttelte mich besorgt an den Schultern.

»Was hast du?«

»Du wirst sterben!«, stieß ich schließlich hervor. Viel lauter als beabsichtigt. Ich schrie es ihm förmlich entgegen. Die anderen Schwimmbadbesucher drehten sich zu uns um.

Meine Worte waren wie eine Ohrfeige gewesen, denn er ließ mich los, taumelte zurück und hielt mich nicht auf, als ich vor ihm davonrannte. Ich hatte diesen wunderschönen, geradezu perfekten Tag nicht zerstören wollen, aber alles erschien mir immer mehr wie ein Traum und nicht wie die Realität. Wir stahlen uns die Zeit und lebten für den Moment, versuchten mit aller Macht, zu verdrängen, dass jeder schöne Tag Jasons letzter sein könnte. Das war mehr, als ich ertragen konnte, und die Erkenntnis hatte mich ausgerechnet im Wasser getroffen, als ich Jason in die Augen gesehen und an nichts anderes hatte denken können als daran, wie sehr ich ihn liebte. Ein Leben ohne ihn war für mich unvorstellbar.

Tag 46

~~Jemandem die Meinung sagen~~

Mein Zimmer war zu einer rettenden Insel und einem Gefängnis zugleich geworden. Seitdem ich fluchtartig das Schwimmbad verlassen hatte, verbarrikadierte ich mich darin. Die besorgten Fragen meiner Mutter hatte ich alle unbeantwortet gelassen und sie lediglich darum gebeten, keine Anrufe für mich anzunehmen und niemanden zu mir zu lassen.

Es würde mich ohnehin niemand verstehen. Ich verstand mich ja nicht einmal selbst. Auf der einen Seite sehnte ich mich so sehr nach Jason, dass es wehtat. Ich kam mir vor wie das letzte Miststück, ihn in dieser Situation allein zu lassen und unser

Versprechen zu brechen. Seine Exfreundin hatte sich im Grunde nicht anders verhalten und ich hatte sie verurteilt. Aber auf der anderen Seite wollte ich ihm nicht das Gefühl geben, dass ich mit seiner Entscheidung, zu sterben, einverstanden wäre. Es war sein Leben und er hatte jedes Recht, frei darüber zu entscheiden, genauso wie ich das Recht hatte, mein eigenes Leben zu schützen.

Mit ihm in Ungewissheit zusammen zu sein, bedeutete für mich, jeden Tag ein Stück mehr zu zerbrechen. Ich wollte gar nicht daran denken, was passieren würde, wenn er sich für den Tod entschied. Es war mir unvorstellbar, wie ich das verkraften sollte.

Katie war bereits am letzten Abend vor unserer Tür aufgetaucht und hatte am Morgen noch mehrmals versucht, mich zu erreichen. Meine Mutter hatte mich immer wieder entschuldigt und besänftigend auf Katie einzureden versucht.

Vielleicht war es unfair, sie auszuschließen. Wir hatten unserer Freundschaft eine neue Chance gegeben und nun weigerte ich mich, mit ihr zu sprechen, obwohl sie im Grunde nichts mit alle dem zu tun hatte. Aber ich fürchtete mich zu sehr davor, dass ihre Meinung mich beeinflussen könnte. Sie wäre mit Sicherheit fürs Kämpfen, aber was, wenn mein ganzer Kampf genau das Gegenteil bewirkte?

Wenn Jason sterben wollte, dann brauchte er auch keine schönen Sommertage mit mir. Denn dann wäre er bereit, diese kampflos aufzugeben. Wir würden keinen gemeinsamen Winter erleben, kein Thanksgiving, kein Halloween, kein Weihnachten, kein Neujahrsfeuerwerk und auch keinen Frühling. Ich konnte diesen Kampf nicht allein ausfechten, denn es war nicht mein Kampf, sondern seiner. Er musste weiter an eine Chance auf ein Leben glauben wollen. Vielleicht würde es ihm deshalb am ehesten helfen, wenn ich klar Stellung bezog.

Es klingelte erneut an der Haustür und ich vergrub stöhnend meinen Kopf unter einem Kissen. Katies Engagement war wirklich zu bewundern, aber ich wollte gerade einfach nur in Ruhe gelassen werden. Mir fiel meine Entscheidung auch schon schwer genug, ohne dass mir jemand reinredete.

Obwohl ich es nicht wollte, lauschte ich dann doch auf die Stimmen, die im Flur laut wurden. Ich erstarrte, hielt den Atem an und versuchte mein Herz daran zu hindern, aus meiner Brust zu springen. Jason! Jason stand vor meiner Tür! Jason sprach mit meiner Mom. Jason flehte sie an, zu mir zu dürfen.

Ich fühlte mich elend. Er hörte sich so unsagbar traurig und verzweifelt an. Wie konnte ich ihm nur so wehtun? War es wirklich richtig, ihn nicht mehr sehen zu wollen? Ohne jede Erklärung? Vielleicht sollte ich ihm ein letztes Gespräch gewähren, aber ich kannte mich zu gut, um zu wissen, dass meine Standhaftigkeit wie ein Kartenhaus zusammenstürzen würde, sobald er vor mir stand.

»Jade!«, brüllte er aufgebracht und ich hielt mir wimmernd die Hände über die Ohren.

»Jade!«

Mom sprach auf ihn ein. Nach ein paar Minuten verklang das laute Stimmengewirr und es kehrte wieder Ruhe ein. Mein Körper schien zu zerspringen. Noch war es nicht zu spät. Noch könnte ich ihm nachrennen, mich in seine Arme werfen und für ein paar Tage oder vielleicht auch Wochen heile Welt spielen. Noch hatte ich ihn nicht für immer verloren.

Ich war hin- und hergerissen, wusste einfach nicht, was ich tun sollte, stritt mit mir selbst und fragte mich immer wieder, was richtig und was falsch war. Gab es darauf überhaupt eine eindeutige Antwort?

Plötzlich vernahm ich ein lautes Knacken außerhalb meines Fensters. Irritiert kroch ich unter meinem Kissen hervor und hob den Kopf. Er knackte erneut, ohne dass ich etwas sehen konnte.

Mit zittrigen Beinen stieg ich aus dem Bett und trat näher an das Fenster, als auf einmal ein Kopf erschien. Unverkennbar Jasons kahl rasierter Glatzkopf! Er kletterte an dem Rosengitter an unserer Hauswand empor und stemmte nun Halt suchend seine Hände auf mein Fensterbrett. Er spähte in mein Zimmer und als er mich entdeckte, nahmen seine Augen einen flehenden, geradezu verzweifelten Ausdruck an.

»Jade, bitte lass mich rein!«

Ich konnte ihn nach dieser halsbrecherischen Aktion unmöglich abweisen. Womöglich würde er sonst noch stürzen oder sich an den Stacheln der Rosen verletzen. Hastig stürzte ich zum Fenster und schob es auf. Jason brauchte nur Sekunden, um sich leichtfüßig wie eine Katze ins Zimmer zu ziehen.

»Bist du wahnsinnig?«, stieß ich fassungslos aus.

Er wischte sich seine Hände an der Hose ab. Eine davon hinterließ einen dunkelroten Fleck auf dem blauen Stoff. »Nein, nur verliebt«, entgegnete er mit einem herzerweichenden Lächeln.

»Du bist verletzt«, stellte ich fest, ohne mich von der Stelle zu rühren.

Er sah auf seine Hand, als bemerke er den Schnitt erst jetzt. »Nicht der Rede wert.« Eindringlich blickte er mich an. »Ich musste dich sehen! Ist es jetzt schon so weit, dass du nicht einmal mehr mit mir sprechen möchtest?«

Die Art, wie er es sagte, brachte etwas in mir zum Wanken. Seine Worte klangen beinahe vorwurfsvoll. Ich selbst hatte mir die größten Vorwürfe gemacht, aber sie aus seinem Mund bestätigt zu hören, machte mich wütend.

»Worüber sollten wir sprechen? Mittlerweile solltest du meine Ansicht kennen«, widersprach ich ihm und trat einen Schritt zur Seite, um das Bett als Sicherheitsabstand zwischen uns zu bringen.

»Wir haben darüber doch schon einmal gesprochen«, erwiderte er verständnislos. »Du hast mir bis zum Ende des Sommers Zeit gegeben. Was hat sich geändert?«

Die Wut drängte die Schuldgefühle und den Schmerz in mir zurück. Es war ein angenehmes Gefühl, weil es mir zumindest für den Moment Stärke verlieh.

»Sei doch einmal ehrlich, Jason! Du hattest nie vor, deine Entscheidung noch einmal zu überdenken. Für dich steht sie doch bereits seit Monaten fest und daran kann auch ich nichts ändern. Alles, was du willst, ist, dir ein paar schöne letzte Tage und Wochen zu machen!«

»Was ist daran falsch?« Auch seine Stimme wurde nun lauter. »Wie kann es falsch sein, dass ich die Zeit, die mir noch bleibt, mit den Menschen verbringen möchte, die ich am meisten liebe?«

»Denkst du dabei auch nur einmal daran, was aus den Menschen werden soll, die du zurücklässt?«

»Ich denke permanent an sie!«, rief er zornig aus und versuchte den Abstand zwischen uns zu verringern, indem er um das Bett herumkam. »Ich denke an nichts anderes!«

Ich hob abwehrend die Hände und flüchtete vor ihm in die hinterste Ecke meines Zimmers. »Wie soll ich dich jemals vergessen?«, fuhr ich ihn an. »Siehst du nicht, wie ich mich jeden Tag mehr in dich verliebe? Glaubst du, ich kann dich einfach so gehen lassen? Du stirbst am Ende, befreit von jeder Verpflichtung! Aber deine Familie und ich bleiben zurück! Wir müssen mit deinem Tod zurechtkommen und werden uns immer fragen, ob man ihn nicht hätte verhindern können, wenn du dich nur hättest behandeln lassen.«

Er wirkte verletzt, aber ich konnte mich nicht bremsen.

»Weißt du eigentlich, wie egoistisch das ist? Hast du auch nur eine Ahnung davon, was du uns damit antust?«

Er starrte mich mit großen Augen an, die sich langsam mit Tränen füllten. Für Sekunden, die sich anfühlten wie Minuten, schien er nicht zu wissen, was er sagen sollte.

»Es tut mir leid«, brachte er mühsam hervor. Seine Stimme war rau, kurz davor, zu brechen. »Du hast recht, ich bin egoistisch und ich hätte es nie so weit kommen lassen dürfen. Es war nie mein Plan, meine Familie mit hineinzuziehen, genauso wenig wie dich. Ich kannte dich ja nicht einmal, als ich die Prognose bekam. Ich wollte einfach nur eine letzte Reise machen, mir einen Traum erfüllen, aber dann bist du wie ein Wirbelwind in mein Leben gefegt und ich habe es nicht geschafft, dich wieder loszuwerden. Glaub mir, ich habe es versucht!«

Ich wusste nicht, was ich darauf erwidern sollte. Die Bilder unserer ersten Tage zogen durch meine Erinnerung. Er hatte sich wirklich Mühe gegeben, sich mir gegenüber als Ekel zu präsentieren, aber irgendwie hatte ich ihn trotzdem durchschaut. Es waren die kleinen Momente gewesen, in denen sein wahres Ich wie die Sonne hinter Wolken hervorblitzte.

Er trat vor mir zurück. »Ich lasse dich von nun an in Ruhe! Es war falsch von mir, zurückzukommen und dir diese Last aufzubürden. Ich hoffe, du kannst mir eines Tages verzeihen.«

Er wandte mir den Rücken zu und war bereit, zu gehen, so wie ich es gewollt hatte. Seine Schultern hingen kraftlos herab und sein Körper schien kurz davor zu sein, zusammenzubrechen.

Ich ertrug es nicht, ihm dabei zuzusehen, wie er ging. Mit einem Satz war ich bei ihm, schlang meine Arme von hinten um ihn und drückte mich an ihn, als hinge mein Leben davon ab. Die Tränen konnte ich nicht zurückhalten, dabei müsste man meinen, dass mittlerweile alle aufgebraucht gewesen wären.

»Geh nicht!«, schluchzte ich verzweifelt. »Vergiss, was ich gesagt habe! Ich bin eine dumme Gans, die nicht weiß, was sie will!« Ich presste mein Gesicht gegen seinen Rücken und atmete seinen vertrauten Geruch ein. »Bitte geh nicht!«

Er drehte sich zu mir um und zog mich in seine Arme. Auch aus seinen Augen flossen Tränen und er küsste voller Verzweiflung meine Stirn, meine Nasenspitze, meine Wangen, meine Lippen.

Auch wenn es mir schwerfiel, drückte ich ihn ein Stück von mir weg, jedoch gerade mal so weit, dass ich ihm in die Augen blicken konnte. »Es tut mir leid! Es tut mir so leid! Selbst wenn dir nur noch eine Stunde bleiben würde, würde ich sie nicht ohne dich verbringen wollen.«

Er nickte, verzieh mir, ohne auch nur einen Augenblick zu zögern, und küsste mich erneut, als brauchte er mich wie die Luft zum Atmen.

»Ich liebe dich! Ich liebe dich so sehr!«, wisperte er atemlos.

Seine linke Hand umfasste meinen Hinterkopf, seine rechte lag in meiner Taille, er drückte mich an sich und zerstörte jeden vernünftigen Gedanken, den ich jemals gehabt hatte. Ich wusste, dass ich mich nicht darauf einlassen sollte. Es war dumm und verantwortungslos nach all dem, was ich wusste, aber man hätte mich schon erschießen müssen, um mir Einhalt zu gebieten.

Ich zerrte an Jasons Shirt, versuchte verzweifelt, etwas zu fassen zu kriegen, das mich in an die Realität erinnerte, doch Jason riss sich sein Oberteil herunter, warf es zu Boden und zog mich wieder in seine Arme, nahm mir jede Fluchtmöglichkeit. Selbst den Gedanken an Flucht verdrängte er.

Wir sanken auf mein Bett. Irgendwie landete ich auf Jason. Er umschlang mich, küsste mich, meinen Hals, meine Wangen, und meine Hände erkundeten seinen Körper, betasteten die Höhen und Tiefen. Meine Lippen wanderten von seinem Mund zu seinen Wangen, seinem Kinn, über seinen Hals zu seinen Schultern und Armen. Seine Haut fühlte sich heiß an und er versuchte, stillzuhalten, nicht die Kontrolle zu verlieren, doch ich hörte sein Herz pochen, zu laut und zu schnell.

Er nahm meine Hand von seiner Brust und zog mich hoch, sodass wir uns die Augen schauten. »Ich kann nicht mehr denken«, sagte Jason so leise, dass ich ihn kaum hören konnte. »Immer bist du in meinem Kopf«, raunte er mit rauer Stimme an meinem Ohr. »Jade.«

Ich vergaß alles. Nur dieser Moment und der nicht enden wollende Kuss waren wichtig. Einzig und allein.

Seine Lippen. Sein kraftvoller, lebendiger Körper und seine Hände, die mich hielten. Ich wollte noch so viel mehr, wollte alles, konnte nicht genug bekommen. Ich wollte nicht länger warten, sondern ihn ganz und gar. Ich zog ihn an mich, bis er auf mir lag.

Er hob den Kopf, um Luft zu holen, doch ich riss ihn wieder herunter, küsste seinen Hals, seine Schultern, seine Brust und streichelte seinen Rücken und seine Hüften.

Plötzlich stieß er mich von sich, so hastig, dass er vom Bett fiel und mit dem Kopf auf den Parkettboden knallte. Es geschah so schnell, dass ich es nicht einmal verstand. Er schwankte, als er versuchte sich aufzurappeln, und ich hörte seine schwachen, stockenden Atemzüge.

»Jade«, stieß er nach Atem ringend hervor, bevor er in die Knie sank. »Ich ... ich ... kann ...«

Seine Hand presste sich verkrampft auf seine Brust. Ich stürzte aus dem Bett und fiel neben ihn, als er das Bewusstsein verlor.

Ein Schrei löste sich aus meiner Kehle. Ich schrie, so wie ich in meinem ganzen Leben noch nie geschrien hatte.

»Hilfe!«

Jason in meinen Armen.

Jason, der keine Luft mehr bekam.

Jason, der starb.

Es erschien mir wie eine Ewigkeit, bis der Krankenwagen eintraf. Die Sanitäter entrissen mir den bewusstlosen Jason, nahmen ihn mit sich und ließen mich nicht bei ihm bleiben. Ich musste dabei zusehen, wie sie mit ihm davonfuhren, ohne dass ich wusste, was mit ihm war oder ob ich ihn je lebendig wiedersehen würde. Ich verlor den Boden unter den Füßen, konnte nur noch weinen und verstand nicht, wie mein eigenes Herz so tapfer weiterschlagen konnte, während es doch von all dem Schmerz längst zerbrochen sein müsste.

Meine Mutter tat ihr Bestes, um mich zu beruhigen, aber war haltlos überfordert. Sie rief bei meinem Vater an und flehte ihn an, nach Hause zu kommen. Jemand musste mich zu Jason ins Krankenhaus fahren und meine Mom hatte keinen Führerschein. Sie hatte nie einen gebraucht.

Dad konnte sich nicht so leicht freinehmen. Er hatte Operationstermine, aber versprach, sich so schnell wie möglich zu melden, wenn er etwas über Jasons Zustand in Erfahrung hatte bringen können. Es war nur ein schwacher Trost.

Ich fühlte mich in meinem eigenen Haus gefangen und wurde mit jeder Minute und Stunde, die verstrich, verzweifelter. Ruhelos ging ich auf und ab, betete zum Herrn im Himmel und drohte ihm zugleich, sollte er es wagen, Jason sterben zu lassen.

Erst am frühen Abend kam die erlösende Nachricht, dass Jason wieder bei Bewusstsein war und es ihm so weit gut ging. Er hatte einen Zusammenbruch gehabt und würde die Nacht zur Beobachtung auf der Intensivstation bleiben müssen. Aber am nächsten Tag könnte ich ihn besuchen. Ich weinte, schrie und lachte zugleich. Sein Leben hing am seidenen Faden, aber solange er noch atmete, bestand Hoffnung.

Tag 47

~~Eine flammende Rede halten~~

Mein Herz schlug mir bis zum Hals, als ich über den Krankenhausflur eilte. Ich musste mich bremsen, um nicht zu rennen. Auf halbem Weg kam mir Rachel entgegen. Ihre Augen waren vom vielen Weinen gerötet, aber als sie mich sah, öffnete sie ihre Arme und zog mich an sich. Wir begannen beide zu schluchzen, vereint in der Sorge um Jason.

»Wie geht es ihm?«, fragte ich mit zittriger Stimme.

»So weit gut«, versicherte sie mir. »Die Nacht war ruhig und er kann heute schon wieder entlassen werden.«

Alles hörte sich positiv an und trotzdem konnte ich an ihrem sorgenvollen Gesicht das große Aber ablesen.

Sie führte mich etwas beiseite. »Er hat einen Operationstermin bekommen. Die Ärzte sagen, wir können nicht länger warten.«

»Wann?«

»In vier Tagen.«

Sonntag. Der letzte Tag, bevor die Schule wieder losging. Das Ende des Sommers.

»Weiß er es schon?« Meine Stimme zitterte, weil ich mich vor der Antwort fürchtete.

Sie nickte geknickt. »Er weigert sich.«

Ich schüttelte ungläubig den Kopf. »Nein«, stieß ich hervor. Das durfte er uns nicht antun. Nicht nach allem, was gewesen war.

Rachel hielt mich an den Armen fest. Ihr Griff war etwas zu fest, tat beinahe weh. In ihren Augen stand die pure Verzweiflung.

»Du musst mit ihm reden!«

Sie duldete keine Widerrede, aber ich wusste nicht, was sie sich davon erhoffte. Ich war keine Zauberin, die nur ihren Zauberstab schwingen musste, um Jason zur Besinnung zu bringen.

»Ich werde es versuchen ...«

Sie fiel mir ins Wort. »Versuchen reicht nicht! Tu, was immer du tun musst! Finde einen Weg, ihn zum Bleiben zu bewegen!«

Ihre Stimme und ihr Blick waren drängend. Sie versetzte mich damit in Angst und Schrecken. Uns lief die Zeit davon. Bisher hatten wir nie gewusst, wie viel Zeit Jason tatsächlich noch blieb, nun hatten wir ein festes Datum. Irgendwie musste es mir gelingen, ihn zu überzeugen.

Ich befreite mich aus Rachels Umklammerung und verabschiedete mich mit dem Versprechen von ihr, mein Bestes zu geben.

Als ich Jasons Krankenzimmer betrat, saß er wie bereits beim letzten Mal vollständig angezogen auf seinem Bett und wartete nur darauf, dass endlich ein Arzt auftauchte, um ihn zu entlassen. Seine Miene hellte sich auch nicht auf, als er mich sah. Ganz im Gegenteil, er wirkte zornig.

»Ich habe deine Mutter auf dem Flur getroffen«, erzählte ich ihm.

»Und?«, knurrte er. »Bist du nun auch hier, um mir meine Entscheidung abzunehmen? Weißt du, dass sie versucht hat, mich zu erpressen?« Er verstellte seine Stimme um ein paar Oktaven höher. »*Wenn du dich nicht operieren lässt, lasse ich dich Cara und Alice nicht mehr sehen!* Ist das zu glauben?«

»Sie ist verzweifelt«, ergriff ich Partei für seine Mutter. »Genau wie ich«, fügte ich eindringlich hinzu. Meine Worte drangen nicht zu ihm durch.

»Du hast mir vorgeworfen, dass ich egoistisch sei, aber ihr seid nicht besser! Immer denkt ihr nur daran, was aus euch werden soll, wenn ich nicht mehr da bin. Denkt ihr auch nur einmal daran, was diese ganze Quälerei für mich bedeutet? Ihr wollt, dass ich um mein Leben kämpfe, aber habt keine Ahnung davon, wie es ist, mit Medikamenten vollgestopft zu werden und die Kontrolle über den eigenen Körper zu verlieren.«

Er hatte recht. Ich wusste nicht, wovon er sprach. Ich hatte darüber gelesen, aber ich kannte nicht einmal jemanden, der eine Chemotherapie überstanden hatte. Und selbst wenn, es hätte nicht im Geringsten ausgereicht, um wirklich verstehen zu können, was er durchmachen musste.

»Niemand behauptet, dass es leicht ist. Es muss entsetzlich sein! Schwerer als alles, was ich mir vorstellen kann. Du musstest es schon einmal durchmachen und weißt ganz genau, wovon du sprichst. Aber du hast schon einmal gewonnen. War es die ganzen Qualen nicht wert?«

»Niemand kann mir sagen, dass ich es noch einmal schaffe! Was, wenn ich kämpfe, aber dennoch sterbe? Dann habe ich meine letzten Wochen eingesperrt in einer Klinik verschwendet, während ich in derselben Zeit etwas mit meinem kurzen Leben hätte anfangen können. Und sei es nur, in einem See zu baden oder einen Sonnenaufgang zu sehen.« Seine Stimme brach, während seine Lippen zitterten. Er kämpfte so verzweifelt gegen seine Tränen an. »Ich möchte nicht allein unter Fremden sterben, sondern umgeben von den Menschen, die ich liebe! Ich möchte nicht als Letztes in das Gesicht eines Arztes oder einer Schwester blicken, sondern in die Augen von jemandem, der mich liebt.«

Es zerbrach mir das Herz, ihn so zu sehen.

Es war unfair! So verdammt ungerecht! Er hatte das nicht verdient! Warum hatte sich diese beschissene Krankheit nicht ein anderes Opfer suchen können? Warum vergriff sie sich ein zweites Mal an Jason, der sein ganzes Leben noch vor sich hatte?

Ich setzte mich neben ihn auf das Bett und wollte ihn in die Arme nehmen, doch er wich mir aus, schien zu glauben, dass eine einfache Berührung von mir ihn ins Wanken bringen würde oder ihn seinen letzten Rest Würde verlieren lassen würde, indem er vor mir die Kontrolle verlor.

»Erinnerst du dich daran, wie ich dich gefragt habe, ob du vor nichts Angst hättest?«

Er sah mich überrascht an. Mit der Frage hatte er nicht gerechnet. Für einen Moment zögerte er, wusste nicht, ob er meine Antwort hören wollte, aber nickte schließlich.

»Du hast dich geirrt. Du bist nicht furchtlos, ganz im Gegenteil. Du hast Angst vor dem Leben.«

Seine Augen weiteten sich. Er war fassungslos. Wie konnte ich es wagen, ihm so etwas an den Kopf zu werfen? Besaß ich denn gar kein Feingefühl?

Ehe er mir vorwerfen konnte, wie wenig ich seine Situation verstand, ergriff ich selbst das Wort. »Du hast recht, niemand kann dir garantieren, dass du dem Tod auch ein zweites Mal entkommen wirst. Vielleicht geht es schief. Vielleicht wirst du dennoch sterben und all die Zeit in der Klinik war verschwendet, aber zumindest stirbst du dann in der Gewissheit, dass du es versucht hast. Du hast eine Chance! Könntest du es wirklich ertragen, deine letzten Atemzüge in Freiheit zu nehmen, dafür jedoch mit der Ungewissheit, ob du nicht vielleicht doch noch ein langes Leben vor dir gehabt hättest, wenn du dich nur getraut hättest, daran zu glauben?«

Tag 48

~~Jemandem seine Liebe gestehen~~

Der schwarze Mustang stand startbereit vor Jasons Wohnblock. Es war zwar nicht Jasons Mustang und auch kein Cabrio, aber ich hoffte dennoch, dass ihm der Anblick des Wagens das Funkeln in seinen Augen zurückgeben würde.

Es war alles andere als leicht gewesen, meine Eltern zu überreden, dass sie mich noch einmal allein wegfahren ließen. Am Ende hatten sie wohl verstanden, dass dieser Ausflug nicht nur für Jason entscheidend war, sondern auch für mich. Eine letzte Chance, ihn vom Leben zu überzeugen! Zwei Tage. Nicht ganz achtundvierzig Stunden.

Dad drückte mich zum Abschied aufmunternd an sich und überreichte mir die Schlüssel des Leihwagens, bevor er zur Arbeit fuhr und ich mich zur Eingangstür aufmachte. Rachel wusste über alles Bescheid. Es war ihr alles recht, solange es irgendetwas an Jasons Einstellung ändern würde. Vermutlich hätte sie auch einem Flug zum Mond zugestimmt.

Dennoch klingelte ich, damit Jason nicht das Gefühl bekam, dass wir uns gegen ihn verschworen hätten. Es dauerte beinahe eine Minute, bis der Türöffner laut summte und mir Eintritt gewehrt wurde. Mittlerweile erschrak ich nicht einmal mehr über den Geruch im Erdgeschoss. Beinahe automatisch hielt ich die Luft an und stürmte die Treppen hoch. Erst im zweiten Stock wagte ich es wieder, schnaufend Luft zu holen.

Als ich bei der Wohnungstür ankam, wartete Jason bereits auf mich. Er wirkte mehr misstrauisch als froh, mich zu sehen. »Waren wir verabredet?«

»Nein, hast du trotzdem Zeit für mich?«, konterte ich, ohne mich auf seine schlechte Laune einzulassen.

Wir wussten beide sehr genau, dass er nichts vorhatte. Zögernd drehte er sich um und warf einen Blick in die Wohnung. Ich entdeckte seine Schwestern und Rachel am Küchentisch. Sie frühstückten gerade.

»Geh nur, ich habe heute meinen freien Tag«, rief Rachel ihm zu.

»Willst du reinkommen?«, fragte Jason schließlich.

»Mir wäre lieber, wenn du rauskommen würdest«, entgegnete ich und versuchte dabei mein Grinsen zu verbergen. Ich konnte es kaum erwarten, Jason den Mustang zu zeigen.

Er kannte mich nach all den Wochen zu gut und merkte, dass irgendetwas nicht stimmte. Argwöhnisch zog er die rechte Augenbraue hoch. »Was hast du vor?«

»Komm raus und sieh es dir an«, entgegnete ich geheimnistuerisch und ging in Richtung der Treppe. »Oder lass es«, fügte ich hinzu, als er immer noch im Türrahmen verharrte.

Als wäre es mir völlig gleich, was er tat, ging ich langsam die Treppenstufen runter. Bereits im vierten Stock hörte ich, wie eine Tür geschlossen wurde, und Sekunden später Jasons Schritte auf der Treppe. Ich beschleunigte meinen Schritt, um vor ihm beim Auto zu sein. Sein Gesicht beim Anblick des Wagens wollte ich mir auf keinen Fall entgehen lassen.

Jason holte auf, sodass ich beinahe die Stufen hinabrennen musste.

»Warum hast du es so eilig?«, rief er mir nach. Er konnte seine Neugier nicht länger verbergen.

Ich antwortete nicht, sondern hüpfte die letzten Stufen jedes Stockwerks hinab. Er folgte mir. Wir spielten Fangen.

Die letzten Meter rannte ich durch den Hausflur, als hinge mein Leben davon ab. Ich war nie eine schnelle Läuferin gewesen und es erstaunte mich, dass ich es tatsächlich schaffte, vor ihm aus dem Haus zu stürmen. Er war direkt hinter mir und sobald wir im Freien standen, wirbelte ich atemlos zu ihm herum.

Mein Herz machte einen Sprung, als ich ein Lachen auf seinen Mundwinkeln entdeckte. Zwar verstand er noch nicht, was das Theater sollte, aber zumindest hatte ich es geschafft, ihn für ein paar Minuten von seinen Gedanken abzulenken.

Für ihn machte ich mich gern zum Clown.

Er streckte die Hände nach mir aus, bekam mich an der Taille zu fassen und zog mich an sich. Sein Atem kitzelte meine Nasenspitze. »Verrätst du mir jetzt endlich, was du vorhast?«

Ich hob meinen linken Arm und ließ die Autoschlüssel an meiner Hand baumeln. Irritiert sah er zwischen den Schlüsseln und mir hin und her.

»Du wirst wohl fahren müssen, denn wie du weißt, habe ich keinen Führerschein«, grinste ich schelmisch und drückte ihm die Schlüssel in die Hand.

Suchend blickte er sich um. Erst jetzt bemerkte er den schwarzen Mustang, der an der Straße geparkt war. Seine Augen weiteten sich ungläubig. Es war, als würde das Leben in sie zurückkehren.

Aufgeregt nahm ich seine Hand und zog ihn zu dem Wagen. Seine Finger zitterten, als er den Schlüssel in das Türschloss steckte und dieses sich öffnete. Er begann zu lachen. »Ist das dein Ernst?«, rief er freudig aus und konnte sich an mir und dem Mustang nicht sattsehen.

Schließlich entschied er sich aber für mich, packte mich an der Hüfte und wirbelte mich durch die Luft. Ich kreischte vor Freude, während ich mich an seinem Hals festklammerte.

»Ist nur geliehen«, erklärte ich ihm, damit er nicht auf falsche Gedanken kam. Es war kein Bestechungsgeschenk. *Wenn du dich für das Leben entscheidest, bekommst du diesen Mustang.*

»Das ist großartig«, beteuerte er und strich liebevoll über den glänzenden Lack.

»Hast du Lust auf einen Ausflug zum Lake Michigan?«, fragte ich ihn.

»Jetzt?«

»Natürlich, wann denn sonst?«

Er schien sein Glück kaum fassen zu können, drückte mir einen Kuss auf die Lippen und rannte um den Wagen, um mir die Tür aufzuhalten. Lachend ließ ich mich in das weiche Lederpolster sinken, das mir mittlerweile so vertraut war. Es roch im Wageninneren fremd, aber das Gefühl war das Gleiche.

Jason nahm auf dem Fahrersitz Platz und legte seine Hände stolz ans Lenkrad. Behutsam strich er darüber, bevor er den

Motor anließ. Wie ein kleiner Junge jubelte er, als der Wagen ein vertrautes Brummen von sich gab, und ließ den Motor im Stand aufheulen, bevor er aus der Parklücke fuhr.

Nach ein paar Minuten, während er uns durch den Berufsverkehr lenkte, warf er mir von der Seite einen Blick zu. Er lächelte zufrieden. »Danke!«

»Reiner Eigennutz, ich wollte dich einfach lachen sehen«, verteidigte ich mich grinsend.

Ein ernster Ausdruck trat in seine Augen. »Ich dachte, du würdest mich nicht verstehen, aber ich habe mich geirrt. Das hier ist der beste Beweis dafür! Du gibst mir das Gefühl, völlig normal zu sein.«

»Jason, du wirst nie ganz normal sein«, konterte ich frech. »Aber gerade das mag ich an dir!«

Er verdrehte grinsend die Augen und drehte das Radio auf volle Lautstärke. Man musste kein Hellseher sein, um zu erraten, dass ein Song der Beatles laufen würde. In fünfzig Prozent aller Fälle lag man damit richtig.

Der Himmel hatte schon am Morgen nicht gut ausgesehen, doch je näher wir dem Seeufer kamen, umso mehr zog es zu. Fast als wolle selbst das Wetter uns daran erinnern, dass der Sommer beinahe vorbei war.

Ich dirigierte Jason zu einem Teil des Sees, der von dichtem Wald umgeben war. Hier würden wir unsere Ruhe haben. Wir ließen den Leihwagen auf einem Parkplatz zurück.

Jason sah besorgt zum grauen Himmel empor. »Das sieht nicht gut aus. Vielleicht sollten wir uns lieber etwas anderes überlegen.«

»Kommt überhaupt nicht infrage!«, protestierte ich. Bisher kannte er nur die Hälfte meiner Überraschung. »Wenn wir richtig schnell laufen, schaffen wir es vielleicht.«

»Schaffen es wohin?«, wollte er irritiert wissen, doch ich grinste ihn nur frech an und rannte los.

»Wenn du es rausfinden willst, musst du mich einholen.«

Fast hätten wir es geschafft. Wir rannten wie besessen und kamen zu einer Anhöhe, einer kleinen Lichtung. Unter uns lag in seiner majestätischen Schönheit der Lake Michigan. Dann brachen die Wolken auf, der Regen prasselte hart und ungewöhnlich kalt für einen Spätsommertag auf uns herunter und hatte uns in ein paar Sekunden völlig durchnässt.

»Komm mit!«, brüllte ich gegen den Regen an. Das Wasser lief ihm über den kahlen Kopf in die Augen. Seine Klamotten hingen klatschnass an ihm herunter. Er sah aus, als wäre er gerade aus dem See gefischt worden. »Wir sind fast da.«

Er lief hinter mir in den Wald. Der Weg war glitschig, der Schlamm rutschte uns unter den Füßen weg und war mit tückischem rutschigem Laub vermischt. Der Regen war mittlerweile so dicht und schwer, dass man das Gefühl hatte, man würde versuchen, durch eine Stahlplatte zu schauen. Vor mir konnte ich durch die Baumlücken gerade so den See ausmachen.

Kurz darauf tauchte das Ziel unseres Ausflugs zwischen den Bäumen auf: ein zweistöckiges Häuschen im Cape-Cod-Stil mit Dachziegeln aus Zedernholz. Es gehörte meinen Eltern. Wir waren früher oft zum Angeln über die Wochenenden hergekommen. Die Ausflüge waren jedoch immer seltener geworden, je älter ich wurde. Die Abgeschiedenheit des Ortes war mir zu langweilig geworden und ich hatte die Zeit lieber mit Katie in der Stadt verbringen wollen.

Die Tür zur Terrasse quietschte laut auf, als wir schnell unter das Vordach schlüpften, um dem Regen zu entkommen.

»Schon besser«, schnaufte ich außer Atem. »Lass mich mal ...«

Ich kniete mich hin, fingerte in einem großen grauen Krug herum und fischte einen altmodischen Schlüssel heraus. Die Klinke gab einen dumpfen, schweren Laut von sich, ich schob die Tür auf und tastete an der Wand nach dem Lichtschalter. »Komm rein. Hier gib es sogar eine Dusche.«

Als das Licht anging, sah ich, wie Jason mit offenem Mund die Hütte betrachtete. Als Kind war sie mir immer wie aus dem Märchen erschienen. Helles Holz, auf dem Boden lagen dicke Teppiche, vor dem Kamin stand ein kleines Sofa, gerade groß genug für zwei, und die Fenster gaben den Blick auf den See frei. Links war die Küche mit Holzofen, einem rustikalen Esstisch und drei Stühlen. Eine schmiedeeiserne Treppe führte nach oben auf eine Empore.

»Das ist genial«, staunte Jason.

»Ich wusste, dass es dir gefallen würde«, lächelte ich zufrieden und schälte mich aus meiner Jacke. Ehe ich mich bremsen konnte, sagte ich: »Vielleicht können wir bei besserem Wetter mal mit deinen Schwestern wiederkommen. Als Kind war ich oft hier.«

Er ging darauf nicht ein, sondern deutete nur auf die Pfütze auf dem Boden unter mir. »Wir machen den Fußboden ganz nass.«

Ich zog meine Schuhe aus und lief barfuß und tropfend zur Sitzbank. Diese klappte ich hoch und nahm einen Stapel Handtücher heraus. »Hier«, sagte ich und schüttelte ein großes Badetuch auf. »Die Dusche ist oben auf der Empore auf der rechten Seite. Im Schrank hängen ein paar trockene Sachen, die dir passen müssten.«

Er nahm das Badetuch entgegen, hielt dabei aber meine Hand fest. »Geh du zuerst. Ich schaue in der Zeit mal, ob ich es schaffe, uns Feuer zu machen und einen Tee zu kochen.«

Ich ließ mich nicht lange überreden. Jetzt, wo wir dem Regen entkommen waren, hatte mich die Kälte überwältigt und ich zitterte am ganzen Körper.

Der Raum auf der Empore war mit einem Kamin ausgestattet, einem Doppelbett mit Patchwork-Tagesdecke und einem Haufen Kissen darauf. Ich konnte hören, wie sich Jason unten bewegte, das Klappen der Schranktüren, klappernde Töpfe. Als ich über den Holzboden lief, knarrte er heimisch. Dieses Geräusch war mir aus meiner Kindheit so vertraut und gleichzeitig war es seltsam, jetzt mit Jason hier zu sein.

Ein kurzer Gang mit Schränken links und rechts führte zum Bad, das von oben bis unten weiß war: weiße Kacheln, ein weißes Waschbecken und eine strahlend weiße Duschkabine. Über dem Waschbecken hing ein Spiegel. Mein Gesicht war vom Laufen gerötet, gleichzeitig waren meine Lippen vor Kälte blau angelaufen und die Haare hingen in Strähnen an mir herunter.

Das Wasser legte sich warm um meinen frierenden Körper. Ich blieb trotzdem nicht so lange unter der Dusche, wie ich wollte, immerhin hatte Jason eine heiße Dusche genauso nötig wie ich. Aus dem Schrank zog ich etwas zum Anziehen von meiner Mutter. Es war schon so lange her, dass ich zuletzt hier gewesen war, dass nicht einmal mehr etwas von mir zum Anziehen im Schrank hing. Meine Haare waren noch feucht und tropften auf meine Schultern, als ich die Tür aufmachte.

»Du bist dran!«, rief ich Jason zu.

»Ich komme.« Ich hörte seine Schritte und sah seinen Kopf über die Empore schauen. Er sah mich an und inspizierte meine Kleidung. Für den Bruchteil einer Sekunde verzogen sich seine Lippen zu einem Grinsen. »Das Feuer brennt und ich habe eine Kanne Tee gekocht. Außerdem habe ich eine Decke gefunden.

Du kannst es dir ja schon einmal gemütlich machen, bis ich wieder bei dir bin.«

Im Kamin knisterte das Feuer und auf dem Couchtisch standen Teller mit Crackern, Nüssen und Trockenfrüchten, eine Kanne dampfender Tee daneben, dazu zwei Tassen und Zucker.

Alles machte einen so gemütlichen und wohligen Eindruck, dass ich mich schnell unter die Decke kuschelte und auf das Rauschen der Dusche lauschte, während draußen der Regen ohne Unterlass gegen die Fenster trommelte.

»Du hast es dir gemütlich gemacht.« Jasons Stimme riss mich aus dem Dämmerzustand, in den ich verfallen war.

Ich hatte nicht einschlafen, sondern nur für einen kurzen Moment die Augen schließen wollen. Er setzte sich neben mich auf das Sofa und kroch zu mir unter die Decke. Er trug ein weiches Flanellhemd meines Vaters, zusammen mit einer alten Jogginghose.

»Schlaf ruhig weiter, wenn du willst. Ich schaue dir gern beim Schlafen zu.«

»Ich will nicht schlafen«, murmelte ich, ließ aber meinen Kopf gegen seine Schulter sinken. »Ich will nie wieder schlafen.«

»Warum nicht?«

Ich drehte den Kopf in seine Richtung und sah in seine blauen Augen, die einen Kontrast zu den ganzen Brauntönen der Hütte bildeten. »Weil heute vielleicht unser letzter Tag ist und ich keine Minute verpassen will. Zum Schlafen habe ich immer noch Zeit, wenn wir nicht zusammen sein können. Schlafen kann ich noch den Rest meines Lebens.«

Das Feuer knackte und knisterte. Der Regen peitschte gegen die Fenster. Jason sagte nichts. Es war so still, dass es mir wie Donner in den Ohren dröhnte, als ich schluckte. Ich konnte ihn nicht ansehen. Warum hatte ich nicht meinen Mund halten können? Ich hatte alles ruiniert.

Dann stieß Jason ganz langsam, kaum hörbar Luft aus, fast wie ein Seufzen – als hätte sich in seiner Brust etwas gelöst.

»Verdammt«, sagte er.

Die Art, wie er es sagte … Als wäre etwas in ihm zerbrochen.

»Es tut mir leid.« Meine Stimme klang rau und wund. Ich setzte mich hastig auf und die Decke fiel mir von den Schultern. Ich hörte zu meinem Entsetzen das Schluchzen, das tief aus meiner Brust hochsteigen wollte. Meine Augen füllten sich mit Tränen. »Ich hätte das nicht sagen sollen.«

»Jade.« Ich weiß noch, wie heiser und tief seine Stimme klang, als sich seine Finger um meine Schultern schlossen. »Jade. Bitte schau mich an.«

Dann sah ich ihn an und in dem Moment begriff ich, warum es heißt, dass die Augen das Fenster zur Seele sind.

»Ich liebe dich!«

Mir blieb die Luft weg. Mein Kopf war wie mit Helium gefüllt und mir wurde schwindelig, mein Mund war trocken und jeder Zentimeter meines Körpers wurde plötzlich ganz kribbelig.

»Ich wollte das zuvor noch nie zu jemandem sagen. Aber es ist die Wahrheit und dich zu lieben, ändert alles.« Er drückte meine Hand an seine Brust, wo ich seinen heftigen, schnellen Herzschlag spürte. »Das machst du mit mir.«

Endlich brachte ich den Mut auf, ihm zu sagen, was ich ihm schon so lange hatte sagen wollen. Ich hatte nichts mehr zu verlieren und vielleicht war das meine letzte Chance.

»Ich liebe dich auch, Jason! Ich liebe dich so sehr, wie man einen Menschen nur lieben kann.« Als die Worte meine Lippen verließen, löste sich etwas in mir. Als wäre mein Herz eine Knospe und alle Blütenblätter hätten sich auf einmal entfaltet.

Wir küssten uns, fest, sehr fest, so fest, als würde er mich aufsaugen. Ein ins Wanken geratener Damm war endlich gebrochen und wir konnten uns nicht nah genug sein. Wir drückten uns aneinander und küssten uns. Noch nie zuvor im Leben war ich so durstig gewesen. Wir erzitterten beide, als wir einander berührten. Überall.

Sein Mund schmeckte nach rauchigem, süßem Tee und dann lagen wir plötzlich auf dem Teppich. Ich hörte seine Stimme zucken, hörte den animalischen Laut aus der Tiefe seiner Kehle, den er ausstieß, als meine Hand zu seinem Schoß wanderte. »So was kannst nur du mit mir machen«, sagte er mit rauer Stimme und zog mich näher an sich. »Ich sehe nur dich.«

»Du bist der Einzige, Jason, der Einzige«, sagte ich und dann zog ich an dem Flanellhemd. Er fuhr mit den Händen unter meine Klamotten, nahm meine Brüste in die Hand, so vorsichtig, als wäre ich aus zerbrechlichem Porzellan. Aber ich wollte ihn ganz und gar, brauchte seine schweren Arm- und Rückenmuskeln, sein volles Gewicht. Ich war stark genug im Hier und Jetzt, in unserer kleinen Welt, an diesem Ort, der unsere Zuflucht vor der Realität war.

»Bitte liebe mich, Jade. Halte mich, bitte rette mich«, stöhnte er.

Sein Mund wanderte fiebrig meinen Nacken hinunter, seine Zunge spielte mit meiner, dann mit meinen Brustwarzen, seine Hände gruben sich in mein Haar und wir bewegten uns im selben Rhythmus. Es gab nichts mehr zwischen uns, nur ihn und mich.

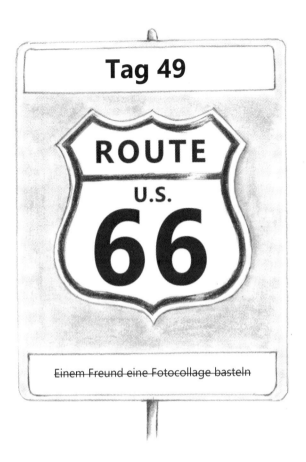

Tag 49

Einem Freund eine Fotocollage basteln (striked through)

Das Feuer im Kamin war erloschen. Es hatte die ganze Nacht geregnet und auch am Morgen ließ es nicht nach. Der Sommer war endgültig vorbei und der Herbst näherte sich mit großen Schritten. Nur Jason und ich klammerten uns in der Hütte voller Verzweiflung an die letzten Sommergefühle und aneinander.

Wir hatten die Nacht auf dem Sofa verbracht. Es war eng gewesen und trotzdem nicht nah genug.

Als am Morgen das Licht langsam die Dunkelheit vertrieb, streichelte mir Jason gedankenverloren über meine nackten

Arme. Ein Lächeln lag auf seinen Lippen. Sein Gesicht wirkte völlig entspannt.

»Ich bin glücklich«, flüsterte er mir in mein verstrubbeltes Haar.

»Ich auch«, erwiderte ich lächelnd und küsste ihn auf die Lippen.

Er schwieg einen Moment, bevor er fortfuhr: »Wenn ich mir aussuchen könnte, wann es passiert, dann wäre jetzt der perfekte Zeitpunkt. Was gäbe es Schöneres, als mit einem Lächeln im Gesicht der Welt Lebwohl zu sagen?«

Ruckartig richtete ich mich auf. Seine Worte waren wie eine Ohrfeige.

Er öffnete die Augen und blickte mich entschuldigend an. »Du hattest die ganze Zeit recht, ich kann nicht davonlaufen. Egal wie weit, irgendwann holt mich der Krebs ja doch ein.«

Mein Herzschlag beschleunigte sich und ich wagte es nicht, etwas zu sagen, aus Angst, dass egal, was ich sagte, es falsch wäre. Gleichzeitig hatte ich in mir diese dumme und naive Hoffnung gehabt, dass das der Moment war, in dem er sich für das Leben entscheiden würde. Aber ich musste es von ihm hören.

»Ich glaube nicht, dass ich den Kampf gewinnen kann«, brachte er hervor. Seine Worte passten nicht zu dem, was ich hören wollte. »Deshalb möchte ich wenigstens entscheiden, wann es so weit ist.«

Etwas lief komplett falsch.

Er löste sich von mir, stand auf und ging zu seiner Jeans, die über einem Stuhl vor dem Kamin zum Trocknen hing. Aus der Hosentasche zog er eine kleine weiße Schachtel. Er brachte sie zu mir wie ein Geschenk.

»Das sind Schlaftabletten. Ich kann sie jetzt nehmen, während ich neben dir liege und wir dem Regen lauschen. Es wird schmerzfrei sein, wie ein sanftes Einschlafen, und das Letzte, was ich sehen werde, wird dein Gesicht sein.«

Nein. Nein! Nein!!!

Meine flache Hand traf ihn mit einem lauten Knall auf der Wange. »Wie kannst du es wagen, auch nur daran zu denken, geschweige denn mir so etwas vorzuschlagen?«

Ich strampelte die Decke von meinen Beinen und suchte hastig meine Kleider zusammen. Jede Sekunde, die ich länger in dieser Hütte und bei Jason blieb, wäre zu viel. Ich würde den Ort meiner unbeschwerten Kindheit nie wieder mit denselben Augen sehen können.

Er stellte sich mir in den Weg, griff erfolglos nach meinen Armen und wollte sich mir erklären, aber ich wollte nichts mehr hören. Ich musste hier raus. Ich war am Ertrinken.

»Ich weiß, ich verlange viel von dir. Aber der gestrige Tag, die Nacht und der Moment waren so perfekt, dass ich geglaubt habe, ich könnte dich darum bitten.«

Irgendetwas zerbrach in meinem Kopf. »Was ist mit mir?«, brüllte ich unter Tränen, völlig außer mir. »Bin ich es dir nicht wert, um ein Leben mit mir zu kämpfen? Wenn ich könnte, würde ich meine Lunge mit dir tauschen. Vielleicht habe ich keine Ahnung, was ich sage, aber ich würde alles dafür tun, um länger an deiner Seite sein zu können. Egal wie lange, jeder einzelne Tag, jede Stunde, jede Minute wäre es mir wert. Aber du wirfst einfach alles weg! Willst einen Schlussstrich ziehen, bevor es überhaupt vorbei ist!«

Er war verzweifelt, weil er erkannte, dass nichts, was er tun oder sagen würde, mich dazu bringen würde, bei ihm zu bleiben. Nicht ich hatte es vermasselt, sondern er.

Dann schlug ich einen Bogen um ihn herum und raste aus unserer Hütte hinaus in den Regen. Jason war schneller als ich, aber ich hatte ihn überrumpelt. Er hatte versucht, nach meinem Arm zu greifen, meinen Namen gerufen, aber ich war wie von Höllenhunden gehetzt über den nassen Boden gerannt. In nur wenigen Sekunden würde er mir hinterhergerannt kommen und mich schnell einholen, daran hatte ich keinen Zweifel.

Das Herz schlug mir bis zum Hals. Die kühle Luft tat mir in der Kehle weh, aber ich war trotzdem gerannt, hatte die feuchten Blätter zertrampelt. In der Ferne sah ich den Waldweg auftauchen, der mich zu dem Parkplatz führen würde, aber auf ebener Fläche würde es Jason noch leichter fallen, mich einzuholen. Also schlug ich einen Haken und warf mich in das Unterholz. Ich hatte ganze Sommer damit verbracht, durch den Wald zu streifen, während Jason alles fremd sein musste.

Ich hörte Jason rufen und sah ganz kurz über die Schulter zurück. »Jade, bleib stehen!«, schrie er verzweifelt.

Ich keuchte und schnappte nach Luft. Dornige Zweige schnellten mir ins bloße Gesicht. Holz krachte und zerbrach unter meinen Turnschuhen. Meine Lungen kreischten, mein Hals brannte. Mein Herz wurde zur Faust, die rhythmisch gegen meine Rippen boxte. Jeder Schritt war ein Schlag, dessen Rückstoß meine Wirbelsäule hochlief.

Jason war mir dicht auf den Fersen, als ich den Bergrücken erreichte, und der Weg war kaum breit genug für uns beide. Der Abhang links und rechts war nicht besonders steil, aber das hieß nicht, dass man sich von einem Fehltritt wieder erholen würde. Der Pfad war holprig, hart und voller Steine, von Geröll und Gestrüpp flankiert. Weiter vorn senkte sich der Kamm wieder ab, wurde breiter und ging in eine Wiese über, aber wenn man hier stürzte, schaffte man es nicht allein wieder hoch.

Ich riskierte einen Blick nach rechts und sah die blanke Angst in Jasons Gesicht. Dann spürte ich urplötzlich einen brennenden, rasiermesserscharfen Schmerz, als mein Fuß sich in einer Wurzel verfing.

Augenblicklich war es vorbei mit meiner Balance. Mein linker Knöchel knickte um und es fühlte sich an, als hätte ich meinen bloßen Knochen in einen Fels gerammt. Brüllender, feuriger Schmerz zuckte durch meine Wade und ich schrie aus vollem Hals, während sich die Welt um mich drehte.

Jason versuchte nach mir zu greifen, doch seine Hände fassten ins Leere. Der Boden raste auf mein Gesicht zu. Ich verrenkte mich und meine Schulter schlug gegen einen Fels, bevor mein Hinterkopf auf die holprige Erde knallte. Vor meinen Augen flackerte es wie bei einer kaputten Glühbirne. Ich rollte Purzelbäume schlagend den Hügel runter.

Jason brüllte wie am Spieß, aber ich hörte ihn nicht. Ich hatte ihn aus den Augen verloren, während ich mich so oft überschlug, dass ich es nicht zählen konnte. Als ich endlich flach auf dem Rücken liegend zum Stillstand kam, lagen meine Beine über mir am Hang ausgestreckt und mein höllisch schmerzender Kopf hing nach unten. In meinem Mund machte sich ein metallischer Geschmack breit. Ein Körper ging neben mir in die Knie, rief nach mir. Mir war schwindelig. Alles tat mir weh.

»Jade!«

Die Stimme war panisch, voller Sorge und mir so vertraut. Mit aller Kraft zwang ich meine Augen auf. Die grauen Wolken waren über mir und Jasons erschüttertes Gesicht.

»Bleib bei mir«, flehte er noch, bevor ich endgültig das Bewusstsein verlor.

Ich kam erst im Krankenhaus wieder zu mir. Wie ich dort hingekommen war, wusste ich nicht. Es hieß, ich hätte eine leichte

Gehirnerschütterung. Mein linker Knöchel war verstaucht. Der Arzt in der Notaufnahme musste eine schlimme Schnittverletzung direkt über meinem Knöchel nähen.

Als er ging, kam Jason herein. Er sah angespannt aus, als ob die Haut auf seinem Schädel festgezurrt wäre. Dazu war er blass. So bleich, als sei er bereits tot. Kraftlos ließ er sich neben meiner Liege auf einen Stuhl sinken und vergrub sein Gesicht in seinen Händen.

»Jason?«

Keine Antwort.

»Jason?«

Plötzlich stöhnte er wie ein Tier und schlug mit der geballten Faust fest auf seinen Oberschenkel, einmal, zweimal, dreimal. Bevor er sich noch einmal schlagen konnte, griff ich nach seiner Faust und nahm sie in beide Hände.

»Hör auf!«

Als ich ihn berührte, hoben sich seine Schultern und ich konnte hören, wie sich etwas in seiner Kehle hochkämpfte. Er schlang seine Arme um mich und ich spürte die Tränen, die ungehindert über seine Wagen rannen.

»Jade«, flüsterte er mit bebender Stimme. »Als ich gesehen habe, wie du gestürzt bist ... als du den Hang runtergefallen bist, war ich außer mir. Ich hatte solche Angst wie noch nie zuvor. Am schlimmsten war, dass ich nichts tun konnte. Ich stand einfach nur da und habe mich so hilflos gefühlt.«

»Ich hätte nicht weglaufen sollen.«

»Nein, das hättest du nicht, aber zum ersten Mal verstehe ich wirklich, warum du nicht anders konntest. Ich dachte, ich verliere dich!«

»Jason.« Ich berührte sein Gesicht. Seine Wangen waren nass. Seine Haut glitt unter meinen Fingern davon. Etwas war anders an ihm. »Mir geht es jetzt wieder gut.«

»Aber mir nicht! Wenn du gestorben wärst ... Ich habe dir schon einmal gesagt, dass ich dich liebe, aber erst als ich dachte, dass du stirbst, habe ich verstanden, was das wirklich bedeutet. Ich habe solche Angst!«

Wir hatten die Rollen getauscht. Er war verletzlicher denn je und vielleicht zum ersten und einzigen Mal in der Lage, zu fühlen, was ich jedes Mal gespürt hatte, wenn er von seinem Tod sprach.

»Es ist noch nicht zu spät«, sagte ich leise. »Lass dich morgen operieren.«

Seine Hände zitterten, als er mir mit geröteten Augen ins Gesicht sah. »Bitte verlang das nicht von mir! Es war dumm, dass ich mich umbringen wollte, aber bitte zwing mich nicht zu dieser Operation.«

»Du dachtest, ich würde bei dem Sturz sterben. Wenn es irgendetwas gegeben hätte, was du hättest tun können, dann hättest du es getan, oder? Genau so ist das bei mir. Ich kann dich zu nichts zwingen, aber ich wünsche mir, dass du das Richtige tust. Es gibt nicht mehrere Möglichkeiten, sondern nur eine einzige.«

Er wirkte so verzweifelt. Hin- und hergerissen zwischen seinem Hunger nach dem Leben und seiner Angst davor, zu scheitern.

»Du musst dich nicht jetzt entscheiden«, versuchte ich ihn zu beruhigen. »Ich werde morgen vor dem Krankenhaus auf dich warten, aber bis dahin möchte ich dich nicht mehr sehen. Wenn du kommst, gibt es noch Hoffnung für uns. Wenn nicht ...« Ich brachte es nicht fertig, es auszusprechen.

Jason schüttelte den Kopf. »Lass mich jetzt nicht allein ...«, flehte er, aber ich unterbrach ihn.

»Schließ die Augen.«

Völlig irritiert sah er mich an. »Warum?«

»Mach es einfach!«

Er gehorchte und ich holte tief Luft. »Du sollst wissen, wie dein Leben aussehen könnte, wenn du dich traust. Stell dir eine Collage mit vielen Bildern vor. Es sind die Bilder unserer Zukunft. Das erste zeigt dich an dem Tag, als du aus der Klinik entlassen wirst, nachdem du den Krebs besiegt hast. Ein zweites Mal. Du hast ein breites Grinsen im Gesicht und fühlst dich unbesiegbar. Ich bin direkt an deiner Seite, aber schaue nicht in die Kamera, sondern zu dir empor. Wir haben die Zeit gemeinsam überstanden und es gibt nichts, was uns je auseinanderbringen könnte.«

Ich musste kurz durchatmen, um weitersprechen zu können.

»Das nächste Bild zeigt uns ein paar Monate später. Wir sind zusammen nach Oklahoma gegangen, um zu studieren. Die anderen Mädchen werfen dir schmachtende Blicke zu, während ich meine Hand besitzergreifend auf deinen Arm lege. Du merkst nicht einmal, wie sie dich ständig ansehen ...«

Seine Augen waren immer noch geschlossen, als er sagte: »Weil ich nur Augen für dich habe.«

Ich musste lachen. »Genau! Du hast nur Augen für mich. Während des Studiums beginne ich, unsere Geschichte aufzuschreiben, und schicke sie ohne große Hoffnungen an einen Verlag. Monate später, als ich schon gar nicht mehr damit rechne, kommt eine Zusage. Mein Buch, unsere Geschichte, wird verlegt ...«

»... und es wird ein Bestseller!« Er grinste breit.

»Am Tag der Veröffentlichung machst du mich noch glücklicher, als ich es ohnehin schon bin, denn du machst mir vor dem gesamten Verlagsteam einen Heiratsantrag. Ich weine und lache zugleich, als ich dir in die Arme falle und ihn selbstverständlich annehme, ohne jeden Zweifel.«

»Falle ich vor dir auf die Knie?«

»Natürlich, alles andere wäre kein richtiger Antrag!« Ich genoss den Anblick seines lächelnden Gesichts. »Die nächsten Bilder zeigen unsere Hochzeit und die Jahre danach. Wir bekommen zwei Kinder. Ein Junge und ein Mädchen. Während ich Bücher schreibe, eröffnest du deine eigene Autowerkstatt. Am Anfang ist es nicht leicht und wir müssen aufs Geld achten, aber wir stehen das zusammen durch, weil wir alles zusammen schaffen! Nach den ersten Startschwierigkeiten kommt die Kundschaft in Scharen.«

»Es musste sich erst rumsprechen, dass ich der Beste bin.«

»Genau! Die Jahre vergehen und unsere Kinder werden erwachsen. Am Tag der Hochzeit unserer Tochter weinst du, weil du dein kleines Mädchen nicht loslassen willst. Du drohst deinem Schwiegersohn vor der gesamten Hochzeitsgesellschaft, ihn windelweich zu prügeln, sollte er es wagen, deiner Prinzessin das Herz zu brechen. Alle sind empört, aber ich schmelze dahin, weil das so typisch für dich ist.«

»Wirst du dich nie fragen, ob ich wirklich der Richtige war?«

»Doch, oft sogar! Jedes Mal, wenn wir streiten, aber ich werde immer wieder zu dem Schluss kommen, dass es für mich immer nur dich gegeben hat und ich keinen Tag bereue.«

Ich lächelte ihn an, auch wenn er es nicht sehen konnte, weil er die Augen immer noch geschlossen hielt.

»Wir bekommen Enkelkinder und so viele graue Haare, dass wir mit dem Zählen nicht mehr hinterherkommen. Unser Sohn übernimmt deine Werkstatt, aber du schaffst es nicht, dich herauszuhalten. Ihr streitet euch und mir bleibt nichts anderes übrig, als dich zu entführen. Wir machen unsere letzte gemeinsame Reise mit einem schwarzen Mustang Cabrio über die Route 66.«

»Es ist ein heißer Tag. Der Asphalt flimmert von der Hitze und wir fahren der untergehenden Sonne entgegen.«

Das alles erschien mir zum Greifen nah. Das könnte unser Leben sein. »Zusammen«, flüsterte ich, beugte mich zu ihm vor und küsste ihn auf die Wange. »Ich werde auf dich warten, Jason!«

Er blieb allein in dem Zimmer der Notaufnahme zurück, während ich humpelnd ging.

Tag 50

ROUTE U.S. 66

~~Die Hoffnung nicht aufgeben~~

Das war Jasons Mutter. Sie wollte noch einmal mit ihm reden, aber er ist scheinbar in der Nacht abgehauen«, sagte Mom, nachdem sie das Telefon aufgehängt hatte und sich zu uns an den Küchentisch umdrehte. Sie musterte mich mit besorgtem Gesicht, während Dad verständnislos den Kopf schüttelte. Für mich kam die Neuigkeit nicht überraschend. Irgendwie hatte ich sogar damit gerechnet, aber es bedeutete nicht, dass alles vorbei war. Noch lange nicht! Vielleicht hatte Jason nur rausgemusst, um einen klaren Kopf zu bekommen. So musste es sein!

Katie saß neben mir und hielt meine Hand fest umklammert. Sie hatte bei mir geschlafen, um mir beizustehen, da uns beiden klar gewesen war, dass ich in der Nacht ohnehin kein Auge zubekommen würde. Es war mir nicht leichtgefallen, sie an mich heranzulassen. Irgendwie hatte ich das Gefühl, dass es eine Sache zwischen mir und Jason war, die niemanden etwas anging. Aber wenn ich Katie als meine beste Freundin behalten wollte, dann musste ich ihr auch die Chance geben, für mich da sein zu können – ich hatte es nicht bereut.

Sie hatte mir zugehört, ohne zu urteilen. Mich in den Arm genommen, wenn mir die Tränen kamen, und mit mir geschwiegen, wenn ich zum Reden zu kraftlos gewesen war.

»Ich verstehe den Jungen nicht«, meinte Dad und strich sich dabei über sein Haar. »Wie kann er das seiner Familie nur antun?«

»Er tut es auch *für* seine Familie«, verteidigte ich Jason. »Seine Mutter zahlt immer noch den Kredit für seine letzte Behandlung ab. Er will ihnen nicht noch einmal zur Last fallen.«

Dad hob überrascht die Augenbrauen und zögerte mit seiner Antwort. »Weiß Jason denn nicht, dass es eine Stiftung gibt?«

»Was für eine Stiftung?«

»Sie wurde erst im letzten Jahr gegründet. Sie übernehmen die Behandlungskosten für Krebspatienten, wenn die Erfolgsaussichten positiv sind. Das ist meist bei Kindern oder jungen Menschen der Fall. Jason hätte gute Chancen.«

»Aber er hatte schon einmal Krebs!«

»Gerade deshalb würden sie vermutlich zahlen. Seine Familie hat kein Geld und er musste in jungen Jahren bereits viel mitmachen. Genau für Menschen wie ihn wurde diese Stiftung gegründet.«

Ich war mir sicher, dass Jason nichts davon wusste. So wäre er zumindest eine seiner Sorgen los gewesen. Neben seiner Angst vor dem Versagen fürchtete er sich am meisten davor, seine Familie in den Ruin zu stürzen. Doch es war zu spät, um ihm davon zu erzählen. Er war weg und ich hatte keine Möglichkeit, ihn zu erreichen. Es war nun allein seine Entscheidung.

Dad sah mich besorgt an. »Bist du sicher, dass ich dich mit ins Krankenhaus nehmen soll? Du hast kaum geschlafen, brauchst Ruhe von deinem Sturz und es wird nichts ändern, ob du dort auf ihn wartest oder nicht.«

»Für mich ändert es aber etwas! Ich werde auf ihn warten und wenn es den ganzen Tag dauert. Solange es noch Hoffnung gibt, gebe ich nicht auf!«

»Jade, er hat nicht den ganzen Tag Zeit, sondern spätestens bis elf Uhr. Er muss pünktlich zu seinem Operationstermin erscheinen. Wir haben jetzt gerade mal sieben Uhr. Du kannst doch nicht vier Stunden auf ihn warten wollen. Es regnet wie aus Eimern!«

»Ich habe einen Regenschirm!«, entgegnete ich unnachgiebig.

Dad tauschte unschlüssig einen Blick mit Mom, die nur unglücklich mit den Schultern zuckte. Ich war ein Sturkopf, genau wie mein Vater, und genau deshalb würden sie mich nicht davon abhalten können.

Mit einem resignierten Seufzen gab er nach und erhob sich von seinem Stuhl. Es ging los!

Katie umarmte mich zum Abschied und hielt mich etwas länger fest als nötig, fast als wäre ich es, die eine lebensgefährliche Operation vor sich hatte und nicht Jason. »Gib die Hoffnung nicht auf«, flüsterte sie mir ins Ohr. »Ich wünsche mir, dass ich irgendwann einmal einem Mann begegne, der mich auf die gleiche Weise ansieht wie Jason dich. Er liebt dich!«

Ich wusste, dass er mich liebte. Aber war diese Liebe größer als seine Angst?

Wir fuhren schweigend zum Krankenhaus. Dort lud mich Dad mit meinen Krücken und einem Regenschirm vor dem Haupteingang ab. Der Himmel war grau und ergoss seine Tränen über die Erde, als würde er bereits Jasons Schicksal beweinen. Der Junge, der viel zu früh gestorben war.

Dad zögerte, mich allein unter dem Vordach zurückzulassen. »Jason würde es dir bestimmt nicht übel nehmen, wenn du in der Eingangshalle auf ihn warten würdest.«

»Aber ich möchte, dass er mich sieht, sobald er zum Krankenhaus kommt!«

»Es hilft ihm nicht, wenn du dir zu deiner Gehirnerschütterung auch noch eine Grippe einfängst!«

»Dad, bitte …«, drängte ich genervt und setzte mich auf die Bank. Von hier würde ich mich nicht mehr wegbewegen, bis Jason da war. Egal wie lange es dauern würde. Zur rechten Seite konnte ich durch die Fenster die große Uhr sehen, die im Wartebereich hing. Ihm blieben noch dreieinhalb Stunden.

Mein Vater küsste mich auf die Stirn, bevor er mit besorgter Miene ging. Ich spürte, wie er sich immer wieder zu mir umdrehte und mit sich haderte, doch ich sah ihn nicht an. Mein Blick war auf das große schmiedeeiserne Tor gerichtet, durch das alle Besucher des Krankenhauses kamen. Das war die Pforte, die Jason durchqueren musste, um sein Leben zu retten. Er musste einfach kommen! Wenn nicht, wäre alles, was ich über ihn zu wissen glaubte, eine Lüge.

Zu Beginn drehte ich mich noch alle paar Minuten zu der Uhr um, deren große Zeiger sich kaum bewegt hatten. Als jedoch die erste Stunde vergangen war, ohne dass Jason aufgetaucht war, vermied ich es, in die Richtung zu blicken.

Eine Krankenschwester trat neben mich vor die Tür und bot an, mir Gesellschaft zu leisten, was ich dankend ablehnte. Minuten später brachte sie mir eine Decke und eine Tasse dampfenden Kaffee. Ich wusste, dass mein Vater sie geschickt hatte, und lächelte über seine Fürsorge. Vermutlich war er fast genauso nervös wie ich und rief, immer wenn er eine freie Minute hatte, bei den Empfangsdamen an, um sich zu erkundigen, ob seine Tochter immer noch auf der Bank vor dem Eingang saß.

Meine Füße fühlten sich wie Eisklumpen an, als die letzte Stunde anbrach. *Lieber Gott, gib Jason die Kraft und den Mut, für sein Leben zu kämpfen,* flehte ich den Himmel an. Zwar glaubte ich, dass es allein seine Entscheidung gewesen war und nicht die eines anderen, wenn Jason kommen würde, aber es konnte nicht schaden, dennoch zu beten. Was hatte ich denn schon zu verlieren?

Ich wünschte, ich könnte all den Menschen, denen wir auf unserer Reise begegnet waren, erzählen, was passiert war. Vielleicht würde es helfen, wenn wir alle gemeinsam an Jason dachten und ihm unseren Glauben schenkten. Wobei Tracy ihn vermutlich verflucht hätte, nachdem er sie beklaut hatte.

Ein kurzes Grinsen huschte über meine Gesichtszüge. Der Gedanke, dass ich einmal auf sie eifersüchtig gewesen war, erschien mir nun geradezu lächerlich. Aber es bewies auch, dass ich Jason vom ersten Moment an verfallen gewesen war. Unsere Begegnung konnte kein Zufall gewesen sein. Er war der Mensch, der mein Leben für immer verändert hatte, ganz egal, was nun auch passieren würde. Selbst wenn ich ihn nie wiedersah, könnte ich niemals für einen anderen das empfinden, was ich für Jason fühlte. Unsere Liebe war einzigartig. So viel mehr wert als ein Sommer.

Der große Zeiger erreichte die Zwölf. Es war elf Uhr. Mein Vater stand neben mir und wir blickten wortlos auf das Tor. Der Regen hatte aufgehört und die Sonne versuchte, ihre schwachen Strahlen durch die dicke Wolkendecke zu zwängen. Die Hand meines Vaters ruhte auf meiner Schulter.

»Komm, lass uns reingehen«, bat er, doch ich konnte mich nicht bewegen. Wenn ich ging, gab ich auf.

»Es ist zu spät«, sagte er sanft.

Verzweifelt sah ich zu ihm auf. »Aber Dad, was, wenn er doch noch kommt? Was, wenn er mit dem Bus gefahren ist und es Stau gab oder einen Unfall? Was, wenn er kommen wollte und es einfach nicht rechtzeitig geschafft hat?«

»Jade, es stehen heute viele Operationen an. Natürlich wird er trotzdem operiert werden, aber nicht mehr heute. Er muss dann auf einen neuen Termin warten.«

»Aber er kann nicht warten!«, schluchzte ich. »Er hat doch schon viel zu lange gewartet!« Ich klammerte mich an die Hand von meinem Vater. »Dad, bitte, du musst dafür sorgen, dass sie ihn noch heute operieren!«

»Jade, das kann ich nicht!«

»Du bist doch Arzt und ich weiß, dass du es kannst! Du hast Einfluss und wenn du deine Kollegen um einen Gefallen bittest, dann werden sie nicht ablehnen. Bitte, Dad! Versprich es mir!«

Er blickte mitleidig auf mich herab und sah in meinen verweinten Augen, wie viel mir an dieser Bitte, nein, Forderung, lag. »Ich kann dir nichts versprechen«, versuchte er sich herauszureden, aber ich schüttelte energisch den Kopf.

»Versprich es mir!«

Er wandte den Blick von mir ab und sah sich Hilfe suchend um, als er plötzlich erstarrte und seine Augen ungläubig zusammenkniff. Ich drehte meinen Kopf in Richtung des Tors, welches in Sonnenlicht getaucht war. Rundherum tauchten die Wolken die Welt in ein düsteres Licht. Nur an dieser einen Stelle hatte die Sonne es geschafft, sich durchzukämpfen. Und mitten in diesem Strahl stand eine einzelne Person. Seine muskulösen Schultern badeten in warmem goldenem Licht. Es war wunderschön. Er war wunderschön.

Seine Bewegungen waren geschmeidig und fließend, als er auf mich zukam. Er hatte seine azurblauen Augen direkt auf mich gerichtet. Ich war sein Fixpunkt und er sah nichts außer mir, während ich vor Ehrfurcht erstarrt war.

Schon damals hatte ich gewusst, dass ich diesen Augenblick voller Sonne, Licht und Schönheit nie vergessen würde.

Nie.

Epilog

2015

Die Urne liegt schwer in meiner Hand. Der warme Wind des Canyons weht mir ins Gesicht. Ich schließe die Augen und denke an alles Vergangene zurück. Es waren keine Tage, keine Wochen und keine Monate, die uns blieben, sondern Jahre. Mehr als Jahre. Ein ganzes Leben.

Ich bereue keinen Moment davon, auch wenn beinahe nichts so kam, wie wir es uns vorgestellt haben. Es begann damit, dass ich das Geld für meinen Führerschein dafür nutzte, den Mustang zurückzukaufen. Nicht irgendeinen, sondern Jasons Mustang. Ich erwies mich als knallharte Verhandlungspartnerin, beredete den Verkäufer so lange, bis er mir nicht nur das Auto, sondern auch die Überführung von Nevada nach Illinois für einen Spottpreis anbot. Er zahlte dabei drauf. Natürlich, alles für einen guten Zweck.

Jason besiegte den Krebs, ein zweites Mal. Allein dafür wird er immer mein Held bleiben. Wir gingen nie zurück nach Oklahoma, wo wir im Sommer 1965 so glücklich gewesen waren, sondern verbrachten unser Leben in Chicago. Auch sehr glücklich.

Tatsächlich studierten wir gemeinsam, aber ich veröffentlichte keinen Bestseller, nicht einmal ein Buch. Was zu einem großen Teil daran gelegen haben könnte, dass ich unsere Geschichte nie zu Ende schrieb. Ich hatte immer das Gefühl, dass etwas fehlen würde. Nur noch ein Kapitel. Wie konnte ich ein Buch über unser Leben schreiben, wenn mir jeder Moment unserer Zeit wie ein Anfang und nicht wie ein Ende vorkam?

Jason eröffnete keine Autowerkstatt. Das einzige Auto, an dem er je herumschraubte, war sein Mustang. Er liebte ihn heiß und innig, so sehr, dass wir uns das eine oder andere Mal deswegen in die Haare bekamen. Wir stritten lautstark, einmal flog sogar eine Tasse, aber wir trennten uns nie. Ich verfluchte ihn viele Male, aber kam immer wieder zu dem Schluss, dass ich nicht ohne ihn sein wollte. Keinen Tag!

Unsere Tochter kam zur Welt, bevor wir geheiratet hatten, und einen Sohn bekamen wir nie.

Es sind jedoch nicht die großen Ereignisse, die mir besonders fehlen, sondern die vielen kleinen, alltäglichen Momente. Ich vermisse es, mit ihm sonntagnachmittags vor dem Fernseher einzuschlafen, ihn morgens zum Aufstehen an der Nase zu kitzeln, seine Hand zu halten, den Blick in seine Augen, seine

Küsse, jeden Streit, jede Eifersuchtsszene, jede Unsicherheit, jeden Anflug von Langeweile und dass er wusste, dass ich meinen Kaffee am liebsten mit zwei Würfeln Zucker trinke, auch wenn ich stets nur einen verlangt habe.

Von dem Moment an, als ich Jason mit seinem Mustang an der Tankstelle erblickte, wusste ich, dass ich diesen Mann lieben würde, so lange, wie ich nur kann, und dass es niemals aufhören würde. Nicht einmal eine Sekunde lang.

Diese Erkenntnis begleitet mich auch jetzt, während ich ihm die letzte Ehre erweise und seine Asche über dem Grand Canyon verstreue. Genau so, wie ich es ihm vor fünfzig Jahren versprochen habe. Ich schenke ihm die Freiheit, die er immer in seinem Herzen getragen hat.

Der Wind erfasst die Aschekörner und trägt sie mit sich fort, lässt sie durch die Luft tanzen und verstreut sie in alle Himmelsrichtungen. Egal, wohin mich der Weg noch führen wird, ein Teil von Jason wird immer bei mir sein, in meinem Herzen, aber auch in dem größten und besten Geschenk, das er mir je bereitet hat: unsere Tochter.

Sie steht neben mir, hält meine Hand und lächelt mir mit den gleichen azurblauen Augen wie ihr Vater entgegen.

Danke! Danke für die Liebe meines Lebens!

Danksagung

50 Tage – Der Sommer meines Lebens war eine Achterbahnfahrt der Gefühle. Nicht nur für Jade, sondern auch für mich. Ich war euphorisch, habe mich geärgert, bin verzweifelt, war gefesselt und habe zum Schluss geheult wie ein Schlosshund.

An erster Stelle gilt mein Dank Corinne Spörri, die diesem Buch mit solch einer ansteckenden Begeisterung begegnet, dass ich immer wieder aufs Neue gerührt davon bin. Ich konnte mir lange Zeit nicht vorstellen, meine Bücher an einen Verlag zu geben, aber sie hat mir gezeigt, dass eine Zusammenarbeit nicht bedeutet, etwas abzugeben, sondern ganz viel dazuzugewinnen. Glück wird nicht weniger, weil man es teilt, sondern vermehrt sich. Danke an den Sternensand Verlag, dafür, dass ihr meinem Buchbaby einen zweiten Sommer schenkt.

Wenn ich von bereichernder Zusammenarbeit spreche, denke ich dabei auch vor allem an meine wundervolle Lektorin und Korrektorin Martina König. Sie ist großartig! Ihre ermutigenden Worte zaubern mir immer wieder ein Lächeln ins Gesicht.

Danke an Bianca Holzmann, dafür, dass sie mich auf dem Irrweg durch meine eigenen Gedanken begleitet hat. Du hast das Licht am Ende des Tunnels nie aus den Augen verloren und die Geschichte wäre ohne dich nicht dieselbe geworden. Danke für dein Cover, deine Recherche, deine Ergänzungen, deine Korrekturen, deine Vorschläge und deine ganze Zeit.

Vielen lieben Dank an Lisa Czieslik – Vertrauensperson und Erstleserin –, die mich schon auf vielen Buchreisen begleitet hat. Dich an meiner Seite zu wissen, ist ein großartiges Gefühl.

Danke an die Person, der das Buch gewidmet ist. Mein bester Freund. Meine große Liebe. Mein Ehemann. Du bist meine Lieblingsfarbe, meine Lieblingsjahreszeit, mein Lieblingswochentag, mein Lieblingsmensch. Ich wünsche mir Polarlichter und das lauteste Lachen. Unendlichkeit, nur um nie ohne dich sein zu müssen. Ich will alles, was diese Welt zu bieten hat, nur um es dir zu schenken. Worte sind nicht genug, um auszudrücken, was du mir gibst.

Eine ständig abgelenkte und launische Schriftstellerin ist nicht immer die angenehmste aller Partnerinnen, Töchter, Schwestern oder Freundinnen. An euch geht ein Topf voller Liebe: Sabrina, Rebecca, Michael, Mama und Papa.

Zu guter Letzt, deshalb aber nicht weniger von Herzen, gilt mein Dank all jenen wundervollen Menschen, die die Reise von Jade und Jason mit mir unternommen haben: meinen Lesern. Ich würde furchtbar gern hören, was ihr dazu sagt. Schreibt eine Rezension oder mir persönlich über Facebook.

Genießt jeden Sonnenstrahl, jedes kühle Getränk, jedes Lachen und jeden Moment, der euer Herz erwärmt. Auf dass jeder Sommer der Sommer eures Lebens sein möge!

Eure Maya Shepherd

Über die Autorin

Maya Shepherd wurde 1988 in Stuttgart geboren. Zusammen mit Mann, Tochter und Hund lebt sie mittlerweile im Rheinland und träumt von einem eigenen Schreibzimmer mit Wänden voller Bücher.
Seit 2014 lebt sie ihren ganz persönlichen Traum und widmet sich hauptberuflich dem Erfinden von fremden Welten und Charakteren.
Im August 2015 gewann Maya Shepherd mit ihrem Roman ›Märchenhaft erwählt‹ den Lovely Selfie Award 2015 von Blogg dein Buch.

Kontakt
Homepage: www.mayashepherd.de
E-Mail: mayashepherd@web.de
Facebook: www.facebook.com/MayaShepherdAutor

Weitere Bücher aus unserem Romance-Sortiment:

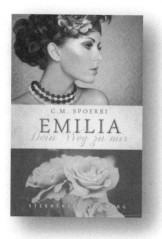

C. M. Spoerri
Emlia: Dein Weg zu mir
1. Mai 2016, Sternensand Verlag
328 Seiten, broschiert
€12,95 [D]

New Adult Liebesroman
Als Taschenbuch und e-Book

Klappentext:
Partys. Reisen. Flirten. Das bestimmt den Alltag von Emilia dos Santos – bis sie vom plötzlichen Tod ihrer Eltern erfährt. Mit einem Mal ist ihr sorgloses Leben vorbei. Sie soll nach alter Familientradition das Weingut im Napa Valley weiterführen und sieht sich damit einer Verantwortung gegenüber, der sie sich nicht gewachsen fühlt. Ganz und gar nicht. Da hilft es auch wenig, dass ihr Jugendfreund Alejandro wieder auftaucht und sie unterstützen will. Denn seine Nähe verwirrt und verunsichert Emilia nicht nur, sondern stellt sie zusätzlich vor die unangenehme Aufgabe, ihren bisherigen Lebensstil zu hinterfragen ...

C. M. Spoerri

Unlike: Von Goldfischen und anderen Weihnachtskeksen

12. Dezember 2016, Sternensand Verlag

348 Seiten, broschiert

€12,95 [D]

New Adult Liebesroman

Als Taschenbuch und e-Book

Klappentext:
Evan hat in seinem Leben schon viel Mist gebaut, doch seit fünf Jahren ist es ihm gelungen, nicht mehr auf die schiefe Bahn zu geraten. Er wohnt in New York, hat einen Job, eine Wohnung, keine nervigen Freunde ... alles wäre eigentlich so weit in Ordnung – abgesehen von der bescheuerten Weihnachtszeit, die gerade in vollem Gange ist. Und ausgerechnet jetzt mischt sich auch noch der schwule Nachbar in sein Leben ein. Dieser kann nicht mehr mit ansehen, wie Evan sich abkapselt, und plant deswegen über eine Single-Plattform ein Date für ihn. Sara, eine Londoner Studentin, wird für eine ganze Woche anreisen. Allerdings in der falschen Annahme, dass sie mit Evan gechattet hat und er sich auf ihren Besuch ebenso freut wie sie. Als wäre das nicht schon verheerend genug, ist Sara auch noch das komplette Gegenteil von ihm. Sie LIEBT Weihnachten und kommt einzig und allein nach New York, um hier den romantischsten Urlaub ihres Lebens zu verbringen – zusammen mit Evan.

Besucht uns im Netz:

www.sternensand-verlag.ch

www.facebook.com/sternensandverlag